淑徳大学総合福祉学部研究叢書㉚

現代労働法学の方法

辻村昌昭 著

信山社

はしがき

本書は、平成二一（二〇〇九）年度淑徳大学総合福祉学部研究叢書として刊行されるものである。刊行にあたり、以下の方針により本書を編集した。第一に、本学総合福祉学部で、私は、主として「財産法と労働法」を担当しているが、本書には後者の労働法に関する論文を収めることとした。第二に、平成三（一九九一）年四月に本学部に赴任してからこれまで書いた論文の中から本書にふさわしいもの七点及び外国労働判例研究をも含む判例研究六件を選んだ。しかし、これらの論文のモチーフを検討するとどうしても本学部赴任前に執筆をした論文を掲載しないと研究書としての意義が薄れるのではないかとの結論に至り、さらに論文三点を加えた。第三に、これらの論文を三編に分け、それぞれにあらたに解説を書き加えた。第四に、本書のタイトルを『現代労働法学の方法』とした。

収録論文は、以下の基準により選んだ。第一に、法学の一分野である労働法では、他の法と異なり法の認識において論者の価値観が大きく分かれ、場合によっては角を突き合わせるがごとく対立することがあるのは何故なのかという疑問が、大学院の修士課程時に、沼田稲次郎著『労働法論序説』（勁草書房、一九五〇〔昭和二五〕年刊、ただし、私が読んだのは一九六八〔昭和四三〕年の第三版）を独学で読み始めた頃から抱くようになった。それは、依頼者である訴訟の当事者の利益のために法廷で活躍する弁護士というロイヤーが、こと労働法の世界では、「労働弁護団」と「経営法曹」と色分けされるのは何故なのかという素朴な疑問であった。例えば、公害や薬害事件訴訟における場合よりも、労働訴訟ではきわめて組織的・系統的に色分けされていることが指摘できよう。

現在この傾向は、私が疑問を持ち始めた頃ほど強くはなく、あまり明確なものではなくなったとはいえ、弁護士の役割をめぐる議論は実務の世界のみならず研究者の中でも、依然としてある。結局この漠然とした疑問は、「労働法の解釈」は、他の法律の解釈と同じようにすべきなのか、もしそうではないとすれば、労働法解釈という作業をどう行うべきかということについて解明すべき点があることに気づいた。つまり、労働法解釈が制定法のみの解釈にとどまらず、立法者またはこれへの反対論あるいは異論を唱える者の論議を抜きにして解釈し得ないことが他の法分野よりも比較的多いという法の認識論の在り方に解明の鍵がありそうであるとの漠然とした結論に行き着いた。大学院生時代からの長い間の疑念を法社会学などとの関連を踏まえて私なりの「労働法の解釈論」に関する考えの軌跡とその結論に至った論文を第一編に収めた。その意味で、第一編に収めた論文二点は、労働法の基礎理論を考察したものである。

第二に、第一のこととも関連するが、労働法を解釈するにあたり、どうしても生身の労使関係の考察を抜きにして論じるわけには行かないことが多いことに気づいた。もとより、制定法自体が「生の労使関係」全てを法の中に具体化しているわけではない。日本の労使関係の実態を立法者なりの価値観でもって制定したのが各種の労働法制である。このため、まず、立法者の価値観の分析が必要であること、またこの法律を裁判官などがどう解釈しているかの分析が必要とされる。つぎに、立法者のよりどころとされた事実の認識と異なる事実があるのかないのか、もしあるとすれば、立法者が重きをおいた法的価値とどう異なるのかが問題とされよう。これは、労使関係の実態調査を含めた各種の統計等の資料と解釈者の認識の問題と関係がある。さらに、この事実認識と関係があるが、日本の労働法現象を考察する際に、どうしても日本のみならず、外国の実態との比較考察をしながら結論を導く必要がある法的論点が多い。各種の労働法制の立法者もその立法理由中に、外国の法制度でもって理由の補強をなすことが多い。そこで、ドイツ法を素材とした論文のうちのいくつかを選び本書に収めることにした。これらは、その意味で、「日本―外国〔ドイツ〕」の比較法的試論である。これが、第二編から第三編までの論文及び判例研究である。これらの論稿は、「総論」を意味する第一編の「各論」を構成する。

ところで、これら収録論文は、旧いものでは、明治大学大学院博士課程在籍時に書いたものから今年度書き上げたものまでと長きにわたるものであるが、一部は学生（含・大学院）時代に得た初歩的なモチーフをその後の研究過程でさらに肉付けしたものもある。また、指導教官や研究仲間の問題関心などを荒削りなまま咀しゃくして書き上げたため、論文としては未成熟なままに終わっているものもある。これらの点につき、諸賢の叱正を受けざる得ない面が多々残されている。

なお、各論文すべてに発表年次を付した。これは、引用した判例や学説等が私の執筆時までに公表されたものに限られていることを明確にするためである。

数年前に、本書を企画した時には、とくに第三編の各論稿にくわえてドイツの有期労働契約をめぐる議論（十数年前にまとめた論稿があるが、未発表である。しかも、これはその後の立法の動向や判例の推移から見て現在では、用をなさない）ならびに労働争議論及び協約等をはじめとする集団法理をめぐる近時の論争に重きを置いて書く予定であったが、ドイツの現在の資料と判例の分析に、今しばらく時間が必要であることがわかり、この部分に関しては必要最小限の収録にとどまらざるを得なかった。

◆本書の基礎となった諸論文の掲載誌、刊行年は以下のとおりである。

第一編　労働法解釈の方法論

第一章「労働法基礎理論序説—『従属労働論』を軸として—（一）（二）（三）（完）」北見大学論集九号（昭和五八〔一九八三〕年）、同一〇号（昭和五八〔一九八三〕年）、同一一号（昭和五九〔一九八四〕年）、同一六号（昭和六一〔一九八六〕年）

第二章「労働法解釈方法論について」横井芳弘・篠原敏雄・辻村昌昭編〔横井芳弘先生傘寿論集〕『市民社会の変容と

労働法』(平成一七〔二〇〇五〕年、信山社)

第二編　組合活動をめぐる法理

第一章「組合員・未組織労働者の自発的活動」『現代労働法講座第八巻(組合活動)』(昭和五六〔一九八一〕年、有斐閣)

第二章「企業秩序論の外延化と組合活動法理の転位」法学新報一〇一号一一・一二号合併号〔横井芳弘先生退職記念号〕(平成七〔一九九五〕年)

第三章「企業内・外の組合活動」『講座二一世紀の労働法第八巻(利益代表システムと団結権)』(平成一二〔二〇〇〇〕年、有斐閣)

〔判例解説〕

1「チエック・オフ協定の効力」季刊労働法一七二号(平成六〔一九九四〕年)

2「内部告発文書と普通解雇の効力」季刊労働法一七五・一七六合併号(平成七〔一九九五〕年)

3「施設管理権および照介票による組合員調査と支配介入」労働法律旬報一三八三号(平成八〔一九九六〕年)

4「企業内処分の無効確認の利益の有無と慰謝料請求の証明責任」労働法律旬報一四四七・一四四八合併号(平成一一〔一九九九〕年)

5「出向先工場前での情宣活動を理由とする懲戒処分と不当労働行為の成否」労働法律旬報一五二七号(平成一四〔二〇〇二〕年)

第三編　ドイツ労働法をめぐる諸問題—日本法との比較の中から

第一部　労働過程で生じた損害と労働者の損害賠償責任

第一章「労働過程で生じた損害と責任制限法理の新展開—ドイツBAG大法廷九四年決定を中心的素材として—」法学新報一〇四巻八・九号合併号〔田村五郎先生退職記念号〕(平成一〇〔一九九八〕年)

第二部　労働争議をめぐる問題—ドイツにおけるロックアウト論争

第二章「西ドイツのロックアウト論争―七〇年代技術革新・合理化と労働組合―」横井芳弘先生還暦記念『現代労使関係と法の変容』(昭和六三〔一九八八〕年、勁草書房)
第三部　労働協約をめぐる理論の新動向
第三章「ドイツにおける企業別協約の新動向―判例に見る伝統的労使関係の軋みとその法的問題点―」水野勝先生古稀記念論集『労働保護法の再生』(平成一七〔二〇〇五〕年、信山社)
第四章「別労組が個別使用者と結んだ産別団体協約の補充協約としての家内協約が、産別労組員の労働条件を規制することの是非が争われた事例―ニダーザクセン州労働裁判所一九九九年一一月一二日判決・外国労判一三六回〔ドイツ〕―」労働法律旬報一六〇五号(平成一七〔二〇〇五〕年)
第五章「協約に拘束されない使用者団体メンバー(OTM〔ドイツ〕)」山口浩一郎・菅野和夫・中島士元也・渡邉岳編〔安西愈先生古稀記念論集〕『経営と労働法務の理論と実際』(平成二一〔二〇〇九〕年、中央経済社)
第六章「ドイツの最近の労働事情―Mitgliedscaft ohne Tarifbindung〔OTM＝使用者団体における協約に拘束されないメンバー〕をめぐる議論を素材として―」日独労働法協会会報一〇号(平成二一〔二〇〇九〕年)

本書は、淑徳大学から平成二一(二〇〇九)年度「研究叢書」として出版助成を受けた。しかも平成二〇(二〇〇八)年度には、一年間の研究休暇を付与され、このため、私はこの休暇を利用して、平成二〇年四月から九月までドイツのブレーメン大学法学部での在外研究をすることができた。とくに、第三編第三部の協約に関する論文の一部は、この在独時の研究成果である。厳しい大学財政の中、良好な研究環境の利便を提供して頂き、同大学に厚く御礼を申し上げたい。また、馬齢を重ねて積み上げたような旧稿を本書に収めるにあたり、信山社、北海学園北見大学学術研究会、中央大学法学会、労旬社、勁草書房、有斐閣、労働開発研究会、日独労働法協会、中央経済社に謝意を表したい。

最後に、信山社の渡辺左近氏には、本書の刊行にあたって、多大の労を煩わした。十年ほど前から、研究書執筆の督励を受けながらも、私の怠慢で刊行を引き延ばしていた。この督励がなければ、さらに刊行が遅れること必至であった。心から感謝を申し上げる次第である。

平成二二（二〇一〇）年二月二〇日

辻村昌昭

目次

〔判例解説〕

二　判決要旨——上告棄却（272）
三　研　究（273）

第三編　ドイツ労働法をめぐる諸問題——日本法との比較の中から——

第一編　労働法解釈の方法論

●解　説

(1)　第一部第一章の「労働法基礎理論序説―『従属労働論』を軸として―」は、中央大学の修士論文（一九七二（昭和四七）年三月・未発表）をベースに明治大学の博士課程在学中の一九七七（昭和五二）年一一月にまとめたものである。執筆時から発表時（一九八三年）までに発表された資料・論文等は、多少書き加えた文献を除き当然ながら引用はされていない。本論文は、労働法の「従属労働」論について、執筆当時でも古典的なものと評されていた見解をまとめながら、結局各論者（ジンツハイマー、加藤新平、津曲藏之丞、孫田秀春等）が法自体の理解がなく、あるいはあっても不十分なためにこれが労働過程における労働者の従属性を認めることにおいては共通項を有しながらも、沼田教授との違いとなっている点をまとめたものである。結論的には、イデオロギーとしての法の意義を論じたものである。なお、H. Sinzheimer の Grundzüge des Arbeitsrechts の第二版・一九二七年版（楢崎・蓼沼訳『労働法原理』昭和四六（一九七一）年〔東大出版会・昭和四七年〕）と第一版・一九二一年版（日本語訳なし・亀の子文）の違い等にも興味をそそられた覚えがある。

この論文の執筆時（一九六〇年代半ばから七〇年代）には、法解釈をめぐっては、東大の加藤一郎教授や星野英一教授等が比較衡（考）量論を主張されたり、渡辺洋三東大教授からの法社会学（社会科学としての法学）方法論からの労働法学批判がなされたり、あるいは少し遅れて「再入門派」（下井隆史・保原喜志夫・山口浩一郎著『労働法再入門』有斐閣、一九七七年）が颯爽と登場し、民法や労働法の枠を超えての解釈論議が喧しくなされていた時代であった。しかし、本論文では、これらの論文には直接ふれてはいない。多少なりとも私見を入れて評価できるようになったのは、約三〇年を経た後に書いた第二章の「労働法解釈方法論について」である。

(2)　第一章論文を書いている際、当時よく当たり前のごとくに話されていた「プロレイバー労働法学」という言葉をどう理解するべきかということを考えざるを得なくなった。沼田稲次郎『労働法論序説』（勁草書房、一九五〇（昭和二五）年)[1]を独学で読んで以来のつきまとっていた疑問であった。この書の概要の第一は、社会的な意味での労働の従属性と法的な意味で語られる場合とを区別すべきということであり、したがって、「従属労働」は、あくまでも法（＝国家意思）がこれを如何なる面においてとらえるかということが問題とされるべきであること、第二は、近代社会は、「階級的特殊的意思の実体」が、「普遍意思の形式」である（＝法）という特性を有する社会であると定義づけたこと、第三に、第二との関係で、一部の利益のみを見て法の共同体的契機を強調するという、いわゆる「イデオロギー」批判が重要な意味を持つこと及びイデオロギー（虚偽意識）は、「真っ赤な嘘」を意味しないこと、さらには、第四に、法には、必ず法制定者の価値判断が含まれており、こと労働過程の労働者意識から見て、法は部分的な利益しか代表していないというイデオロギー批判の立場で虚偽性が指摘されること、そしてこの「イデオロギー」が法規範の根拠として要請されることとは区別して考察されねばならないことである。これを、同教授は、解釈方法論である「法超越的批判と法内在的批判」と言い換えている（沼田稲次郎〔筆名・田井俊一〕「法解釈の真理性について—解釈法学序説—」学生評論一・二号（昭和一一（一九三六）年）三一頁以下、同「労働法における法解釈の問題」季刊法律学二〇号（一九五六年）、同『就業規則論』（東洋経済新報社、一九六四（昭和三九）年）一九二頁等参照）。そして、これらの点の理解が、プロレイバーの立場によって主張する研究者も、この方法を批判する立場の人にも必ずしも、よく整理されて理解されていないとの結論に達した。とくに、プロレイバー法学は、労働側に与する労働法という定義がなされることが多いが（籾井常喜「戦後労働法学の軌跡と課題」法の科学五号（一九七七年）五二頁以下）、結果的に、労働者あるいは労働組合に与することになることはあり得ても、法規範の解釈において、このことと、労働者の意思を超えた一般意思である法の解釈において、労働側に与することとの結果たる論理については、この定義では不鮮明な部分が多い。「与する論理」の運動と法に表現された立法者の意思との間には、さらなる媒介作業が必要ではないであろうかという問題意識を、その後おおよそ三〇年間温め、当時の法社会学論争との関連を含めながら整理したのが第二章論文である。[2]

（1）　ただし、筆者が読んだのは、第三版（一九六八年刊）である。以下本文中の同書引用頁も、この第三版のそれである。

（2）　東京大学を初めとする学生街が少し静けさを取り戻した修士課程四年生時（一九七一〈昭和四六〉年度）に、田村五郎先生（中央大学名誉教授）が刊行されて間もない『文献研究　日本の法社会学』（藤田勇・江守五夫編、日本評論社刊、一九六九年刊）をテキストとして使って行なった「法社会学論争」講義、その後の明治大学の博士課程で、藤田勇先生（当時東大教授）の「法社会学」講義に出席をして教わったM・ヴェバーの『法社会学』、ならびに「あとがき」でふれている「理論法学研究会」などでの研究発表等が、第一部収録論文のベースとなった。

第一章　労働法基礎理論序説——「従属労働」論を軸として——

序

従来、多くの労働法学者は、労働法を他の法体系と区別立てる概念の一つに、労働もしくは労働関係の「従属性（Abhängigkeit）」とか、「非独立性（Unselbständigkeit）」をあげるのが通例である。

たとえば、「労働法の対象となる労働は、労働一般ではなくて、従属労働（Abhängige Arbeit）である。[1]」（H. Sinzheimer）とか、「労働法は、契約により非独立的に仕事を行なう被傭者の法」である。[2]」（Kaskel）とか、「労働法は……中略……労働する国民といってもそれは経済的非独立者、言い換えれば被傭者に限定される。[3]」（Melsbach）、そして「人的な労働給付に対する全ての義務は、一定の人的従属（eine gewisse persönliche Abhängigkeit）を必然的に伴う。[4]」（Hueck-Nipperdey）等々、ワイマール時代も含めドイツの労働法学者達は主張してきた。

また、日本においても、「労働法は労働一般に関する法ではなく、特殊の労働関係、即ち従属労働関係に基く法である。[5]」（津曲教授）とか、「労働法の対象は労働一般ではなく、そのなかの特定労働である。その特定労働とは、労務の給付が雇主の指導のもとになさるべき継続的労働ともよばるべきものであり、これを簡単に『従属労働』と称することができる。[6]」（宮島教授）と唱えられてきたわけである。これら若干の例を見ただけでも、その「従属性」、「非独立性」の意義が必ずしも同一でないように、「従属性」、「非独立性」の範囲、根拠、法的定義について統一的なものはなく、さらに、これらについて、さらなる具体的定義として、人的従属性（Persönliche Abhängigkeit）、組織的従属性（organisatorische Abhängigkeit）、経済的従属性（wirtschaftliche Abhängigkeit）等が説かれてきたが、これらの区別と連関、あるいはどの対象をどのように法的に評価するのかという点になると、さまざまに意味、色彩がこめられ諸学説が入り乱れているといってよい。しかも、法概念としての「従属労働」を否定さえする見解もあるのである。(8) このように、諸見解、諸学説が相対立し、主張されている根本的な理由は、労働法自体が、人間労働一般を規律する法ではなくて、(9) 産業資本主義の生成・確立期以後今日までの階級対立、経済的・社会的変動の結果生成されてきたという法形成自体の原因によるものといえるし、あるいは労働法が、自からの労働力を自からの肉体から切り離せられえない特殊な商品である労働力商品所有者、そして、これと資本（家）との動態的な関係、つまり、労使（資）関係を基礎的な対象とするために、他の諸法、とりわけ市民法と比較すると、様々な運動、経済的、社会的、政治的な諸要因の影響をある面では直接的に被りやすいため、法概念の定立の困難性を有するものといえよう。(10)

ところで、前述した各論者の代表的な諸見解を含めて、この種の学説を個々にそして緻密に分析することもこの「従属労働」論を考察するにあたっては必要不可欠な作業だと思われるが、この点についての分析はさておき、現在より根本的な作業が要請されているといえる。というのは、「従属労働」論についての代表的な諸見解を分析することを通して、そこで主張されている法・国家論の解明が目下の緊要な課題として俎上にのせられるべきである。

つまり、身分的支配社会である中世という時代とは異なり、いわゆる法の支配といわれる〝近代〟という時代の意義を各論者が「従属労働」論を語る場合、自己の理論体系の中にどのように再構成しているかという点である。言い換えるならば、近代政治革命によってもたらされた解放の本質と現代の国家ならびに法体系を構造的に把握する認識論的な視座を各論者は果して十分に獲得しているかどうかである。[11]

このモチーフの提起は、一見紋切り型であり、不明瞭と思われるのでさらに具体的に説明するならば、「従属労働」を語る各労働法学者が、おしなべてその法的な世界観の土台を「法を抽象的な交換過程に限定する考え方。[12]」においているという一般的な支配傾向の問題点である（この考え方は、私が一(i)～(iii)で考察の対象として取り挙げた、H. Sinzheimer、加藤教授、津曲教授、孫田教授に共通するものである）。つまり、法の形態の根拠を商品の形態に求めるという見解に、いかに労働法学者がとらわれているかという問題点である。これがなぜ問題であるかというならば、近代において、商品交換は商品所有者の意思によるというイデオロギーがいかに生まれてきたかという点についての認識が不十分であるか、理解されていないからである。したがってこれらの論者は必ずといってよいほど、契約から法の一般理論を出発させるため、契約の構成要件の緻密な分析に代表されるように、きわめて細部にわたる契約の分析をするという方法で、この「従属労働」論について答えている。この種の考えの基本は、商品所有者相互間の交換過程は、両商品所有者の意思行為にもとづいており、また意思関係としてあるという形で、商品交換過程を意思によって説明しようとする点にある。しかし、この法的構成の実体は、つまり商品流通現象自体は、個人の「自由意思」に契約が還元されるのではなく、資本制的経済法則の論理の貫徹する「社会経済的必然性」の中にあり、契約はこの「必然性」の表われでありしかも国家意思によりモディファイされたもの、概念化されたものに他ならないのである。このような従来の契約論の把握の仕方の問題点は、現実的な社会的諸関係と法という形態で表現している諸関係を明確に区別していない点（私は、この認識の方法を「政治的国家」「市民社会」の総体的認識の欠如と名づける）にあるとみる。換言するならば、近代では市民社会より国家が分離し（「政治的国家」と「市民社会」の二重性）、法が国家の普遍的な意思であるとされた結果、法は現実の諸関係を表示しながら、また逆に、現実の市民社会に対する国家の能動的な意思表示であるという点の認識が不十分なのである。しかも、この認識方法の根本的な限界性は、資本（＝自己増殖する価値）という社会的な力に従属している労働者の問題、つまり、「従属労働」を分析する場合にさらに増幅化されている。というのは、労働者が自己の労働力を価値増殖過程の論理という「社会的必然性」の論理の中へ従属するという形でしか売り渡さざるをえないという現実的諸関係の問題をさすがに「自由意思」による労働力売買と法的に構成するのは問題性を有すると考え、ここに、はじめて国家法である労働法が法的主体としての労働者主体を、いわゆる「形骸化された自由意思主体」として法的に構成したという考え方である。しかし、この結論も結局のところ法の形成の根拠を商品の形態に求めるという見解を完全に克服しえたものとはいいがたいといってよいであろう。何故なら、「自由意思主体」としての商品所有者という考えも、「形骸化された自由意思主体」としての労働力商品所有者という法的構成も、ともに現実の市民社会内諸関係に対する法（＝国家意思）の媒介された形態化であり、支配階級意思の法規範化の一端だからである。

以上の拙論のモチーフを言葉を変えてまとめるならば、まず、第一に、規範の論理だけを分析して、労働法の特性を引き出そうとする見解、とくに、労働契約の構成を、現実を媒介としないで、分析する考え方を問題とした点にある。この考え方は、拙稿で取りあげた、津曲教授、加藤教授の「従属労働」についての見解ばかりでなく、現在も、若干の研究者の内部で形をかえて主張されている理論でもある。たとえば、「従属労働」は、労働法の解釈の場合には問題しなくてもよいとか、資本主義社会は、経済過程それ自身の力で、「経済外的強制」を要することなく自律性を有すると考え（その直接的な規範が市民法であるということになる）がそうである。これは、前述した諸先達の考えの中にも支配的な考え方としてあるのだが、この第一の立場に立たないで、労働法の特殊性を強調する人の考え方にも色濃く流れている考えでもある。この考え方の基調は、労働法、つまり、政策としての法を通して国家がその論理で十分補えるものを、あえて労働法の特殊性を強調する必要性はないとか、「従属労働」は労働法の適用対象確定の問題でしかないという主張等がそうである。(13) これら、最近の主張については、いずれ、別な機会にふれて批判していきたいと思う。

他方、もう一つは右の見解とも関連を有するが、従来の労働法学者の考えの中に、労働法は国家意思がはじめて市民法を修正したものであるとする見解である。いわゆる社会政策諸立法により、市民社会内に、現実に存する労働・社会問題の解決の方向性がはじめて与えられるようになったという見解である。しかし、市民法と労働法を直接的に対比するこの見解は、市民社会の虚偽性十分に批判しえるものであろうか[14]。近代の論理を根本的に認識しえているであろうか。

拙稿のモチーフは、主としてこれら二つの考え方を検討してみることにある。そして、また戦後三十余年、「解放立法」（沼田教授）と称呼された労働法体系についての支配的な考え方について、部分的にせよ批判が提起されている近時の学界の論理を根本的に考察する一つの魁（さきがけ）の意味を込めて本稿をまとめた。

しかしながら、現実の労働法上の問題に対する答えとしては、未だ体系化されてはいない。そのため今回の私の作業は、「従属労働」論についての従来の代表的見解を分析し、その中から問題点を指摘するという基礎的なものに限定されざるをえなかった。そしてまた、ワイマール期ドイツの諸学説の本格的分析は、ドイツ労働法理論についての具体的研究が要請されるため今後の発表に譲りたい[15]。

（1）『労働法原理・第二版』（一九二七年、楢崎・蓼沼訳）（東大出版会、昭和四七年）一一頁。
（2）W. Kaskel, Arbeitsrecht, dritte Aufl. 1928. S. 66. 但し、要約。
（3）Melsbach, Deutsches Arbeitsrecht. 1923. S. 18.
（4）Hueck–Nipperdey, Grundriß des Arbeitsrechts, 4. Auflage. 1968. S. 2. 但し、この章は Hueck による。
（5）『労働法原理』（改造社、昭和七年）七〇頁。
（6）『労働法学』（青木書店、昭和三九年）五六頁。
（7）学説を良く整理されている文献はさしあたり次のものがある。加藤新平「労働の従属性」法学論叢五五巻五・六号一頁。宮島尚史「従属労働論の反省」討論労働法七号一頁。林迪廣「労働法の基礎概念―労働の従属性をめぐる問題―」『社会法綜説（上）・九州大学社会法講座三十周年記念』（有斐閣、昭和三四年）七五頁。下井隆史「雇傭・請負・委任と労働契約―『労働法適用対象画定』問題を中心に―」甲南法学一一巻二・三合併号一五一頁。甲斐祥郎「労働の従属性理論の概況と問題点」『労働

法学の基本問題』（法律文化社、昭和五〇年）三四頁。
(8) 吾妻光俊『労働法の展開』（海口書店、昭和二三年）、『労働法の基本問題』（有斐閣、昭和二三年）等参照。
(9) 宮島教授は〝広い意味における労働法〟を考えられ、資本主義社会にのみ労働法を限定していない。前掲『労働法学』一五頁以下。
(10) もちろん、このことは、現在の市民法原理の内容が、古典的市民法原理そのままを内容としているという意味では決してない。法（＝国家意思）が、政治的支配をめざす諸階級間の階級闘争を媒介にして形成されるという原理から考えるならば、現行市民法は様々な修正原理をその内容としている。例：無過失損害賠償責任論、許された危険等。参考文献としては、錦織成史「民事不法の二元性―ドイツ不法行為法の発展に関する一考案―」法学論叢九八巻一・三・四号。
また、川島武宜教授は、法学教室（旧版）八号所収の「民法の基本構造と基本原理」（三五頁）の中で、古典的市民法原理を変化させる商品交換の別の型態として、第一に、資本の集積と労働者の階級団結の結果、組織された集団あるいはそのような集団の中の個人が商品交換の主体となったこと、第二に、恐慌、戦争の事情によって、資本制生産のメカニズムが維持されがたくなって、商品交換の私的決定を、社会的総資本の立場から規制するようになった点を挙げている。

また、労働法分野に目を移しても、労働立法史として一つの研究分野が成り立つほどに、数々の変遷を経てきている。そして、労働法上の個別的な概念の変遷についても検討すべき対象がある。例えば、雇傭契約と労働契約という法概念の差異は一体如何なる点にあるのかという問題が存する。この拙稿は、この両概念の区別と関連を考察する中から生まれたといってよい。
(11) 私は、この認識論的視座を、本稿の論述の中で明らかにしていく予定であるが、さしあたり、概略的な説明を労働法学の分野に引きつけて考察するならば、沼田稲次郎教授の『労働法論序説』（勁草書房・昭和二五年）と『法と国家の死滅』（法律文化社・昭和二六年）の相互媒介的な批判作業が基礎的な定式となるべきである。というのは、私は、前者の中に、階級矛盾を資本主義的に包摂＝解消を企図する規範の論理が分析されており、後者には、階級矛盾の止揚を指向する労働者運動の規範の論理、目的意識的な計画経済を指向する運動の規範の論理、つまり、人間生活における個人の意思が国家という共同の意思を凌駕する規範論理が解明されているとみるからである。言い換えるならば、政治的＝法的解放とこれを止揚する人間的解放との緊張関係の論理が、近代の主要な矛盾とみなされるからである。
(12) この問題提起は、約十有余年前に、山下威士「法と商品交換序説―『法を抽象的交換過程に限定する考え方』の批判的克服のための基礎的論理についてのノート」早大法研論集二号（一九六七年）によってなされたが、労働法学界では、このことを真正面から受けとめて対応したのはきわめて数が限られているといえよう。右論稿の問題提起以来、約十年後柳沢旭「労働法と社会保障法—政策論的アプローチによる同異性—」（『大憲論叢』一九七七年）が四八頁の注11の中で「渡辺教授の労働法学批判は具体的に誰の学説・理論に対してのそれであるかは定かでない。しかし、批判の対象は明らかに、沼田社会法論における〈政策と法〉という視点を欠落させたまま法解釈における権利論を展開する理論についてであろう。いわば沼田理論の一面的継承ともいうべき理論が批判の対象とみてよいであろう」と述べているのを見るとようやく労働法理論の中で生かされはじめたといってよい。その意味で、権力論を考察の範囲内に入れた法解釈の権利論を形成するのがいかに困難であるかということを証明しているともいえる。なお、沼田労働法学批判については、牛尾茂夫「沼田理論に対する若干の覚え書的検討㈠—労働法の性格把握のために—」静大法経論集一号（昭和二九年）参照。ところで、戦後三〇年の労働法学の流れと今後の課題を手際よく分析したものとして、籾井常喜教授の「戦後労働法学の軌跡と課題」法の科学五号（日本評論社、一九七七年）五一頁以下参照。

(13)　前掲下井論文がその典型例である。ただ「従属労働」論を法解釈上どのように立論すべきかという論者のモチーフは理解しうる。

(14)　市民法も国家意思の概念化された形態であると認識している論者は多くはない。

(15)　それ故、本稿では、フーゴー・ジンツハイマー（Hugo Sinzheimer）（一八七五—一九四五）の「Grundzüge」の第一版（一九二一年刊）と第二版（一九二七年刊）の部分的検討にとどめた。

一　「従属労働」論の分類基準

「従属労働（abhängige Arbeit）」論を分類する基準として、一つは社会経済的視点から分析する立場と、他の一つには、労働契約の構成要件を分析し、労働の種類的特性を明らかにすることによって、労働法の基本的な特徴をつかもうする立場がある。拙稿では、労働法それ自体の体系性を問題の俎上にのせようとする点、しかも、今後の権利闘争をいかに考えるべきかを主たる課題として考察しようとする点、そして、労働契約の構成要件の分析に力点をおく立場も、結果として従属性を承認しているという点から、主として、前者の社会経済的視点から分析する立場を中心に、比較検討していきたい。

ところでこれには、概略、(i)「組織的従属性」(Organisatorische Abhängigkeit) 説、(ii)「人的従属性」(Persönliche Abhängigkeit) 説、(iii)「経済的従属性」(Wirtschaftliche Abhängigkeit) 説の三分類が、通常なされている。これら(i)(ii)(iii)の分類によって、「従属労働」論を整理することは、すでに、諸先達の学問的成果となってあらわれており、あるいはまた、(iii)の「経済的従属性」を他の(i)(ii)学説も、いくばくかといえども評価している点などを鑑みて、拙稿では、この分類基準だけによらない。

そこで、第一番目に、「組織的従属性」説の代表的な学説として、フーゴー・ジンツハイマー (Hugo Sinzheimer) の理論を検討する。第二番目には、「人的従属性」として、加藤新平教授、津曲藏之丞教授の学説を検討にのせたい。ただし、両者の論理構成にはかなりの違いがある。第三番目には、「経済的従属性」の上に、「身分的（人格的）従属性」を唱えている孫田秀春博士の見解を取り上げたい。そして、最後に、国家＝法主体の立場から、「従属労働」論、および労働法の特性をとらえる沼田教授の見解を検討していきたい。なお、これらの諸学説を並列的ではなく、総合的に考察する中から、各論者の諸特徴が、法解釈論、権利闘争論、立法論等にいたるまで貫徹していることをできれば明らかにしていきたい。

(i)　ジンツハイマーの「従属労働」論

ワイマール・ドイツ労働法理論が、わが国の労働法理論に深い影響を及ぼしてきたことは、この稿であえて指摘するまでもないことだが、とくに、ワイマール憲法の労働条項や生存権的基本条項に対する積極的な提案者であり、発言者であったジンツハイマーの学説がそのうちの一つであることもいうまでもない[1]。したがって彼の理論の骨格を成している「従属労働」論を解明することなしには、一切が語り得ないともいえるわけで、まずジンツハイマーの理論から検討していきたい。

ジンツハイマーは、その著『労働法原理・第二版』(“Grundzüge des Arbeitsrechts, zweite Auflage, 1927.) の

中で、労働法をその構成する要素からまず定義づけている。つまり、「労働法は物的及び人的要素（ein sachliches und persönliches Element）を含む。物的要素は従属労働（abhängige Arbeit）であり、人的要素を構成するものは被傭者（Arbeitnehmer）である。[2]」というわけである。この中から肝要な点は、言うまでもなく、まず第一に、労働法の対象となる労働は、労働一般ではなく、「従属労働」であるということである。そして、第二に、労働法を主体の面から規定して、「被傭者」の諸関係を規律する法として定義づけていることが指摘され得る。そこで、これら二点のうち、とくに前者を彼の論理にのっとってさらに解明してみたい。後者の問題は、「従属労働」論を検討する中で明らかにされていく。

（1）戦前、ワイマール・ドイツの論議を整理しているものとして、津曲藏之丞『労働法原理』（改造社、昭和七年）一七〇頁以下参照。

（2）楢崎二郎・蓼沼謙一訳『ジンツハイマー労働法原理』（東大出版会、昭和四六年）一四頁。なお、このGrudzüge des Arbeitsrechts, 1927の訳書を以下『原理』と略記する。他方、Grundzüge des Arbeitsrechts, 1921をGrundzüge, 1921と略記する。

(a)　ジンツハイマーは、その「従属労働」を以下の二点から主として分析している。それはまず、㈠従属労働関係を「一の法的な権力関係」であるとしていること、そして㈡に、従属労働の基礎を、所有権に求めている点である。そこで㈠から説明していきたい。

㈠　ジンツハイマーは、人間がその機能としての労働（個人的機能と社会的機能を合わせて有する）に対する自己自身の処分力（Verfügungsgewalt）を他人に帰属させる場合に、「従属労働」が語られ、これを「従属労働は他者の処分権のもとにおける労働である。[1]」とする。しかも、「従属労働」は、たんに、経済的、社会的または技術的従属労働性において給付される労働というわけでなく、その関係は法律上のものであって、「従属労働は、労働する人間が一の法的権力関係（Gewaltverhältnis）のもとで給付する労働である。(2)」とまず総論的に定義づける。

そして、そこから、この従属性の本質（Wesen）を解明している。

ジンツハイマーの言うところによれば、人間の生活関係には、「個人と個人との債権的な関係（obligatorische Art）と「人間と統一的な組織関係（organische Art）」とがある。前者は、取引・財貨の交換（＝市民法上の契約関係＝商品経済秩序の法）が問題であり、後者においては、統一体関係（Einheitsverhältnis）が問題となる。(3)そして、後者にこそ、彼は注目する。この後者の関係を主宰する（verwalten）ため、価値を実現する（verwerten）ために法的な力（eine rechtliche Macht）が必要であるとし、「権力（Gewalt）とは、統一体のなかにおける個別的諸力とその個別的作用とを処分するところの・統一体関係（Einheitsverhältnis）から生ずる人又は人的団体（Personengesamtheit）の法的な力である。権力は行政法的機能（eine verwaltungsrechtliche Funktion）と財産法的機能（eine vermögensrechtliche Funktion）とをもっている。(4)」とさらに具体的な定義づけをしている。この定義から指摘できることは、通常、商品交換の法といわれる市民法上予想されうる個別的な法的主体間の商品取引以上の関係が市民社会内に存在することをジンツハイマーは鋭く見抜いていたといってよい。

そして、さらにジンツハイマーは、この「統一体（die Einheit）」の定義づけを次のように定式化している。つまり、「統一体（die Einheit）は、自己の法則を自らのなかにもっているところの・従って、個々人の意思や意思能力によってではなしにその構造によって効果が規定されるところの・一の客観的組織体（ein objektives Gefüge）、即ち“systema”（組織）、“ordo”（秩序）である」(5)（傍点—筆者）というわけである。このことから「統一体」は、個々人の意思能力をはるかに超えたものであり、「組織体」自体の効果は、その中に含まれる諸個人の算術的総和以上のものであり、そして「統一体」の作用から直接生ずるというわけである。「統一体」は、たんなる機械的なものではなく、有機的な意味が込められるといってよい。この定義づけは、統一的組織体＝団体の社会規範の説明としては、部分的な正当性を有するともいえるが、いわゆる法規範の説明としては、あまりにも、直接的な説明といえる。しかも、「組織体＝統一体」の中に属している諸個人の規範意識が全く顧慮されない論理構成は、さらに問題点を有するといえよう。

ついで、ジンツハイマーは、「法的処分権」(Verfügungsgewalten) が他者の (fremd) 権力 (Gewalt) である場合、「従属労働」が存在するという、つまり、「権力が個々人から分離された一の法的主体に帰属して個々人はそれに服するだけである場合には、権力は他有の (fremd) ものとなる。[6]」ということである。そして、この場合の法的意思の状態を次のように特徴づけている。「権力は、権力服従者の全体意思又は綜合意思 (Gemein-oder Gesamtwillen) でなしに、権力所持者の個人的・独自的意思 (eigner Willen) のみを表現する。それは全体権又は総体権 (Gemein-oder Gesamtrecht) に根ざすものではなくて、個人権 (Eigenrecht) に根ざすのである。[7]」と「統一体」の集団的・全体的意思ではなく、それの個人的意思であることが強調されている。したがって、この「統一体」下における労働は、「統一的形式」における労働であり、社会的生活過程は「結合的生産方法 (Kombinierte Produktionsweise)[8]」なしには、考えられないが故に、個々人に対する処分権は、必然的であるとする。この「結合的生産方法」をK・マルクスの『資本論・第三部』の一部を引用しつつ説明している点、あるいは、ジンツハイマーの『労働法原理・第二版』(‘Grundzüge, 1921) の中で、「社会的・分業的生産の形式 (Die Form der gesellschaftlichen, arbeitsteiligen Produktion) は……中略……社会的な宿命[9]」と述べている点、それから、また、「処分権は、労働の上に、しかも労働の上にのみ樹立される権力である。[10]」と述べている点等から考えるならば、「生産手段の所有―非所有」、「労働力の商品化」等をその特徴とする近代的な資本家的生産様式を意味するものに他ならない。その意味で、「資本という社会的力 (gesellschaftliche Macht)」の下に従属している労働者の問題、つまり、完全な意味での自由な法的主体とは言いきれない擬制的自由な法的主体である、労働者の問題を、如何に法理論化すべきかというジンツハイマーの苦慮が推察されうる。

そこで、さらに、ジンツハイマーは、「労働を従属労働たらしめる処分権は、如何なる権利に基くか」という、ジンツハイマーの理論の最大特色の一つでもある従属性の基礎（Grund）の問題を提起する。

（1）ジンツハイマー『原理』一七頁。
（2）ジンツハイマー『原理』一七頁。
（3）ジンツハイマーは、『原理』二〇頁で、この点を述べているが、この箇所の本文注（6）で『資本論』第一部第三篇第五章の「労働過程と価値増殖過程」の指摘を行なった後で、「たとえマルクスの主張する剰余価値論が正しいと考えられないにしても、労働法学にとって重要である。」（傍点―筆者）と微妙な表現をしている。このことは、あえて強調するまでもなく、当時（第一次世界大戦後）社会主義運動内部、労働運動内部で主流であった、ドイツ社会民主党の思想潮流の影響をかなり受けているといってよい。ただ、この点の具体的研究の発表は、後日に譲りたい。
（4）ジンツハイマー『原理』二一頁。
（5）ジンツハイマー『原理』二〇頁。
（6）ジンツハイマー『原理』二三頁。
（7）ジンツハイマー『原理』二三頁。
（8）ジンツハイマー『原理』二二頁。
（9）Vgl. Sinzheimer, Grundzüge, 1921. S. 57.
（10）ジンツハイマー『原理』二八頁。

㈡　ジンツハイマーは、従属性の基礎（Grund）を労働法の基底である「労働と所有権との間の関係」、つまり、所有権の社会的権能＝「社会的諸力の活動場裡における事実的作用」[1]において把握した。そして、所有権に属する物は、「生産手段」＝「それなくしては労働する人間がその労働力を活動せしめ得ないところの労働手段」[2]であるとする。しかも、この生産手段が労働する人間の手中になく他人の手中にある場合には、「労働と所有権」との間には、次のような二つの作用が存するとする。つまり、その一つは、所有権の「吸引作用（attraktiv）」であり、もう一つは、それの「支配権的作用（potestative Wirkung）」である。

前者の意味は、所有権が、自己の価値実現に必要な労働を手許に引き寄せることによって、吸引作用を行うことにある。つまり、労働に依存する無産者たちが労働と賃金とを提供してくれる所有権者の生産場に殺到するのであって、労働する人間を所有権の下に駆り立てるものは、法的強制ではなくて、この方向に作用する社会的ダイナミック（soziale Dynamik）の「暗黙の強制（stumme Zwang）」であるとまでいうわけである。この考えから、「労働契約の自由」は、「所有権の作用に対する何等の制限ではなく……労働力を所有権の処分の下におく法的手段である。」[3]とし、「被傭者が自己を処分する所有権を選択する自由にすぎない。」[4]というわけである。

他方、後者の意味は、「所有権は、自己の価値実現のためにその処分下におかれた労働力を支配管理する（dirigieren）。所有権が彼の所有権の価値実現のために他人の労働力を雇入れれば、労働力の処分を通じて同時に所有権の価値実現が生ずる。」とし、「労働力の処分は、所有権の価値実現の形式である。」[5]というわけである。そして、この場合、所有権による労働力の処分は、「単なる物権法的行為ではなくて、同時に人法的（personenrechtlich）行為でもある。」[6]とし、「所有権は、単に物に対する支配としてのみでなく、更に人間に対する支配として、即ち『物によって媒介された人と人との間の関係』（マルクス）として現われる。」[7]と彼独自の所有権の「支配的作用」を特徴づける。

結論として、ジンツハイマーは、「従属労働の基礎は所有権である。」[8]（傍点ママ）とする。

ところで、ジンツハイマーのこの学説が、近代法の理論的検証にたえるものであるかどうかを検討する前に、彼の運動論・権利闘争論ともいうべき「労働と所有権」との関連をもっと動態的に考察している『労働法原理・第一版』（Grundzüge, 1921）の「第三章　労働法の形成（Fortbildung des Arbeitsrechts）」の「二節　労働と所有権」を考察してみよう。

（１）　ジンツハイマー『原理』三〇頁。
（２）　ジンツハイマー『原理』三〇頁。

(3)　ジンツハイマー『原理』三〇頁。
(4)　ジンツハイマー『原理』三一頁。
(5)　ジンツハイマー『原理』三一頁。
(6)　ジンツハイマー『原理』三二頁。
(7)　ジンツハイマー『原理』三二頁。
(8)　ジンツハイマー『原理』三三頁。

(三)　ジンツハイマーは、まず、総論的に次のように述べる。

「労働法の基礎は、私的な生産手段の所有権から生じた使用者による被傭者の従属性である。(1)」とし、このことから、「一方では、使用者から権限を奪う没収（eine Enteignung）が生じ、他方では、被傭者の人格を拡大する解放（eine Befreiung）が生ずる。(2)」と原理的な位置づけをなしている。

この「没収」と「解放」を彼の主張するところに従って、さらに具体的な解明してみよう。

まず前者の「没収」とは、「強行規定により（所有権の物に対する支配・人間に対する支配―筆者注）の行使を制限するか、あるいは、組合の全体意思（genossenschaftliche Gesamtwillen）に従属させるということにより、所有者からこの支配の無制限な使用を奪いとる。(3)」とし、とりわけ労働法の分野における「没収」の影響は、「所有者の事物支配に対して、制限された規模ではあるが、経営内被傭者代表の諸権利（die Rechte der Betriebsvertretungen）により、作り出されたものである。(4)」とする。しかも、「没収は、私的な力（private Gewalt）を社会的な力（soziale Gewalt）にゆだねる。(5)」というように述べている点からいっても、「労働は……特定の個別的な人格の問題であるばかりでなく、社会的生活範囲の問題（eine Angelegenheit sozialer Lebenskreise）である。(6)」という彼の労働＝社会観を基礎にして「個人的関係」と「社会的関係」の論理、しかも、後者による前者の統御、浸食という論理でもって、労働法を分析しようとするジンツハイマーの論理が流れているのを指摘することができる。

つまり、使用者の権能の部分的剥奪に、社会法、とくに労働法の一大特徴を見ているものといえよう。

ところで、さらに後者の「解放」とは、いうまでもなく「被傭者の解放」である。つまり、「被傭者の解放は、使用者の権力（die Gewalt）の下に自からが服しながら、社会的空間の中で（in gesellschaftlichen Raum）自からを隔離する（Isolierung）ことである。[7]」と一見矛盾的な説明を行ないながらも、「使用者の権力」という大枠をいささかも否定するものではないのである。したがって、「自由は、自から自身について、自由に処理しうる能力である。[8]」といいつつも、「この能力は、他人の支配領域を限定することにより、そして、その支配領域の形成（Bildung）に参加（Teilnahme）することにより、他人の意思が自分の意思を支配することを押えること、および、自己決定手段についての処理権能（die Verfügungsgewalt）を含んでいる。[9]」と述べ、これらの「参加」あるいは「押える」という意思主体をいうまでもなく、労働者の団結体に求めているのである。たとえば、このことを次のように述べる。「団結（Koalition）、労働団体（Arbeitsgenossenschaft）そして、同等の代表団は、所有権の個別意思に対して、最初の有無を言わさない無条件の命令（ein Diktat des ersten）を排除する労働の社会的意識を対立させる。[10]」というわけである。そして、これらの論理を主張するなかから、被傭者の人格性の拡大＝解放を次のように結論づける。つまり、「被傭者に、特別な権利保護と行政的保護を与えるばかりでなく、この法的な職務上の地位なしには、有しなかったかもしれない生活の富（die Lebensgüter）を獲得する職務上の権利は、さらに一層、被傭者の人格性（die Personlichkeit）と結びつけられる。これをもって、被傭者の人格性は拡大される。その権利は、被傭者に、この権利なしには有しなかったかもしれない社会的力（soziale Krafte）を与える。[11]」というわけである。

これらの主張から、「没収」と「解放」は何を意味しているかは、大略理解されよう。これらの論理は、資本ならびに利益参加でもなく、さらに、労働者が経営を自己管理するレーテ運動とも当然異なるものである。このことは、この章の次のような叙述からも窺える。つまり、「社会的・分業的生産の形式は、私達が確認しうる限りでは、歴史的な宿命にとどまるであろう。」[12]と主張するのは、資本家的経済体制を前提とする論理であり、計画経済体制への急進的な移行の拒否であり、あるいはまた、「労働法的に考察するならば、生産手段における私的所有を純粋な国家的所有に取り替えても問題はまた解決されない。国家的所有は、その本質からみれば、個人的所有である。国家的所有は、私人の所有と全く同じように被傭者側の労働生産物を疎外する。」[13]という主張は、彼の「没収」と「解放」が紛れもなく「経済民主主義」[14]の主張を基盤に、企業のエゴイズムを拒否し、「社会的」という論理を導入することによってそれを克服しようとする点にあるものといえる。その意味で、労働運動の軸が労働者階級の自主法規範運動にあるのではない。

それでは、この問題の解決の指針をどこに求めようとしているかというならば、「発展は……全ての従属労働の組織化という方向で進行する。全ての労働生産物に直接に関与することにより、労働の全ての成果について配分をいかに人々が獲得しうるかということが解決を期待されている問いである。」[15]という形で、「配分」の論理を最後に暗示して終っている。この論理は、彼（ジンツハイマー）のその後の「経済法」まで含んだ体系性の中で解決される問題であるが、本稿では、これ以上ふれないで今後の研究の課題としたい。

（1）　Vgl. Sinzheimer, Grundzüge 1921, S 55.
（2）　a.a.O., S.55.
（3）　a.a.O., S.55.
（4）　a.a.O., S.56.
（5）　a.a.O., S.56.
（6）　a.a.O., S.8.
（7）　a.a.O., S.56.
（8）　a.a.O., S.56.
（9）　a.a.O., S.56.
（10）　a.a.O., S.56.

(11) a. a. O., S. 56. ジンツハイマーは、また、同じ‘Grundzüge, 1921”で、この「社会的な」論理を、労働法の発展段階の分析基準にまで適用している。「社会的な利害」が「個別的な関係」をどの程度規制しているかによって、三段階に分類している。とくに、九頁以下を参照。

(12) a. a. O., S. 57.

(13) a. a. O., S. 57.

(14) この「経済民主主義」という思想を、ジンツハイマーは、当時、法学界に強い影響を与えていたオーストリア・マルクス主義に影響されたものと私は見る。とりわけ、「経済民主主義」の主張は、ドイツ・オーストリア社会民主労働党 (die Sozialdemokratische Arbeiterpartei Deutschösterreichs)」の「リンツ綱領」(一九二六年) に具体化された。しかし、この点の関連についての具体的な研究は、後日を期したい。

(15) a. a. O. S 57.

(b) (a)で、ジンツハイマーの『労働法原理・第二版・第一版』の論理をたどってきたわけであるが、それでは、このようなジンツハイマーの学説は、はたして、近代法の理論的検証にたえうるものであるかを検討してみたい。

ジンツハイマーは、「処分権は、自由人に対する他者の権利である。(1)」として、奴隷等の非自由人に対する処分権の内容と区別しつつ、自由人に対する権力は、「従属する人間の法的構造」から生ずるのではなくして、「従属関係の法的構造(2)」から生ずるとする。このことをさらに具体化して次のようにもいう。「今日の従属は、法的人格者としての状態における従属であって、決して身分の従属ではない。人間は従属関係に入り込むことによって、法的人格者としてもっている能力を何等失わない。いわば、何人も法的に従属してはならないが、何人も法的に従属し得るのである。(3)」とし、「従属は今や、法的に自由な意思に基き権力に服従するところの・法的人格者に対する権力としてのみ可能であ(る)(4)」というわけである。

身分 (Stand) の従属ではなく、契約法理と対置された意味での「組織体(統一体)から生ずる法的な力(権力)」考えながら従属を語る点は、近代市民社会に内在する矛盾、とりわけ、自由な労働契約を媒介にして、労働者の従属を語る点において、ジンツハイマーの近代的市民社会観が、彼の理論の背後に横たわっているといってよい。

それのみならず、抽象的・孤立的な法的人格（Person）ではなくて、その背後に、個々人の活動に方向と内容を与える経営体に代表される社会的力を認め、個人が抽象的・孤立的な契約主体である法的人格と異なって、「社会的過程の人格化されたもの（Personifikation）である。(5)」と認識して新たなる法的人間像を考えようとしている点、労働関係の中に債権法的関係を超えた組織的関係（＝人格法的な関係）をみて、近代的労働関係の特質を抉り出そうとしている点から判断するならば、形式的・普遍的・抽象的な人格像では、掌握しきれない人間ないし人間集団（労働力商品所有者ないしその団結の生成の必然性）の存在を鋭く見抜いているといってよい。

しかしながら、使用者の人格のみに含まれるとする「法的な力」を所有権に帰属せしめ、しかもその作用が、人法的行為でもあるとされるとき、法律上純粋に物に対する私的所有権として構成される近代的所有権の構成とは矛盾しないであろうか。(6)さらにまた、このあらゆる支配・従属の関係を「組織的従属性」として語りながらも、その基礎を所有権に集約させる手法は、法的な意味での「従属労働」論を考察しようとし、労働法体系の特性を引き出そうとしておりながらも、近代の法本質論を抜きにした論理構成であるという致命的な問題点を含んではいないであろうか。つまり、「法」を商品経済秩序の法とのみ理解する見解にやはり引きずられてはいないであろうか。近代の労働者が契約自由の名の下で、資本という社会的な力の専制支配の下に従属するという点を「組織的従属」という論理で構成しようとしたものと思われるが、逆に、この論理構成は、資本主義社会は、経済過程それ自身の力で、いわゆる〝経済外的強制〟を要することなく、階級的搾取関係を実体的に確保しうる国家は私有財産と商品経済の外枠を保持する〝法治国家〟であればよいという論理にとらわれてはいないであろうか。支配階級の支配装置として国家は、その支配の目的を達成しうるのは、国家が同時に大多数の被支配者に対し幻想的共同社会のイデオロギー的機能を果す場合のみであるという論理が解明されていない[7]。このことは、「国家」＝「社会的力の最後の組織的総括[8]」という定義しかなされていないという点からもうかがえる。つまり、私的・恣意的な商品経済秩序を「社会的」という論理でもって規制しようとする論理構造に他ならないのである[9]。

要するに、ジンツハイマーは、近代ブルジョアジーは、物質的生活諸関係の中から生まれる自己の共同利害に、国家意思＝法律という一般的表現を与えることによって、自己を統一された階級として組織するという論理を十分に解明せず、逆に「経済民主主義」という経済の社会化（社会的没収）は、政治没収の継続であるとし、これを国家が奪いとることにより完成化される論理構造であるとした。その意味で、ジンツハイマーが、「賃金鉄則」を主張したラッサール（F. Lassalle）の「全ゆる法歴史の文化史的進行は、まさに、私的所有の私的範囲をますます制限し、私的所有の外で、ますます対象を定めるということの中に一般的に存続する。」という言葉で、前述の「没収」の項をしめくくったのは、きわめて興味深いことである[10]。

したがって、国家がイデオロギー支持の体系でもあり、他方、「市民社会」内では、諸個人が自由意思の主体としての抽象的人格＝法的主体となり、同時に、「二重の意味で自由な賃労働者」（K・マルクス）も、抽象的な法的人格者として法的主体となりえ、自由・平等な主体として「市民社会」の一員となりうることの解明が不十分なのである。そのため『物によって媒介された人と人との間の関係』とK・マルクスの『資本論』の一節を引用し、しかも、マルクスの思想に影響されながらも、組織体の論理という団体論に依拠して、「従属労働」論を語るがゆえに、資本の階級的支配の論理的必然性を解明しきれていないし、階級意思の一般的表現としての法の論理も語られていないのである[11]。

その意味で、吾妻教授が、「人格的従属性」の思想は、自由独立な人格が概念基調である近代法秩序と矛盾するものであって、「近代的生産関係が労働力を労働者から分離して客体視すること自体は決して労働者に対する人格的支配をもたらさぬのみかむしろ労働力の客体視といふことの前提にはこれと離れた自由独立な人格概念が予定されているのである。[12]」と主張するが、ジンツハイマーよりも、近代法の規範的、イデオロギー的特性を良く把握しているといってよい。

また、ジンツハイマーが、その著『労働法原理・第二版』(Grundzüge, 1921) で、労働法にとって、まず第一に、「有償な」「契約に依拠」し、「自由意思」で引き受けた「法的義務[13]」こそが問題であるとし、第二点として「人格的な従属 (persönliche Abhängigkeit)」=「他人の意思の下へ人間を服従させることにおいて存在する従属[14]」が労働法の特徴を明らかにし、「(この) 服従は、従属から、法的な自由と平等という抽象的な能力 (die abstrakte Fähigkeit rechtlicher Freiheit und Gleichheit) を奪いとらない。[15]」という論理の方が、「組織的従属性」よりも、近代法の特徴をより適確に把握しているといえるのではなかろうか。さらにまた、私には、ジンツハイマーが、やはり、その『労働法原理・第一版』の「第一章・第三節」の「法源 (Quellen)」の中で、「人民の力 (Volkskräfte)」と「自主的な労働法 (autonome Arbeitsrecht)」を強調しながら、「法律は、ただたんに、政治的な力によって、権威のあるものにされるだけでなく、人民の内部で作用する (wirken)、人民の力 (Volkskräfte) によって、つねに、自主的なもの (selbsttätig) である[16]」とか、「自主的な労働法は、国家的な労働法の次に位する。というのは、自主的な労働法は、国家がそれを認める限りでのみ妥当するからである。しかしながら、今日、実際的に、自主的な労働法は、国家の強行的な規定があけてある空間をふさぐ (ausfüllen)[17]」と述べ、あるいは、「統一労働法」の主張の際、「官僚化阻止」の理論まで主張していることを合わせて考えると彼の理論体系の中で、この部分をもっと普遍化・体系化する必要があったのではなかろうか。

結論的にいえば、社会が社会的生産関係の総体であることと、政治的・法律的諸関係が、「イデオロギー諸形態」である点との関連の本質的な認識が、ジンツハイマーに欠落しているといってよい[18]。

(1)　ジンツハイマー『原理』二五頁。
(2)　ジンツハイマー『原理』二六頁。

(3)　ジンツハイマー『原理』二七頁。
(4)　ジンツハイマー『原理』二六頁。
(5)　ジンツハイマー『原理』一六頁。
(6)　片岡曻「ドイツ労働法学における団体法理論㈠ジンツハイマーの理論について」(『法学論叢』第六〇巻三号)、蓼沼謙一「労働関係と雇傭契約・労働契約㈠」(『討論労働法』三七号参照)。
(7)　K・マルクスは、『ユダヤ人問題によせて』で、次のようにいう。「政治的革命は、これによって、市民社会の政治的性格を揚棄した。それは市民社会をその単純な構成部分に、つまり一方では個々人に、他方では、これらの個々人の生活内容である市民的状況を形成する物質的および精神的諸要素に粉砕した。それは……中略……政治的精神を……中略……共同体の領域として、すなわち市民社会のあの特殊な諸要素から観念的に独立した普遍的な人民的事項の領域として、確立したのである。」(世界の大思想Ⅱの四『マルクス経済学・哲学論集』〔河出書房期〕二四頁)
(8)　Vgl. Sinzheimer, Grundzüge. 1921, S. 8.
(9)　このようにして、ジンツハイマーは、「個別的関係」への「社会的関係」の浸食の論理を強調するわけであるが、そのイデオロギーとして「社会的思想(sozialer Gedanke)」が強調されている。つまり、「労働法において生み出されている社会的な思想の生成(das Werden des sozialen Gedankens)が問題なのである。この社会的な思想は、法が強行的な法規定を含んでいる限り、いわゆる公法のみならず私法においても反映されている。」(Gundzüge, 1921, S. 10)と主張し、労働法と「その生活事実との一体(die Einheit seines Lebenstatbestandes)」、そしてまた、これらの根幹をなしているジンツハイマーの基礎的な方法論である「社会学的構成方法(eine soziologisch-konstruktive Methode)」(Grundzüge 1921, Vorwort)に依りながら、労働法のために法律を通例的に公法と私法とに分類することを否定的に考えている。
　このように、「社会的」論理に意義をおくのであるが、これの論理と「社会学的構成方法」については、後日、本格的に検討したい。さしあたり、参考文献として、孫田秀春の「ジンツハイマーの労働法学方法論を顧みて—法社会学の考察原理についての私考—」『わが国労働法の問題点』(労働法学出版、昭和四〇年)。
(10)　Vgl. Sinzheimer, Grundzüge, 1921, S. 56.
(11)　沼田教授は、『社会法理論の総括』(勁草書房、昭和五〇年)の「労働の従属性」の項で「組織的従属性」を批判して次のようにいう。「組織的従属性を主張する学者——たとえば、Sinzheimer; Potthof——は……中略……階級的従属関係をいんぺいするものである。……中略……「物化的要素を混入せられた人的支配」が、同時に、資本の階級的支配を現成するという歴史的必

然性が自覚せられていない。」（二四二頁）

(12) 法律タイムス一巻五・七号、特に七号の五〇頁。

(13) a.a.O., S.3.

(14) a.a.O., S.4.

(15) a.a.O., S.4.

(16) a.a.O., S.10.

(17) a.a.O., S.10.

(18) 津曲・前掲書「(ジンツハイマーも) 社会を労働の機能に基く體制であると解し、此の體制に於ける組織的権力が階級の原動力であり、且つその権力が所有関係に基くと説明している。……中略……だが社会とは……中略……社会的生産関係の総体であって、それを組織的統一体と解すべきではない。」（二七六頁）の指摘は、ジンツハイマーの問題点をよくついているといってよい。

(ii)　加藤ならびに津曲教授の「従属労働」論

(a)　「人的従属性」は、加藤新平教授の説明によると、大略次のように規定している。

「人的従属性とは、労働者が現実の労働関係に入り、労働遂行をなすに当って現わる従属関係で、雇主の指導の下に労働すべき地位、労働の時間、程度、種類等々に於て雇主の指示決定に従ひ労働すべき地位にあることをさす。[1]」

「労働契約によって労働者は雇主……中略……自己の労働力に対する処分権を与えるのでり、而してそれは労働者の一身、彼の人（人格）と切り離し得ないものなるが故に、通常の物財の給付の場合などとは異り、単なる債権法的関係を超えた人（格）的従属関係……従って人格法的な関係が生ずる。[2]」

これらの定義は、「所有権」という論理から「組織的従属性」を論拠づけたジンツハイマーの学説とその論理構成は異なるが、結論的には、極めて類似しているともいえるし、(iii)で述べる孫田博士の理論とも類似性を有するといえる。

ところが、加藤教授は、「従属労働」を「人的従属」であると単一に結論づけるわけではなく、「従属性の中核をなすものは人的従属性であり、使用関係の有無はこれによって決定される。而してそれは組織的従属性の様相をとる。」(3)といって、ジンツハイマーの理論をそれなりに評価し、さらに、教授の表現をかりれば、「法律上の制度構成の前提たる類型的事態」(4)としての「経済的従属性」を、他の法律上の概念としての「人的・組織的従属性」と区別しつつも評価し、「複合的な構造をもつ概念」(5)としての「従属性」論を展開するわけである。

しかし、「被傭者概念」を軸に、とりわけ解釈法学的立場から、「従属労働」論を把握し、きわめて、鋭い分析を展開しておられる加藤教授の見解も、国家意思＝法律の解明がやはり不十分といえるのではないであろうか。このことは、教授の次の見解からも、読み取れる。「労働者の一身と固く結びついた労働力に対する処分権の、一定の限界内における譲渡契約といふ所から――すなわち根本的に取引法的関係を基礎として理解さるべきものなのである。」(6)（傍点―筆者）、つまり、法＝取引的関係＝商品交換の論理を一歩も出ていないわけである。この論理からは、法がイデオロギーの体系であるという考察は、やはり不十分で、イデオロギーの独自性といったものが把握できなく、商品交換から私法という直接反映論的把握に「人格法的な関係」を考慮したといってよい論理構造なのである。

加藤教授の「従属労働」論の見解も、国家の本質が何よりも国家意思＝法の定立にもとづく支配階級の社会全体に対する政治的支配であること、したがって、国家の本質的モメントであるイデオロギーの要素は法という形態において物質化され、その意味では、国家は、国家意思によって基礎づけられた政治的＝法律形態（イデオロギー的形態）であることの理解がやはり不十分なのではなかろうか。(7)国家において、市民社会の社会編成原理が政治的＝法的総括である点を注意せねばならないのである。つまり、「政治的国家」―「市民社会」の総体という視点からの解明が「従属労働」論を解明する場合にも必要なのである。

ところで、「労働の従属性」を加藤教授と同様に「人的従属性」と把握されながらも、「労働法から被傭者の概念を排斥する(8)」といい、しかも、「従属労働関係は、一つの歴史的形態における労働関係である。したがって、かかる労働関係に入りこむ者は従属労働であり、それは……階級的地位である。(9)」と、立論の出発点が全く異なる津曲教授の見解を次に検討していきたい(10)。

（1）加藤新平「労働の従属性」『法学論叢』五五巻五・六号一五頁。
（2）加藤・前掲論文一五頁。
（3）加藤・前掲論文三二頁。
（4）加藤・前掲論文三二頁。
（5）加藤・前掲論文三三頁。
（6）加藤・前掲論文一六頁。
（7）周知のようにパシュカーニスは、法がイデオロギーの体系であると分析しえなかったことは、加古裕二郎、沼田教授等によって、つとに批判されてきた。
パシュカーニスの問題の箇所は、『法の一般理論とマルクス主義』（第一版、稲子恒夫訳・昭和三三年、第二版・昭和四三年、日本評論社）七六頁～七七頁。E. Pashukanis, Allgemeine Rechtslehre und Marxissmus. Verlag Neuekritik Frankfurt. 1970 S. 50. なお、この点は、国家＝機関説という認識構造と同質性を有しているといってよい。

なお、批判については、加古裕二郎『近代法の基礎構造』（日本評論社、昭和三九年）、とくに、「近代法の形態性に就て」の章。沼田教授『増補・法と国家の死滅』法律文化社、昭和四六年）四六頁。「労働法論序説」八頁等を参照。
（8）津曲・前掲書二九二頁。
（9）津曲・前掲書三〇三頁。
（10）「人的・組織的従属性」についての沼田教授の次の批判は、きわめてよく問題の本質をついているといってよい。「単に人格的・組織的などの『労働の従属性』のみを、労働法の基本的人間像＝労働者像の決定的なメルクマールとして把えるのでは、労働者団結の法理を正しく実態に即して構成し得ない。」（「日本国憲法における労働者像について」山之内一郎先生追悼論文集『今日の法と法学』（勁草書房、昭和三四年）一五頁）。

(b)　(一)　津曲教授は、労働法は労働一般に関する法ではなくて、特殊の労働関係＝従属労働関係にもとづく法であるという視点から、「従属労働関係」＝「近代資本主義社会の労働関係」[1]と一般的に規定するわけであるが、これ自体では、未だその本質は具体的に明らかにはならないので、これのさらなる詳細な説明ならびに、その法学的構成の問題の展開を追っていきたい。したがって、問題点は、(α)「従属労働関係」と(β)「その法学的構成」の二点にまとめうる。

まず、「従属労働関係」の解明であるが、津曲教授は、「単純労働関係」を説明し、ついで、「従属労働関係」の考察という論理的展開を行なっている。

しかしながら、『労働法原理』（改造社、昭和七年）では、「単純労働関係」を問題にする前に「労働」の説明を与えているので、まず、それから検討していきたい。

教授のいう「労働」とは、人間と自然との物質的代謝過程のことに他ならない。「労働は人間の意識的実践過程[2]」であり、「労働とは、人間対自然の過程における使用価値を引き出す有用労働であって、かかる物質的過程と結合しない行動は実質的意味を持たない人間の単なる行動[3]」というわけである。

この「労働」のとらえ方は、他ならぬ、津曲教授の思想的骨格を形成しているK・マルクスの「労働」[4]概念に直接依拠しているといえよう。しかし、「物質的過程と結合しない行動は……中略……経済学上のみならず、労働法学上も労働ではない。[5]」（傍点―筆者）という時、この法学的構成は、後で指摘するように、種々の問題点がある。

そして、さらに、津曲教授は、この「労働」が関係を媒介として、如何なる規定を受けるかを問題にする。同教授は「労働関係」をどう定義づけているかというならば、「労働関係」には二重的な性格があって、一方には、人間対自然の関係＝人間の私的労働過程と、他方には、人間対人間の関係＝人間の社会的労働過程とがあり、「労働関係」は両者の統一体としてあり、労働関係＝生産関係＝社会関係であるというわけである。しかも、

「人間が相互に依存し合って生活することは、人間が社会的労働、即ち相互のためにする労働として表われる労働連結に、依拠するものであると解するのである。斯る物質の基礎に基く労働連結―労働関係即ち社会の紐帯である。」[6]（傍点―筆者）という。

この個人と社会との弁証法的関係論もやはり、K・マルクスに依っているといえる。[7]このことは、この「依存し合って」の形態が考察される中で、より明らかとなる。氏も、当然に、その点の問題点を押え、さらに次のようにいう。労働関係は、決して「普遍的に一定した形態」（傍点―筆者）をとってはいなくて、それは、生産方法の発展にしたがって、「それぞれ異った形態」[8]（傍点―筆者）を持つとする。

それは、いかなる形態でかというならば、「単純労働関係」は、「直接的に連結される場合」（傍点―筆者）もあり、「間接的に連結される場合」[9]（傍点―筆者）もあるとし、前者は、各自の労働生産物が直接に社会の所有に帰し、各自の個別的私有に帰しない場合であり、後者は、各自が労働生産物を私有し、その分業ということが基底となって、各自の余剰生産物が相互に交換される場合とする。そして、この「間接労働関係」は、物々交換の場合にも稀薄に生ずるが、それが一般化するのは商品生産社会においてであり、この「間接労働関係」こそが、近世の法的関係の基底であるとする。

ここで、津曲教授の見解で、とくに留意すべき点は、人間と人間との関係を、「直接的な連結」と「間接的な連結」という論理で、歴史的ないし論理的に区別している点である。[10]

それは他でもなく、近代的人格＝自立した抽象的個人とそれを生み出した生産形態の統一的把握の上で、その歴史性を限界づけようとしていると思われるからである。つまり、近代法ならびに近代的な個人概念を追及せんとしつつ、それを社会的諸関係の総和の中でとらえようとしていると思われる。

ところで、本稿では、個人と社会の弁証法論的考察の中から、とくに、この社会論の是非について述べることよりも、この社会論を礎とした、津曲教授の法理論構成に焦点をあてて、さらに、考察を展開したい。

（1）　津曲・前掲書七〇頁。
（2）　津曲・前掲書八八頁。
（3）　津曲・前掲書八九頁。
（4）　『資本論・第一部』世界の大思想・長谷部文雄訳（河出書房、昭和三九年）の「第五章　労働過程と価値増殖過程」参照。一五〇頁以下。
（5）　津曲・前掲書八九頁。
（6）　津曲・前掲書九七頁。
（7）　個人と社会の弁証法的関係をK・マルクスよりも、さきに問題にしたのは、G・W・F・ヘーゲル（一七七〇—一八三一年）であった。だが、ヘーゲルの考え方の問題性は、個人も社会も「主観的精神」だとか「客観的精神」といった観念論的、抽象的形態でのみあらわれ、具体的人間も市民社会も低次の段階におかれた点にある。しかし『法の哲学』（"Grundlinien der Philosophie des Rechts"）の中でのルソー批判（＝社会契約説批判）は、国家・社会を考える上できわめて考えさせられるものがある。
　なお、K・マルクスが、個人と社会の弁証法的関係について、いかに、ヘーゲルに影響されていたかは、次の一節を指摘するだけで十分であろう。

　「『社会』をふたたび抽象物として個人に対立させて固定することは、なによりもまず避けるべきである。個人は社会的存在である。だから彼の生命の発現は——たとえそれが共同体的な、すなわち他人とともに同時に遂行された生命の発現という直接的形態で現われないとしても——社会的生命の発現であり、確認なのである。」（傍点ママ）（『経済学・哲学草稿』城塚・田中訳〔岩波文庫〕一三四頁）
（8）　津曲・前掲書九九頁。
（9）　津曲・前掲書九九頁。
（10）　この論理も、津曲教授は、K・マルクスの歴史認識によっているといえる。マルクスは、その著『経済学批判要綱』（"Grundrisse der Kritik der Politischen Ökonomie"）の「貨幣に関する章」の中で、「世界史の三段階論認識」を定式化している。その第一段階は「人格的依存関係」、第二段階は「物的依存関係」であるが、津曲教授の「単純労働関係」の「直接的な連結」と「間接的な連結」このアナロジー化されたものといってよい。
〔参考文献〕「共同体の経済構造」E・J・ボブズボーム、市川泰治郎訳『資本制生産に先行する諸形態』の研究序説（未来社刊、

昭和四四年）

(二)　(α)　津曲教授の「間接労働関係」を基軸とする近世の法体系＝市民法的認識の説明は、要約すれば、次のようにいえる。

(一)で、概略的に説明した「間接的労働関係」は、W—W′という物々交換の形態から、価値を具現した一般的等価物（＝貨幣）を派生する。つまり、W—G—W′に発展するというわけである。このような「間接労働関係」において、人間の「労働」は、いかなる変態をとげうるかというならば、「社会の連結は無数なる人間労働が社会的に連結されその総体性の上に具体的労働の区別を捨象した人間的労働と云ふ一面を現実に有することに依って取り結ばれてゐるのではあるが、労働の斯る社会的機能は表面的に表われないで、労働生産物——即ち商品の社会関係と云ふ様式を帯びて来る。即ち人間の労働の社会的性質は此の場合には全く目に触れないで、物に自然的性質が社会性を持っているが如く見える。(1)」というわけであり、K・マルクスが発見した「商品の物神性」論そのままに、商品交換社会における「間接単純労働関係」は、「人と人との関係として表われないで、物と物との社会的関係として表面的には顕現する。(2)」というわけである。

それゆえ、商品生産社会において、商品交換は、人の行為を媒介としてのみ始めて可能となるわけで、「それ（商品交換—筆者注）は主観的に見るならば、人の自由意思に基く契約関係として表われる(3)」のであり、「物の関係が法律的には契約関係として表われる(4)」というわけである。つまり、生産過程における人の社会関係が、「間接労働関係」として、生働生産物の中に物質的形態を取り、それが商品価値として互いに関係し合うのである。が、その物たる本質は人の意思から全く独立して、独自体として存在する。したがって、それを生産する主体者たる生産者から独立に価値を獲得し、しかも、その価値の実現は物が一人で歩き得ないという結果から、結局はその所有者意識的意思行為を前提とせざるを得ない。「そこに法律的契約の形態が表われる源泉がある。(5)」とするのである。それゆえ、契約関係は、物の交換――商品交換――の法律的反映であり、かつ人の労働関係の間接的関係であり、「契約は所有の絶対性のコロラリーとしてのみ顕現する。(6)」とするのである。そしてまた、一般的等価物（＝貨幣）を媒介とする商品交換であるゆえ、「自由と平等とは商品生産社会に於ける形式的捨象的一般性であり、法的形態の指導原理である。(7)」ともいうわけである。

(β) それでは、次に、津曲教授の核心的問題である「従属労働関係」論を要約しつつその法理論構成を検討していきたい。

教授は、資本の本源的蓄積過程の結果、生産手段を所有しない大衆が登場し、労働力の商品化が登場する。そして、この商品化した労働力の労働関係こそ「従属労働関係」であり、これが、労働法の基本たる労働関係であるとする。

さらに、教授の展開するところにそって、検討するならば、純粋の資本主義社会（＝産業資本家が登場した時代）では、労働力商品は、一般の商品とは異なって二つの意義をもっている。それは、「労働力の所有者」に対しては、W―G―W′の単純商品過程をとるが、「買手の資本家」にとっては、G―W―G′、つまり

$$G - W \begin{cases} Pm \\ Ar \end{cases} \cdots\cdots \quad W' - G'$$

の過程を取ることであり、この二つの矛盾する対立過程は、労働力の支配を意味する。ここにおいて、自由、平等を表象した貨幣は、それを所有することによって生産手段を独占し、その結果として「社会的権力」を私的に所有する。したがって、このような所有関係こそが従属労働の源泉であるとするわけである。

この点を一応確認して、「従属労働関係」の法的構成の問題点を解明していく。

津曲教授は、「従属関係とは、畢竟、資本主義社会の階級関係であるが、それを法的構成として見るならば、債権関係と身分関係の相矛盾した二者の統一的形態と解する。(8)」と基本命題を確定した上で、債権関係と身分関

係の分析に入る。

それでは、債権的関係とは何か。「従属労働関係」は、労働の商品化にもとづいて派生する。そして㈡の(β)で述べたように、商品形態は、法的には契約関係としてあらわれる。「したがって従属労働関係の固有の法的形態たる労働契約は、斯る労働力の商品化に基く一種の債権的関係」[9]（傍点—筆者）であって、その属性は、もちろん、当事者の合意の上に成立する一種の契約であり、しかも、平等なる意思の対立として表われる債権的関係であるとする。したがって、「従属労働関係における債権関係は、W—G—W′の過程の法的表現である。それは単純商品社会における過程と同様である。」[10]と結論づけるわけである。

にもかかわらず、津曲教授は、「従属労働関係」の固有な法的形態である労働契約は、かなり擬制化せられた「有償的な」「形式上対等な自由意思」にもとづく契約であると鋭く指摘している。たとえば、「平等な意思の対立と云ふことは商品交換に於ける単に形式的方面を言ひ表はしてゐるのであるから、労働力が一の商品である以上、それは法的には形式上自由に取引されてゐるのである。勿論私は決してカントの所謂自由意思の発現として労働契約が締結されてゐると主張する訳ではなく、我等はそれを与へられてゐる関係としてだけしか受取るに過ぎないと解する。」[11]と述べているように、自由な法的主体という法的人格像にかわる新たな社会意識を有する法的人間像が市民社会内に存在することを見抜いているといってよい。それでは、この問題を法的論理として津曲教授は、自からの理論の中でどのように解決しているかを氏のいう「身分的関係」という論理の中で検討してみよう。

津曲教授は、「従属労働関係」の法的構成は、前述の債権的関係からのみ構成されるのではなくて、労働力の支配の過程（＝労働力の使用価値を消費する過程）である「従属労働関係」の身分的関係も問題とされなければならないとする。それでは、身分的関係が何であるかというならば、「労働契約は労働力の使用の許容をその内容とする。」[12]（傍点—筆者）わけで、これは、「人間の生活的源泉であり、且つ人身を分離し得ない労働力そのものの譲渡」（傍点―筆者）を意味し、「それは全部の譲渡ではなく、時間的譲渡である。[13]」というわけである。要するに、この「労働力の提供」は、「労働の提供」とは共に商品交換の形態を取っても両者は互いに異なり、[14]前者は、W―G―W′という過程の外に、可変資本としての労働力が絶対的剰余価値形成の源をなし、「G―W―G′の過程を内蔵する資本主義的商品生産過程――価値増殖過程――なのである。[15]」というわけである。それゆえ、結論として、「我等は従属労働関係とは、……中略……債権的関係即ちW―G―W′と身分的関係即ちG―W―G′との相矛盾した対立の統一物と解する。[16]」と定義づけた。そして、このことこそが労働法の対象となるというわけである。

ここで、注意すべき点は津曲教授のいう「身分的関係」は、商品交換を媒介しないそれではなく、生産過程内における労働力商品所有者の直接的支配であって、しかもそれは商品形態の中に表われれば身分法として反映される、つまり、「身分的従属は人の使用価値の消費即ち人の直接的支配である。斯る支配が商品形態の中に表われて初めて法たる形態を採る。[17]」（傍点―筆者）というわけである。しかもまた、物や人の直接的支配が権利として表われるのは、「商品として捨象的一般性を表明する場合のみであって、権利が排他的絶対性を有するのは即ちその理由に基く。[18]」とし、雇主の支配という強制は、「商品生産社会たる資本主義社会に於ては商品の捨象的一般性に応じて、その強制も亦一般的国家の意思を通して発動する[19]」（傍点―筆者）という点は、近代法が問題たりうる理由は、労働力までも商品化した、つまり、もっとも普遍的に発展した商品社会である近代市民社会の確立にこそ、根本的な意味があるということを的確に論じているといってよい。[20]

以上㈡の(α)(β)で、津曲教授の「従属労働」論の法的構成を氏の主張するところにそって、要約してきたわけであるが、この主張は、近代法の論理として問題点があるのかないのか、あるとすれば、何が問題であるかを次に検討したい。

（１）津曲・前掲書一〇三頁。
（２）津曲・前掲書一〇四頁。「資本論・第一部」・前掲書・「第一章・第四節」六五頁以下参照。

(3) 津曲・前掲書一〇五頁。

(4) 津曲・前掲書一〇五頁。

(5) 津曲・前掲書一〇六頁。

(6) 津曲・前掲書一〇八頁。

〝契約関係は、商品交換の法律的反映〟という津曲教授の説明は、K・マルクスの『資本論・第一部』の「第二章　交換過程」の叙述に依拠するものであることはいうをまたない。前掲書（河出書房）七六頁以下参照。

「これらの物を商品として相互に連関させるためには、商品保護者たちは、自分の意志をこれらの物にやどす人格として、相互にふるまわねばならない。かくして、一方の人格は他方の人格の同意をもってのみ、つまりいずれも、両者に共通な意志行為に媒介（vermittelst）されてのみ、自分の商品を譲渡することによって他人の商品をわがものとする。だから彼らは、相互に私有権者として認めあわねばならない。この法的関係（Dies Rechtsverhältnis）は――その形式は――契約であるが（dessen Form der Vertrag ist）――そのうちに経済的関係が反映している（sich das ökonomische Verhältnis widerspiegelt）意志関係である。」（傍点―筆者）七六頁。

この「交換過程」の叙述も、ヘーゲルの「法の哲学」の文章の一節の影響を受けながら、K・マルクスが書いたといってよい。

「契約というこの関係は、それぞれ対自的に有る二人の所有者たちの絶対的な区別のなかで同一的な意志の媒介（die Vermittlung）である。――すなわちそれは、ある一つのしかも個別の所有を手放そうとする意志と、そのような所有、したがってある他人の所有を受け取ろうとする意志との、媒介（die Vermittlung）である。」（『法の哲学』七四節〔藤野・赤澤訳・世界の名著・中央公論社〕二七六頁）

この両者の引用箇所は、「媒介」（die Vermittlung）という点に眼目があり、共通な意志が独自の意志に対立して媒介作業を行うところに法の解明の端緒があるのである。したがって、〝契約関係は、商品交換の法律的反映〟に力点をおく説明では、観念の自己疎外としての法を十分に解明できないのである。

なお、津曲教授のこの説明は、パシュカーニスの次の言葉を彷彿させる。

「もっとも単純でもっとも純粋なかたちの法律的形態は交換の行為のなかでその物質的根拠を獲得する。したがって、交換行為は経済学と法の両者のもっとも本質的な契機の集中するところ、すなわちそれらの焦点である。」（傍点―筆者）・前掲書一二六頁。（E. Pashukanis, Allgemeine Rechtslehre und Marximus, a. a. O., s. 100）

〔参考文献〕　藤田勇『法と経済の一般理論』（日本評論社、昭和四九年）、梯明秀「法学と経済学との中間領域にある若干の問題

（その二）」『立命館経済学』一六巻三・四号（一九六七年一〇月）、梯明秀「労働市場における法的人格（上・中・下の一）」『立命館法学』（一一巻、一二巻、一三巻　一九五五年）、山下威士「法と商品交換序説—『法を抽象的な交換過程に限定する考え方』の批判的克服のための基礎的論理についてのノート—」『早大・法研論集』二号（一九六七年）、武川眞固「マルクス主義法学理論の『覚え書』—一九二〇年代 Pashukanis 法理論をめぐって—」『愛知論叢』（愛知大学大学院）一二号（一九七二年）、加藤新平「法—権利と強制」恒藤博士還暦記念『法理学及国際法論集』（有斐閣一九四九年）

（7）津曲・前掲書一〇七頁。

（8）津曲・前掲書二二三頁。

（9）津曲・前掲書二二三頁。

（10）津曲・前掲書二二八頁。

（11）津曲・前掲書二二四頁。

このことと関連して、「資本論・第一部」・前掲書一四九頁の次の一節に注目せねばならない。つまり、K・マルクスは、近代ブルジョア的自由と人権を批判して、「労働力の購買と販売がその限界内で行なわれるところの、流通または商品交換の部面は、事実上、真の天賦人権の楽園であった。ここでもっぱら支配的に行なわれるのは、自由、平等、所有およびベンタム（功利主義）である。」と述べている。要するに、近代憲法の中でもられている自由と平等は、市場社会での人間関係の表現というわけである。その意味で、K・マルクスは、カントの社会への個人の消極的な関わりの中での自由や、国家共同体そのものの中に理性的国家市民の自由を見たヘーゲルの考えを概念的・実践的に克服しようとし、その結果、人間個人の自由な発展は、あらゆる社会のなかでの残りの人間との積極的な共働と結びつくと考えた点に決定的な違いがある。もっとも、津曲教授がここで指摘しているのは、カントの自由の限界性である。I・カントの『道徳形而上学原論』（"Grundlegung zur Metaphysik der Sitten. 1785"）、ヘーゲルの『法の哲学』等参照。また〝与えられてゐる関係〟との関連では、横井芳弘「『解雇自由』の法構造」季刊労働法四九号を参照。

（12）津曲・前掲書二二八頁。

（13）津曲・前掲書二二九頁。

（14）津曲・前掲書二二九頁。

（15）津曲・前掲書二三〇頁。

（16）津曲・前掲書二三七頁。

(17)　津曲・前掲書二三四頁。
(18)　津曲・前掲書二三四頁。
(19)　津曲・前掲書二三六頁。
(20)　この点を積極的に評価するものとして、加古裕二郎の書評「津曲氏『労働法原理』」『法学論叢』二八巻六号（昭和七年）一一九頁参照。

㈢　津曲教授は、今まで概要を説明してきたその著『労働法原理』の第四章「労働法の基本関係」の第一節第三款の「間接労働関係」をきわめて象徴的な二つの文章で締めくくっている。その一つは、「そこに（間接労働関係―筆者注）近世社会の法形態の独自化が生じ、その基底たる経済関係と何等の交渉もない自立的法形態の幻想を生み出す。それは商品の魔術性の法的反映である。」[1]という文章であり、もう一つは、「資本の本源的蓄積過程」にふれたあとで、「此処で市民国家の生成並に機能の問題を取扱はねばならないが、国家論は本著に於ては避ける。」[2]と述べ、「従属労働関係」を予知しながら終っている。なぜ、この二つの文章をわざわざ指摘したかというならば、この分離された津曲教授の二命題が統一的に追求されなかったがために、津曲教授の近代法の本質把握について致命的な弱点を暴露することになるからである。

また、津曲教授は、この著の「序文」において、自からの方法的立場をほぼ四点にわたって集約しているが、その第二番目において、「従来、法的構造の分析を交換過程のみから行ひ、従って単に余剰労働の分配過程のみを考察してゐたのに対して、私は、生産過程よりする解析を試み（る）」[3]（傍点―筆者）と述べている。そしてまた、第三番目には、「従来、法取引を物権関係と債権関係とに分解し、従って物に対する支配と人的行為の請求権とを分離してゐたのに対し、私は人間の法律関係を労働関係に還元し、従ってそこから身分的・人格的関係と債権的関係との弁証法的対立を認め、商品の魔術性が如何に法形態に反映してゐるかを指摘（する）」[4]とも主張しているが、この二つのテーゼをもさきに述べた象徴的な二文章との関連で考察していきたい。

まず、津曲教授の対する疑問点の第一は、㈡の(α)でも述べたように、「商品の物神性」と「自立的法形態の幻想」との関連を考察しながらも、「契約関係は物の交換――商品の交換――の法律的反映であり、且つ人の労働関係の間接的関係である。[5]」（傍点―筆者）という形で述べているように、観念の自己疎外としての法を十分に解明できていないのである。つまり、法という形態において物質化される国家の本質的モメントであるイデオロギーの物神的自立化が、何故、また、如何にして生ずるかの解明が全くなされていないのである。したがって国家自体が機能的にしか把握されていないのである。

ついで、疑問の第二点は、第一点の論理と関連性を有するのであるが、近代法の基礎を「生産過程」に求めるといいながらも、「従属労働関係」という価値増殖過程という経済関係から無媒介に求めるのは、無理な擬制ではなかろうか。そもそも、近代市民社会が、労働力商品の出現によって、商品生産は、たんに「商品を生産する」段階から、「(労働力) 商品によって商品を生産する」段階へと歴史的に変化し、普遍的に発展した商品社会である資本主義社会の特徴から鑑みるならば、「従属労働関係」から即自的に近代法を、しかも、労働法をも帰結するらは、あまりにも直接的ではなかろうか。[6]

しかも、市民法は、資本制労働関係を相互に対等・独立の法的主体者間の契約としてとらえることによって、「二重の意味で自由な賃労働者」[7]（K・マルクス）の「自由」のうちの一つを承認したのであって、「労働力商品所有者」としての労働者と「生産手段所有者」の使用者が共に商品所有者として、市場においては、相互に対等・独立なのである。

この点を基軸にして考えれば、商品交換を媒介して「身分的関係」が構成されるという「従属労働関係」から無媒介に法を考察するのは、無理ではなかろうか。津曲教授は、市民法体系とは異なる、いわば、「間接的労働関係」の法学的世界観と一線を画すべく、労働法ならびに労働契約を語るわけであるが、問題はまさに、それが如何なる形で法規範化されていったのかが問われなければならないのである。[8]

たしかに前述したように「身分的・人格的関係と債権的関係の弁証法的対立」と「市民社会」内の資本の生産関係の場での支配—被支配の関係（「従属労働関係」）をそれなりに法的に構成しようとする津曲教授の苦闘を理解しえないではないが、資本の生産関係の場における個別的な資本家が個別的な労働者と敵対的・矛盾的な関係にあることが支配—被支配の本質ではなく、制度としての資本家—労働者関係が必然的に生み出してくる共同幻想（＝社会規範）に問題の核があるのである。このことがまさに、「市民社会」内における「社会的権力」の本質なのである。つまり、「市民社会」内「社会的権力」の形成が、ほかならぬイデオロギー（虚偽意識）の発生と同じ根拠にもとづいているわけで(9)、ここに、イデオロギー的権力としての国家権力の支配が「市民社会」内に浸入する基本的枠が形成されるのである。だから、「市民社会」が「政治的国家」を疎外体として持たざるをえない現実の矛盾構造を解明せねばならないといえる。

なるほど、津曲教授も生産手段の私的所有にもとづく「社会的権力」を語るが(10)、その論理構成はきわめて機能的であり、規範（イデオロギー）の視点からの分析が欠落しており(11)、「商品の物神性」から「法の物神性」への論理の展開が不十分であり、「国家論」の解明の不十分さへと帰結されるのである。前述したように、「雇主の支配という強制」の所で、「一般的国家意思」(12)を語るかに見えながら、十分に展開されることなく終わっているのである。

したがって、階級関係の強調を出発点とした津曲教授の「従属労働」論は、法解釈理論の論理構成を意図した(ii)の(a)の加藤教授のそれ、あるいは(iii)で後述する階級宥和を出発点とする孫田博士のそれともあまりにも類似したものに終わらざるをえなかったのである(13)。

以上のことから、今後考察すべき課題を結論的に集約すれば、物質的生活諸関係の総体としての「市民社会」の形成の中にどのようにして政治的＝イデオロギー的支配のモメントが生成されるのか、そして、近代の支配階級が自己の政治的＝イデオロギー的支配を国家権力から「市民社会」に至る全社会領域へわたって貫徹しうる基

礎の解明が問題なのである。(14)

（１）津曲・前掲書一一一頁。また、次のようにもいう。「一般的契約関係は商品交換の法的反映であり、且つ商品の物神崇拝性は法的には債権関係の中に包蔵する労働関係を陰蔽する結果となり、従来この間接的労働関係は債権関係に於て無視された傾向があった」（傍点—筆者）一一九頁。

（２）津曲・前掲書一一三頁。

（３）津曲・前掲書序文六頁。

（４）津曲・前掲書序文七頁。

（５）津曲・前掲書一〇六頁。

（６）加古・前掲書評一二九頁。

（７）「資本論・第一部」の「第四章第三節　労働力の購買と販売」・前掲書一四四頁参照。

（８）この事と関連して、沼田教授の津曲説に対する批判は、極めて痛烈であり、両者の違いをはっきりさせている。「津曲氏が階級的従属こそ従属労働の本質とせられた点はドイツの学者を凌賀する観方であると思われるがその法的反映は単に債権関係と身分関係との矛盾的統一という一般的範疇においてのみ規定せられ、労働法における労働者像の性格があらわにならない。これは、国家＝法主体が現実的関係の法的反映を規定する側面、いわば政治的契機が看過せられているからであろう。」（傍点—筆者）（『労働法論序説』一六九頁。）

（９）Ｋ・マルクスの「ヘーゲル国法論批判」（"Kritik des Hegelischen Staatsrechts" 1843—44年）の次の叙述は、「社会的権力」を考察する際に示唆を与えてくれる。「団体（Korporation）と共同体（Gemeinde）の特殊利益は、それら自身の圏内で一つの二元性（Dualismus）をもつものであって、この二元性がまた同じようにそれら諸圏の管理（Verwaltung）の性格をなすのである。」（『マルクス・エンゲルス全集第一巻』〔大月書店〕二六六頁）。このことは、近代社会が、形式的普遍性としての「政治的国家」と部分的特殊的なものである「市民社会」に二重化（＝二元性）（Dualismus）したように、団体が「市民社会」内における定在として、個別的な特殊的諸利害とそれらの「市民社会」での普遍性とに二重化することを意味している。そして、この二重化こそが、団体における管理・統治（Verwaltung）の内容を規定するのである。つまり、団体内において、個別的な特殊利益とそこから疎外された幻想（＝イデオロギー）としての共通の利益とに二重化すると同時に、この幻想（＝イデオロギー）としての共同性は、団体内における規範力としての管理・統治を意味する。それゆえ、この論理は、資本＝社会的な力＝社会的権力（gesellschaftliche Macht）〔Ｋ・マルクス」の内での支配―被支配関係（＝資本（家）―賃労働（者））の分析のよすがになるといえる。『「ヘーゲル国法論批判」における国家像』（入江勇、『試行』四四―四八頁）参照。

なお、津村喬「企業社会規範からの脱出を」『思想の科学』（昭五二年三月号）は〝企業小説〟を素材としての分析ながら、労働法学徒にとっても興味あるものである。なぜなら、日本資本主義の蓄積様式の変化と〝企業小説〟との関連を分析しているが、その中から企業社会規範の転変をも、象徴的に描き出しているからである。

(10) 津曲・前掲書一一六頁。

(11) 「資本論・第一部」の「第一章第四節　商品の物神的性格とその秘密（Der Fetischcharakter der Ware und sein Geheimnis）（前掲書・六五頁以下参照）。

(12) 津曲・前掲書二三六頁。

(13) 沼田教授は、きわめて示唆に富む指摘を行なっている。「きわめてがっちりとくんだ津曲氏の労作においても、労働の従属性の問題は、階級関係の表徴とされながら、階級関係を矛盾を矛盾として課題的にとらえられていないということ、そして、さらに、労働法上の労働者の性格の面から問われている問題であるという出発点の確認が、十分でないのではあるまいか。資本制社会における賃労働の真実態として従属関係を階級関係と正しく把握しながら、その関係が必然的矛盾関係、すなわち、闘争の関係としての具体的把握が十分ではなく、また他面に、イデオロギー的屈折を抽象して、現実の従属性を労働法上の労働の従属性としてとらえたところに、その構造分析の不十分さがあったといえるであろう。」（「労働の従属性」法律文化四巻一一・一二号（法律文化社）四一頁）

(14) 沼田教授は、次のようにいう。「法はその規範的意味内容が存在拘束性を担う意識形態（イデオロギー）であるというばかりでなく、その実効性の面においても経済社会の自然律が生ける法（イデオロギー）を媒介として法を支える社会力であり、実力的強制が公権力＝国家（イデオロギー）としてのみ法の実効性を保障するという事態、ここにイデオロギーたる法の本質が存するのである。」（『労働法論序説』一一六頁）

(iii) 孫田博士の「従属労働」論

(一) 孫田博士は、労働法をまず「労働に関する法」と規定し、労働法上の労働は「従属的関係（Abhängigkeitsverhältnis）」においてなされる「労働」であるとする。

そして、「従属的関係」は、「身分的並に経済的（persönlich und wirtschaftlich）に他の者に服従し其の者の隷属的部分（das abhängige Glied）と為るの状態[1]」と意味づけ、しかも、「隷属的部分と為るの状態」とは、「法律上の自由乃至人格は固より之（これ）を保有するけれども事実上是等を喪失せる状態[2]」であり、「従事すべき労働が自己決定のもの（selbstbestimmte Arbeit）ではなくして他人決定のもの（fremdbestimmte Arbeit）[3]」というわけである。

これらの定義を総括するならば、「労働法上の労働は契約上の義務に基き従属的関係に於て職として為さるる所の有償的なる労働[4]」（傍点―原文ママ）と述べている。その意味で、博士は「市民社会」の中に完全なる自由意思を有する法的主体とは異なる人間像の輩出を考慮に入れているといってよい。

しかし、孫田博士は、この「他人決定」の基礎を、ジンツハイマーのごとく「所有権」に求めるわけではなく、氏独特の「人格主義労働法[5]」の理念にもとづく労働関係に依るところに、最大の特徴があるといえる。つまり、孫田博士のいう「労働関係」とは、「経済価値の融通転換を内容とする法律関係である[6]」債権関係とは異なり、純経済的な雇傭関係とも異なり、「債権的経済的な要素と身分的な要素との両者を同時に併せ有する所の一種特別なる法律関係[7]」（傍点―原文ママ）というわけである。しかも、両者に同じ比重があるというわけではなく、「身分的方面」が本体であり、「傭主と被傭者との間に於ける経済関係――労働対報酬の交易関係――」が付随しているにすぎないとするわけである[8]。

この見解の背骨をなすものは、被傭者の提供する労働力は、被傭者とは分かつことができない人的給付であって、一般的な経済的財貨と異なるものとなったのが、近代の最大の意義であるとする点にある。この思想を象徴的に表現しているのが次の言葉である。

「労働というものは、労働者の全人格の発露にほかならないから、労働ないし労働関係を人格関係としてみていく。[9]」

この結論から、雇傭関係（Dienstverhältnis）の観念と労働関係（Arbeitsverhältnis）の観念を明確に峻別するのである。

このように「労働関係」を「債権的要素」と「身分的要素」との統一体と考える発想は、加藤教授や津曲教授そして、ジンツハイマーの論理と類似性を有するものといえるが、労働法の法たる役割を語る際に、決定的な違いが生じてくる。というのは、他でもなく、労働法において、「労働人格」＝「労働力の完全に人格化せられた状態」＝「権利客体（Rechtsobjekt）としての労働力が、権利主体（Rechtssubjekt）たる地位に進んで労働力と其の所持者の人格とが完全に合一したる状態」[10]（傍点—原文ママ）が完成されるという博士独特の論理構成をする。

そして、さらにこの論理を具体的な労働法現象で、博士の主張する点にそって考察してみると、「経営参議（＝『経営参加』—筆者注）[11]」を極めて積極的に評価し、労働契約よりも共定（＝『協約』—筆者注）[12]に優位的な地位を認め、「完全なる共定」の時には、「労銀制度（Lohnsystem）」が全廃されるとまでいい切るのである。[13]

また、他方で、「労働関係は同時に社会関係[14]」であるといい、「労働関係が物の関係でなくして人の関係であること及び当事者限りの関係ではなくして一企業全体社会全体の関与する関係[15]」であるから「各個労働関係相互間の有機的な関係が認められる[16]」というわけで、ギールケの言葉を引用しながら、被傭者は一個の労働組織体の部分的要素であると団体的、有機的組織体の論理を極めて強調しているのである。[17]

このような労働法の考え方、「個」に対する「全体」もしくは「社会」の統合的、つまり、「個」即「全体」なる考え方は[18]、近代の法本質論、労働論を検討する場合、説得力を有するものであるか否かを、次に考察したい。

（1）孫田秀春『労働法総論』（改造社、大正一三年）四四頁。以下『労働法総論』を『総論』と略す。
（2）孫田『総論』四五頁。
（3）孫田『総論』四五頁。
（4）孫田『総論』四六頁。

(5) 孫田『総論』一二六頁以下参照。また『わが「人格主義労働法」の理念』(高文堂出版社、昭和五〇年、以下この著を『理念』と略す)も参照。
(6) 孫田『総論』五二頁。
(7) 孫田『総論』五六頁。
(8) 孫田『総論』五六頁。
(9) 孫田『理念』六頁。
(10) 孫田『総論』一三二頁。
(11) 孫田『総論』一三四頁。
(12) 孫田『総論』一三四頁。
(13) 孫田『総論』一三五頁。
(14) 孫田『総論』五六頁。
(15) 孫田『総論』五八頁。
(16) 孫田『総論』五八頁。
(17) 孫田『総論』五八頁。
(18) 孫田博士が、法学協会『註釈日本国憲法』を批判して次のように述べているのは興味深い。「筆者はこの両者の中間になお全・個の同時的・同位的・同価的価値国家の存在することを忘れている。即ち一三条に『個人として尊重される云々』とあるのは、国家先行主義を否定したに止り、積極的に個人先行主義を宣言したものではないと解すべきものと思う。」(傍点—原文ママ)(「わが憲法的基本秩序と、労使関係の対立性と協同性—集団的労働法学と経営労働法学の憲法的基盤—」『学説・判例批評わが国労働法の問題点』(労働法学出版、昭和四〇年)一三頁)。

(二)　孫田博士は、近代の意味における労働者は「市民社会」内のいわゆる自由意思を有する形式的・普遍的・抽象的な法的主体とは異なり、労働力と権利主体とが分離しているがゆえに「擬制人格」であるとし、その意味では、「市民社会」の矛盾的・異質的主体である労働者階級の存在を何ほどか認識しているといってよい。それゆえ、「従属的関係」や「身分的要素」を強調したものといえよう。このことは、孫田博士が法律学上の人間把握を問題にした際、「『人は平等、人間は不平等』（"Personen sind gleich, Menschen sind ungleich"）の順序で見ていく立場と、これとは逆に『人間は不平等、人は平等』（"Menschen sind ungleich, Personen sind gleich"）の順序で見ていく立場がそれである。(1)」と述べ、「勤労人格の物性離脱」の理念を問題とする労働法は前者の立場であるとする点から、さらに、「勤労人格」はカント流の「普遍的抽象的な人間」ではなく、「具体的な人間像を把えての人格(2)」であると主張する点からもうかがわれる。そしてまた、「従属労働」を労働法の中心概念として明確に肯定している点からも、(3)「市民社会」内には、生産手段の所有―非所有という状態に照応して、自分の労働力のほかには市場にもっていくものがなく、したがって、労働力を「譲渡する」か、自己を「物象化」せざるをえない強制的状態（＝「経済的強制」）に存する人間集団を部分的にせよ認識していたのではないかとと思われる。

しかしながら、私は、この孫田労働法理論に対して、やはり、疑念を呈せざるをえない。とくに、〝近代〟の意義に対する決定的な認識の相違があり、そして、労働法という国家法の把握の仕方に対する決定的な疑念である。というのは、博士の方法の最大の問題点は、現実には「市民社会」の形成と同一の行動でもってなされたところの「政治的国家」(4)（＝普遍意思主体」）の形成、(5)つまり、「階級的特殊的意思の実体が、普遍意思の形式をとることによってのみ階級的支配が可能である」(6)（＝「法の支配」―筆者注）という点、あるいはまた、「近代国家が商品所有者の規範意識―価値法則を基底（＝「市民社会の確立」―筆者注）としてのみ生成されるイデオロギー的存在である」(7)点が的確に把握されていないという点にある。

このように、近代国家が普遍意思（形式的普遍的な法）という形式で「市民社会」を統括することは、あるいはまた、構造的に二重性を有して分離することは、他方「市民社会」内部にあっては、「階級」と「社会的地位」とは何ら本質的な関係を有せず、「階級」はあくまで私的な「階級」であり、また、「社会的地位」（＝「人間の自己対象化」、「人間の対象的在り方」）は、「人間の本質」から切り離され、「物象化の論理」に規定され、人類性や人間性と疎外関係に立ち、法・国家へと自からの「類意思」を自己疎外せざるをえない構造を有しているのである。ということは、近代の「政治革命」は、「公・私」の直接的同一性を打破し、「公的生活」と「私的生活」との構造的な分離を完成したということにほかならない(8)。

ところが、孫田博士は、「自由な市民」である「資本家」の他に、「自由ならざる市民」としての従属状態にある擬制人格としての、そしてまた人と労が分離した労働者という存在を認識し、その現状を打破しようとして、「勤労人格の物性離脱」を理念とする国家法である労働法を語るわけである。しかしながら、「市民社会」内においても、労働者は、「二重の意味で自由」な「市民」なのであり、労働力商品の主体としての「市民」なのである。この種の「市民」の出現こそが、普遍意思の形式をとる国家を同時的に形成するにもかかわらず、普遍意思の一属性をなす労働法でもって、「市民社会」内の人格が物性化された労働者を解放するという矛盾せる結論を導き出しているといえよう。

孫田博士が、「労働が商品性、客体性をもつものである限り真の意味に於ける勤労人格というものは有り得ない(9)」とし、「勤労人格なるものの真の姿、その真の在り方を究明することが、労働法の窮極目標であり、勤労人格における『労働の完全人格化』つまり『人労一元の境地』を膾らすことが労働法の理念(10)」（傍点—原文ママ）、「勤労人格の物性離脱！　これが即ち労働法の理念であり、所有人格の物性離脱！　これが即ち財産法の理念であり、かくして凡ゆる人格の物性離脱、そして自由なる創造人格への窮極の発展が、全法律学の最高理念でなくてはならない(11)。」（傍点—原文ママ）と主張したということは、労働力が商品化されることにより「市民社会」が確立し、「法の支配」が形成されたという「近代」の意義が全く不鮮明になってしまうのではないであろうか。まさに、「法物神性論」ともいうべき見解である(12)。労働力商品の止揚（＝否定）は、決して、国家法の中ではなされない構造性を有するのである。なぜなら、孫田博士が「自由ならざる市民」として認識した「二重の意味で自由」な市民である労働者は、公・私の止揚がなされないかぎり、自由な人間になりえないからである。

ここで、今までの論述の中で、時々論じてきた「政治的国家」—「市民社会」の総体的視点について若干の説明をしておきたい。しかも、このことを説明することによって、「従属労働」論を国家＝法主体の論理で考察した沼田教授の見解がより明らかになるであろう。

（1）孫田秀春『労働法の起点＝労働法の開拓者たち』（高文堂出版社、昭和四五年、以下この著を『起点』と略す）二二五頁。
（2）孫田『起点』二二八頁。
（3）孫田『起点』二三四頁。
（4）K・マルクス「ユダヤ人問題によせて」『マルクス・経済学・哲学論集』（河出大思想Ⅱの四、河出書房、昭和四二年）二四頁で、近代の意義を次のように定義している。「国家の観念主義の完成は、同時に、市民社会の物質主義の完成であった。――政治的解放は、同時に、政治からの、普遍的内容の仮象そのものからの、市民社会の解放でもあった。」
（5）沼田『労働法論序説』（以下、『序説』と略す）二五頁。
（6）沼田『序説』二七頁。
（7）沼田『序説』二七頁。
（8）中世社会にあっては、「政治的国家」と「市民社会」が直接的に統一されていたがゆえに、身分は政治的かつ社会的に諸個人を規定していたといえよう。そして、そのイデオロギー的支柱は、「神学的世界観」であった。
「中世では農奴、封土、職業団体、学者団体等々が存在した。ということは、中世では所有、交易、社会団体、人間が政治的(politisch)であるということである。国家の実質的内容(Inhalt)は、国家の形式(Form)からきまっており、私的諸圏の一つ一つ(jede Prtvatsphäre)は、政治的性格(politischer Charakter)を有する。換言すれば、それぞれの私的な圏は、一つの政治的圏であり、さらに換言すれば政治はまた私的諸圏の性格でもあるのである。」(K・マルクス「ヘーゲル国法論批判」・前掲書)二六六頁。
（9）孫田『起点』二四一頁。
（10）孫田『起点』二四〇頁。
（11）孫田『起点』二四一頁。
（12）沼田稲次郎「『勤労人格の物性離脱』の理念に就て」孫田秀春先生米寿祝賀記念の論集『経営と労働の法理』（専修大学出版局、昭和五〇年）二七頁。

ⅳ「政治的国家」―「市民社会」の論理

ところで、現代社会の特質は、「政治的国家」と「市民社会」の分離と二重化にあるといわれている。この考え方は、ほかでもなく、すでに、一九世紀の初期、ヘーゲル（G. W. F. Hegel, 一七七〇―一八三一）の『法の哲学』（"Grundlinien der Philosophie des Rechts"）によって解明せられた原理である。それによると、ヘーゲルは、「政治的国家」という「倫理的理念」においてこそ、人間の主体性、自由が完全に成就するものとされた。つまり、国家共同体そのものの中に理性的国家市民の自由を求めたといってよい(1)。

これに対して、ヘーゲルの国家論・自由論をそれなりに評価しながらも、それが「市民社会」の現実性の向う側で、幻想的、補足的性格をもつものでしかないことを明らかにし、「政治的国家」と「市民社会」とは、「形式（Form）」と「内容（Inhalt）」との関係(2)であると主張したのが他ならぬK・マルクスであった。

そして、中世の身制度を解放した「政治的解放」は、部分的な解放でしかないという近代の最大の意義を評価し、「政治的国家」と「市民社会」との分離＝二重化を特に分析したK・マルクスは、その著『ユダヤ人問題によせて』（"Zur Juden Fragen"）の中で、「ユダヤ人問題」の核心は「国家と宗教」の問題であって、さらに、このことは、「政治的国家」と「市民社会」の問題へと普遍化されるとしたのである。つまり、「国家」の宗教からの解放（＝「政治的解放」）は、何よりも、「政治的国家」と「市民社会」の分離＝二重化を意味するのであり、「市民社会」に対して「政治的国家」が唯一普遍的宗教として対峙するということにほかならないというわけである。あたかも、ちょうど宗教が人間の類的本質を疎外したものであるように、「政治的国家」は、人間の類的生活を疎外したものである。換言すれば、人は、政治的共同性の中では、共同幻想を共有することによって、類的存在であることを認め合うが、このことは、実は、「市民社会」においては、人は共同性から分離され、己れからまた他人から分離されることによって、疎外された現実を共同幻想として「政治的国家」の中に繰込むことを意味すると分析したのである(3)。

そして、さらに、この論理を近代法の本質の解明にもあてはめ、法も宗教と同様に観念的な自己疎外として把握しなければならないとし、「完成した政治的国家は、その本質上、人間の類的生活であって、彼の物質的生活に対立している。この利己的な生活のいっさいの諸前提は、国家の領域の外に、市民社会の中に、しかも市民社会の特性として存続している。政治的国家が真に発達をとげたところでは……中略……二重の生活を営む。すなわち、一つは政治的共同体における生活であり、そのなかで人間は自分で自分を共同的存在だと思っている。もう一つは市民社会における生活であって、そのなかでは人間は私人として活動し、他人を手段とみなし、自分自身をも手段にまで下落させて、ほかの勢力の玩弄物となっている。[5]」（傍点―原文ママ）と語るとき、この意味するものは、「政治的国家」が「政治的国家」として自立し完成するためには、共同幻想としての法が人間の唯一の共同的な至上物としての実体を有しなければならないということ、近代国家の形式的普遍性（＝幻想共同体）は、自己の法規範だけを意味すること、人間の類意思が法（＝国家意思）として疎外されていること、階級社会における法は、規範としての普遍性を有しているが、国家意思としての性格をそなえている点に、特殊性があること、そして、近代の「市民社会」の人間は、政治的生活において「観念的に普遍的な政治的市民」＝「公民」として、市民社会の生活においては、「具体的な特殊な市民」＝「私人」として二重的存在となるという統一的な視点こそが、近代ならびに近代法の本質を把握する際に要請されるということに他ならない。

したがって、沼田教授が、「近代社会は経済社会たる市民社会を基盤として、そのいわば上部構造に近代国家＝政治社会＝法秩序を形成するところの、二元的構造を顕わならしめている歴史的全体社会である[6]」、「公権力＝国家そのものが下部構造のイデオロギー的生産物であるに拘わらず、しかも逆にむしろ市民社会を規制し能うところの規範的優位の地位に立つ[7]」「それ（基本人権―筆者注）は国家の市民社会――私的世界に対する支配に限界線を劃することであり、私的自治を公権的に肯定することを意味していたと共に、私的個人は公権力＝国家とはただ一面的にのみ（抽象的な公民として）関係することを意味した。[8]」そして、「階級的特殊的意思の実体が、普遍意思の形式をとることによってのみ階級支配が可能である」(9)等と『労働法論序説』の中で語るとき私は前述したK・マルクスの『ユダヤ人問題によせて』の論理の具体的な定式化を見るのである。

この「政治的国家」と「市民社会」の分離＝二重化の論理は、『ドイツ・イデオロギー』("Die Deutsche Ideologie")の中でも、「国家は、支配階級に属する諸個人が、かれらの共通の利害を実現し、その時代の市民社会の全体が総括される形態（die Form）であるから、そこからいっさいの共通の制度は、国家によって媒介されて（durch den Staat vermittelt）、ひとつの政治的な形態（eine politische Form）をとるということがでてくる。そこから、法律は意志にしかもその現実の土台からひきはなされた自由な意志にもとづくかのような幻想が生ずる。(10)」と定式化されている。このことは、「形式」（＝「一般意思」としての「国家意思」）が法律を法の外的「政治的」表現から法の形式的＝法律的表現へ転化させ、政治的上部構造＝法的上部構造へと結合させるということに他ならない。つまり、階級的権力支配は、法的イデオロギーのプリズムを通して、法律上の自由意思という観念を通して具体化され、一般的、公的な意思として表わされざるをえないのが近代の「政治的解放」（＝法の支配）の最大の意義であり、封建制のような「経済外的強制」による身分支配と決定的に異なる点であるというわけである。

これらの考察の中から、以下の点が結論づけられる。

近代「市民社会」において、ブルジョアジーは、まず、物質的生活諸関係の中から生まれる自己の共同利害に、国家意思＝法律という一般的表現を与えることによって、自己を統一された階級として組織する。だが、国家において、国家意思＝法律として表現された支配階級の意思は、かれらからも相対的に独立した普遍的＝公的形態として成立するのであるから、それは、同時に、社会のあらゆる成員にも普遍妥当なものとしてあらわれるのである。一般（普遍）意思＝法律として定式化して自己の階級支配をなすのが、近代の支配の構造なのである。国家をイデオロギー的支持の体系としても把握する視点が忘却されてはならないのであり、法学が存在する論理的必然的理由もこの点にあるといえる。(11)(12)

それでは、このような「政治的国家」—「市民社会」の論理が、沼田教授の「従属労働」論において、いかに具体化されているかを分析したい。

（1）なお、あらためて、指摘するまでもないが、ヘーゲルは、その『法の哲学』において、「市民社会」を「欲求の体系」（System der Bedürfnisse）・「全面的依存の体系」（System der allseitigen Abhängigkeit）あるいは、「外的な国家」（der äußere-Staat）・「強制国家（Notstaat）」・「悟性国家（Verstandesstaat）」といい、人倫の最後にして最高の段階である「媒介された普遍（vermittelte Allgemeinheit）」としての「国家」とは区別している。

〔参考文献〕竹原良文「ヘーゲル『法哲学』における「外面的国家」の本来の国家への移行についての考察—全体性の視点—」九大「法政研究」二九巻一号、高柳良治「ヘーゲルにおける近代国家のイメージ—『ドイツ憲法論』の国家概念をめぐって—」『国学院経済学』二三巻二号。

（2）K・マルクスは、「資本論・第一部」の「第四篇第一三章　機械と大工業」で、「機械はまた、資本関係の形式的媒介（die formelle Vermittlung）たる労働者と資本家との契約を根本的に変革する。」（前掲書・三一八頁）と述べている。

ここで、法を経済の「形式的媒介（die formelle Vermittlung）」と呼んでいるが、このことの意義は、階級的な生産関係は必然的に法的な形態（形式）において顕現するというだけでなく、これらの生産関係は、それらを構成する個別的な経済行為の意思的、イデオロギー的反映なしには存在しえないということである。

その他、この「形式（Form）」と「内容（Inhalt）」の論理は、K・マルクスが法を語る場合につねに駆使されている論理である。

例えば、「資本論・第三部」の「第五篇第二一章　利子生み資本」の項で、「法律的諸形態（Die juristischen Formen）においては、これらの経済的取引者が関与者たちの意志行為として、彼らの共同的意志の発現として、また、個々の当事者に対し国家によって強制されうる契約として、現象するのであるが、こうした法律的諸形態（Formen）は、たんなる形態（als bloße Formen）としては、この内容そのもの（diesen Inhalt selbst）を規定しえない。それらはこの内容（ihn＝Inhalt—筆者注）を表現するにすぎない。」（前掲・河出大思想二〇、二八〇頁）がそうである。

このことは、法（＝国家意思）は、政治的支配をめざす諸階級の階級闘争を媒介にして形成されるということではあるが、法は、諸階級の合意あるいは妥協の結果としてではなく、それらの意思からは独立し、かつこのような諸階級の相関を条件づけている物質的関係の形式的媒介（die formelle Vermittlung）として考察されなければならないということを一まず指摘しておくにとどめる。この「形式（Form）」と「内容（Inhalt）」の論理については、ヘーゲルの「論理学」を研究した後に、あらためて考察したい。

なお、これと関連して、三木清の思想的影響を受けたといわれる加古祐二郎の法の「形態（Gestalt）」ないしは「定型」、「型（Typus）」と「法の形式（Form）」との区別と関連を考察した藤田勇「法における内容・形態カテゴリーにかんする一考察」沼田還暦記念『現代法と労働法学の課題上巻』（総合労働研究所、昭和四九年）二五頁という労作がある。

（3）Ｋ・マルクス「政治的革命は――政治的精神を――市民社会のあの特殊な諸要素から観念的に独立した普遍的な人民的事項の領域として、確立したのである。」（「ユダヤ人問題によせて」・前掲書二四頁）

（4）「民主制（Die Demokratie）は体制の類（Gattung）である。君主制は一つの種（Art）、しかも不良種である。」（Ｋ・マルクス「ヘーゲル国法論批判」・前掲書二六三頁）や「君主制はあらゆる体制の謎の解かれたものである。」（「ヘーゲル国法論批判」二六三頁）等との関連から考察するならば、「完成した政治的国家」とは、「民主制」のことであるといえる。

（5）「ユダヤ人問題によせて」前掲書一三頁。

（6）沼田『序説』三頁。

（7）沼田『序説』二三頁。

（8）沼田『序説』二四頁。

（9）沼田『序説』二七頁。

（10）『新版ドイツ・イデオロギー』（ゲ・ア・バガドゥーリヤ編集、花崎訳・合同新書）一六六頁。

（11）したがって、法解釈学は、いかにイデオロギーとしての理念に基礎をもつ定義の論理体系だとはいえ、定義の論理体系はそれなりに一定のふみはずしえない限界をそれ自体有しているというべきである。それゆえ、法解釈学の課題は、第一義的には、一定の定義にもとづいて展開される法の論理構造を解明するとことにあるといえよう。その意味で、沼田稲次郎『運動のなかの労働法』（労働旬報社）、蓼沼謙一「『労働法法社会学』の課題と方法―渡辺教授の提言をめぐって―」学会誌労働法二四号、横井芳弘「労働法の解釈―二、三の方法論的疑問について―」学会誌労働法二四号等は、私達に、労働法解釈についての限りなき示唆を与えてくれる。なお、横井教授の「組合運動と労働法学―権利闘争論―」沼田還暦記念『現代法と労働法学の課題上巻』（総合労働研究所、昭和四九年）四五八頁は、前掲学会誌二四号所収論文の論旨をさらに深化したものといえる。ただ、この点については、本稿の主たる対象ではないので、後述する二の「総括と課題」の項で若干言及するにとどめる。

（12）木村亀二「イデオロギーとしての法」法哲学四季報五号二八頁参照。

(v)　沼田教授の「従属労働」論

沼田教授も、労働法が市民法の反省原理をになう法であり、「労働の従属性」は、労働法の基礎概念であると考えていることに変りはない。しかしながら、「従属労働」をたんなる貧富の差や、契約の構成要件でもって分析せんとする理論では決してない。

沼田教授の理論の最大に評価すべき点は、(ii)の津曲教授の理論で、最終的に問題となったように、「労働の従属性」という近代社会における労働の一つの性格に関する法的自覚は、どうして生まれてきたかという点に問題点を求めたということにあるといえよう。つまり、「市民社会」の形成と同一の行動でもって成就されたところの「政治的国家」の論理を合わせて問題にしたという点にある。

この点を簡単に要約するならば、歴史的実践主体（＝労働者階級）の具体的運動が、ほかならぬ国家をして、「労働の従属性」の現実を直視させ、たんに弱者保護の視点から被傭者を「取締」の対象としたのではなく、社会的責任の自覚から従属労働者の保護をかれらの権利の主張としてみとめ、また自己解放する運動を自由あるいは権利として保障しなければならなくなったというわけであり、解放立法は、国家（＝社会的総資本）が、「労働の従属性」を事実として認めるとともに、それをなにほどか社会悪として評価することを意味するというわけである。したがって、従属性の論理が、すなわち、労働法の虚偽性の問題であるという前提が確認されなければならない。つまり、「労働法の基礎観念としての労働の従属性は、法の主体によって把握せられた内容においての従属性であって、それは止揚すべき悪としては、観念することはできず、修正しうる悪ないしは修正によって維持すべき悪——資本制社会の柱として——観念せられているもの」[1]（傍点—筆者）であって、変革的実践主体であり、社会を歴史的に計画化[2]しようとする労働者階級が、止揚すべき必要悪として自覚している従属労働とは異なるというわけである。

そこで、法的概念としての「労働の従属性」を沼田教授の見解にしたがって、正確にまとめるならば、以下の通りである。

「法的概念としての労働の従属性の概念は、市民法上の自由なる契約が、契約上の義務にもとづく労働の遂行過程において、かえって人的従属性をもたらすとともに、被支配階級としての階級的従属が、前者の人的従属性を技術的従属性……中略……と区別する歴史的性格を決定するものであるという相互規定性を、資本制生産の必然性として意識せしめられた――同時に社会悪としての規範的批判をともなって――国家＝社会的総資本が、その事実――法的モメントをふくんで――を基礎として社会政策的志向のもとに制定する法規、あるいはその基礎的事実から社会的に形成せられる社会規範――たとえば、組合規約や労働協約――を法的に根拠づける場合の自主法における法的人格者の基本的性格を意味するものである。[3]」（傍点―筆者）

ここに、沼田教授の「従属労働」論に対する全ての意義が集約されているといってよい。津曲教授の「従属労働」論と対比すれば、社会の下部構造をW―G―WとG―W―G'との矛盾的統一として捉える点においては、まさに、全く同様であるといってよいが、ただ、その過程における労働者の従属性としての意識、しかも、社会悪として意識せられたもの、つまり、従属の必然性とその止揚を指向する運動の実践的主体の意識が、法主体＝国家を媒介として法的規範意識にまで高められていく点を問題としたことが、津曲教授との決定的違いであるといえる。私は、まさにこの点に、沼田教授の「従属労働」に対する基本的な視点の正確さが存すると考えるし、津曲教授のみならず本稿で取り上げた他の諸見解の論理との決定的な説得力の差を有するのを見るのである。

このような視点に沼田教授は立つがゆえに、「労働法における法的人格者としての従属労働者は、商品たる労働力の担い手であるという根本的性格を止揚しているものではなく、また止揚しようとするものではなく、したがって、それは、W―G―W'のうちに物化され、自己疎外しているかぎりでの人間像を否定するものではない。[4]」と結論づける。その意味で、「勤労人格の物性離脱」を労働法の理念とし、そして、この労働法が「労働の商品性」を否定するという結論を主張した孫田博士の労働法理論とまさに対極的な位置を占めているといってよい。

この結論の中に、沼田教授が「物象の人格化と人格の物象化との対立」という論理に代表される商品の物神的性格[5]から法的物神性[6]へという物象化の論理構造にのっとって、「市民社会」内のイデオロギーが政治イデオロギー支配へと吸収されていく帰結を論理一貫して追及されているのを私はみるのである。

私達は、ここに沼田教授が、近代を、そして近代法を考察する視点として、「政治的国家」―「市民社会」の総体的把握という方法、つまり、沼田教授の表現を借りれば、「法はその規範的意味内容が存在拘束性を担う意識形態（イデオロギー）であるというばかりでなく、その実効性の面においても経済社会の自然律が生ける法（イデオロギー）を媒介として法を支える社会力であり、実力的強制が公権力＝国家（イデオロギー）としてのみ法の実効性を保障するという事態、ここにイデオロギーたる法の本質が存するのである。[7]」という視点に積極的な評価を与えるべきである。

（1）　沼田・「労働の従属性」法律文化四巻一一・一二号（法律文化社）四一頁。

（2）　ブルジョア・イデオロギーが相対的に虚偽であるのは、それが虚偽の世界について、物質的関係の物象化した力を自律的な観念要因に仕上げ、精神的に人間を物象化した力と融和させることによって、虚偽の世界の虚偽性をかくすことを当然とするからである。これに対して、この克服は、無意識的に生産される虚偽の世界のかわりに、意識的に生産される世界をおくということにある。それゆえ、K・マルクスは、「資本論・全三部」にわたって、計画経済の重要性を時々ふれているのである。
また、沼田教授がその著『就業規則論』（東洋経済新報社、昭和三九年）一九二頁で、川崎武夫教授の批判に答えながら、「虚偽の意識だというのは、いってみればイデオロギー批判の立場からの立言であって、それは労使関係における共同関係の契機のみをとらえており、その関係自体と不可分に結びついている搾取対立の関係を捨象しているがゆえに虚偽の意識なのであ（る）……中略……また、イデオロギー批判の立場で虚偽性が指摘されるということと、その虚偽の意識が、法の根拠として規範的に要請されるということとは別のことである。たとえば、労使対等の原則は法原則であり、協約制度等の規範的根拠ではあるが、それが階級支配の関係を捨象しているかぎり虚偽性を免れないのである。虚偽は「まっかな嘘」、「全くの別のもの」ではなく、現実存在の一契機をとらえて全体をみるものだから批判するに足りる〝虚偽〟にほかならないのである。」と述べるとき、私達は、沼田労働法理論体系の中で、いかに、虚偽意識（イデオロギー）論（批判論）が重要な位置を占めているかをみることができる。

（3）沼田・前掲「労働の従属性」四一頁。

（4）沼田・前掲「労働の従属性」四九頁。

また、これと関連して、川村泰啓教授は、その著『商品交換法の体系（上）』（勁草書房、昭四二年）二八頁で、次のようにいう。

「資本主義労働法は社会主義労働法ではなくて、『市民的』労働法なのである。」

しかし、イデオロギー論が欠落しているがゆえに、沼田労働法学理論と明確な違いが存する。この点については、我妻・川島両教授の民法・法社会学理論を検討する中からあらためて結論を出したい。

その他、宮島尚史「労働法における市民法の修正論序説」（学会誌労働法三〇号一五四頁以下）及び「同（続）」（学会誌三三号一五三頁以下）参照。

（5）「資本論・第一部」（前掲書九九頁）。

「Gegensatz von Personifizierung der Sache und Versachlichung der Personen」〝人格〟は、流通過程次元での、つまり、交換価値（＝商品間の価値関係）の関連上の概念であるといえる。

この〝物象化の論理〟は、加古祐二郎が「近代法の基礎構造」の中で指摘したことを例示するまでもなく、K・マルクスの全著作を貫ぬいている思想である。

この点については、通例、「資本論・第一部」の「第一章第四節　商品の物神的性格とその秘密（Der Fetischcharakter der Ware und sein Geheimnis）」（前掲書六六頁）が引用されるが、その他、以下の節を例示するだけで十分であろう。

「労働者が彼の生産物のなかで外化するということは、ただたんに彼の労働が一つの対象に、ある外的な現実的存在になるという意味ばかりでなく、また彼の労働が彼の外に、彼から独立して疎遠に現存し、しかも彼に相対する一つの自立的な力（sie außer ihm, unabhängig, fremd von ihm existiert und eine selbständige Macht ihm gegenüber）になるという意味を、そして彼が対象に付与した生命が、彼にたいして敵対的にそして疎遠に対立するという意味をもっているのである。」（『経済学・哲学草稿』城塚・田中訳〔岩波文庫〕八八頁）

「人間の自己本来の行為が、かれにとって疎遠な、対抗的な力（eine fremd, gegenüberstehende Macht）となり、かれがその力を支配するかわりに、その力がかれをしめつける。」（『新版・ドイツ・イデオロギー』花崎訳・前掲書六七頁）

「資本はますます……中略……社会的力（gesellschaftliche Macht）として現われる。——ただし、物象として、およびこの物象をとおしての資本家の力として・社会的に対立するところの、疎外され自立化された社会的力として（als entfremde, verselbständigte gesellschaftliche Macht）である。」（『資本論・第三部』河出大思想二〇、前掲書二二一頁）あるいはまた、「変調意識」（ein transponiertes Bewußtsein）（『資本論・第三部』河出大思想二〇、五六頁）という表現もある。

なお、この点の分析を詳しく行なっているものとして、高橋洋児「物神性批判の一視角」『思想』昭和四八年四月号。

（6）　加藤新平「法律物神性」法哲学四季報五号参照。

もちろん、この課題をパシュカーニス批判を媒介にして自覚的に展開したのが、加古祐二郎、沼田教授であることはあえてふれるまでもなかろう。

なお特筆すべきの研究として、岩倉正博「物神性世界に於ける法と経済」『法学論叢』九九巻一・三・六号がある。同論文は「法的関係がそれの『媒介形態』であるとされるところの、交通過程と資本循環総体とは、相互に区別された上での独自な考察を必要としているのではなかろうか。」（一号三二頁）という問題提起に始まり、「それ故、流通通過程と生産過程——を一個同一の総過程の諸契機として取扱うという態度が採らる可きであろう。」（一号三一頁）という視点で「市民法の仮象性の完成」の分析をしているが、流通過程と生産過程とを対立的に構成した従来の法学理論の問題点を指摘し、非常に参考となった。今後の私の研究の糧の一部としたい。

また、論理構成は異なるが、川島武宜教授「法律の物神性—新入生諸君のために—」藤田・江守編『文献研究・日本の法社会学』（日本評論社、一九六九年）一八三頁参照。なお、注（４）でもふれたように、川島教授の方法論についての再検討を後日に期したい。

（7）　沼田『序説』一六頁。

二　総括と課題

（a）　今ここに、ジンツハイマー、加藤教授、津曲教授、孫田博士、沼田教授の「従属労働」論を考察する中から、近代そして近代法をさらには、社会科学一般の認識方法として、「政治的国家」―「市民社会」の総体的認識(1)という視座を獲得した。これについて、再びまとめてみるならば次のように概括できるであろう。

国家は、その政治形態的特質においては、「市民社会」から生まれながら、それとならんでその外に立つ、独自な政治的＝法律的形態（イデオロギー形態）であって、この国家による法の定立とその法をとおしての政治的支配階級の、国家から「市民社会」に至る全領域に対する政治的支配がなされるのである。そして、法規範として定式化される国家意思の主要な内容が、支配階級の諸個人の共通利害であると同時に、その基礎において、「市民社会」の、諸階級の階級闘争を媒介とした政治的＝法的総括なのである。まさに、「政治的国家」―「市民社会」の総体的把握が何よりも要請されるわけである。その意味で、「市民法」対「労働法」という対立の形式で労働法の意義を強調することよりも、両者ともに法（＝国家意思）の媒介された形態であるという点に共通性をもち、ただ、「市民社会」内の階級的矛盾のどの部面に焦点をあて資本主義の論理（＝価値法則）の中にその矛盾を解消するかに違いがあるといってよい。

そこで、この認識論理を「従属労働」の場合に適用してみると、いわゆる資本の一般的範式の矛盾を解決するために、労働市場において貨幣所有者は、「使用価値が価値を創造する」という特殊な「労働力商品所有者」である賃労働者を見出すわけであるが、この「二重の意味で自由な」賃労働者は、特殊な商品、つまり、「労働力の所有者がそれを商品として売るためには……中略……じぶんの労働能力じぶんの人格の自由な所有者でなければならない(2)」がゆえに、「単純流通あるいは、商品交換の部面から訣別(3)」ののち、「取引が終った後になって、彼（労働者）は、『なんら自由な行為者』ではなかった(4)」ということが現実の労働者の意識として形成されてくるのである。ここに、商品循環の構造的土台の上に成立した法学的世界観（これは、「自由な意思主体＝契約主体」としての商品所有者という概念に代表される）にかわる、新たなる社会意識の発生がある。そして、この階級矛盾の止揚を指向する階級意識の萌芽を摘み取らんとすべく、つまり、市民的日常意識に解消すべく、国家（＝法的主体）

が、市民法と同じ目的（価値法則の貫徹）を持ちながらも、法的総括の視点を変えて、労働法、経済法等の社会法を制定していくのである。(5) これらの諸法も、「市民社会」の諸階級の階級闘争を媒介とした、国家の法的総括の産物なのである。これには、当然、規範の概念化を伴なうことはいうまでもない。そして、これらの社会法諸法は、直接的に、階級的従属性を当然にも表現しないのである。なぜなら、国家意思（＝法規範）の発生そのものが、「市民社会」の虚偽構造の上に立脚しているからである。したがって、「従属労働」論は、沼田教授の主張されるように、「政治的国家」―「市民社会」の総体的視点、つまり、「法の世界は、経済社会と即目的に密着した生ける法乃至直接的法意識と、経済社会それ自体から生み出される近代国家が意識的目的的視点から措定する法規範、つまり実定法秩序と、更らに法思想との弁証法的に統一せられたイデオロギー的な世界」(6) の上でこそ把握する必要がある。

それゆえ、ジンツハイマーが、所有権の社会的機能の面から、「労働の従属性」を「組織的従属性」としてとらえる見解は、一面性を強調すぎるきらいがあり、法（＝「国家意思」＝「イデオロギー」）の意義を正当に把握しきれていないというべきである。むしろ、彼の『労働法原理・第一版』（一九二一年）で、「人格的な従属」は、「一般的な社会的従属（allgemeine soziale Abhängigkeit）」でなく、また、「経済的な従属（wirtschaftliche Abhängigkeit）」だけでもなく、「他人の意思の下へ人間を服従させることにおいて存在する従属」(7)（傍点―筆者）という定義の方が、法（＝イデオロギー）的構成としてはより妥当性を有しているというべきである。

また、津曲教授は、「労働法は資本制生産関係―労働関係―の外被として成立つ法的上層建築の一形態である」(8)、そして、「労働法は階級闘争の休戦的形態」(9) と考察されるのは、部分的な正当性を有するともいえるが、「一般的国家意思」（＝普遍的国家意思）を語るかに見えながら、単純商品交換と労働力売買との対比から、そして、労働力商品の特殊性から、直接的に労働契約の法的性格づけをしている。つまり、法（＝国家意思）を媒介として、労働法をとらえていない点に致命的な問題点があるといえる。(10)

さらに、孫田博士は、「二重の意味で自由」な「市民」の形成と同時的に普遍意思の形態をとる国家が形成されるにもかかわらず、前者の自由ならざる社会的側面（＝「労働の商品化」）を「悪」として評価し、国家意思の一属性をなす労働法を「善」なるものとして考え、後者によってこそ前者の問題が解決されるという。これは近代法の本質についてきわめて不十分な説明であり、イデオロギーとしての法の理解が明確でないといえよう。

以上のことと関連して、蓼沼教授が「『労働の従属性』の核心をなす階級的従属は、体制必然的、制度的なものであるにもかかわらず近代＝市民法の『法律構成』においては、『法的』従属として現われない。[11]」と主張するとき、国家法の一部をなす労働法は、市民社会内の階級的矛盾を資本主義的に包摂＝解消を企図するものであるという法（＝国家意思）の権力的なイデオロギー的性格をよく考察されているといってよい。その意味で「法を抽象的な交換過程に限定する考え方」と明確な一線を引いているといってよい。

また、横井教授が、「従属労働論が労働の従属性を把握するにあたってすでに積極的に労働法的な価値評価を行なっているにもかかわらず、さらにこうして把握された労働の従属性をもって、労働法の対象として確定し、労働法の概念決定を行なうという論理的矛盾をおかしている。[12]」（傍点―原文ママ）と「労働の従属性」について述べるとき、市民法と同様労働法も、法（＝国家意思）が市民社会内の矛盾（特に労資の矛盾）を能動的に総括した産物であり、労働法自体が法（＝国家意思）の現実に対する媒介されたものである点を的確に把握しているといってよい。まさに、法は現実の諸関係を表示しながら、逆に、現実の市民社会に対する国家の能動的な意思表示であるという点こそが肝要なのである。したがって、「労働力のコントロール」という特異な論理構成により、労働法規範の分野から「従属性」というタームを排除している吾妻教授の理論も、ある意味では、普遍的形式性という近代法の本質をよく把握されているといってよい。[13][14]

(1)　この認識の基本的軸は、今までも、たびたびふれてきたように、沼田教授の「労働法論序説」において具体化されているが、労働法学界のみならず、社会政策（労働経済）学界の中でも、中西洋東大教授らによって研究の原理とされ、数少なからず成果をあげている。例えば、中西洋「経済学と社会科学の全体像―『資本論』と『資本論』以後―」思想（昭和五二年八月号所収）。なお、同教授は、「日本における『社会政策』＝『労働問題』研究の現地点」経済学論集第三七巻一・二・三号、第四〇巻第四号、第四三巻第三号、第四四巻第一号で、従来の社会政策（労働経済）学の方法論に数々の疑問を投げかけているが、それとの関連で、労働法学者の研究成果にも同じように疑問を呈している（例：片岡教授『英国労働法理論史』の方法や秋田教授『イギリス救貧法の失業政策としての諸機能について―初期資本主義を中心として―』には、国家論の位置づけ方に問題があるとする）。なお、同教授の前述の一連の論文はその後、『増補日本における「社会政策」・「労働問題」研究』（東大出版会、昭和五四年）にまとめられている。

この分野について、現在ほとんど足を踏み入れていない私が、同教授と同一の結論に達するかどうかは、全く判断できない。また、同教授の結論の下し方の思い切りのよさに多少のとまどいを感じるが、学際的研究の必要性が労働法学会の内部からも叫ばれている今日（例：蓼沼謙一「学際的研究について思う」季刊労働法一〇一号、「労働法学と隣接諸科学」学会誌労働法四八号等）の状況から、今後研究し、批判の是非について考えてみたい。

（2）「資本論・第一部」（世界の大思想・長谷部文雄訳、昭三九年）一四二頁。

（3）「資本論・第一部」前掲書一四九頁。

（4）「資本論・第一部」前掲書二四七頁。

（5）〔参考文献〕　沼田『市民法と社会法』、『労働法論序説』等。

また、加古祐二郎は次のようにいう。「今日の社会法的原理は又法的主体の問題に就て、市民法的（私法的）原理が何らかの意味に於て個を離れて成り立ち得ないと同様に、社会法も亦未だ個を離れて存立し能はない。ただ後者に於いては私法原理の対象たる個的主体の抽象的自己疎外に対立してかかる抽象的個の具体的恢復に向けられている点に於いてその特質を有する。」（「近代法の基礎構造」二五六頁）。

（6）沼田『序説』一八頁。

（7）Vgl. Sinzheimer, Grundzüge. 1921, s. 4.

（8）津曲・前掲書序文一頁。

（9）津曲・前掲書序文七頁。

（10）沼田教授は、「日本国憲法における労働者像について」山之内（一郎―筆者注）先生追悼論文集『今日の法と法学』（勁草書房、昭和三四年）一四頁で、次のように述べている。「然しながら、労使間の個別的な労働関係――これが雇傭契約関係として直に市民法のとらえる関係なのであるから――について、いかに市民法的雇傭契約と区別される『労働契約』の特殊性を把えるべきかという理論的関心にのみ規定される限り、階級的従属性は法理の視野に入って来ないのではあるまいか。というのは、階級的従属性は資本制生産社会の全体的構造（W―G―WとG―W―Gとの統一もそこに存立するのである。）における社会的関係―生産関係―にほかならないのであって、その一こまである意思関係―雇傭契約―においては具象的な他人決定労働―人格的従属性―といったメルクマールのみが法的意味をもちうるのだからである。そして、市民法的雇傭契約と対決する中からのみ労働法における Menschenbild を導き出そうとする限り、労働者相互間の連帯関係やそれを基盤として生ずる団結や団体行動、労資間の集団的関係――市民法の関心外におかれるか、或いは否認さえせられた諸関係――を必然的な行動様式とするような人間像として労働者像を描き出すことはできないのではあるまいか。」（傍点ママ）と述べる時、法（＝国家意思）が、如何に市民社会内の矛盾を能動的に総括し、そして媒介するかを的確に論じている。

(11)　蓼沼謙一「労働関係と雇傭契約・労働契約㈡」『討論労働法』三八号七頁。

(12)　横井芳弘「労働の従属性と労働法の概念」片岡＝横井編『演習労働法』（青林書院新社、昭和四七年）二二頁。

(13)　吾妻光俊『労働法の基本問題』（有斐閣、一九四八年）二一九頁以下、『労働法の展開』（海口書店、一九四八年）一八八頁以下。

「ある意味では」というのは、方法論が、拙論の方法である「法は政治的支配をめざす諸階級間の階級闘争を媒介にして形成される」という論理に依拠していないが、結論が類似性を有するということである。

(14)　片岡曻教授は、その著『団結と労働契約の研究』（有斐閣、昭和三四年）二二〇頁の中で、「労働の従属性は、労働者による生存権的規範意識を既存法秩序が媒介的に摂取することを通じ、かかる事態の修正を企図するところに認められる概念、つまり、生存権原理に基いて提起せられる概念にほかならない。」（傍点―筆者）と述べられる時、その大略は支持しうるが、労働者の直接的な規範意識がすぐれて、法（＝国家意思）の媒介された形態概念である「生存権意識」に集約されるかどうか、検討の余地があるのではなかろうか。生存権意識は階級矛盾の止揚を指向する労働者運動の規範論理（法と国家の死滅）とは異なるといえる。というのは、法（＝国家意思）上の概念である「生存権意識」と人間の生活を個人の意思のみが統御しうるような規範論理とは区別されるべきであるからである。

(b)　(a)の概括的な整理から、雇傭契約と労働契約との区別と関連を考察してみたい。

前述したように、法は、「市民社会」内の諸階級の闘いを国家意思が能動的に総括した産物であると定義しえた。ということは、労働法も、国家意思の「市民社会」内の矛盾に対する能動性より把握されるべきである。つまり、市民的な法学的世界観にかわる新たなる社会意識の生成を摘み取る点に労働法の法たる意義があるのである。このことから、労働法のとらえる「従属労働」は、あくまでも「個人的従属」であって、けっして「階級的従属性」ではないという基本的テーゼが論理必然的に定式化される。階級矛盾の止揚を指向する労働者運動の規範論理では決してないのである。つまり、「労働法が把捉する労働者像の性格規定としての〝労働の従属性〟は――本質的な現実の従属労働（＝「階級的従属」―筆者注）を反映するものではない。労働法は、そのブルジョア法としての本質の故に、現実を歪曲し或は抽象して反映せざるを得ないのである。いわば、虚偽のイデオロギーたらざるを得ない。(1)」（傍点―原文ママ）ということを労働法上の各概念を定義する場合の基本的な認識方法としなければならないのである。

以上の論理を前提として本節の本論である雇傭契約と労働契約との違いを考察してみたい。通常、「法を抽象的な交換過程に限定する考え方」にその労働法理論の土台を持つ論者は、市民法を商品交換が人間の意思を媒介としてのみ行なわれ（いわゆる「経済的強制」）、そして「自由な原理」によって支えられている価値法則を直接的に反映するものとして理解し、その市民法の一部として雇傭契約ということが語られている。(2)ところが、市民法とて法（＝国家意思）が現実的諸関係に対して意思表示をした産物なのであり、「社会的必然性」の論理の中にある商品交換を「自由な意思主体」である商品所有者によって商品交換がなされるかのように法的に構成されたものなのである。したがって、雇傭契約も、国家がその存立基盤である労働力商品性を確保するために、「自由意思」でこの商品の取引がなされるかのように、市民法内の契約類型の一つつまり、典型契約の一つとして構成したものである。しかし、現実には、他の商品交換のように「自由意思」でなされるとするには、多くの問題点があり、数多くの歴史上生じた労働者の争議などがありその価値法則の貫徹すらスムーズに行かなくなる点を考慮した支配階級意思、つまり国家意思が労働者主体を「形骸化された自由意思主体」として法的に構成し、労働契約という新たな契約類型を定立したのである。したがって、通常雇傭契約の法的主体は「個別的人間像」であり、労働契約の法的主体は「集団的人間像」であると語られるが、そのどちらにも、法（＝国家意思）が内在化されているのである。つまり、雇傭契約も労働契約も、自からの労働力を自からの肉体から切り離せられない特殊な商品である労働力商品、言い換えるならば資本にとって自由に消費しえない商品を如何に確保するかという視点からの法（＝国家意思）の総括の産物に他ならないのである。

以上の論理に立脚するならば、労働契約を雇傭契約から区別するのは、「如何なる労働過程を（契約の法効果実現である）如何なる程度に保護すべきか、という点から導かれる。[3]」（傍点―筆者）というべきである。その意味で、蓼沼教授が、「雇傭契約と労働契約とは、資本制労働に対する国家＝法主体の規制と態度と仕方において重大な相違がある。[4]」（傍点―筆者）とするのは、まさに妥当な結論である。

結論を要約すれば、雇傭契約も労働契約も、労務と賃金との交換を目的とする財貨の交換契約であるという基本的、主体的な性格は、いささかも変わりはないが、国家が如何なる面において労働の従属性をとらえるかという点に違いがあるといえる。[5][6][7]

（1）沼田『序説』一五九頁。
（2）この典型例が津曲理論であることは、すでに述べた。
（3）沼田『序説』一六一頁。
（4）蓼沼謙一「労働関係と雇傭契約・労働契約㈡」『討論労働法』三八号七頁。
（5）沼田『序説』一六三頁参照。
（6）宮島教授が『労働法学』（青木書店）五九頁で、従属性を基準とする契約類型の差を意味するものではなく、雇傭契約は「従属労働を全部対象とし」、労働契約は、「従属労働の一部のみを対象としている」というとき、論証の方法については拙論と全く同一ではないが、国家意思（＝法）の政策性を的確に把握しているといえる。

（7）　渡辺章東京学芸大学助教授は、その論文「配置転換と労働契約」『労働問題研究・第４集』（亜紀書房刊、一九七一年）で、労働契約を基礎とする労働者の具体的な労働義務は、「彼がその識種、その労働場所に就労することによって日々『特定』され、日々『履行』されている」（八二頁）として『資本論』の一部を引用しつつ、法的概念としての「従属労働」を否定している。立論の批判の視点は、通常語られる市民法原理（資本主義経の自律性の直接的反映としての市民法）に依拠してのものである。しかし、この論理は、商品所有者と商品所有者間の関係に介在する意思を大きく評価し、商品交換を意思によって説明しようとする次元のものであり、十分なものではない。つまり、経済過程の論理を無媒介に労働契約論として構成している。というのは、契約は、資本制的市民社会の「社会必然性」の論理を、法（＝国家意思）が、あたかも「自由意思」で商品交換がなされるかのように能動的に構成（「形態＝Form」）・表現したものに他ならない。したがって、労働契約は、その法概念自体には、いわゆる「従属性」の論理は表現されてはいないが、諸階級闘争（労働者階級がその最大の軸となるが）を媒介にして形成されたもの、諸階級の物質的関係の形式的媒介（die formelle Vermittlung）であるという点の認識が不十分であるといえる。したがって、「自由意思主体」でないと自覚した労働者の集団的行動や団結活動をいかに法（＝国家意思）が総括し、資本主義の論理の中に包摂したかはこの論理からは十分に構成されないのではないか。いわゆる、権利闘争論を論じることの必然性も生じないといえる。そして、いわゆるプロレーバー学者といわれる労働法学者グループのイデオロギー批判について厳しい評価を下すのはこの立論からすれば当然のことであろうが（「これからの労働法学・対談」ジュリスト六五五号参照）、その責任の一担は、存在と規範を俊別して「イデオロギー批判」をしている労働法学者にもあるが、肝要な点は、市民法も、法（＝国家意思）というイデオロギーの一産物であるという批判がなされるべきである。

(c)　最後に、今後のあり得べき権利闘争の課題を若干提言したい。

今までの一連の考察から、労働法は、資本主義労働法として、本質的に市民法原理を基礎とする社会法の一領域であり、労働基本権も、本質的にはそうした法（＝国家意思）によって規定された権利とみなされなければならない。このことは、沼田教授が「基本的人権とは近代国家における法の支配そのものを意味する。[1]」といみじくも定義づけたように、「人権」は、「政治的国家」による「市民社会」の公然たる承認である。しかも、労働組合等をはじめとする労働者の集団的な権利行動を、つまり、労働者の特殊利害が法（＝国家意思）という次元で観念的、幻想的に普遍化されたことに他ならないのが、労働基本権の基本権たるゆえである。その意味で、権利闘争が、実定法上の労働基本権を特殊歴史的規定的に認識することなく、基本権を一般的なるものとしてだけ進められるとするならば、国家共同体という普遍的なる法の中に現実の諸矛盾が全て解消されてしまうことになるであろう。「政治的国家」―「市民社会」の論理的範式の確立こそが、近代の意義であり、近代の政治的支配、階級的支配の要素なのであって、体制変革を指向する労働者の人間的な解放とは明確に異なるものといえる。したがって、「権利闘争というものが、そもそも労働者の権利感情ないし権利意識に支えられる闘争であるかぎり、階級的陣営のモラルの自覚的形成と、資本制社会における階級闘争の必然性を認識しその闘争の正当性の意識を広め且つ深めるという陣営内部の実践的努力とそれは不可分の闘争である(3)」とされるならば、実定法上の労働基本権の法規範的イデオロギーの限定性を確認しつつ「市民社会」内の諸矛盾を批判することが権利闘争の課題というべきである。もちろん、「権利闘争は、労働法の規範的意味に働きかけまた自治的規範を形成し、さらに制定法の変動をも生ずる如き、いわば法形成的な機能をも含むものである」というとき、「階級的陣営が如何に形成せられるか(4)」という課題とが合わせて強調されているように、虚偽意識でもって構成された法規範的イデオロギーの階級性を如何に暴露して行くかということが論理必然的な関連性を有するものといえる。つまり、「市民社会」という特殊的な圏における階級対立は、法(＝一般的な国家意思)という普遍的なものを前提とした階級対立であって、法という政治的支配をまさに問題とする労働者の本来的な権利闘争をなす主体を形成することを課題とする運動とは異なるわけで、現在まさにこの両者の関連を如何に運動主体の次元で論理構成するかが問われているのである(5)。

したがって、実定法上の労働基本権を、その歴史的、社会的規定性とは無縁に、また、運動主体の論理とは無関係に自由な意味付をして法解釈をし、権利論の再構成をするのは(6)、近代法の普遍性、観念性へ、「市民社会」内の現実的諸矛盾を解消してしまう結果をもたらすものといえる。

それゆえ、結論としては、きわめて一般的であるが、この近代法の普遍性を積極的に評価する論理が歴史的、階級的なものであることを運動的に論証するために、労働者の集団的な主体（労働組合等）が、国家意思に規定せられた規律ではなく、自主的な集団規律を優位的に形成保持すること(7)、虚偽意識でもって構成された資本の社会的な共同規範とは異質な目的的、意識的、計画的という社会編成原理でもって構成された自主的な規範を自己形成することがまずもってなされなければならないのである。このためには、労働者集団（労働組合等）が、人間生活における個人の意思が国家という共同の意思を凌駕するという規範形成(8)を部分的にせよ、どのように実現するかが問われており、すぐれて、人間変革の論理と真の民主々義の確立という両課題と密接な関連を有するものといえる。

「法と国家の死滅(9)」こそが、労働者の運動主体（労働組合等）の究極の課題なのである。

（1）　沼田『序説』二五頁。

　この項と関連して、山之内靖氏は、その著『社会科学の方法と人間学』（岩波書店、昭和四八年）一五八頁で、〃基本的人権〃の法的イデオロギー性を正当にも次のようにとらえている。「基本的人権という法的イデオロギーは、『国家の観念主義の完成』と『市民社会の物質主義の完成』（ユダヤ人問題によせて）という近代社会に特有の二元論……中略……の所産である。だから基本的人権の概念の近代的形態は、一見すると国家からの自由な諸個人の抽象的絶対性を保障しているように見えながら、その実は市民社会の物質主義を抜きにしては存立しえない相対的存在にすぎない。……中略……そうした意味において、基本的人権概念は、実は市民の側にある権利であるようでいて、現実には国家権力の根源に位置しているものなのである。」

　また、蓼沼教授は、「争議権論―歴史及び性格―」『労働法講座』（有斐閣、昭和三二年）第三巻で、「およそ法上の権利は法によって即ち国家意思を媒介として成立するのであって法而前の権利なるものは認め得ない。」（四七九頁）と正当に把握されている。なお、この論文は、「労働の従属性」の問題を「二重の意味における自由」な近代的労働者の体制必然的な「従属」問題と、それが如何にして国家意思を媒介にして法規範化されるかを、歴史理論を交錯させせつつ、きわめて具体的に展開している。

（2）　蓼沼教授は、また「労働基本権の性格」『新労働法講座』（有斐閣、昭和四一年）第一巻一一二頁で「資本主義憲法上の労働権が「すべての国民」の権利という規定形式にかかわらず、国民の労資（労使）二階級への基本的な分裂という経済的・社会的基礎のうえに、国民のうちの「労働者」にとってのみ現実に意義を有するものであるとの認識が、資本主義体制下の労働権の歴史的、社会的な被制約性をつくものとして重要である」と述べるとき、憲法二八条の場合にも当然考慮されるべきである。

（3）沼田『現代の権利闘争』（労働旬報社、昭和四一年）四頁。

（4）沼田『現代の権利闘争』四頁。

（5）このことに関する最近の労作を一(iv)「政治的国家」――「市民社会」の論理・注（11）であげた横井教授の「組合運動と労働法学―権利闘争論―」（沼田還暦記念所収）にみることができる。ただ、この分野において研究の日が浅い私が、同教授と同一の結論に達するかどうかはともかく、次の二点において、この論旨を支持しうる。第一に、規範と現実との統一、価値と存在との統一という古くて新しい法哲学的課題にその論理が依拠されている点である。第二に、労働法の解釈の項で、「労働法学が法超越的批判の学となり科学的変革的な性格を担うにいたるのは、現に妥当する実定労働法が、その法内在的かつ法超越的批判を担う権利闘争を媒介として実践的形成的に認識される場合のみである。」と四七八頁で述べている点である。この項は、第一の点ともちろん関連を有するが、間接的には、学会誌労働法二四号以来の〝法の二面性〟を語る渡辺教授に対する批判の深化といってよい。ただ、この点については、後日、さらに研究を深めたい。

（6）私は、この典型を前田達男金沢大教授の「労働者の政治・経済社会の『参加』と団結・団結活動」学会誌労働法四七号五二頁以下に見ることができる。

同教授は、「政治的疎外」の概念をK・マルクスの『ユダヤ人問題によせて』を引用しつつ説明されているが、その具体的な説明は私にはやはり理解しえない。というのは、右立論は、「二重の意味で自由」な近代的労働者の出現をその決定的なメルクマールとする「市民社会」の確立こそが、「政治的国家」の観念性の確立であるという点が本質的に理解されていないか、あるいは、新たなる意味付与を「政治的疎外」に込めているといわざるをえない。例えば、「政治的疎外」の特色の一つとして、「議民制民主主義の形骸化」をあげられているが、もし、議会制民主主義が真に機能するならば、近代に特有な「政治的（法的）疎外」が止揚されるというのであろうか。近代の支配の構造は、まさに「特殊的階級意思」（ブルジョアジーの階級意思）が「一般的非階級意思」（国家意思）の形態をとって、ブルジョアジー一般の政治支配がなされるのである。つまり「法的共同体妥当しある法＝実定法秩序を中核として、これを支え或はこれに反する法的規範意識の対立と浸透とをはらむ全一体」（沼田『序説』二一〇頁）の下に「市民社会」が統括されていることを前提として議会制民主主義という制度が存在するのである。その意味で、近代の階級表現としての議会なのである。

教授の立論は、現行諸法の体系をいかに弾力的に解釈しても法的に処理しえないような新しい法的社会現象を如何に把握するかで、苦労されながら努力されているが故のことと思われるが、その解決は、法解釈学に対する便宜主義よりも、現行諸法そのものに限界があるということを認識することを原則としないと例外と原則とを取り違えてしまうおそれがあるのではないか。

　また、これと関連して、蓼沼教授は、次のように述べる。「制定法を第一次的法源とするいわゆる成文法国の場合には、まず一応は、制定法の文理解釈により、文理上超えることのできない意味内容上の限界をたしかめ、その限界のなかで、一方でいわゆる論理解釈その他の解釈方法により、他方でいわゆる法解釈上の「わく」にしたがって、意味内容の確定がなされなければならない。」（「日本労働法学における『解釈』論の問題について―日本労働法学の一課題―」一橋論叢五四巻三号・三八六頁）

（7）　法（国家意思）の死滅は、規範の死滅とは異なるものである。従来、マルクス主義法理論の内部にそのような傾向があり、H・ケルゼン（一八八一―一九七三）が、パシュカーニスを主に批判しながら「社会現象の反規範的研究方法は、一般的にマルクス主義理論の、また特殊的にはマルクス主義法理論の本質的一要素である。」（服部・高橋訳『マルクス主義法理論の考察』〔"The Communist Theory of Law. 1955"〕〔木鐸社、昭和四九年〕序文）と述べたのは、それなりの理由があったのである。

　しかし、その欠点を、商品の物神的性格から法的物神性へという論理で、イデオロギー論を軸に再構成をしたのが、いうまでもなく加古祐二郎であることを賢明な読者にあえて指摘するまでもなかろう。

　なお、長尾訳『社会主義と国家―マルクス主義政治理論の一研究』（"Sozialismus und Staat, Eine Untersuchung der politischen Theoriedes Marxismus, 1923"）（木鐸社、昭和五一年）も参照。

　また、最近パシュカーニスの法死滅論の問題点を良く整理しているものとして、瀧島正好「パシュカーニスによる法死滅論の基礎づけ―その批判」法と倫理・日本法哲学会一九七五年報（有斐閣、昭和五一年）一三二頁。

（8）　このことは、拙稿の基本的なモチーフからいえば、「政治的国家」と「市民社会」の二重性の止揚である。K・マルクスは、「ユダヤ人問題によせて」（『マルクス・経済学・哲学論集』河出大思想Ⅱの四〔河出書房、昭和四二年〕）の中で次のように素描している。「現実の個別的な人間が、抽象的な公民を自分のうちにとりもどし、個別的な人間のままでありながら、その経験的な生活において、その個人的な労働において、類的存在（Gattungswesen）となったときはじめて、つまり人間が自分の「固有の力（forces propres）」を社会的な力（als gesellschaftliche Kräfte）として認識し組織し、したがって社会的な力をもはや政治的な力の形（Gestalt der politische Kraft）で自分から切りはなさないときにはじめて、そのときにはじめて、人間的解放（diemenchliche Emanzipation）は完成されたことになるのである。」（傍点ママ）

　政治的な力の形、すなわち特に国家、したがって法からの解放こそ人間解放というわけである。

　なお、沼田教授『増補法と国家の死滅』（法律文化社、昭和四六年）四一頁～四二頁を参照。

（9）　私は、ここで青年学者であった沼田教授の『法と国家の死滅』（初版・昭和二六年、増補版・昭四六年、法律文化社）の汲めどもつきない意義を再び強調しても強調しすぎることがないと考える。国際法の分析は、理解できない面もあるが、今後の労働法理論の軸はまさにこの著から生まれなければならない。

ところで、最近沼田教授が権利闘争の論理の軸として、「人間の尊厳（Human digmty）」を強調されている（例：著作集第九巻「著者解題」〔労働旬報社、一九七六年〕、及び「社会保障の思想」・原典『社会法理論の総括』〔勁草書房、一九七五年〕三四〇頁等参照）。その思想は反ファシズムという理念を媒介として形成されてきた論理のようであり、おそらく、法解釈の理念としても構想されているように思える。

しかし、同教授がその著『団結権擁護論』（勁草書房、昭和二七年）一七頁で、「ファシズム国家といえどもブルジョア国家である以上は商品の生産と流通を否定するのではなく、資本の運動法則を止揚するものでもない。ただ、観念的に現実を歪曲する。もはや、権利感情を殺すことなしに資本制社会を維持しえなくなってきている。……中略……これに対して、階級的権利感情は、国家の階級性、したがってその非公共性に対する批判を含む意識であり、真の多数者の自由と福祉とを志向する意識である。」（傍点—筆者）と述べているのをみるとき、どのような論理的関連性があるのか私にはまだ十分理解しえない。また、「国家からの自由としての基本的人権」（著作集第九巻三七七頁）という論理も、前述した『労働法論序説』の基本的人権の定義、つまり、法観念の概念化の一具体的結果である「人権」が、何故、国家から自由たりえるのかということどのように考えればよいのか、あるいは、「法と国家の死滅」の論理との関連から、果して論理的妥当性があるのかよく検討してみなければならない課題を有するといえる。これは、〝現代法〟というすぐれて今日的課題と密接に結びつくものと思われるが、この点については後日、稿を改めて検討したい。

なお、この問題とたとえ間接的にせよ関連する文献としては、序注（12）でもあげたように、牛尾茂久「沼田理論に対する若干の覚え書的検討㈠—労働法の性格把握のために—」静大法経論集一号（昭和二九年）二七頁以下、柳沢旭「労働法と社会保障法—政策論的アプローチによる同異性—」大憲論叢一七巻一号（昭五二年三月）一頁参照。

＊本稿は、一九七七（昭和五二）年一一月一〇日に執筆を終えたものを、一九八三（昭和五八）年から最初の本務校である北海学園北見大学の紀要「北見大学論集」に四回に分けて掲載したものである。ために、注では、掲載にあたり執筆時以後に刊行された文献を若干引用した。また、今回の叢書刊行に際して明らかな誤字などを校正した。

第二章　労働法における解釈の方法論について

――「法超越的批判と法内在的批判」方法への批判論を中心的素材として――

「(1)自発的な『目的結社』とは対照的に、本人の言明とは無関係に純粋な客観的な要件にもとづいて帰属させられること、(2)意図的・合理的な秩序を欠いていてその点で無定形な諒解ゲマインシャフト関係とは対照的に、そうした人為的な合理的な秩序と強制装置とが存在していて、それもまた行為を規定しているという事実――これらの事態が備わったゲマインシャフトを、われわれは『アンシュタルト』(Anstalt)と呼ぶことにしたい。」「『国家』と呼びならわされている政治ゲマインシャフトの構造形態(は)、『アンシュタルト』と言ってよい。」(M・ウエバー著、海老原明夫・中野敏男著『理解社会学のカテゴリー』〔未来社、一九九〇年〕一一〇頁)

一　はじめに

戦後の法解釈論争は、来栖教授の「法解釈と法律家」(私法一一号・一九五四〔昭和二九〕年)前後を境に始まったといわれている。他方、戦後日本の改革を近代法確立の中でどのように見るか、つまり、法と現実社会たる市民社会の規範との乖離を如何に見るべきかの方法をめぐる論議である「法社会学論争」は、この法解釈論争よりやや早く、一九四九(昭和二四)年頃からであった。この論争は、マルクス主義法学の議論も絡めてなされた[1]。これら論争の背後には、第二次世界大戦終了後数年を経てから、日本における占領政策の大転換がなされたため、敗戦後の民主化から戦前の価値観への揺り戻し、ならびに米ソ冷戦への転換と続く変動のため社会のあり方をめぐり人々の価値観自体が大きく揺れ動いたことが法の論議にも大きく影響したためと思われる[2]。

ところで、これらの論争の契機とは別に、現在あらためてこれらの論争、とりわけ法の解釈論争の意義を検証する必要がある。その理由は、かつての論議は、資本主義国家群と社会主義国家群との軋轢の中で、日本の近代化の在り方を論じ、そして法規と社会生活の不整合が著しく法規の射程距離の及ばない実態をいかに考察するかが主要なテーマとならざるを得なかった。その一つが、戦後の法体系は日本社会の近代化を促進せしめるものとしてこれをポジチブに見、これに引き替え現実の実態が著しく旧態依然たる状況である点を問題とした。もう一つは、むしろ近代法の原則理解から、これが必ずしも人々の「真の利益」を代弁し得ない構造にある点からアプローチするものであった。前者は、当然ながら「自由」と「平等」を建前とする民主主義的原理をライトモチーフとしながら立論した。後者は、近代法たる市民法が必ずしも人々の「真の利益」を代弁しない構造にある点から論を進めるものであった。一九四九（昭和二四）年の労組法改正時において「法内組合要件」の法定化に対する産別会議を主流とした労組のグループが「法外組合運動」を展開したことなどは、その象徴であった。この考えは、この改正労組法が、一方で労働者の一定の利益を守り、労働組合の活動の余地を保障するが、労使紛争を非政治化してしまうと考えたためであるといえよう。つまり、改正労組法が、労組の活動の自由を他面で、抑圧すると考えたために他ならない[3]。だが、「自由市場の失敗」と「〈社会主義〉の失敗」をも意味した現在においても、これらの論争の問題点は、引き続き問われている。例えば、自らの労働力により自らの生活の糧を得たりすることができず、しかも私的扶養にもすがることができない人の生活救済が目的である生活保護法上の受給要件のテストにつき、スティグマ（恥辱感）すら与えるとされる行政の対応は、社会的な弱者救済に名をかりて、市民のプライバシーに深く法が介入することを問うたり、ならびに国の政策それ自身を問う国家賠償を求める訴訟や行政への施策自体を問う環境訴訟等の運動がいくつもなされていることに見られるように、[4]多様な価値意識と生活形態の共存が叫ばれている現在、法・規範それ自体の存立、つまり主権国家と実定法のシステム自体が今あらためて問い直されている。本稿のモチーフは、これらの問題意識をベースにあらためて戦後の労働法の解釈方法論を検討し、そして筆者なりの問題提起をしようとするものである（なお、引用文献中の旧漢字や旧仮名づかいは、原則現行表記とした）。

二　法の解釈をめぐる従来の議論

(1)　労働法の解釈の方法を論ずる前に、私法一般、とりわけ民法において如何なる解釈の方法をめぐる論議がなされて来たか。その論争史をスケッチする。というのも以下の民法の解釈論争が、労働法の解釈に少なからぬ影響を与えたという筆者なりの認識があるからである。

戦後の私法学の領域での法解釈論争は、利益衡量論の前段とも評すべき議論から開始されたといってよい。第二次世界大戦前は、自由法学、利益法学あるいは唯物史観法学の流れの中で、「法解釈」をめぐる議論がなされたことと比すと対照的でさえあった。前述した来栖教授の「法の解釈と法律家」（一九五四年）は、法学的世界観ないし概念法学への批判及び将来的課題として、「社会学的方法による法解釈」（末弘理論）というメトーデの提起であった。「法の解釈の複数の可能性があり、そのうちの一の選択は解釈するものの主観的価値判断によって左右される。」という基本認識のもと、「法の解釈の争いは、何が法であるかの争ではなく、何を法たらしめんとするかの争い、裁判官をして如何なる判決を為さしめんとするかの争い、裁判官をして如何なる法を創造せしめんとするかの争いであると考えなければならない。[5]」といみじくも論じたように、この議論の名宛人はあくまでも裁判官であった。したがって、法の存立それ自身を問うものではなかった。その後、この来栖教授の問題提起を受けた解釈の議論の一は、裁判官の法創造作用に客観性を確保し得るということを方法的に重きを置き、法創造的要素を含んだ法の解釈の客観性を確保し得るという考え方となって現われた。認識者の価値判断とそれを支える実践的立場と客観的立場とは異なることを前提に、「法解釈学」という科学が提唱された。これは他でもなく、渡辺洋三教授が主張した。(6) もう一つは、法的価値判断の前提としての社会学的分析を方法的に自覚して行なう「社会的法律学」という方法をベースに、「立法・裁判の形で表れる法的判断は、単に個人の主観的な意欲や感情に依存するものではなく、原則として当該の社会の中の一定の範囲の人々の利益の上に立つところの社会的な価値の体系を反映するものであり、その限りでの客観性を持つものである」と将来の裁判の予見すらも考慮しつつ、実践行動を意味する立場選択のための素材提供を意味する「実用法学」を提唱した川島武宣教授の理論である。(7) 両説ともに、法曹養成の教育を前提とした理論である点において、同じであったが、前者は、「法解釈」をイデオロギーとして、これをある意味では人間個人の一般的な意識という意味で解している。これには、法内的な規範の論理とは異なる場合も含ましめて考えている。後者も、「法の解釈」を、「実用法学」とは異なる個人の価値の prefer である「立場選択」とする点において、その認識の手法は、主・客の二分論による当時の哲学の基調をなす論拠によったといえよう。(8)

他方で、〝法の解釈の正しさはを客観的に決定することはできない〟〝法の解釈は複数可能であり、ある解釈は、そうした解釈の中からの個人の主観的価値判断による選択である〟という来栖教授のモチーフを徹底化したものが利益衡量論である。この理論は、法規と社会生活の不整合が著しくなり、法規の射程距離の及ばない領域や法規をそのまま適用すれば不当な結論を生ずる領域が多くなった現代社会において、裁判官の判断に具体的・現実性を実現する手法として提唱されたものであるが、高度成長経済の進展により日本の社会が急速な変貌を遂げ始めた六〇年代後半からとくに私法学界で主張され始めたものである。この理論においては、加藤一郎教授の見解と星野英一教授の見解がその代表とされよう。前者の見解は、以下のようにまとめることができよう。紛争の解決のためには、一、法規を度外視して、具体的事実の中から、その事件をどう処理すべきかという結論を探し求める努力をまずなし、二、他の結論の成立の可能性も認めつつ、その実質妥当性を検討し、そして、三、この決め手は、利益衡量による、四、そのための類型化作業が要される、くわえて、五、結論の妥当性の検討、適用範囲の明確化、結論の説得力のために、一～四の作業プラス法規による形式的理由付けがなされるべきとする。[9] 背景には、概念法学及び自由法学の問題点を意識し、社会の可変性を認識ベースに、事件の予見可能性（川島）へ重心を置くことよりも、「公平な処理のためには、具体的正義、具体的妥当性」を求めんとする問題意識があったことが指摘できよう。その意味で、同教授自身の論稿のモチーフは、法曹養成を名宛人としつつも、前述した渡辺洋三教授の「法社会学と法解釈学」を積極的に評価しながら、法解釈という人間の価値判断作業を科学の領域外とし、決断を伴うものとする点などから見て、利益衡量論という解釈手法を提示しながらも、基本的には「主観説」の系譜に属するものといってよい。つまり、法の解釈には、端的に個人の見解を出すべきということにある。

他方、星野教授の理論は以下のようにまとめ得る。同教授の見解は、「解釈の決め手になるのは、今日においてどのような価値をどのように実現し、どのような利益をどのように保護すべきかという判断であると考えている」という言葉に示されるように、法の解釈を価値判断という点において、「主観説」との違いはない。一、当該規定の適用が問題となっている社会問題を類型化して、類型相互の利益状態の相違を明らかにすること、二、複数の解釈とその実質的妥当性の検討、三、適用法規の妥当性、適用範囲の明確化などの認識は、加藤教授の利益衡量論の方法と違いが無いようにも思われるが、四、立法趣旨の探求、つまり、当該規定によってどのような価値・利益を実現・保護するのが妥当かを考える（＝立法者・起草者の意図の解明と異なる）際に、この作業を「あくまでも判断であって、認識ではない」とする点において、決定的に異なる。この論旨を、同教授は、「妥当と考える解釈を導くべき法の理解を、法の趣旨・目的というのであって、法の趣旨・目的が客観的に認識されて、これに従った解釈がなされるのではない。」と象徴的に結んでいる。このことは、他ならぬ、法の解釈はイデオロギィッシュなもの、解釈の外に「科学としての法律学」「法解釈学」を論理立てる「主観説」と明らかに異なるものである。そして、「従来の日本における民法解釈の特色」を「第一に、あまり条文の文字を尊重しないこと、第二に、立法者または起草者の意思をほとんど考慮しないこと、第三に、……特殊な『理論』に基づいて体系的・演繹的な解釈をすることである。この理論が、ドイツ法学のそれであることは断るまでもあるまい」と述べたあと、以下のように「利益考量論」による民法解釈の手法を論ずる。「まず、一方、文理解釈・論理解釈を行い、他方、立法ないし起草者の意思を探求することが基礎的作業として必要である。」「以上の作業は、現在における解釈にとって、必要なことではない。現在どう解するかは、専ら現在における価値判断の問題である。しかし、法律の解釈である以上、独り言ではなく、関係者に対する説得であり、条文との関係を説明する必要がある。このさい、いきなり価値判断のみを述べるのではなく、文理上はこうなるがこれこれの理由でこう解するのがよい、とか、立法のさいはこういう状況を前提とし、このような価値判断のもとに作られたが、状況が変わったり、社会一般の価値判断がこう変わったので、別個に考える必要がある、というように説明するのが説得力があると思われる。」と結論づけることは、明らかに、法規をまず度外視し、具体的事実の中から、その事件をどう処理すべきかという結論を探し求める努力をまずなすことを法解釈の作業において強調する加藤教授と決定的に異なる。したがって、渡辺教授を意識しつつ、「妥当と考える解釈を導くべき法の理解を、法の趣旨・目的と呼ぶのであって、法の趣旨・目的が客観的に認識されて、これに従った解釈がなされるのではない。」と結ぶとき、[10]〝法の解釈は複数可能であり、ある解釈は、そうした解釈の中から個人の主観的な価値判断による選択である〟という来栖教授の主張とかなり開きがあると見てよい。事実、星野教授は、自らを「客観説」に立つと明言しつつも「客観説」が依る「法解釈に伴う価値判断の客観化の諸条件の論究」に留保を付す。「科学的な歴史の発展法則に関する科学的認識」（渡辺教授）、「近代社会のあり方」（広中、川島、水本教授）及び「社会の事象より規範を導きだす」（来栖教授）ならびに「複数の解釈の可能性」から、価値判断の客観的妥当性を証明することはできないとか、客観的な妥当な価値はないという「主観説」（加藤教授）を批判しつつ、抽象的な価値ではなく、「よく考えれば承認せざるを得ない」「ある程度具体的な価値」である超越的な意味で正しい価値（例：人間の尊厳、平等、精神的自由等）に基づく実践としての法の解釈を論じている。この結論は、主観的な価値判断である法の解釈に「客観性」をいかに確保すべきかという前述の「法解釈学」及び「実用法学」とも異なり、解釈が個人の主観的価値判断による選択であるという点を体系化した利益衡量論の「主観説」とも異なる、ある面では「目的論的解釈」的性格を有す利益衡量論と評し得よう。このためか、同教授は、「価値の序列（ヒエラルヒィ）」に従って、価値判断の原理（信義則、取引の安全、私的自治、私的所有権の原則、契約の自由、過失責任主義等）を一律ではなく、序列化し整理する作業の必要性も説いている。この理論も基本的には、法曹教育を名宛として論じられている点において、その他の論者と変わることはない。ただ、どちらかというと、星野教授の方が「法律家」に権威を必ずしも認めず、法律家の判断も結局素人（一市民、一人間）としての立場においてしか判断し得ないという点を強調した点において、違いがあるともいえる。

これらの論争の問題点は、以下のようにまとめることができよう。第一に、法解釈は、何が法であるかを確定する作業である。言い換えれば、法創造的機能を有する。第二に、法の解釈は、解釈者個人の価値の選択、その限りで主観性を免れない。一の解釈を優先選択する限りで、紛争両当事者の不均衡を是正しその実質妥当性を求めんがための解釈方法として「利益衡（考）量」論が、主張された。したがって、第三に、法解釈は、複数存立する。にもかかわらず、第四に、解釈の実質妥当性を確保するためあるいは解釈の客観性を確保するために、「法解釈学」・「実用法学」の視点から、立場選択の素材を提供せんとする考え（川島、渡辺教授）と法規に内在する価値序列（ヒエラルヒィ）に基づく解釈作業をなすべきという「利益考衡」（星野教授）論がある。とくに、前者は、「認識者の価値判断とそれを支える実践的立場と客観的事実とは異なる（こと）」（渡辺）および立法理由

（＝立法に含まれる個々の法的価値判断と価値体系との関係）とその規定に対する研究者自身の主観的な評価との峻別から、客観的な法的価値体系を究明する経験科学と実践行動としての法解釈の違い（川島）を論ずることから、法の解釈の方法をめぐる議論をより錯綜させた。この場合に、とくに「イデオロギーと科学」という論議があわせてなされた[11]。そして第五に、利益衡（考）量論に立つとしても、同質ならともかく異質の利益を如何に衡（考）量するべきか等争点となった[12]。

(2)　これらの一連の私法領域での法解釈をめぐる議論を検討して見ると、法に対する認識の問題が中心になっている点に気づかざるを得ない。それは、法の本質を踏まえて解釈をなすべきであるという見解と現に定在する法を所与として法解釈をなすべきかという方法の違いに行き着く。前者の場合において、現存する法と社会的意識の担い手を考慮しつつ法の解釈論議をなす。したがって、これら両者の議論は、必ずしも噛み合わないままなされて来たという側面がない訳ではない。これはとりもなおさず、労働法の法的性格付けの論理へ究極的には行かざるを得ない。

その代表的な議論を提起した沼田理論をまず検証して見る。「解釈という点に疑問が存せずして、法という点に疑問が存した[13]。」という沼田教授の言葉に示されるように、議論の出発点が、解釈それ自体ではなく、むしろ、法の本質論にあった。この論理は、何を意味するか。沼田教授の法論は、「法超越的批判と法内在的批判」という方法論にあると見てよい。したがって、その論文自体も、「法超越的批判」に力点を置いて書かれた部分と「法内在的批判」にそれを置いたもの、そして場合によってはこれらを統一的に論じたものとがある。

第一の、「法超越的批判」に比重をおいたものとして、〈A〉(1)「権利闘争の理論」（労働法律旬報〔昭和四一年一月上旬号〕五八三号）および(2)「戦後労働政策と法的イデオロギー批判」（労働法律旬報〔昭和四一年八月中旬号〕六〇五号）がそうである。第二に、「法内在的批判」に重点をおいて書かれたものとして、〈B〉(1)『就業規則論』

（東洋経済新報社、昭和三九年）、⑵「労働協約の締結と運用」（労働法実務大系七、総合労働研究所、一九七〇年）および⑶『労働法論（上）』（法律文化社、一九六〇年）等がそうである。そして、〈C〉両者のテーマを合わせてて論じたものが、⑴戦前、田井俊一のペンネームで書かれた「法解釈の真理性について――解釈法学序説」（前掲〈注13〉論文）長谷川正安・藤田勇編『文献研究マルクス主義法学〈戦前〉』（日本評論社、一九七二年三七八頁））、⑵「労働の従属性」（『法律文化』第四巻一一・一二号（法律文化社））および⑶「労働法における法解釈の問題」（『季刊法律学』二〇号（法律文化社、一九五六年））等がそうである。[14] ただ、これらは、この「法超越的批判と法内在的批判」の方法論を統一的に論じている場合が多く、この分類は必ずしも厳密に分け得るものではない。

〈A〉⑵で、同教授は、以下のようにこの方法を論ずる。「労働法制はそれ自体イデオロギー性を担う。」「法的イデオロギーが、超階級的なものでありうるわけがない。」「イデオロギー批判は――イデオロギーを規定する経済的・政治的基盤の階級構造とイデオロギーの営む機能の階級性を分析することによってその虚偽性を虚偽の必然性を暴露する」ことが、「超越的批判」と定義づける。そして、このイデオロギーが、被支配者（この場合、とくに労働者―筆者注）受け入れられるのは、外的強制によって押しつけられているからではなく、「資本制社会における人間の物化に規定される意識形態を普遍的契機として含みながら、一定の経済的・政治的諸条件の下で具体的内容をもって――支配イデオロギーとして、機能を営む」とする。支配階級は、この物化された社会関係をイデオロギーが反映すればその支配的任務を果したことになるというわけである。したがって、この物化された社会関係を下に構成される批判の主体を主として労働者に求める。つまり、近代法の〈外部〉にもう一つの正義を求める社会的な存在者を見る。他方、「内在的批判」は、支配階級の生み出す様々なイデオロギー相互間の論理的矛盾を批判することを意味する。それ故、〈A〉⑴論文は、〈法外〉的な正義の担い手の労働者の意識（沼田教授は、これを「超法的権利闘争の主体の権利意識」と表現）を論じている。つまり、等価交換によって作り上げられた商品世界の〈物象化〉された意識（法的イデオロギーたる国家意思に結果的に体現される）に代わる意識としての「権利意識」の内容を、(イ)自己陣営の意識、(ロ)連帯性のモラル、(ハ)陣営の組織化および(ニ)国家の階級性の自覚というかたちで具体化する。これは、法規範として具体化されている法的共同体の規範の正義が、必ずしも全ての正義を具現化するものではなく、その基準の限界性を指す意味を有する。

なお、留意すべきは、沼田教授が一連の論文の中で論ずる「イデオロギー＝虚偽意識」は、〈B〉(1)でも、論じているように、全面的虚偽という意味を指すのではなく、また誤った非科学的な意識という意味ではなく、事柄の一面を捉えている現象を指す（一九二頁）。これは、〈C〉(2)で論じられている「労働の従属性」の論理は、労働法の虚偽性の問題であるという点において、あくまでも、法的概念としての「労働の従属性」の議論としてまず論ぜられるべきである点からもいい得る（四一頁）。

それでは、「法解釈」については、どのように論じているか上述〈A〉～〈C〉の論文中から検証しよう。〈C〉(1)で、以下のようにいう。「法解釈は、実定法の認識であ（る）」「法解釈は、一の価値的行為としてのみ存し得る——如何なる法的確信をとるべきか、すなわち価値ある解釈とは如何、と云う問題である。」（三八二頁）とし、法内在的に社会的実践をなす人が、個々に実現すべき法的価値を明らかに指すことを意味する。しかも、勝手な思い込みによる解釈ではなく「解釈をする場合には、（条文の）枠を越えてはならない」し、解釈における複数をも当然なものとする（三九一頁）。なぜなら、価値判断をなす解釈者の法的意識は同じではないからである。これらは、前述した私法領域の基本的な解釈の特徴である第一から第三の特色と同じである。ただ、近代市民法の限界、つまり法内に取り込まれない正義を必ずしも具体化していないために、「解釈することによって実現せられる価値は限界を持つ」とする点に、「法超越的批判」との方法的リンクが存する。これが、まさに沼田法学の解釈論の最大の特色である[15]。法解釈は、たんなる市民的近代法典からの法規の解釈で「能事畢れり」ではないということにある。したがって、私法の解釈論の特徴で指摘した第四の「法解釈学」・「実用法学」による解釈のための客観的な素材提供は、法解釈の対象ではなく、「法のイデオロギー性批判（法社会学・法哲学）の課題」ということになる〈C〉(3)三二八頁)。(なお、「法内在的批判」の代表文献としてあげた〈B〉(1)(2)は、解釈の方法論の論理検討対象ではないので、内容自体の検討は、別稿を予定)。

以上からも明らかなように、およそ私法学の領域とは異なる経緯から出発されたともいえる沼田法学の法解釈方法論も、第一に、対象としての法が立法主体の一定の価値体系に基づく一定の価値判断であること。第二に、法解釈は、何が法であるかを確定する作業であること。第三に、法の解釈は、個々人の実現すべき法価値を明らかにする作業であるゆえ、当然複数存すること、そして、にもかかわらず、第四に、法の解釈における価値判断は、私法の領域で、加藤教授や星野教授が利益衡(考)論の手法においてその法律解釈の枠を維持せんがための「形式的理由づけ」・「価値ヒエラルヒィにもとづく目的解釈論」の見られるように、法の「枠」あるいは法的言葉を踏み越えてなされてはならないということにおいて、基本的な立場の違いはないといってよい。したがって、法解釈は、「いいい加減なものでよい」とか、同教授の方法が、いたずらに解釈論を軽視することにあり、「法解釈の力量相対化」する点にあったわけでは、決してない[16]。法超越的イデオロギー批判と法内在的解釈論との統一による労働法の方法論を提唱した点が、他の私法学者と一線を画したわけである。さすれば、残された解釈の論議において、労働法の解釈作業において前提とされている事実との関係を如何に見るか、そして、そのための方法論議における見解が「法超越的批判」として[17]、解釈主体の位置において、いかに理解せられるべきであるかという点に、この方法の核心が存するともいえよう。この問題は、結局のところ、近代法の本質論の検討抜きには結論づけ得ない問題である。そして、またこれこそが私法領域での法解釈論争の論議と決定的な論議の場の違いとなってあらわれている。

三　法内と法外なるもの

(1) 法の解釈論を論ずる場合には、どうしても法の本質論ぬきには考察しえない。なぜなら、いかに法の解釈は複数ある、あるいは比較衡（考）量論が論じられたとしても所詮立法者の作成した法の条文そのものからまったく無関係に法解釈を論ずることは観念の世界で可能であっても、実際的には何ら意味を有しないからである。くわえて、国家それ自身、いくつかある解釈の選択肢の中から、法というかたちにせよ、裁判というかたちにせよ一つの選択をなし（有権解釈）、これが結果として国民（市民）の規範行動を大きく羈束せざるを得ないからである。その意味で、まさに「裁判拒絶の禁と三権分立」の狭間の問題である法の解釈は、裏返せば市民法と労働法という複数の法規範構造を現代国家は有しながら、なおかつ単一の法共同体（政治国家）の中で存せざるを得ないことをどう立論するかの問題とならざるを得ないからである。[18][19]

(2) 近代法の特質は、M・ヴェバーの表現を借りれば、「かつて、〈法形成〉の担い手であった他のあらゆる団体が、単一の国家という強制アンシュタルトの中に解消して行き、いまやこのアンシュタルトが、自らの〝正当な〟法の源泉であると主張するに至っているが、この事態は、法が利害関係者の利害とりわけ経済的利害にどのように奉仕するかという定式手続き上のその仕方に特徴を表している」と言える。[20] これは、結果的として以下のような特性を有する。第一に、国家への帰属が本人の態度表明とは、無関係に客観的な要件（出生・居住等）に基づいて決定され、第二に、人為的な秩序と強制装置が存しており、これらが構成員の行為を規定する、そして、第三に、法が成員の決議によるのではなく、国家アンシュタルトそのものが「源泉」であるという結果をもたらす。[21] このことは、いいかえれば、資本家的社会は、政治的にかつ社会的に規定されていた（Inhalt でもあり Form でもある）身分社会と異なり、たんなる恣意的なグループによる暴力の一形態でなく社会の全構成員によって、その正当性が認められた力として、法が自動的に適用されることになるのである。近代の法的共同体は、法的イデオロギーのプリズムを通じ、法律上の自由意思という観念を通じて具体化され一般的・公的な意志として表れざるを得ないこと、近代国家の形式普遍性は、自己の法規範だけを意味し、歴史的な存在性格を有する法[22]が、国家意志として人民の意志の表象として客観性を獲得する瞬間から「現実的行為に先行するところの規範自体[23]」として現象するようになるわけである。この近代法は、個人の好悪とか、それまでの付き合いに関係なく、如何なる人間に対しても、平等＝同一に適用されるのが原則である。交換価値の交換こそ、法が相互に認め合う同一形式なものの実在的基礎をなすのである（近代法の形態性）。これこそが、〈形式的合理的なもしくは計算可能な法〉（M・ヴェバー）と特徴づけられる抽象的な論理操作によって組み立てられる近代法の特質といえよう。規範としての普遍性を有する法は、国家意志としての性格を有するがゆえに、その国家構成員は、この客観的な意思を客観的な存在として、たとえ自らの「行為規範」と異なっている場合でも、自らの意志の内部に自己の行為規範たらしめんとする。ために、法自体がその安定的に妥当せしめんとして「論理的な意味解明による体系化」を要求するのは、必然的である。法それ自身、それが具体化される中で価値付与がなされるわけである。つまり、法として正しい解釈として権力的に特定することを意味する[24]。したがって、近代法をめぐる解釈は、一定の事実と一定の価値判断の対応関係が、国家が正しい解釈を確定する際に、如何なる価値を優先的に選択すべきかという点をめぐって争われる場において不可避的に問題とされざるを得ない。

(3)　具体的な方法論を論議する前に、さらに貨幣を介在する「あまりにも形式的な合理的な」「第二次的な現実」（第二の自然）たる近代法のイデオロギーに言及せざるを得ない。他ならぬこれは、前述した近代法の形態性とそのイデオロギーを合わせて考察をざるを得ない。そもそも、資本主義社会は、全面的に発達した生産社会であり、生産における人と人との関係は、商品生産関係においては背後に隠れており商品生産者の関係はあるがままのものとしては、諸物の社会関係として、物と物との関係として現われる。法は、この経済的・物質的な関係を媒介する形式的媒介（die formelle Vermittlung）として現象する。経済的な内容（Inhalt）そのものを表現するわけではない。その意味で、とりわけ、労働力の消費過程とその結果たる価値増殖過程すらも貨幣を介する等価の過程として一面的・抽象的に形態化することによりイデオロギー的（虚偽的）なるものである。法は、まさに経済（市民社会）の「形式的媒介（die formelle Vermittlung）」なのである。その意味で、法の実効性は、経済過程の自然律（価値増殖過程のルール）が、生ける法（イデオロギィ）を介して、法を支える支配力となり、これに前述した実力的強制力が法の実効性を保障するのである。

なお、イデオロギーとしての法を語る場合の「イデオロギー」は、すでに部分的に触れたように全面的な虚偽（真っ赤な嘘）を意味するわけではなく、「自らの発生根拠を知らないで一人歩きする意識」という意味である。[25] 例えば、「労使（資）協調」的イデオロギーは、現実を全面的に誤って理解しているという意味で使われている訳ではなく、労使（資）の相互依存的な側面を強調し、対立側面を見ないが故に「イデオロギー」なのである。だから、近代法を不変なるものとして自然化する考え、つまりアプリオリなものとして、固定化することへ批判するものが登場するのは、法がイデオロギーとしての性格を有する限り、その保護する利益の射程範囲の限界と絡んである面では当然である。

(4)　〈形式的合理性もしくは計算可能な法〉（M・ヴェバー）は、その適用を通じて市民社会の実質をなす市民の生活領域との接触を回避し得ない。生活要求は、形式的な価値よりも実質的な価値を求める。法的スクーリン自体の意義に疑念を投げかける種々の集団、とりわけ労使（資）の階級関係という場では、法の虚偽性が顕となりうることが多い。現に存する「法が権利を設定する」（第二の自然）という既成の枠（これは種々の法概念で表現される）を再定義を求める場合もあるし、場合によっては「法外的な」かたちで主張をなす場合も考えられる（前述した、昭和二四年労組法改正時の「法外組合運動」は、その典型である。[26]これは、近代法への批判のスタンスの違いによる。一般意志たる近代法の〈外部〉にもう一つの正義を求めんとする社会的存在者の実質的主張、つまり近代を支配する〈同一性〉の論理の向こう側に〈法として固定化〉されることのない正義を模索する社会的存在の登場を意味する（法超越的批判）。これは、現実の歪みを解き明かすことにその主張の力点がある。虚偽意識でもって構成された法の内容をなす労働現場の労働者は、等価交換によって作り上げられた商品世界の〈物象化〉をまさに歪みとして問題にする場合が多い。なぜなら、一般意志たる法は、「形式法の実質化」によって、これに対応する場合が多い。なぜなら、「法外的」要求を国民全体に服従を求める意志の枠以外に置くことそれ自体、法の自己否定を意味するからである。結果的に、この方策は、近代法の射程範囲の拡大を意味する。これは、以下のように特徴づけられる。第一に、法理論家が当初排除した実質的価値、あるいは行為当事者の意志や信義則等の実質的要素に注目して、これを法の体系の中に組み込まんとする。第二に、法の実務家は、法の欠缺は不可避であるとして裁判の自由裁量の余地を確保せんとする。第三に、専門法学の論理が、利害関係者の期待に添うものでは無いという「裏切られた」感情が、裁判批判すらも惹起する場合が多い[27]。実は、これらのことが、まさに法解釈の方法を検討せざるを得ないことの裏返しの意味をなすわけである。つまり、第一に、法形態が、市民社会内の存在者の法益を如何に反映しているかが、論議されざるを得ない。例えば、市民法上の雇傭契約と労働法上の労働契約とにおいては、労働過程を如何に、そして如何なる程度に保護せんとするかに、法形態における内容表現の相違がある[28]。第二に、該法形式が、経済内容と適合する形で定式化しているか否かの確定する作業が必要とされよう。これは、いったん成立した法が、実体との不適合性を主たる論点として改正論議がなされる場合がそうである。そして、第三に法の欠缺が生じたり、法形式が機能しないという場合に、再度新たな適合的な再構成を解釈をも含めてなさざるを得ない（法創造的機能）。これらは、基本的には、法条文の概念の意義を確定作業を意味するが故に、解釈者の価値判断をともなう認識作業を意味する。その意味で、法規範内部における目的的な（実践的な）活動である（法内在的批判）。にもかかわらず、近代法が虚偽性をともなう限りで、これらの作業を「法外的な」正義の立場から、「法内正義」の歪みを解き明かすことなしには不可能な場合もある（法超越的批判）ことは、前述したとおりである。

(5) 以上の点から、解釈について以下の基本原則が導きだされよう。第一に、資本制社会において、労使（資）の対立が基調であるが、それは、法（一般的な国家意志）を前提とした労使（資）対立であること、つまり、法的共同体の中の対立であること。これは、階級実践的をもちだして、「法外的」な立場からの規範による主張は、労働法的な論理とは異なる。第二に、労働法の基礎概念たる「労働の従属性」も、イデオロギー（虚偽意識）により構成されている労働法の問題であるかぎり、「法内在的」なものとして規範の中での概念でしかない。その意味で、「超法規的権利闘争の主体」（前掲「権利闘争の理論」労働法律旬報五八三号）に関わる概念ではない。にもかかわらず、第三に、かかる労働法の存立構造から、解釈者の目的的な（実践的な）働き掛けを意味する法の解釈において、法的共同体の中での妥協点をどこに置くかで、当然対立が生じる。いわゆるプロ・レイバー的解釈とプロ・キャピタル的解釈との対立である。これは、あくまでも「法内的」立場の違いを意味し、プロ・レイバー的立場が、「法外的」な規範の立場を意味するものではない。第四に、第一と関係があるが、一般的に「市民法」と「労働法」とが対立的なかたちでとらえられがちであるが、両者ともに法の媒介された形態、つまり市民社会内の労使（資）の対立の部面に対する法の焦点のあて方の違いによる。その意味で、「労働法」も国家という法的共同体の中で各構成員にとっての共通の法的価値であることを意味する。「労働法」それ自身、「法外的」な立場による規範ではありえない。したがって、第五に、労働法の規範基準である労働基本権から、市民法上の基本的価値を有する資本所有権を完全に法的な価値無きものとし得る論理を導きだすことはできない。それゆえ、第六に、この共通の法的価値が如何なる位置を占めるべきかというためには、当然、事実についてのできるだけ正確な認識が必要とされる。労働法の事実対象である労働過程および付随的過程を、古典的な「市民法」の論理でもって法評価し得ないことはいうまでもない。結局、労働法の解釈においても、法内在的な立場から目的的な認識論的な働き掛け（社会的実践）をなす個々人が、法規範の意味内容を個別的に実現すべき法的価値を明らかにするところに他ならない。その意味で、労働法の解釈においても、他の法と同様に「何が法であるか」「法自ら実現すべき価値原理とは何であるか」を確定する認識作業であることには変わりはない（法創造的機能）[29]。しかし、第七に、「法外的正義」（＝超法規的権利意識）が、問題となる限りで「法内的論理」への組み入れにおいて、解釈論は法曹世界の問題に限定されるべきではない。なぜなら、労働法それ自体、「法外正義」を法が如何に取り込むかの歴史であったことが何よりの証左である（形式法の再実質化）。

四　法解釈をめぐる論議の交錯

(1)　私法の領域と労働法の領域での解釈をめぐる論議は、いくつかの点において、共通点を有しながらも法の本質論をめぐる問題が絡んだため肝要な部分において、すれ違いで終わっていたといえよう。しかし、一九六〇年代初め頃から、とくに労働の解釈の主たる担い手であった、沼田教授の〈法超越的批判と法内在的批判〉という手法に対して批判的見解が論じられはじめた。その一が、渡辺洋三教授からの「法解釈学」という視点からの、当時の労働法学への批判であり、もう一つのそれは、第三世代とされる労働法内部からの方法的批判であった。これは、どちらも法解釈の論議の部分的な問題を指摘しながらも、結局のところ、当時の労働法の主たる方法論への批判を意味するものであった。世代論や時代的な交錯論を一般的に導入しても論議それ自体の検証に意義あるものとはいえないが、ただ、これらの議論はすぐれて労働法の解釈論の方法につきそれなりに個性的な主張をなしたわけであり、その限りにおいて本稿でも言及せざるを得ない。

(2)　渡辺教授の法解釈に関する主たる論文は、①「法の解釈に関する若干の論点」（法学志林五二巻三・四号

（一九五五年））、②「法社会学と労働法」（野村平爾教授還暦論集『団結活動の法理』（日本評論社、一九六二年））、そして③「社会科学と法の解釈」（法哲学年報『法の解釈と運用』（日本法哲学会、一九六七年））である。これら三部作と称してよい論稿中、②「法社会学と労働法」は、同教授自身〝労働法に関する第一号論文と自称〟しているように、批判的にしろ、肯定的にしろ労働法学界に大きな影響を与えたものである(30)。また、③「社会科学と法の解釈」も、私法領域に大きな影響を与えたといってよい。たとえば、前述したように加藤教授は〝法解釈は、究極的には解釈者の価値判断によって決められるものであるとしても、その以前に客観的・科学的になすべきこと多いことを、この論文はあらためて取り上げた〟と、きわめて肯定的に評価している点および星野教授が、前述の論文の中で、その「客観説」の論拠づけにおいて消極的ではあるが、明確にこの渡辺教授の論稿を意識しつつ自らの結論をまとめている点からも理解し得よう。

これら三部作から渡辺教授の見解は、拙稿のテーマに即して考察するならば以下のようにまとめれよう。（なお、①および③論文は、法の解釈論に関する一般論を、そして②論文は、このテーマをこと労働法について論じたものといえよう。なお、①論文と③論文との間には、一二年程の時間があり、その論調がまったく同じであるか否かにつき検討の余地がない訳ではないが、一応統一的に論じる。）

まず、第一に、法解釈を「客観的法則の科学的認識ではなく、特定の価値判断という一つの実践的主張である。だから、法解釈の争いは、イデオロギー上の争いであって、決して科学上の争いではない」「イデオロギーが、複数である限り、法解釈が複数に成立する」（①論文・一一六頁）。第二に、「法社会学」は、法現象の法則的解明をなす、経験科学であるが、法解釈は、すぐれてイデオロギー領域に属する人間の活動である（①論文・一一七頁）、そして、第三に、「法解釈学」は、「裁判官や行政官の行動が恣意的にならないようにこれを拘束する客観的基準を定立するところに存在理由がある」（③論文・六三頁）が、その特色として指摘できよう。これらの特色づけは、他ならぬ渡辺教授の方法の基本認識を示すものである。つまり、〝法解釈にあたって、その特定の立場にもとづいて特定の価値判断を、「正しい」と意識し、且つ選択する場合、この「正しさ」の根拠を科学的に判定することは可能であろうか〃（①論文・一一六頁）ということが同教授の一貫したモチーフに他ならないのである。同教授の結論は、もとより「客観的認識は可能である」という点にある。

これを論拠づけるべく以下のようにいう。法の趣旨や目的を客観的に認識するためには、a、主観的な意義ではなく、「客観的制度」としての制度の目的が対象とされるべきである、b、法には、支配者の意図のみならず被支配者の利益も反映して場合がある（法の二面性）、c、したがって、立法者の意図や立法趣旨は、必ずしも該法制度の歴史的趣旨を客観的に反映するとは限らない、むしろずれが生ずることが多い、d、結局、「法解釈の基準となる法の趣旨や目的の分析とは、立法者の価値判断や立法理由書をそのまま借用してきたり、その中から解釈者個人の価値判断（により）引き出したりすることではない」「法規の目的や趣旨を、その社会的条件との関連で認識することは、法規の適用の限界性（を）提起する」、つまり、「一定の社会的条件の下でのみ具体的意味を有する（法規の目的や趣旨）」「異なった性質を有する社会関係に対しては解釈の基準たりえない」（①論文一二二頁以下――傍点筆者）と結論する。総じて、同教授の解釈方法は、「対象が人間の認識活動の一である解釈作業（方法）を規定づける」というかたちで特徴づけ得る。

この基本に立って、同教授は、民法の規定をその対象認識から適用を使い分ける（例：前近代的な関係や労使（資）関係には、民法の原理は適用外とする）（①論文・一二九頁以下）。この方法は、「事実関係の分析」にも適用される。当然、この場合においても、「事実そのものを客観的に確定すること（には）価値判断の介入を許さない」（傍点ママ、①論文・一三四頁）とする。法の解釈を「実践的主張」（①論文・一四三頁）と定義しながらも、科学的判断に裏付けられた解釈の必要性を強調した。この方法は、③論文「社会科学と法の解釈」では、①論文では、概念上提起されていない法解釈のための客観的基準を定立する方法論としての「法解釈学」を提唱した。このような方法論から、最終的には、概念法学的解釈論、立法目的を強調する目的解釈論および価値判断を強調する利益衡量論等は、権力者の恣意を抑制し得ない解釈の方法であるとする。

このような、渡辺教授の方法への疑問の第一は、法解釈のさいに正しい事実の認識が必要であるということについては異論がないが、法条文を解釈するさいに幾つか複数の解釈の選択肢を提起し得ても、認識者の価値判断(決定)づけにまで決して至るものではない。(31) 第二に、経済学の考察対象ならともかく、すぐれて一の価値選択を国家がなした法の解釈論において、対象により「物の見方」の方法までが定まるといえるか疑問である。第三に、法の解釈という人間の目的的(実践的)な活動が、科学とは言えない恣意的なその意味で〝イデオロギッシュ〟なものという評価が前提となっている。これは、同教授の②論文「法社会学と労働法」にも一貫して流れている考え方である。労働法(当時)=「実用法学」(厳密には、〝社会学的法解釈学〟という表現)が、(イ)あるべき労働者像に依拠して現実の労働者を見ていない、(ロ)生ける法の(権利意識の)研究不足、(ハ)団結の必然性ではなく、分裂の必然性を研究することの不足、あるいは(ニ)法の下部構造に規定された法の二面性の研究不足等の主張等から見て、社会科学的に見て必ずしも正しい認識に裏付けられての解釈をしていないとの批判からも明らかである。しかし、解釈を同教授の定義する〝イデオロギー〟と認識するならばそれは、当時の労働法学の主要な方法である〈法超越的批判と法内在的批判〉でなされた「イデオロギー」とは、その意味自体からも的を得ないものである。(32) ただ、渡辺教授のこれらの三部作論文は、「法の解釈」の問題を、基本は、法曹養成の問題としつつ、民法の解釈論が労働法の解釈の方法論と交錯しながら、科学としての法律学、比較衡量論あるいは法社会学等の論議へ種々の影響を与えたことはいい得る。それは、以下の第三世代の論議を検討すると明らかである。

(3) 若干のタイムラグがあるが、戦後の第三世代と称する労働法学者からの批判が、六〇年代後半からなされ始めた。その初期的な論稿は、山口浩一郎助教授(当時)の「戦後労働法学の反省——ある第三世代の方法」(労働協会雑誌一〇〇号〔一九六七年〕)である。「助教授」の肩書きでの主張でありその意味で旧世代たる「戦後労働法学第一または第二世代」への後発世代からのポレミークな主張である。ともに、前述の渡辺教授の戦後労働法の方法への批判を論文中もしくは発言中において批判的にせよ、好意的にせよ言及している点からみて、問題提起的な意欲が随所に見られる。

同論文は、まず渡辺教授の前述の②論文「法社会学と労働法」の問題提起の大きさを自らも認めつつ、包括的な「大理論」であり、これは従来の労働法学の方法論との違いは無いとする。この立場から「労働法学」は(a)研究史のフォロウが十分でない、(b)前提の方法理論が世界観の絵画的説明の「大理論」であり技術論を欠いている、そして(c)従来の研究成果を再検討することが遅れている、中でも比較法の課題と認識が十分でないと評した。この認識をベースに幾つかの興味ある主張がなされた。ただ、その主張はきわめて傾聴にあたいすると思われるものが多いにもかかわらず、「戦後労働法学の第一世代および第二世代」へのポレミークにこの論文のモチーフがあったと筆者は考える。まず、(a)で、「学説史」ではなく、しかも「学説弁当」ではない「学史」として「研究史」を扱うべしとする。とくに従来の研究の「どのような状況」「どのような知的関心による規定」「知的手続」「展開」、そして「問題が学問研究が解決すべきものであったか否か」の解明をなすべしとする。そして、「従属労働」という労働法の基本タームにつき、津曲教授が法取引を物権関係と債権関係とに分ける従来の方法に代わり、「人間の法律関係を労働関係に還元」し、そこから「民・商法の基底としての労働法」（＝労働法の体系的規範原理(33)）を提唱したことを高く評価しながら、逆に、沼田教授のそれが、非規範的な、むしろパッショナブルなものとして語られていると断ずる。(b)では、「大理論」を一つの理論仮説とみなし、それを検証可能な方法で処理し得るようないくつかの「作業仮説」で具体化し、そのレベルで問題を扱うべく提唱している。そのために、問題状況の確認（研究の出発点）→問題の解明（問題の構成要素の分析）→収集された事実の観察によるある仮説の形成→仮説から演繹的に結論を引き出し、それを事実によってチェックする、という四段階のの作業の必要性を論ずる。つまり、研究とは「問題状況」の認識から始まる段階的な（progresive）な作業であるという基本認識が前提となっている。沼田労働法論を指すと思われる「大理論」を中世のスコラ神学にたとえ、対比的に実証主義のベーコンや近世啓蒙哲学のデカルト等を高く評価している。上述の「段階作業方法論」の前提には、「大理論」が(イ)他の方法論を評価しない一元主義であること、そして(ロ)イデオロギーと科学が未分化となっているという方法論に関する基本認識がある。そして、(c)では、とくに「機能比較法」の方法の意義を強調されている。この方法の課題は、(イ)法的技術であり、(ロ)社会目的という価値（ないし機能）の側面の二つに分かれるとしこのための方法として、社会的・法的類型化の作業の必要性を説く。中でも、わが国の労働法のそれは、「極限型」と称してよいとし、しかも一国のみの比較法研究によったがために、その不足領域を歴史観で補っていたという。最後に、プロレイバーとかプロキャピタルということもjargon（わけの解らない）と評している。「基底還元主義」と唯物史観が評されていたこと、イデオロギーと科学とが対比して考察されていること、「学史」の研究では、パッショナブル部分と「学問研究」の領域を区別すべきとし、そして、比較法における類型化論などは、明らかに戦後労働法学の方法論の代表をなした「沼田法学」を意識した、文字どおり「ポレミーク」論文であった。その意味で、戦後最初の「労働法の見直し論文」と評してよい。これらの論点すべてに答える能力は、筆者は持ち合わせていない。しかし、批判の論点が誤解に起因する部分が無きにしもあらずとなると、むしろこの論文は、「ポレミーク論文」ではなく、あらたな「労働法方法論を提起した論文」との読み込みをなすべきであろう。まず、第一に、従属労働論に関し、津曲教授が「規範的」に把握したのに反し、沼田教授が「反規範的な」理解をしたという点である。沼田教授の「従属労働論」は、基本的に規範（法）論として論ぜられているわけであり、同氏が指摘されている部分は、まさに、労使（資）関係を基盤とする労働者の〈法外的〉な規範（超法的な権利感情）を語る際に論じられて然るべきの箇所である。むしろ、商品交換を媒介にして「身分的関係」が構成されるという「従属労働関係」から無媒介に従属労働論を考察したのが津曲教授である。(34) そして、第二に、沼田理論におけるイデオロギー論の認識についての問題である。これは、前述の渡辺教授の理解についても指摘した点であるが、イデオロギーを「誤った見解」とし、「科学」を「正しい見解」という理解で立論をしているとみてよい。すでに論じたように、沼田教授は、近代法の形態性による法の本質理解から、法の規範的な立法理由と立法者の立法理由の齟齬を問題にするのが「イデオロギー（虚偽意識）批判」であって、決して歪曲やそれ自体に「非科学性」という意義を持たない。もとより、法の解釈と同様、立法された法それ自体を「一面的なもの」と評するかについて認識する主体（含・国）が複数存在する。これは、実定法の価値体系を正しく把握する「法解釈すること」とは、もとより異なって使われているのである。

労働法学およびその解釈が正確な事実認識によるべきであり、科学としての学問をイデオロギィッシュな価値判断により歪曲されてはならないという、ある面では「社会科学としての法律学」[35]をいかに確立すべきかというこれら渡辺・山口論文の企図は理解し得ないわけでもないが、渡辺教授の「対象が人間の認識活動の一である解釈作業（方法）を規定づける」および山口氏の「大理論」→作業仮説（段階的作業）→法的技術の解明のために[36]政策論（経営・国家政策論）や制定法等（現状分析）の解明方法等は、〈法超越的批判と法内在的批判〉という労働法学の方法論をイデオロギー過剰と評して批判する視点は、批判に急なあまり沼田教授のイデオロギーを世界観的なしかも政治目的的な意味で理解されている。[37]

ところで、同じ第三世代からの発言としては、「プロレイバー的解釈・プロキャピタル的解釈」という使い分け自体を山口論文と同様に消極的に評しながら、法解釈そのものに正面から論じた下井助教授（当時）の座談会発言（ジュリスト四四一号「労働法学の理論的課題」一九七〇年）の方にも留意すべきであろう。[38]

この座談会における発言は、以下のように集約される。第一に、法の解釈は、「あくまでも判断であって、認識ではない」「経験科学によって正しい認識が確定されるという見解は採用しない」。第二に、法的判断においては、「結果の妥当性」を問題とすべきであって、「論理構成」の問題は、それとの関係で問われるべきである。法的構成のイデオロギー性は、視角を明確にして問題とすべきである。第三に、法解釈は、価値判断を含むものである。したがって、「複数の解釈の可能性」を認めることになる。第四に、法の解釈が、個々人の価値判断であるならば、解釈者は、「価値判断の客観的な妥当性」を根拠付けるべく努力をなすべきである。第五に、学際研究および憲法規定については、解釈理論として使う場合は、媒体論理を取り入れるべきである。第六に、予見としての法律学的な法社会学的作業の必要性は認める。第七に、法というものが社会関係として調整機能には限界があることを指摘しつつ、「ある既成の価値観（による）制約」があることから、その「自己限定性」を認識すべきである。第八に、法解釈は国家が行なう法の解釈適用（有権解釈）を分析・批判し、あるべき普遍的な妥当性を国家が有すべき働き掛けを行なうという意味で解されるべきであり、場が異なる経営もしくは労働側に正当性の論理を提供することの意義ではない。したがって、プロ・レイバーやプロ・キャピタルという解釈の分類手法には賛成し得ない。結論的に、民法の星野理論に自らの理論ベースをおいている旨を述べておられる。比較衡量論によりながらも、法の解釈の自己限定性を語る点、あるいは解釈を価値判断であると論ずるなど興味ある点を論じておられる。直接に、戦後の労働法の解釈の方法論をめぐる批判の論調を展開したわけではない。「解釈の自己限定性」が実際何を語るかは必ずしも明らかではないが、現行法規定がある価値観による意味付与が国家によりなされており、これから抜け落ちた諸利益の担い手が存する点を一応は認識されておられるようである。とはいえ、本論文によりある面では、戦後の民法学者からの解釈論の展開に対して、労働法側からの一つの回答がなされたといってよい。ただ、現行法規定が国家によるある価値観の意味付与、つまり、現実社会（＝市民社会）への国家意志の実践的価値判断がなされており、これから抜け落ちた諸利益の担い手のなす〈法外的正義の主張〉＝法超越的批判の意義を強調する沼田教授の方法論と下井説が必ずしも同一ではない。その意味では、法内在的批判の中での解釈論の方法の主張と思われる。(39) しかし「法に既成の価値観の制約」、つまり何が法であるかを決める力を持っている者の意志の解明ぬきに、法適用の場での解釈に自己限定すると機能主義的なものになるのでは。そして、普遍妥当な解釈に成功したとしてもそれが有権解釈として採用されるとも限らないのではなかろうか。これをまた検証すべき論点でもあろう。

五　法解釈をめぐる論議の諸問題

(1)　以上のように民法の解釈と労働法の解釈をめぐる論議の交錯を追ったわけであるが、問題点が多岐にわたりこれらの問題にすべて答え得ることは至難の業である。しかし、以下の点につき論じておく必要性があるように思われる。第一に、法の解釈をめぐる論議において、どうしても避けて通ることできない問題として、法の本質論およびそれに付随するイデオロギー論の位置がある。そして、第二に、プロ・キャピタル的解釈およびプロレバー的解釈ならびに複数の解釈の問題が解釈の正当性論と絡めて、同じく避けて通ることができない。この二つの問題は、別個に分けて論じられ得ない面もある。

すでに述べたように、近代法の諸現象を考察することは、一言で言えば、「法が権利を設定する」、つまり「法而前なる権利概念は、認められない」(40)という論理をいかに考察するかの問題に行きつく。第一次的に、「法」しかも国家アンシュタルトの下に、分立化（経済と行政と法という各々の領域に専門化）されたかたちの実定法秩序の下で人々のコミュニケーションが、いかにコントロールされているかを認識すべきかという問題である。これは、裏を返せば、法発見や法創造を法でもってコントロールされるかという問題でもある。これは、立法や法改正、法的紛争処理さらにはその過程でなされる法定義化や法文の解釈が含まれる。もっと、具体的に論ずるならば、虚偽意識で以て構成された社会的共同規範（労働現場では、就業規則がその代表である）を第一次的に論拠として構成される法規範により、結果として自己の利益が侵害された社会的集団（労働者集団）が、場合によっては「超法規的な権利意識」をも主張する内容を、いかに法的に評価するかにある。これは、場合によって、実定法とは異なる法領域（例：生ける法意識）で分析され、これをコントロールせんとする場合もある（「法社会学」）。

いわば、〈法外的正義〉の主張の内容とその〈法内化〉の問題である。

この〈法外的正義〉の主張は、国家法という規範に則してなされない場合も多く、もとより〈形式的・合理的な規範〉とは異なる主張をなすことが多い。ⓐ立法意思の否定を意味する法外的な主張をなす場合がその典型である。[41] ⓑ現にある当該法的規定が意味する内容の変更を求める場合がある。そして、ⓒ当該法規定の変更を求める場合もある。[42] 後二者は、いわゆる合法的な法制定あるいは法改正がそうである。ⓐは、一般的に、非合法な運動となる場合である。したがって、その主張は、プロパガンダを兼ねた運動とならざるを得ず、いきおいその主張が批判に急なあまり世界観の主張や歪曲をも意味する場合がないわけではない。意識形態たるイデオロギーは、社会的現実の「自然化」をともないがちであるため、これを批判する場合には、これらⓐ、ⓑおよびⓒが、截然と区別されないで主張されることがない訳ではない。これをとらえて法イデオロギー一般を指し、労働法の解釈論議としての無意味さを論難するのは、正鵠を射ていない。ある特定のイデオロギー意識のパラダイムだけを取り出して、それによって多様なイデオロギー形式を批判するのは当を得ない。イデオロギー自身いくつかの言葉により構成されるかぎりその内の一般的言辞でもって構成されている場合の効果と法的な特有の技術概念で構成されている場合の効果（法効果）とは、区別されて然るべきである。[43]「科学とイオロギーの峻別」「価値と事実の峻別」などの論議は、その認識の対象の錯誤からの結論である。ましてや、〈法超越的批判と法内在的批判〉の方法自体の無意味さをも意味するものではない。なぜならこのような主張自体、〈法超越的批判〉を意味するものでしかないからである。ⓑ及びⓒは、まさに法政策および法解釈の問題となる。市民法的な法学的世界観に代わるあらたな社会意識の生成を摘み取るべく作業に行き着く。ⓒは、文理解釈あるいは論理解釈その他の解釈による法条文の意味確定作業がまずなされることになる（法の創造、法の発見）。

しかし、法の解釈にあたりこのようなイデオロギーの意義の確定をなさずになされた場合が存したとも言えないわけではない。それは、イデオロギーの意味化の作業がなされない傾向にあったことは否めない。前述の下井発言が、「法解釈の自己限定性」をこの意義を込めての発言ということであればうなづけるが、その点の真意は前述した座談会の発言からは必ずしも明確に読み切れない。例えば、〝いわゆる「受忍義務論」を絶叫するばかり〟と揶揄された組合活動法理の正当性をめぐる法概念が、批判者の指摘するように上述のⓐ、ⓑおよびⓒが明確に整理されないまま「一人歩き」をしてしまった現象を指す意味では首肯されないわけではない。[45] このことと、〈法超越的批判と法内在的批判〉の方法の見直し論議への飛躍は、必ずしも人をして納得せしめるものではない。

(2)　次に、法の解釈の正当性をめぐる議論につき若干述べる。法の解釈につき複数の解釈が存することが個々人の実践的に形成される主観的な価値判断により解釈がなされることを前提とするかぎり当然である。価値判断の主体たる解釈者の法規範的立場が一様でないかぎり、その多様性は不可避的である。プロ・レイバー的解釈とプロ・キャピタル的な解釈をめぐる対立は、法内的な法の規範的な立場の対立を意味するかぎりにおいて当然ありえる。その意味では、法の解釈の正しさは、相対的なものでしかない。[46]

しかし、留意すべきは、国家が法政策や裁判で、この複数の解釈の中から一つを選択すること（有権的解釈）と、この選択への是非をめぐる論議が混同されてはならない。後者は、法規範的な判断（法内在的立場）で、法解釈をなす場合においても解釈者の虚偽意識（イデオロギー）的な認識の拘束の度合いの違いが、法の中に〈法外的な正義〉をいかに法の中に取り込むかの差異となって現われざるを得ない。この際に、単なる法概念についての確定論議のみならず、労働法の場合には、国家の公共政策の一環としての労働政策等の問題が論議の俎上にのぼらざるを得ない。あるいは、法秩序を超えて国家アンシュタルトを相対化する試み（昭和二四年の「法外組合運動」その典型）すらも考慮してなさざるを得ない場合もある。その限りで、法の解釈の主体は、法曹現場の者には限定され得ない構造を有するものといえよう。これは、法解釈の宿命ともいえる。その限りで、利益衡量論は、解釈者の価値判断を法条文と概念的意義の確定よりも先行されるという意味で、評すべきものである。

にもかかわらず、前者の場合には、普遍的妥当性を有する解釈の問題、いわゆる「正当な解釈」についての議論は避けて通れない。〈法超越的批判と法内在的批判〉という労働法の解釈の方法が、法の解釈作業を弱めたという批判がいわゆる先に紹介した「再入門派」といわれる以後の世代、例えば毛塚教授からもなされ、この考えが常識といわれるものとさえなっている。(47) しかし、そのように断定的に結論を下し得るかは多くの検討が必要とされよう。この発言自体、〈法超越的批判と法内在的批判〉という労働法の認識方法が沼田教授の方法を指すかは明示をしてないので必ずしも断定はできない。しかし、その文脈から見るかぎり、いわゆる戦後の労働法学のプロレイバー派の解釈をさすものと思われる。その意味では、山口教授の見解と相通ずるものがある。しかし、これにはにわかに賛同できない。まず第一に、ニの(2)でも当の沼田教授の解釈論文として〈B〉(1)「就業規則論」と(2)「労働協約の締結と運用」をあげたが、これらは〈法超越的批判と法内在的批判〉の具体化作業のあらわれである見てよい。とくに、前者は、似而非共同体としての工場内の社会規範である就業規則がいかに、法規範説に立ちながら契約説の法理を批判した解釈の論文であり、後者の場合も社会規範としての協約論に立脚しながら形式的な法条文の解釈だけに依存しない論理を主張したものといえる。国家法上の形式要件を欠く協約の規範的効力論等はその典型であろう。(48) あるいはまた〈B〉(3)「労働法論」(上)が、時外労働義務につきその後の明治乳業事件・東京地判（昭四四・五・三一労民集二〇巻三号四七七頁）の論理のベースになったと思われる「個別的同意説」を昭和三五年の時点で論じている〈三七八頁以下〉さらには、集団法理現象それ自体が、法律行為や不法行為の法理の一般的な法評価により仕切れない面があるからこそ、解雇の法理、職場闘争、特殊的な争議戦術（車両確保戦術、キィ・車検証確保戦術等）の正当性をめぐる議論、あるいはユニオン・ショップ約款等の議論がまさになされてきたのではなかろうか。つまり、「法外的正義」の要求を「法内在的正義」内にいかに組み入れるか、入れた場合にも「諸法の論理的関連性」の存否の検証（＝「法内在的批判」）がまさになされてきたといえる。(49)

これらの議論は、「企業別組合」の法評価の議論とあいまってそれこそ特殊日本の労働法論議と絡んでそれなりの解釈の構想を実り豊かにしてきたものといえる。

第二に、批判者の言の中でもっとも述べて欲しかったのは、そもそも〈法超越的批判と法内在的批判〉という方法それ自体の説明である。前述したように「イデオロギー」という文言一つとっても批判者の認識と沼田教授自体の認識が異なるわけであるから、批判と批判される側との対話自体が成立していないことになる。たしかに、前述したように「法外的正義」の主張を、法規範的な法内在的な主張と混同して語られたり、山口論文が指摘したように〝対話の精神の喪失状況〟や〝懐疑の精神の欠如〟がとりわけプロレイバーに与する者に向けられたということは、そのような学会内の多数派状況が存在したことを窺わせる事実を推察でき得ないわけではない。法の解釈論議が民法の場合と比較すると労働運動というすぐれて実践的課題が常に付きまとわざるをえないという違いが労働法の場合に顕著であったことが大きく影響したとも思われる。毛塚教授の場合には学会誌の巻頭言という紙数上の限界もあったと思われるが、この批判者の指摘がもし正しいとするならば、批判の的は、〈法超越的批判と法内在的批判〉の方法に問題があったのでなく、批判をされる側のこの方法への不十分な理解と法内在的な批判を基盤とする法律要件等の意義及びその効果の確定に関わる作業努力の不足によるべきであるといえよう。[50] そして、この種の批判が登場して来る最大の問題はこの方法論の主張した沼田教授自身「人間の尊厳(human dignity)」（著作集第九巻『著者解説』（労働旬報社、一九七六年））、「社会保障の思想」（『社会法理論の総括』（勁草書房、一九七五年）三四〇頁）という新たな解釈理念を提起したり、あるいは「国家からの自由としての基本的人権」（著作集第九巻、三七七頁）というように、法観念の概念化の一具体的結果である「人権」が、何故国家から自由たりえるのかという、ある面では「法超越的批判と法内在的批判」の方法論からみてかなり異質と思われる議論を晩年に提起していることにもよるというべきであろう。[51] これは、渡辺洋三教授が主張した「法二面性」を法への基本認識が元来異なるにもかかわらず、採用したことを意味した。

しかし、〈法超越的批判と法内在的批判〉の方法論においても、普遍的妥当性を有する解釈の問題、つまり

「正当な解釈」の議論は避けて通れない問題であることは、あらためてここで強調するまでもない。解釈が個々人の主観的な実践的な価値判断であり、価値判断から自由な解釈はありえないわけであるので、実定法の解釈の正当性の是非は、結局のところ限られた時間と限界の中での各解釈論の論議という「訴訟」の場での結論により実際的な解決をせざる得ないことになる。[52] 批判法学がこの結論を認めなかったわけではない。

かつて、プロレイバー的解釈とプロキャピタル的解釈という分け方を「jarogon」と批判し、「法超越的批判と法内在的批判」という方法論に疑念を投げ掛けた山口教授が、最近、法政策的議論があまりにも人間行動を単純化し、合理主義的な前提に立脚しすぎている問題点を、いわゆる三段階方法論（「原理論」「段階論」および「政策論」）によりながら批判をされ、あわせて法解釈論の課題を「法的保護」と「法的構成」とに分け、とくに前者の意義を強調されている。さらに、条文解釈に柔軟さを求め、判例の統一性へのこだわることの問題を強調されている。[53] あまりにも形式的な合理的な法形成を批判し、「法外正義」と「法内正義」の軋轢を「法超越的批判と法内在的批判」の統一的な手法で労働法の解釈をせんとした沼田教授から見て、この山口教授の見解はまさに「歴史的皮肉」の何物でもないと彼岸から考えておられるのではなかろうか。なぜなら、規範の論理を否定していないにもかかわらず条文解釈において柔軟さを求めたがために、規範論を無視していると批判されたのは当の「法超越的批判と法内在的批判」の労働法解釈方法論であったからである。法解釈を含めた労働法学全般にわたる方法的対話の意味がまさに検証される時期である。

（1）　杉之原瞬一「法社会学の性格」法律時報（昭和二四年五月号）、同「科学としての法律学」法律時報（昭和二四年六月号）、長谷川正安「マルクス主義法学の近況」法律時報（昭和二五年五月号）、山中康雄「法学の科学性」評論（昭和二三年七月号）、同「法社会学についての一考察」法律時報（昭和二四年五月号）、同「法範疇の発展ということについて」法律時報（昭和二四年九月号）、同「法学の科学としての限界についての一考察」法律時報（昭和二四年一一月号）、そして、戒能通孝「法社会学」

民科編「科学年鑑」第二集（昭和二三年八月号）等が、堰を切ったように発表され、このテーマを論じた。
(2)　藤田勇・江守五夫編『文献研究・日本の法社会学』（日本評論社、一九六九年）二九七頁参照、沼田稲次郎『労働法における解釈と立法』有泉古希記念『労働法の解釈理論』（有斐閣、一九七六年）五頁参照。
(3)　『資料労働運動史（昭和二四年版）』（労働省、一九五〇年）二頁参照。
(4)　資力調査（ミーンズテスト）のスティグマについては、さしあたり椋野美智子・田中耕太郎著『はじめての社会保障（第2版）』（有斐閣アルマ、二〇〇三年）六六頁以下および西尾祐吾著『貧困・スティグマ・公的扶助』（相川書房刊、一九九四年）等参照。不法行為の除斥期間の解釈をめぐる最近の劉連仁裁判や予防接種禍訴訟等は、ある面では、概念的な法の解釈から見ればきわめて無理な結論を下している。

前者は第二次世界大戦中に、北海道雨竜郡沼田村（当時）幌新の明治鉱業昭和鉱業所に強制連行された中国人及び訴訟承継人である遺族の国家賠償法にもとづく損害賠償請求訴訟である。東京地判平一三・七・一二（判タ一〇六七号一一九頁以下）は、条理論（正義公平の理念論）から除斥期間の適用制限をして遺族の損害賠償請求を認めた。被害者である劉連仁が、北海道の山中で発見されたことをマスコミで知った時（昭和三三〈一九五八〉年）、右炭鉱があった沼田の隣村秩父別（ちっぷべつ）の中学生であった筆者は、戦時中の強制連行の事実が身近にも存在したことに大きな衝撃を受けたのを覚えている。
(5)　来栖三郎「法の解釈と法律家」私法一一号（一九五四年）二〇頁。
(6)　渡辺洋三「社会科学と法の解釈」法哲学年報『法の解釈と運用』（日本法哲学会、一九六七年）。
(7)　川島武宜「科学としての法律学」長谷川正安編『法学文献選集1法学の方法』所収（学陽書房、一九七二年）五三頁。なお、本論文の一九六四年版は、川島武宜『「科学としての法律学」とその発展』（岩波書店、一九八七年）に所収。
(8)　尾高朝雄「法の解釈」法哲学年報『法の解釈』（日本法哲学会、一九五四年）。
(9)　加藤一郎「法解釈学における論理と利益衡量」岩法講座第一五巻（一九六六年）、その後『民法における論理と利益衡量』（有斐閣、一九七四年）。
(10)　星野英一「法解釈論序説」法学年報『法の解釈と運用』（日本法哲学会、一九六七年）、その後『民法論集・第一巻』（有斐閣、一九七〇年）。
(11)　戦後労働法学の第三世代からの先発世代へ鋭い問題を提起をした山口浩一郎「戦後労働法学の反省」日本労働協会雑誌一〇〇号（一九六七年七月号）三二頁以下は基本的には、この論理のドグマの格闘の末に書かれたものと言えよう。
(12)　なお、利益衡量論には、(イ)市民的利益ではなく、異質的利益の対立の場合、その比較衡量は不可能ではないか。(ロ)異質の利益の評価は解釈者の価値判断によって異なるから、利益衡量論は、権力者の恣意を抑制すべき客観的基準が提起できない。㈧手放しの裁判官の信頼に成り立っている。㈡アド・ホックな狭い個々的衡量に終わり、ひいては体制追随につながる。㈭利益・価値を比較し優劣を決めるに必要な判断基準が、欠落している等の批判がなされたという。水本浩「法解釈における利益衡量論の意義」法学教室一〇〇号（一九八九年一月号）八六頁以下。

(13) 沼田稲次郎「法解釈の真理性について―解釈法学序説」長谷川正安・藤田勇編『文献研究マルクス主義法学〈戦前〉』（日本評論社、一九七二年）三八四頁（なお、田井俊一のペンネームで執筆）。

(14) 沼田著作集第二巻（労働旬報社、一九七六年）三一三頁以下参照。

(15) 沼田教授とその労働法学の方法論において、必ずしも、同一ではない、有泉教授も、その著『労働争議権の研究』（お茶の水書房、一九五七年）二一七頁以下で、この方法を、「沼田氏にあっては実定法の解釈論は需要な意味を与えられ（ている）」と評価する。

(16) 事実、沼田教授は、組合活動の正当性をめぐる議論中、「組合活動の自由について」討論労働法四八号（一九五六年）および「闘争の権利について」『法解釈の理論』（『法解釈の理論・恒藤先生古稀記念』有斐閣、一九六〇年、著作集九巻三一頁以下）等で、現行の法規大系をまったく無視し、就業時間中の組合活動に関する賃金カットが違法であるとか、在籍専従の給与負担を支配介入に当らないとかと論じて、受忍義務論を語っているわけではない。筆者は、これら右論文で展開された労働契約上の義務履行の免責論は、その後公害裁判で展開された不法行為の挙証責任転換論（例・新潟水俣病事件・新潟地判（昭四六・九・二九下民集二二巻九・一〇号別冊一頁）と比べてみても規範の論理を無視したものとは思えない。まさに、法解釈の手法である。

(17) 横井芳弘「労働法学の方法」現代労働法講座第一巻『労働法の基礎理論』（総合労働研究所、一九八一年）は、同教授の「労働法の解釈」（学会誌・労働法二四号五〇頁以下）論文よりさらにこの問題に集中的に考察を加えたものである。

(18) 横井・前掲注（17）論文一四一頁以下。

(19) 川野豊『労働法原理』（鹿島出版会、昭和五六年）一七五頁以下。

(20) M・ヴェバー『法社会学』（世良晃郎志訳）（創文社、昭和四九年）一〇八頁。

(21) M・ヴェバー『理解社会学のカテゴリー』（海老原明夫・中野敏男訳）（未来社、一九九〇年）一一〇頁。

(22) 横井・前掲注（17）論文一五二頁以下。

(23) 川島武宜『法社会学における法の存在構造』（日本評論新社、一九五〇年）一二〇頁。

(24) 川野・前掲書一八八頁。

(25) テリー・イーグルトン『イデオロギーとは何か』（平凡社、一九九六年）は、イデオロギーという言葉を、六種類くらいに定義されるという。1、文化に近い意味、2、世界観という考えに近い意味、3、社会集団がそれと敵対する社会集団の利益に対応し自らの利益を促進し正当化するため、つまり政治的目的の有益さのためという意味、4、社会権力の活動を統一するのに役立つ観念、5、記号化された観念・信念イデオロギー、そして、6、虚偽的な信念、しかも社会全体の物質的構造から生ずるそれを指す（六四頁以下）。したがって、このイデオロギーの多様さのなかで、何が問題とされるイデオロギーであるかをまず何よりも確定する作業が必要である。

(26)『資料労働運動史』（昭和二四年版・労働省、一九五〇年）二頁。

(27) 前掲M・ウェバー『法社会学』四九二頁以下。

(28) 沼田稲次郎『労働法論序説』（勁草書房、昭和二五年）一六三頁、蓼沼謙一「労働関係と雇傭契約・労働契約(二)」討論労働法三八号七頁。

(29) 横井・前掲注（17）論文一四二頁。

(30) 蓼沼謙一「〈労働法社会学〉の課題と方法」、横井芳弘「労働法の解釈」（ともに学会誌・労働法二四号所収）、山口浩一郎「戦後労働法学の反省」労働協会雑誌一〇〇号三二頁以下等。

(31) 注（30）横井論文および同「労働法学の方法」現代労働法講座第一巻『労働法の基礎理論』（総合労働研究所、一九八一年）一三四頁以下参照。

(32) 注（30）蓼沼および横井論文参照。

(33) 津曲藏之丞『労働法原理』（改造社、昭和七年）四頁。

(34) 筆者は、かつてこの津曲理論について「労働法基礎理論序説(二)」（北見大学論集一〇号）（一九八三年十一月）で考察したことがある。この論文は、中央大学の修士論文にその後の研究成果を加え、明治大学の博士過程に在籍中の一九七七年に執筆したものであるが、諸般の事情により発表が遅れた。右論稿で当然この山口論文について何らかの言及をなすべきであったが、筆者の不勉強故に当時フォロウしていなかった。

(35) 当時、法学の内部のみならず、経済学者からもこの種の議論の提言がなされた。「法律学への疑問」法律時報二七巻四号、宇野弘藏、鵜飼信成および有泉亨教授の東大社研スタッフによる鼎談参照。

(36) 宇野弘藏「経済学方法論」著作集第九巻（岩波書店、一九七四年）、なお、東大出版会刊行の経済学大系・第一巻『経済学方法論』の発行は、一九六二年である。同『経済政策論（弘文堂、一九五四年）一七頁以下も参照。

(37)　注（25）で取り上げたテリー・イーグルトンの「イデオロギーとは何か」のイデオロギーの分類を参照。
(38)　ジュリスト四四一号（特集「労働法学の理論的課題」一九七〇年一月）は、この座談会の他に九項目について論考が寄稿されている。その中には、その後の労働法学に影響を与えたと思われるものが少なからずある。沼田教授も「戦後労働法学の足跡と課題」というテーマで特別に寄稿されている。基本はスケッチの域を超えるものではないが、「法超越的批判と法内在的批判」という方法的な類例である。
(39)　山口・下井教授は、その後保原教授を加えた『労働法再入門』（有斐閣、一九七七年）で通称「再入門派」といわれることになったが、当該論考と同書がいかなる関係にあるかについては、後日検討をしたい。なお、尾高朝雄「法学の方法」（『法哲学講座第一巻』有斐閣、一九五八年一四五頁以下参照。
(40)　蓼沼謙一「争議―歴史及び性格―」労働法講座第三巻四七九頁以下。
(41)　田井俊一（沼田稲次郎）「法解釈の真理性について」前掲注（13）掲載論文三九五頁。
(42)　横井・前掲注（17）「労働法学の方法」論文一五三頁以下。
(43)　注（25）・テリー・イーグルトン『イデオロギーとは何か』三三五頁以下参照。
(44)　山口浩一郎・国鉄札幌駅事件最高裁判例解説「組合活動としてのビラ貼りと施設管理権」法曹時報三二巻七号一頁以下参照。
(45)　動労甲府支部事件・東京地判昭和五〇年七月一五日（労民集二六巻四号）の事案は、管理局の中枢機能へのビラ貼付や枚数、態様からみて使用者の業務運営に著しい支障を与えた違法なものであるにもかかわらず、正当なものと擁護した判例批評（例、竹下英男「ビラ貼りの法的評価と損害賠償」ジュリスト五九五号四一頁）が、その代表例である。所有権法秩序の条文解釈を柔軟にしても本件事案を正当なビラ貼りとの法的評価をするには無理がある。
(46)　注（19）引用、川野・前掲書一八八頁。
(47)　毛塚勝利・学会誌二〇〇号巻頭言。
(48)　沼田稲次郎「労働協約の締結と運用」『労働法実務大系七』（総合労働研究所、一九七〇年）一二二頁参照。
(49)　川崎忠文「〈労働法の解釈〉について」法学新報第一〇一巻第九・十号〈横井先生退職記念号〉一頁以下。
(50)　労働法学会で法解釈方法論について発言をされておられる方は、この三〇年間をみてもきわめて限られている。一九六七年七月になされた山口教授の「日本労働協会雑誌一〇〇号」の論文についても直接言及して論じたものはまずない。問題提起としての意義を論じたものもない。民法の解釈方法論の賑わいと比較して対照的でさえある。かわりに、「労働法の見直し論」が都立大学名誉教授である籾井先生より繰り返しなされているのが象徴的でさえある。この「見直し論」についても後日機会をあらためて論じてみたい。

(51)　この点を筆者は、かつて「労働法基礎理論序説（完）」（「北見大学論集第一六号」一九八六年一一月）で指摘した。しかし、あまり反響がなかった。その後、毛塚教授がこの転換を「沼田法学（の）自己崩壊」（日本労働研究雑誌四五四号〈一九九八年四月号〉と評したのは、至言である。「人間の尊厳」論を団結法理の再構成を企図するものとして近藤昭雄「労働法Ⅰ」（中大出版部、二〇〇二年）。しかし、沼田理論とはその位置のおき方が異なる。

(52)　平井宜雄「〈法の解釈〉論覚書」加藤一郎編『民法学の歴史と課題』（有斐閣、一九八二年）、同「戦後日本における法解釈論の再検討（一〜九）」ジュリスト九二一号〜九二八号（一九八八年九月一日号〜一九八九年三月一日号）、その後「法律学基礎論覚書」（有斐閣、一九八九年）。

(53)　山口浩一郎「労働法研究の現在」日本労働研究雑誌四九九号（二〇〇二年一月号）。なお、山口先生の理論ベースに宇野経済学方法論がある旨を指摘したものとして諏訪康雄「労働をめぐる『法と経済学』」日本労働研究雑誌五〇〇号（二〇〇二年二・三月号）一五頁以下参照。

追記　本稿執筆前北大労働判例研究会で発表の機会を得た。研究会諸兄姉より貴重な助言をいただいた。記して感謝を申し上げる。

（二〇〇三年一月一二日了）

第二編　組合活動をめぐる法理

●解　説

(1)　企業内外の組合活動

団結活動や団体行動が、職場内（「就業時間中、事業場内」あるいは「就業時間外、事業場内」）でなされる場合、使用者の法益である業務命令権や施設管理権と衝突の契機が生まれる。また、職場外でも、ビラの内容や表現などが使用者の法益である名誉・信用、プライバシーならびに営業権などの諸権利を毀損する場合がないとはいえない。これについて、従来主張されて来たのが、受忍義務論であり違法性阻却論であった。しかし、これらの理論に関し、敗戦後の労働組合法制定以来、生産管理闘争に見られるように組合活動と争議行為が不分明なまま、労働運動の攻勢が先行し、さらに、これに対して「経営権」を確立する経営側の反撃がなされた結果、日本の組合活動法理論の展開が事実の後追いとなった傾向は否めない。

くわえて、これに憲法二八条と労組法八条の文言の解釈論が加わった。使用者の法益（物権的あるいは債権的法益）との関係で組合活動の自由をどう法的に評価するかにつき、事業場内での組合活動については、一九七〇年代半に至るまでは、使用者の法益と労働側の組合活動の必要性を比較衡（考）量しながら、施設管理権などについて使用者に一定の制約を課することは学説も判例も承認した。また沼田教授が「組合活動の自由について」(討論労働法四八号、一九五六年）及び「闘争の権利について」（『法解釈の理論・恒藤先生古稀記念』〔有斐閣、一九六〇年〕、著作集九巻〔労働旬報社、一九七六年〕三一頁以下）等で、就業時間中の組合活動に関する賃金カットや在籍専従の給与負担に関する支配介入をめぐっての労働契約上の義務免責論を主張なされたが、これらの主張が現行の法規大系をまったく無視して論じられたというものではなく、これら主張された論議の背景には、論者の日本の労使関係についての認識があったことは、本稿で指摘するまでもない。とくに、筆者はかつてビラ貼りに関する判例を調べて見たが、組合活動の正当性を論ずる際に必ずといってよいほどに「企業別組合論」「比較衡量論」「諸般の事情論」「受忍限度（義務）論」という判断フレームが一九七〇年代半（昭和四〇年代後半）まで判文中で論ぜられた（「ビラ貼りに関する判例法理の考察（一）（二）（三）（四）」北見大学論集一五号・一八号・一九号・二一号、昭和六一〔一九八六〕年〜平成元〔一九八九〕年参照）が、右「企業別組合論」はまさしく、日本的労使関係の特徴を言い当てたものに他ならない。だが、昭和五四（一九七九）年一〇月三〇日の国鉄札幌駅事件・最三小判（労働法律旬報九八八号四六頁）が「企業秩序論」でもってこの労使関係認識を法解釈の前提とすることを否定して以来、判文の中から「企業別組合論」が語られることはなくなった。

しかし、筆者の問題意識は、日本の雇用システムのみならず組合活動の正当性を論ずる場合に、日本の労使関係の特質を法評価の際に組み入れることは法解釈の次元でも許容されて然るべきという点にある。この考えの基本的形成要因となったのは、いうまでもなく、「企業内組合活動慣行の歴史的分析（昭和二七年―昭和三五年）」（労働法律旬報一〇四四号および一〇四六号）によることが多い。これは、「企業内労使慣行研究会」（昭和五六〔一九八一〕年〜昭和六二〔一九八七〕年）での実態調査や戦後の労働法制史を読むことによりまとめたものである。とくに立法者の価値観の分析抜きに法解釈をすることは、一面的な結論になることを資料的に明らかにしたものであるが、本書では紙数の都合上収録しなかった。

第一章の「組合員・未組織労働者の自発的活動」は、労使関係の変動期には、労働側内部でその組合活動をめぐる見解の相違から、多数派に与しない少数派に属するグループの活動を法的に「正当な組合活動」と評価すべきかどうか、もしすべきとするならば如何なる基準ですべきかという点についてまとめたものである。複数組合併存（Gewerkschaftspluralisms）の問題や労組内少数派の問題が、一九五〇年前後あるいは一九七〇年代から一九八〇年代ほどには、今日論議されなくなったが、今後も生じる可能性はある。次いで収録した第二章「企業秩序論の外延化と組合活動の転位」は、ドイツ法の下級審の一判例をモチーフとしながら日本の最高裁の判例法理である「企業秩序論」が、それ以前の判例法理や労働者の集団活動という点から見ても、契約法理上あるいは所有権の法理上から見ても、労働基本権保障を日本的労使関係を前提として考慮するならば特異な考えである点を論じたものである。そしてこれらの認識の上に、組合活動法理の正当性論を企業内・外の諸活動の類型ごとに分けて論じたのが第三章「企業内・外の組合活動」である。なお、情宣活動に関わる組合活動は、内部告発（whistle blow）に関する法律である「公益通報者保護法」（平成一六年）が制定されたこともあり、組合活動法理においても新たな検討が必要とされよう。

(2)　最高裁判例の解説

収録をした五つの最高裁判例は、いずれも労働組合の組合活動をめぐるものである。1のエッソ石油事件・最一小判（平五・三・二五、労働判例六五〇号六頁）では、チェック・オフ協定の効力が争われたものであり、2の敬愛学園事件・最一小判（平六・九・八、労働判例六五七号一二頁）では、組合活動としての内部告発が法的に問題とされたものであり、3のオリエンタルモーター事件・最二小判（平七・九・八、労働判例六七九号一一頁）では、組合活動と施設管理権の問題が争われ、4のＪＲ東日本（高崎西部分会）事件・最一小判（平八・三・二八、労働判例六九六号一四頁）では、助役に団交を求め事務室に無断で乱入し、退去勧告にも従わなかったとして処分を受けた労組員が処分の無効確認と慰謝料の支払いを会社側に求めた事件であり、そして、5の国労高崎地本事件・最二小判（平一一・六・一一、労働判例七六二号一六頁）は、出向先で出向に反対する労組員の抗議・激励行動に対する懲戒処分の是非が争われたものである。これら五判例は、いずれも、国鉄札幌駅事件・最三小判（昭五四・一〇・三〇）以後、最高裁判例が組合活動権に対する法的評価をどう位置づけているかを、上記1～3論文等の考えによりながら、論じたものである。結論的には、企業秩序論の考えは、各種の組合活動に消極的な評価を下していることの個別論証の意味をこれらの判例解説は意味する。

第一章　組合員・未組織労働者の自発的活動

はじめに――問題の所在

組合活動権の法的構造を考察する際に、労働（組合）運動と労働法との関連で明確な規範的評価をし難い課題がある。それは、「組合員・未組織労働者の自発的活動」である。労働組合活動（運動）が、流動的、過程的な発展・展開をたどることが多く、このためその活動（運動）の論理を意識的・先駆的に自覚する者が必ずしも組合員（労働者）の一般的・全体的な意識と一致した行動をとらないことが多い。使用者の組合員（労働者）対策のため、個々の組合員（労働者）が活動（運動）全体の認識を総体的に確立できない結果、右のような意識的・先駆的自覚を有する組合員（労働者）の行動を、懸隔したそれであると一般的に評価する場合が多い。具体的には、未組織労働者の組合結成・加入活動、非組合員の職場活動、組合員個人や組合役員の労働条件改善活動、組合組織が巨大化しくわえて組合内の一定のグループが組合組織の機関を長期に掌握したこと等により組合民主主義が形骸化したため、組合の下部組織、文化サークルおよび政党の下部組織等によりなされる組合執行部批判活動等がある。

これらを法的に考察すれば、労働組合の統制権、協約自治の限界、山猫ストの正当性および組合員の政治・文化活動等の問題が存するが、とりわけ重要な問題の一つに、「組合員・未組織労働者の自発的活動」が労組法七条一号の「労働組合の―行為」として法的に評価されるのか否かが存する。そして、本稿ではこれこそが中心的に論議されるべき課題である。なお、山猫スト、組合員の政治・文化活動については、別稿が予定されているので本稿では原則として言及せず関連を有する場合にのみ論ずる。

一　「労働組合の―行為」の意義

周知のように労組法七条一号では、不利益取扱と認定される要件として、第一に「労働組合の組合員である」、「労働組合に加入し、若しくは結成しようとしたこと」、「労働組合の正当な行為をしたこと」の事実が存すること、第二に使用者が「その労働者を解雇」し、その他の「不利益取扱をする」という事実、そして、第三に、第二の事実が第一の事実の「故をもって」なされたことが必要であるとされる。このことは、組合活動の権利の法的構造を考察する場合に次の二つの問題点に留意しなければならないことを意味する。その一つは、いかなる性質の行為が労組法上の「労働組合の―行為」、すなわち組合活動の範囲に含まれるか否か、他の一つは、「労働組合の―行為」と法的に評価された場合、それが他の法益（とくに日本的労使関係のもとでは、所有権、施設管理権および業務命令権等に象徴される使用者の法益がその代表的なものであることはいうまでもない）との関係でどの程度の行為形態や態様までが「正当」と評価されるかである。[1]しかし、本稿のテーマでは、前項の問題、つまり、いかなる種類の行為が団結権・団体行動権の行使といえるのか、「労働組合の―行為」といえるのかその評価基準の考察が問題とされる。

(1)　憲法二八条の法目的と不当労働行為制度

ところで、本稿のテーマを論ずるにあたって、まず憲法二八条の法目的と不当労働行為制度の意義について筆者の見解を若干述べておかねばなるまい。

近代市民社会においては人びとが同質的な市民的関係に立ち、かれらはそこで平等な商品所有者として対応しあう。かれらは、「自由」意思にもとづいて「自由」で「対等」な人格として契約関係を形成する。ところが、実定法に具現化された国家意思の内部理念としての「自由」「平等」は、現実の生活の中での自由・平等を意味しなかった。人がもし現実生活の中で自由であり得るとするならば、それは資本主義の自由のメカニズムへの全き服従であった。とりわけ、市民法が即自論理的には直接把握しえないとされる職場（生産過程）を考察してみよう。この職場は、使用者の所有権と契約の自由にもとづく施設管理権と労務指揮権（業務命令権）の論理が貫徹する場である。このような人間（労使）関係のもとでは、労働者意思の抽象性・形式性があらわであるため、その抽象性を団結でもって具体化し、人間性を回復せんがための運動・行動を労働者集団が自ら定立した規範でなすことを法認化（国家意思の認容）したのが、市民革命の人権カタログの構成要素とはことなる憲法二八条の労働基本権である。[2]その意味で、人権や所有権の承認要求闘争ならびにそのための法定立のため立法権を確保すべく闘った近代政治革命上の主体である「市民」とはことなる「労働者」ならびにその集団が憲法二八条の法的主体である。このことは、使用者の資本家的意思の支配領域内でなされた労働者の団結活動（組合活動）が正当であれば、使用者の市民的自由の具体化は、労働者の団結権に対する関係では制約を受けざるをえないことを意味する（例：不当労働行為制度、労務指揮権・施設管理権限の行使の制約）。換言すれば、商品（生産手段）の社会的な力（価値の力）の所有にもとづく私的な原理の行使に対する集団的な原理による部分的抑制の法認化、つまり、本稿のテーマとの関連でいえば使用者は労働者団結の自主的な意思形成やその実行過程、あるいはその組織・運営に対する干渉や介入をしてはならないことを意味する。[3]

⑵　不当労働行為制度上保護さるべき組合活動

次いで考察せねばならない課題がある。不当労働行為制度の目的をどのように考察すべきかはともかく[4]、労組法七条一号の「労働組合の—行為」の意義をどのように法的に画定するかという課題である。

労組法七条一号の「労働組合の—行為」には、通常、団体交渉、争議行為、組合役員・組合員の組合運営上の行為（組合会議への出席・発言・決議への参加・組合員相互の連絡行動等）が含まれることについて異論がないし、社会的用語としてもそうである[5]。また、組合の団体意思に着目し、その現われである組合規約・組合の決議または組合の機関決定の指令等にもとづく組合員個人の行為や組合の明示の承認のもとに行われる組合員個人の行為が、「労働組合の—行為」（組合活動）に含まれることについても、その「目的」からの吟味、検討はさておきあまり問題はない[6]。事実、労働委員会命令・判例の多くは、「労働組合の—行為」を文字通りとらえて判断する傾向が強かった[7]。

しかし、それでは組合員個人の自発的活動、未組織労働者の自発的活動、機関承認のない組合役員の自発的活動等は労組法上の不当労働行為制度において組合活動権として全く保護に値しないものなのであろうか。あるいはまた、組合機関の承認のない労研・社研等のいわゆるインフォーマルグループの活動や組合の正式機関で決定された統一意思に対する批判的活動をした行為者を使用者が解雇等をしても不利益取扱とならないのか。その意味で、この問題は労組法体系の目的や理解の根本的意義の認識にくい込む問題であるといえる。

たしかに、この種の問題の手掛りの端緒は前述した憲法二八条の労働基本権法認の意義に求められることはいうまでもない。しかし、あわせて労働組合の法的性格の特徴を考察してみることが肝要である。というのも、労働組合は、財産取引を目的とし理事等、少数の代表者によって行動する市民法上の社団とは質的に異なる団体である。闘争の主体でもあり、その行動様式は必然的に動態的性格を有し、個々の労働者（組合員）の創意と工夫による自発的活動によりその活動が担保されるという特色を有する。つまり、「個々の労働者が個性を発揮し、構成分子としての重要性を高めることによってのみ、労働組合は、組織を維持し、活動を展開することができる[8]。

（傍点ママ）」のである。しかも、労働組合の活動は構成員の直接的参加により成り立ちその活動成果は構成員全員に帰属するという点で一般の社団とは異なった性格を有する。したがって、いずれの労働組合においても、労働者の直接的参加によってその本来的活動が成立し、くわえて執行部、代議員会、青婦人部、職場会議、組合員個人あるいは政党の下部組織（フラクション）活動等が、ずれを生じ鋭い対決を生む場合があり、そしてこのことが組合の統一意思形成にも大きな影響を与えることはいうまでもない。むしろ、全体と部分とのずれ、不調和が生じてこそ組合が活性化し、組織の石化が防止される。ぎゃくにずれが絶無で、一糸乱れぬ命令系統のもとに組合員が統御される労働組合では運動が停滞化することにもなる。(9) その意味で、労組法上の組合活動権の保護対象としての「労働組合の─行為」も、広く目的論的に解すべきであり、文字に従って形式的に解すべきではない。(10) そして、それゆえにこそ憲法二八条の法意である自主法規範形成の法認化、つまり国家意思とことなる論理を有する規範形成の論理を法認化した意義が生かされるものといえる。自主的・民主的団結を組合員が志向することにより自主法規範形成が担保されることになる。(11) したがって、「労働組合の─行為」には、労働組合が労働者（組合員）諸個人の団結体であるがゆえに、「第二次的に団結権・団体行動権のにない手(12)」というか、団結権等の労働基本権が「労働者個人の手に権利として留保されて（いる）(13)」というか、はたまた「労働者個人の団結権活動(14)」というかはともかく、機関活動のみが含まれると狭義に解すべきではなく「組合員・未組織労働者の自発的活動」も含まれると解すべきである。

(3) 団体交渉と組合活動の範囲

ところで、労組法の目的や労組法七条の趣旨を団体交渉を軸に考え、組合活動の範囲を限定する見解がある。この学説について、筆者の考えを述べておきたい。

故石井教授は、「組合の行為」とは、「対使用者関係において組合強化の意図をもって行なわれたものに限る(15)」

（傍点—筆者）とし、また石川教授も不当労働行為制度は、円滑な団体交渉の実現をその目的とするとの基本的見解に立脚され、「団結が保障されたのは——個々の労働者では実際上享有し得ない契約の自由を現実に享有させようというのである。その方策が団体交渉である。従って、ただに、不当労働行為制度のみならず、そもそも、憲法二八条の趣旨目的が『円滑な団体交渉の実現』に在るというのが、私の考え方の根本である」[16]（傍点—筆者）とされる。団体交渉に関係ないことは、憲法二八条や労組法七条一号の与り知らないとされている点からみれば、組合の統一意思の枠（機関決定の枠）により、団体交渉の俎上にのらない組合員の自発的活動は組合活動の範囲にあるものとして法的に当然認められないことになろう。

事実、この種の思想は、判例・命令の中にもかなり有力にあらわれている。

たとえば、(1)三菱電機事件・愛知地労委命（昭二五・六・二三〈棄却〉一九〇）、(2)日立電鉄事件・水戸地判（昭二六・三・一五労働法律旬報五四号一五頁）がそうである。前者は、職場生産委員あるいは職場闘争委員であった従業員が配転に反対し職場ストを行ったため会社の業務運営遂行に協力しないとして整理解雇された事件である。なお組合の異議中立はなく、職場ストの組合指令もなかったとされた。地労委は「業務命令と雖も、それが労働条件の維持改善の問題に関連し、或は労働協約の条項に関連を有するものならば、労働組合の正式機関を通じて会社と交渉することが、組合運動の常道であって、組合員の主観的な見解を以て直に業務命令を拒否するが如きは適当な措置とは認められない」[17]（傍点—筆者）と判断し本件解雇は不当労働行為ではないとした。

後者は、人員整理反対闘争の際、上部団体である関東地連の闘争方針に従った上部団体役員（専従のため休職中）が出身組合分会の意思に反した行動をとったとして解雇された事件である。当時、組合は茨城私鉄労働組合日立電鉄支部という組織形態を採用していたが、この茨城私鉄労組が関東地連という上部団体に加盟していた。判示は、「申請人の右行動が関東地連等の闘争方針に従った（ものであるが—筆者注）右関東地連等が被申請人会社に対して団体交渉権を有することの疎明はないのであるから右関東地連等が組合の上級組合であったとしても単位組合である申請人所属組合の明白な意思に反してその意思を強行しようとする如き方針に従うことはもはやその行動を正当な労働組合活動たらしめるものではないから右解雇は不当労働行為で（ない）」（傍点―筆者）[18]との見解を下した。

これらの事案の判断の行間からすでにうかがえるように、組合員の団結活動が労働法上保障される枠を対使用者あるいは団体交渉との関連で考察していることが一応指摘される。

このような学説・事例の見解からは、政治活動、社会運動、職場明朗化運動、職場スト、水害見舞カンパ、不正摘発運動、各種のサークル活動等は当然労組法七条一号の「労働組合の―行為」には該当しないことになる。つまり、「交渉権限」の枠を組合活動性評価の前提としている点からみて、「組合員の自発的活動」は認めうる余地がほぼないというか限定されたものになろう。

これらの理論・事案の判断についての疑問点の第一は、憲法二八条の法意を団体交渉を基軸に考察していることである。このことは、労組法七条の不当労働行為制度の本質をどのように考察するかという問題と密接な関連を有する。生存権理念に裏打ちされた団結権の法的性質からみるならば、団結権保護、つまり団結の自治とその機能の承認にこそ労組法七条の法目的がある。したがって、そのための目的をもつ組合員の自発的活動が「団体交渉」という枠でふるいにかけられ、これによって組合活動性の存否すべてが左右されるべきではない[19]。第二に、第一の点とも関連を有するが「個々の労働者では実際上享有し得ない契約の自由」を集団交渉でもって実現しようとする点である。近代法上の「契約の自由」が、こと労働契約の場合擬制化されたものでしかない点は、石川教授もそれなりに法思想の柱として持たれているとみてよいであろう。だが、「労働の従属性」を交渉力の不平等という次元でとらえ、団結（組合）活動の礎をその枠内で根拠づけるには問題はありはしないであろうか[20]。憲法二八条の法意は、むしろ労働者（組合員）の集団的な団結自治規範形成を基本的に法認化したと認識してこそ、集団交渉の意義も高まるのではなかろうか。運動それ自体は、平面的、算術的な総和によりその強弱が具現化されるというより、各構成メンバーの職場内、組織内の創意と工夫ある行動により動的な発展をしうるといえるし、労働組合の団結体の内在的性格からしてもいえる。むしろ、運動の動的モメントは、「集団交渉」という枠づけだけではとても発展・展開しえないであろう。(21) そして、第三に、これは第二の点とも関連があるが比較法的に考察をしてみても、企業別労働組合という組織形態を原則的に採用している日本の労使（資）関係のもとで集団法理の基礎思想を「交渉単位」もしくは産別的な集団交渉システムを背景とする法理で構成することはかなり無理な擬制を伴うといえる。というのも、協約締結の準備過程であるドイツの団体交渉システムやアメリカ不当労働行為制度の中核をなす交渉単位制度はやはり日本の労使（資）関係構造における集団交渉とはかなり異質であるといえるからである。

二　組合活動性の評価基準

不当労働行為制度の以上のような基本的認識に立って、本稿の中心テーマである「組合員・未組織労働者の自発的活動」について考察してみたいが、その前に解明せねばならない問題がある。それは、不当労働行為制度のもとでどの範囲までの活動にどのような基準で組合活動性評価の法的意義が付与されるかという問題である。

この問題については、大略以下の見解が分かれる。

その第一は、「労働組合の―行為」を厳格に解し、(22) 組合の機関決定、指令、明示もしくは黙示の承認にもとづかない限り、組合活動性が否定されるとする見解である。(23) 第二の見解は、「組合の統制ないし運営のもとに展開されていると判断される諸活動（場合によっては、組合批判の言動なども含まれる）をも含むもの」(24) とするが、組合と無関係な組合員の恣意的な個人的行為は含まれないとする。第三の代表的な見解は、「（組合活動）とは、労組法一条一項の示す立法目的からして、一般に西欧的労働組合主義において、社会常識上およそ組合活動だと考えられているものである」[25]という視点から、組合員の組合活動性の存否を確定せんとするものである。そして第四の見解は、労働組合の機関決定、指令、明示もしくは黙示の承認にもとづかない場合のみならず、具体的な組合指令に反する場合であっても、組合員の自発的活動は「労働組合の—行為」に含まれるとし、広範囲に組合活動の評価枠を広げようとするものである。しかし、無制限というわけではなく、組合員個人の主観的要素を重視する見解と行為の客観的性格から結論を導出するものとに分かれる。

そこで、これらの見解を筆者なりの視点で分析・検討してみたい。まず、第一番目の見解は、労組法七条一号の「労働組合の—行為」という文字にあまりにも形式的にとらわれているといえる。前述したように労組法七条の法意から考えて、組合活動性の評価基準をもっと広く解してよい。第二の見解は、組合批判活動と組合員個人の恣意的活動との区別をどのように画定するかという問題が存する。また、第三番目の見解は、「西欧的労働組合主義」という評価の軸を、日本的労使関係のもとにシューマチックに導入しえるかという決定的な疑念が存する。西欧の労働組合の現代的労働者戦略である「社会契約」「共同決定」すら「日本的な」それとかなりの差異がある点からみても、組合活動性評価基準として「西欧的労働組合主義」の論理を現実に適用することはかなりの擬制を伴わざるをえないといえる。そして第四の見解は、行為者の主観的要素を重視する立場にせよ、行為の性格の客観的性格を分析・評価するにせよ自主的な団結（組合）規範、つまり「自主性」「民主性」「対抗性」という要件を有する規範をいかに生成するかという論理を軸に、組合員の自発的活動を「労働組合の—行為」という法的評価の中になるべく広く認めていこうとするものである。ただ組合員の自発的活動が「労働組合の—行為」として不当労働行為制度の保護が与えられる範囲については「主観的要素」と「客観的要素」のどちらを重視するかについては主張する論者において微妙な差異がある。前者の見解に立脚する見解は、「組合員としての自覚をもって行なう行為」[26]あるいは「労働条件・生活条件の向上を目的としたもの」[27]および「労働組合の規約・決議・決定等に反しないと意識される活動であること」[28]、「組合員たる自覚を強め、自らの組合の強化にも資せんと意図[29]」を評価基準として導入する。他方、後者の見解では、「客観的にみて組合員の利益を守るため[30]」、「団結目的を逸脱しない限り[31]」および「態様から組合の団結を擁護するためのもの[32]」等を評価基準とする。したがって、組合意思の授権を明示的にせよ、黙示的にせよ当然ながら語らない。

ところで、労働組合は、前述したように、組織形式と運動実体との乖離ともいえる現象がつねに存する内在的な構造を有しているといえる。しかも、労働組合運動が動的なもので、組織の非活性化、石化を阻止しようとする運動[33]、つまり組織の官僚化を阻止し、他人に組合を作らせるのではなく自分が作ろうとする運動（「自主的組合確立のための運動」）が、ともすれば少数の組合員の活動としてしか現象しないという組織内在的な論理からみて、「主観的要素」を基準としつつも、組合のため良かれと思ってなした行為が客観的に団結擁護を破壊するような組合個人の活動は、「労働組合の—行為」と認められないので、「客観的要素」との統一的基準から、組合員の自発的活動が労組法七条一号の保護対象の範囲内にあるか否かを判断すべきである。その意味で、組合員個人の自発的活動が組合活動として認められるか否かについては、「経緯、目的、手段、方法[34]」、「組合員の立場に立ち、客観的に組合員の利益を守るためのものか否か[35]」「労働者としての自覚にもとづく行為であり、労働者の生活利益擁護を目的とし、団結を指向する[36]」等の総合的・統一的判断が要請される。ただ、各具体的ケースにおいてこれらの評価比重が変化する[37][38]。

三　組合秩序と自発的活動

労研、社研、読書会等のサークルを中心とする活動や組合青年部に代表される組合下部組織を足場にする組合員の自発的活動および組合役員の機関承認を経ない活動、政党下部組織（例：細胞活動）の組合内フラク活動、そして御用組合を変革せんとする活動等は、おうおうにして組合の既成秩序と衝突することが多くそのため組合統制の対象となる可能性が大きい。たしかに、たとえ機械的・形式的であるにせよ正規の手続を経て形成された組合の統一意思や具体的行動について組合員個人が、各サークルや任意集団を通して批判することはある面では団結強化・形成にとって有害となりうる場合も多い。しかし、組合民主主義、組合員各自が投票に参加するだけでなく自らの組合は自らが形成して行こうという原理の大枠の中で、組合員各自が批判活動を行うことは原則として許されるべきであり、構成員各自の批判の自由が担保されてこそ団結が強化されるといえる。その意味で相互批判・相互検証の自由こそ団結自治の根源的内容を成すものである。労働者団結体の強弱（＝自主性・純粋性の強弱）は個々の構成員の諸契機が有機的に、動的に発展・展開する中で形成されていくといえる。たとえ、組合全体の統一意思と組合員の活動もしくは意思がかけはなれすぎ、組合秩序が維持しえなくなった、組合の統一意思が許容しえなくなったとしても組織の自律作用・矯正作用によって組合秩序の維持がはかられるべきであって組合員の自発的活動に対して不利益取扱がなされてよいというものではけっしてない。その意味で、組合員個人（労働者個人）の自発的行動・意思が一時的にせよ、あるいは、日常的にせよその団結体機関の意思・行動に反対・批判をしても、自主的団結自治形成の中の一契機として、当然労組法七条一号の「労働組合の―行為」に該当し、使用者の種々の不当な介入から保護されるべき対象であり、使用者の団結権承認義務の一内容を構成しているというべきである。つまり、組合統制違反となりうる組合員の自発的活動と使用者が不利益取扱の原因となしえない右活動とは次元を異にして考察されねばならないのである。いいかえれば、組合の統制違反の対象となった組合員の自発的活動に対し、使用者が「解雇」「その他」の「不利益取扱をする」と不当労働行為が成立しうる場合もあるということである。(39)

この種の事例のリーディングケースとして銚子醤油幻燈会事件・千葉地労委命（昭三〇・四・二八〈棄却〉一〇七九）がある。これは、会社に無断で火気厳禁の工場原料倉庫内で、二度にわたり休憩時間、「原爆の子」「真空地帯」「原爆を葬れ」の幻燈会を開催したため、懲戒解雇処分を受けた者が救済を申し立てた事件である。地労委は、「組合の規約を無視し、自分勝手の活動をなし、その統制を紊すものあれば、それは規約の命ずる処に従って除名其の他の制裁が科せられるものである。しかしそれは飽く迄も組合内部統制の問題」であって、「その行為が組合活動たる性格を失うものではない」と判断した。けだし妥当な結論である。[40] 組合秩序と組合員の自発的活動がたとえ問題とされる場合も、二で述べた組合活動性評価基準が適用されよう。

そこで、組合員の自発的活動が組合秩序との関連で密接な関連を有すると思われる問題をとりあげて検討してみたい。なお、純粋な組合員個人の活動については、二でその問題点が出しつくされているので、本節では割愛したい。

(1) 組合役員の権限逸脱行為

組合の役職についている組合員は、規約や慣行にもとづいて認められた権限のもとに組合活動を行うのが通常であるが、情勢が逼迫している場合など自らの権限を逸脱し、組合の意思に一時的にせよ反する行動をする場合がある。組合のため、組合に良かれと思って行う行為が一時的にせよ組合の意思と乖離するという点に問題の特徴がある。客観的にみて組合団結擁護のための活動であれば組合活動とみてよい。[41]

たとえば、(イ)生野ゴム事件・中労委命（昭二七・四・二三〈救済〉一七二）は、「組合員の労働条件に関する問題」であって、組合として「取り上げて然るべき問題」については、組合の承認がなくても「組合の役員」として「当然為し得べきこと」（傍点—筆者）であって、「労働組合の—行為」に該当するとしたし、(ロ)呉市交通局事件・広島地労委命（昭三四・一二・一九〈一部救済〉一三〇一）も同様に組合役員の権限逸脱活動を組合活動と認定した。これは、青婦部長が女子車掌の所持品検査に対する抗議のため独自でビラを作成・配布したことが、公職の威厳・信用を傷つけたとして懲戒免職された事件である。地労委は、「中立人のビラ作成、配布、掲示の一連の行為」は、組合の承認がなくても「労働組合とは無関係な行為ではなく、労働組合の役員としての活動の枠内のもの」(傍点―筆者)で、労組法七条一号によって保護されるべき正当な組合活動であると判断した。結論的に妥当といえよう。[42]

(2) 組合下部組織と変革運動

これは、青婦人部に代表される組合の下部組織が現存する組合の在り方について研究・批判する中からあるべき団結未来像を主張していくような場合である。したがって、「組合民主化」とか「組合の組織強化」[43]という名目をかかげるため現存する組合の執行部と鋭く対立する場合が多いといえる。青年労働者は、とかく急進的な思想に影響されやすいため、組合幹部批判、組合執行部つきあげ的様相を呈する場合が多い。そのため、統制処分の対象となりやすいが、たとえ組合の方針に反しても、「組合内部における組合員の自主的な見解表明」で「組合自治の領域に属する問題」[44]であれば、組合活動とみてよい。しかし、あきらかに、組合団結の侵害だけを目的とし行為の性格からもそう判断される場合には組合活動とはいえない。[45]このことは、支部、分会の運動についても同様なことがいえる。

なお、組合分裂の進行とともに、併存組合状態が多くなった。このため、一方の組合の青年部が他方の組合の協力を得て組合体質改善運動を行う場合も存する。このような行為も統制違反の対象となりえても、組合活動として労働法上の保護をうける(関連判例：東京税関労組事件・東京地判(昭五五・五・七、労働判例三四一号二三頁))。

(3) 文化サークル、社研等の組合変革運動

この場合は、(2)の場合と異なり組合の正式機関を構成していないグループ集団の組合体質改善運動である。このため、組合活動性を認定する際により多くの困難が生ずるともいえる。サークル、同好会、合唱班、労研・社研等の形式をとる場合が多い。したがって行為の客観的評価が一見組合活動と無縁とみなされても、これらのグ

ループのメンバーが「組合員の自覚」に立ち、自主的な団結形成のための連帯心を育成する目的を有している限り組合活動とみてさしつかえない[46]。

代表的な具体的事例を検討してみよう。肯定的事例としては、第一法規事件・長野地判（昭四〇・一二・二八、判例時報四六二号五二頁）がある。これは、組合を自主的、民主的に体質改善するため読書会を行っていた出版社員が、転勤拒否を理由に諭旨退職処分を受けた事件である。判示は、「読書会活動は――学習会活動をとおして会員の結びつきを深め、さらに労働条件や組合に関する諸問題について、組合員としてとるべき態度について検討」し、「会員外の組合員や組合に働きかけて、内部から組合の体質改善をはかろうとしたもの」であり、「目的・態様」から「組合の団結を擁護するためのものであって」「正当な組合活動」であるとした[47]。主観的要素においても客観的要素からの検討をしてみても組合活動であるというわけである[48]。原則的に支持できよう。

否定的事例の代表例として日紡郡山事件・奈良地労委命（昭三〇・一二・八〈棄却〉一二九四）がある。これは、歌声サークル「ありの会」の指導者であり、かつ組合変革運動に関与していた組合員が就業時間中、日本のうたごえ参加募集のため小冊子を同僚に売り懲戒解雇された事件である。申立人は、うたごえ活動は「組合強化のために歌をひろめる活動」であると主張したが、地労委は、「単に……一般市民または労働者としての文化活動に過ぎない」とした。この判断の背景には、組合は御用組合であるとする申立人の主張が認容されなかったことが関連していると思われるが、組合強化活動は御用組合でなくとも、日常的に要請される点を考えるならば問題点が多いといえる[49]。

(4)　御用組合と批判活動

自主的・民主的・対抗的な労働組合を御用組合に代わり作ろうとする活動は、あきらかに使用者、組合からの締めつけや処分攻撃が強いといえる。いきおい、非公然的な活動をとらざるをえないといえる[50]。しかし、運動論的にはともかく、法的評価としての御用組合の認定は必ずしも容易ではない[51]。御用組合が否かを前提に批判グループの組合活動性評価の尺度基準を立てるよりも[52]、組合員個人の活動が、自主的・民主的団結のための、あるいはそれを志向し、しかもそれが外部的な行為にも具現化されていれば、「労働組合の―行為」とみるべきであろう。判例・命令も安易に御用組合の論理を導入していない[53]。

(5) 政党の下部組織活動

政党の下部組織(例：細胞活動)は、原則的に市民的活動とみなすべきであるから、他の学者や文化人の活動が組合活動とみなされえないと同様に「労働組合の―行為」とはいえず、不当労働行為の保護対象とはなりえない[54]。しかし、政党の下部組織員がたとえ下部組織の名を藉りながらも組合員としての自覚を持ち、つまり組合のため良かれと思いつつ、しかも外部的な行為が団結目的に添う行為と判断される場合には、「労働組合の―行為」にあたるといえよう。しかし、実際上は、行為の外部的徴表の認定にかかるといえる。最高裁は、富士精密工業事件(仮・異)・(最三小判(昭三〇・一〇・四、民集九巻一一号一五三四頁)で組合活動として正当と認められる行為がたまたま他面において共産党細胞活動としての性格をもっていても、この組合活動を理由とする解雇は不当労働行為に該当するとしたが[55]、市民的活動なのか組合活動なのかについての評価には困難さを伴うものの、職場の労働条件や自主的団結形成のための政党の下部組織の活動は組合活動とみてよい[56]。しかし、政党勢力の拡張活動は「労働組合の―行為」ではない。

四　未組織労働者の自発的活動

この問題は、労働者が組合を結成・加入しようとする場合と企業内・職場に組合がすでに存するが非組合員が自発的に活動を行う事例とに大略分けうる。

(1)　未組織労働者の組合結成・加入へ向けての準備活動

労組法七条一号は、「労働組合に加入もしくは結成しようとしたこと」を不利益取扱理由の一つとしている。結成・加入とりわけ前者は、債権契約関係の設定をこえた規範形成的な結果を意味する。[57] したがって、これは組織（団結）という形式性の枠あるいは機関の決議が明確に存しなくても、結成へという運動自体組合活動として法的に評価されて然るべきである。団結へ向けての自主的活動ないし団結を志向する活動が、団結権保障の対象外とさるべき理由はないからである。[58]「結成すること」自体即「目的」であるのだから、組合員の自発的活動の場合のように、準備行為が抽象的・一般的団結像からの考察はともかく「客観的に団結にそっている」か否かという行為の性格の客観的評価の検討は通常問題たりえない。問題は、どの段階から「加入」・「結成しようとしたこと」、つまり準備行為にあたりそれが労組法七条一号の「労働組合の―行為」として不当労働行為制度の保護対象となるか否かである。結成の意義画定の不明確さ・流動的という運動の論理からいっても、労組法の団結権保護という自主法規範形成の端緒形態を保護する論理からいっても広く解してさしつかえない。[59] 結成のための盟約を図るため誓約書を作成したり、独身会と称する親睦団体を作り組合結成に備えたり、[60] 結成呼びかけのビラ配布をしたり等の活動は準備活動と認めてさしつかえない。「少なくとも、原則論としては、労働組合の胎児の状態まで作り上げられていることを要する」[61] とする見解も存するが、「胎児」の段階にいたらなくても労働者が組合結成の意図をもって行動を開始した時点で当該行為を準備行為とみなしてよい。[62]

具体的なケースでも、このような未組織労働者の組合結成へ向けての準備活動を組合活動として認めている。たとえば、(イ)従業員が経営の民主化と未払賃金の要求について協議し誓約書を作成、血判を作ったのち行動を開始したとたん解雇された京都硬化煉瓦事件・京都地労委命（昭三二・三・四〈救済〉八二七）は、「労働組合の正当な行為」には、「未だ組合結成の形態をとる前であっても、団結の目的並びにその行動形態が組合と実質的に同一視されれば、かかる行為をも含む」とした判断[63]や(ロ)組合への組織的発展を指向しながら結成した独身会の副会長を解雇した件を不利益取扱と認定した古山鉄工所事件・福島地労委命（昭三三・一〇・一七〈救済〉九九四ノ六）および(ハ)看護婦組合結成の準備をかねて労働条件の改善と病院の民主化をビラで呼びかけた行為を「組合結成の準備（活動）」と認めた関西医大附属病院事件・大阪地労委命（昭三〇・四・三〇〈救済〉五七六ノ二）等があるが、これらの判断はおおむね妥当といえよう[64]。

否定された代表的事例として(イ)泊工業事件・兵庫地労委命（昭三二・七・二三〈棄却〉一五七二ノ九）、(ロ)大菅製パン事件・滋賀地労委命（昭四三・六・二八〈棄却〉二八五八）がある。前者は、期限付臨時雇の労働者四名が、会社に健康保険加入を求めたが、なかなか実現しないので組合を結成すればうまく事が運ぶと考え会社常務に組合結成趣旨書等と健康保険加入、交通費支給等の要求をも合わせて申し入れたところ翌日解雇された事件である。地労委は、申立人四名が「他の従業員に対する呼掛」や「組合規約の作成等」もなされていないから実質的準備活動といえないとした。しかし、結成趣旨書自体、十分に盟約書または宣言とみてよいのだから、組合活動性評価の主観的要素基準を十分にみたしているといってよい。

後者は、組合結成の計画を立て書記長に就任したが、規約作成・綱領を討議すべく開催された臨時大会に数名しか集まらず、組合は実質的に機能しなかった。そして、その一ヵ月後出勤状態不良等を理由に解雇された事件である。地労委は、申立人の行動は「個人的行動」であって、「組合員の総体的意思を反映した組合活動」とは認められないとしたが、中小企業の組織化のプロセスでは上司の目を恐れて表立った行動をとれる者が少ない点を考えれば、組合結成準備活動に対する不利益取扱と認定しうる余地がある。

しかし、非組合員が単独で組合結成の目的を持たずに使用者に労働条件の待遇改善を要求することは準備活動とはいえない[65]。

(2) 非組合員の自発的活動

非組合員を当然に組合活動権を有し、組合の呼びかけるストに参加したり、争議行為をしたり、組合の職場集会や点検闘争に参加する行為は、意識性の点からも、行為形態の評価から見ても当然組合活動と認められる。[66]

具体的事例としても、(イ)見習社員のため組合加入資格がないため、非組合員であった従業員が組合員を集めてサークル活動や学習会を行ったり、青婦人部結成活動を側面援助したことや、[67] (ロ)組合加入を拒否された非組合員が、組合幹部が組合活動に不活発であると批判することは[68]「労働組合の—行為」にあたるとした判断は妥当といえよう。ただ、前者の場合、試用期間中の者は試用契約の解除理由が幅広く認められる現状において契約解除即不利益取扱であると認定するにつき困難性を有する。[69] 事実、(イ)の事案では、見習社員の解雇は出勤成績不良によるものであって、組合活動を理由とするものではないとされた。

最後に、昇格・昇進、配転により非組合員になった者がかつて所属していた組合のために援助活動を行った場合はどう判断すべきか。事例としては、組合の委員長を歴任した活動家が、健康上の理由から一線を退いたが、批判派が抬頭（後に第二組合結成）しつつある中で、陰ながら組合を支援していたところ人事課主任（非組合員化）へ配転された。配転後も積極的に支援活動を行ったため解雇された事件が不当労働行為か否かが争われた久留米井筒屋事件・福岡地久留米支判（昭四九・一二・一二、労働判例一九九号四二頁）がある。「組合員の利益のために」、「組合員の自覚をもち」、「組合員の労働条件に関すること」でなされれば、この種の非組合員の活動も組合活動とみてよい。判示は、配転による非組合員化は「組合から切りはなしての活動封じ（である）」として不当労働行為が成立すると認定した。ただ、この場合も解雇もしくは配転が使用者の正当な人事権行使に該当するのか、それとも組合活動を理由とするものであるのかについての認定の困難さがある。[70]

おわりに

「組合員・未組織労働者の自発的活動」を労働法上考察する場合、わが国の労働組合の特質をどうしても考慮せざるをえない。というのは、西欧の労組とはことなり、労働者は企業の従業員であると同時に組合員であり、組合組織の末端と企業組織の職場統轄組織が空間的に対応する企業別全員加入の混合組合であることから、組織上部における年功秩序の存在と幹部支配がみられ、組合組織全体として御用組合化する危険性があると同時に、運動面では幹部請負的になりがちである。そのため、フォーマルな運動が本来的な組合を志向する労働者の規範意識にうらづけられたインフォーマルな組合員集団の挑戦をつねにうけてきた。くわえて、組合自体が企業別組合運動の問題点・限界点を克服すべく〈企業別組合の脱皮〉、〈職場闘争〉、〈職場活動〉、〈世話役活動（ショップスチュワード運動）〉等を模索してきた。[71] このため、組合活動の法的定義が文字通りの組合活動たりえない内在的必然性を有していたといえる。そして、このことの法的機能表現が「組合の黙示の授権」「組合意思の推定」に代表的に示されるいくつかの組合員の自発的活動を組合活動として評価する尺度基準の提唱であったといえる。

したがって今後どのようにわが国の労使関係が変転していくかはともかく、組織形式と運動実態の乖離、法と運動との乖離を念頭におきながら組合活動権の考察をせざるをえないといえる。

（1）　籾井常喜『経営秩序と組合活動』（総合労働研究所）一〇七頁参照。以下籾井『経営秩序』。
（2）　沼田稲次郎「労働組合の正当な行為」新労働法講座六巻（有斐閣）一二八頁参照。以下沼田「正当な行為」。
（3）　竹下英男「組合活動性評価の基準」沼田教授還暦記念論文集下巻『労働法の基本問題』（総合労働研究所）一五〇頁参照。
（4）　周知のように、不当労働行為制度の目的について、労働者の団結権を団結権それ自体として保護するところにあるとするいわゆる団結権保護説と団結権の保障のうえに確立されるべき労使間における公正な競争関係の確保にありとする団結権保障秩序説との対立がある。岸井貞男『不当労働行為の法理論―不当労働行為法の原理（上）』（総合労働研究所）一頁以下参照。横井芳弘「団結権の保障と不当労働行為」演習労働法（演習法律学大系・青林書院新社）一四五頁以下参照。

(5) 沼田「正当な行為」一一四頁、近藤享一「不利益取扱」労働法演習（有斐閣）四二頁。

(6) 籾井常喜「組合活動の範囲」労働法事典（労働旬報社）八一一頁参照。以下籾井「事典」。

(7) 土佐電鉄事件・中労委命（昭二五・九・一六〈一救〉一二〇）は、組合の承認のない職場活動は「個人的行動」であって、組合活動ではないとした。また姉妹会社へ出向を命ぜられた組合支部長が、この出向命令を承認した組合を批判するビラ配布したところ除名され、会社からも解雇された事件である東濃鉄道事件・岐阜地労委命（昭三〇・一二・一七労働法律旬報別冊二六〇号六頁）は、支部長の行為が組合活動であるか否かについて一切言及することなく申立を棄却した。レッド・パージ関係の労委命令もほぼ同一基調である。なお、本多淳亮『業務命令・施設管理権と組合活動』（労働法学出版）二八頁参照。

(8) 横井芳弘「労働組合の団体性――その法的主体性についての一考察」季刊労働法六九号一二六頁、同「労働組合の統制権」論争労働法（世界思想社）六二頁参照。

(9) 宮島尚史「機関の決定―米羽田輸送部隊不当解雇事件」労働判例百選初版（有斐閣）一五四頁。

(10) 籾井『経営秩序』一一一頁以下、同「事典」八一四頁参照。竹下・前掲論文一六〇頁参照。本多・前掲書三二頁参照。

(11) 沼田教授は、このことと組合の自律作用とを総称して、「具体的団結の自治と、その基盤たる労働者集団の陣営内の自治の保障」という。沼田「正当な行為」一一八頁参照。

(12) 籾井「事典」八一四頁。

(13) 本多・前掲書三二頁。

(14) 岸井貞男『団結活動と不当労働行為―不当労働行為法の原理（下）』（総合労働研究所）五八頁参照。

(15) 石井照久・萩澤清彦『労働法』判例法学全集一五（青林書院）五七三頁。以下石井＝萩澤『労働法』。

(16) 石川吉右衛門「労働組合法第七条第一号と同第三号との関係――『労働組合の正当な行為』の意味に関連して――」菊池還暦記念論文集・労働法と経済法の理論（有斐閣）六七五頁以下参照。同『労働組合法』法律学全集四六（有斐閣）三〇一頁以下参照。

(17) 同旨・山陽パルプ事件・山口地労委命（昭二八・三・一二〈棄却〉七八七）。副組合長が非組合員である臨時工の労働条件改善争議へ参加したことは、団体交渉を通じての要求提出とことなるから申立人が組合でも「労働組合の―行為」ではないとした。

(18) 同旨・三菱電機事件（仮）・神戸地判（昭二五・五・八、労民集一巻二号二三八頁）。なお、故石井教授は「全然独立に使用者と交渉する権限をもたない職場の争議は正当な行為ではない」とする（「不当労働行為について（一）」法曹時報三巻二号一〇頁参照）。

(19) 籾井常喜「正当な行為（一般の組合活動）─三菱電機事件─」労働判例百選初版（有斐閣）一五〇頁参照。籾井『経営秩序』一〇九頁以下、本多・前掲書二四頁以下、竹下・前掲論文一五一頁以下等参照。

(20) 蓼沼謙一「組織と個人──労働組合を素材として」現代法講座一三巻（岩波書店）二三二頁参照。

(21) 沼田「正当な行為」一一八頁参照。

(22) 労働省労働法規課編著『改訂版労働組合法・労働関係調整法』（労務行政研究所）三三一頁参照。

(23) なお、「組合意思の黙示の授権」、「組合意思の推定」という論理で組合員の自発的活動を「労働組合の─行為」と法的に評価する見解がある。たとえば、(イ)駐留軍追浜兵器工場事件（行訴）・東京地判（昭三一・一〇・一〇、労民集七巻五号八九五頁）、(ロ)米軍羽田輸送部隊事件（仮）・東京地判（昭三二・一〇・一五、労民集八巻五号七五六頁）がそうである。この論理はその法的性格の分析という問題はさておき、「労働組合の─行為」を文字通り「労働組合の─行為」ととらえる論理と本質的に同一である。宮島尚史・前掲論文参照。

(24) 石井照久『新版労働法』（弘文堂）四六〇頁参照。

(25) 三藤正「不利益取扱」労働法講座二巻（有斐閣）二七五頁参照。

(26) 沼田稲次郎『団結の研究』（勁草書房）三五四頁参照。以下沼田『団結』。なお同旨なものとして、沼田稲次郎「組合活動の自由について」討論労働法四八号三頁参照。

(27) 生野ゴム事件・中労委命（昭二七・四・二三〈救済〉一七二）。ただし、引用句は命令原文ではない。

(28) 沼田『団結』三五五頁参照。

(29) 大日本印刷事件・京都地労委命（昭四三・一一・八〈救済〉二二三五）。

(30) 本多・前掲書三四頁参照。

(31) 三重交通事件・三重地労委命（昭四九・一二・二七〈却下〉五五九）。

(32) 第一法規事件・長野地判（昭四〇・一二・二八、判例時報四六二号五一頁）。

(33) 沼田「正当な行為」一一七頁。

(34)　相互タクシー事件（仮）・大阪地判（昭三三・六・一二、労民集九巻三号三五三頁）参照。この事件は、タクシー会社の新規採用配車係に対する服務規定、給与規定、給与規定等についての説明会に際し、この配車係達が労働条件に関し会社の運輸部長との質疑応答を録取するためテープレコーダーを持ち込んだことに配車指導員が同調したとして解雇された事件である。判決は次のような判断を示した。「テープレコーダーの持込みは前記配車係達がその職場に固有の労働条件について職制に対し対等の姿勢をもって明確にしようとした行動であって、たとい所属組合の指令に基かないにせよ、その経緯、目的、手段、方法からみて、一種の合法的な職場活動の域を出ない行動とみるのが相当である。……（テープレコーダー持込みの動きに同調する言動は）配車係達の合法的な職場活動を支援するものとして、やはり合法的な職場活動に属する行動（である）。」（傍点―筆者）。その意味で、組合の明示、黙示の意思は無くとも行為主体の目的や活動の態様自体から組合活動性の存否を決定した典型例であるといえる。

(35)　中外日報社事件・京都地労委命（昭四七・七・二四〈一部救済〉七〇五三）参照。これは、最古参の組合員が労働条件改善のため、組合の機関決定によらないで社長らの退陣要求を行ったため懲戒解雇された事件である。地労委は、「その行為が組合員の立場に立ち、客観的にみて組合員の利益を守るためにするものであれば、それは労働組合法上の組合活動と解すべきである」（傍点―筆者）と判断し、原職復帰を命令した。ただし、命令取消請求（行訴）事件では、第一審・京都地判（昭五二・一・二八、労働判例二七三号六一頁）、同控訴審・大阪高判（昭五三・二・二四、掲載誌不詳）はともに機関決定がないことを主たる理由に組合の行動ではないとした。

(36)　籾井『経営秩序』一二五頁、同「事典」八一四頁参照。なお、古典的なリーディングケースとしての銚子醤油事件・千葉地労委命（昭三〇・四・二八〈棄却〉一〇七九）も参照。

(37)　本多・前掲書三三頁以下、西谷敏「不利益取扱」別冊法学セミナー・基本法コンメンタール・労働法Ⅰ〈団体法〉（日本評論社）一二九頁、岸井貞夫「第七条不当労働行為」コンメンタール労働組合法（有斐閣）一三〇頁参照。

(38)　なお、沼田教授は、籾井教授の組合活動性評価三基準（主体、目的、行為形態面）に言及しながら、憲法二八条の法意を「生活利益の防衛」とみるか「団結自体の自治の防衛」とみるかで組合活動評価の視角が若干異なる点を指摘している（沼田「正当な行為」一一九頁参照）。しかし、沼田教授自身の組合活動評価基準が、「組合員としての自覚を以て行う行為」であり、「具体的な組合意思に反するけれども綱領等の抽象的な規範の明らかに命ずるところであるという意識のもとに行われる活動も（組合活動である）」（傍点―筆者）とまで拡大しながらも、「組合や他の組合員にとって反価値的なものであるという意識を以て行われる行為は組合活動でない（例として、スパイ、使用者に買収されること等）」「組合の規範や意思（例：組合目的、規範、綱領、宣言等）に反していると意識して行われる活動（は組合活動ではない）」（沼田『団結』三五四頁以下）とする。となると機関活動でない組合員の組合活動性存否の認定は、結局「行為者（主体）」の「目的」や「行為形態面」でしか実際上できないのではないか。

また、竹下教授は、組合活動性の評価基準として(1)「労働組合の組合員としての自覚にもとづく活動であるか、団結を志向する活動であること」、(2)「労働条件・生活条件の向上を目的としたものであること」、(3)「労働組合の規約・決議・決定等に反しないと意識される活動であること」（竹下・前掲論文一五三頁以下参照）の三点を例示されている。この見解も、個々的な事例判断は籾井教授のそれと同一の結論になるとみてよい。

(39)　沼田「正当な行為」一一七頁、同『労働法要説』（法律文化社）八〇頁、籾井常喜「労働組合の正当な行為」労働法大系四巻（有斐閣）二一頁参照、以下籾井「正当な行為」。なお、組合活動の幅を「団体交渉」の枠に限定する故石井教授も正当性評価の視角はさておきこの点については同じ結論である（「不当労働行為について（一）」法曹時報三巻二号一〇頁参照）。同じく本多・前掲書三四頁参照。

(40)　しかし、逆の結論を下した事例もある。たとえば、関東鉄道事件・茨城地労委命（昭四〇・九・三〇〈却下〉四八六）がそうである。これは、分会の役職経験者であり活発な組合活動を行っていた組合員二名が、自ら作成配布した文書に組合の内部統制を乱す文言があったとして、一人は一ヵ年、他の一人は六ヵ月間の権利停止処分を受け、くわえて組合は会社に対し団結権と統制維持確保のため両名に臨時給与の支給ならびに昇給を行わないよう要求し、会社がこれを受け入れしかも両名を配転処分にしたため、両名が配転と昇格・賃金差別につき救済の申立てをした事件である。地労委は、申立人の組合が御用組合であるという主張をしりぞけ、くわえて、「(所属組合の) 統制を逸脱する—行為」は、「団結権擁護の法の精神に照し正当な組合活動（でない）」とした。つまり、組合の方針に協力しない行為は組合活動ではない。なぜなら組合は御用組合ではないから。したがって使用者からの不利益取扱も許容されるというわけである。疑念なしとしない判断である。

(41)　沼田「正当な行為」一二二頁参照。

(42)　否定例・応用地質調査事務所事件・大阪地労委命（昭四一・一二・二三〈棄却〉二五九二）。これは、組合所要のための欠勤請求が拒否された副委員長が、業務命令を拒否して課長の前に三日間座り込んだため怠業、業務命令拒否を主たる理由に解雇された事件である。申立人は労働組合。命令は座りこむことについての組合の指示あるいは争議行為指令がなかったから責任を問われてもやむをえないとした。明らかに組合のための活動といえる。問題の多い論旨である。

(43)　興亜紙製品工業事件・大阪地労委命（昭和三七・一一・二一〈救済〉一二六五）参照。

(44)　クラレプラスチック事件・大阪地労委命（昭四二・六・二九〈一部救済〉三三五二）参照。

(45)　西日本鉄道久留米支部事件（刑）、福岡地判（昭二六・二・二八、労働法律旬報五三号二頁）は、青年部の組合規約あるいは組合指令違反の争議行為は旧労組法一条二項の「労働組合の団体交渉その他の行為」でないという形式的理由から正当でないとした。しかし、組合の団結権侵害という視点からの分析が必要であったといえる。また、大王製紙事件・愛媛地労委命（昭四二・六・二八〈棄却〉二七一三）は、青年婦人部の活動が組合内組合の様相を呈し、しかも政党支持問題等に活動の重点が移り、労働条件改善のための運動をしなかったとして組合活動性が否定された。組合の青婦部に対する助成金打ち切りが、判断に大きく影響したともいえる。

(46)　籾井「事典」八一五頁、竹下・前掲論文一六四頁参照。

(47)　ほぼ同一の論旨をとるものとして、厚木自動車部品事件・神奈川地労委命（昭五三・一・三一労働法律旬報九四八号七五頁）。

(48)　〝連帯意識の強化と組合員たる自覚を強めることを意図した〟と、主観的要素を評価しつつサークル活動に組合活動性を認容した大日本印刷事件・京都地労委命（昭四三・一一・八〈救済〉二二三五）がある。また、「組合を強くする会」の事例として三菱重工業名古屋航空機製作所事件（仮）・名古屋地判（昭五一・五・三一、労働判例二五五号二〇頁）がある。判示は〝執行部批判活動も組合活動である〟と簡単に述べて配転命令に不当労働行為意思を認定している。ただし、同控訴審（仮）・名古屋高判（昭五三・四・二五、労働判例三〇四号四八頁）は、他のサークル活動と合わせて組合活動と認定しなかった。

(49)　しかし、地労委はこの結論の前段で「こういう活動もその仕方、ことに合唱の方法、歌詞の内容などによっては、労働者の労働意欲を高め労働者意識を昂揚し、ひいては労働組合の正しき活動に直接、間接資するところ必ずしもなしとせず」と組合活動となりうる余地も認めている。同じく否定された事例として、ワシノ機械事件・愛知地労委命（昭三九・六・二二〈棄却〉二二四五）がある。地労委は、「はがね会」というサークル活動は、組合の支援を受けているものではないから組合活動とはいえないとした。しかし、サークル活動の意図や具体的行動について吟味・検討されてしかるべきであった。

(50)　石井＝萩澤『労働法』（五七三頁）では、執行部批判活動も正規の規約にしたがって組合強化の意図をもって行われる限り、「組合の行為」とした。しかも「御用組合」の場合もそうであるとするが、組合規約にしたがって組合員が組合を御用組合と批判することは理念的にはともかく実質的に困難といえよう。典型的事例として近江絹糸事件・三重地労委命（昭二八・六・二五労働法律旬報一三六号一九頁）。

(51)　沼田「正当な行為」一二三頁参照。

(52)　東京生命事件（仮）・東京地判（昭二五・五・八、労民集一巻二号二三〇頁）。

(53)　前掲のワシノ機械、関東鉄道、日紡郡山の各事件も申立人が組合は御用組合であると主張したが認容されなかった。また、太洋製作所事件（仮）・千葉地判（昭三五・三・二四、労民集一一巻二号一六八頁）も、組合を債権者（労働側）主張のように御用組合とは認定しないで、「労働組合の―行為」には、「組合民主化のための活動をも包含する」として解雇を不当労働行為とした。

(54)　竹下・前掲論文一五三頁参照。

(55)　蓼沼教授は、「細胞活動」を「労働組合の―行為」であるか否かを認定する際に次のように「根源的志向」という表現でもって組合の団体性の論理と組合員の自発的活動との評価・分岐尺度としている。それだけ法的評価の困難性があるといえる。「組合員として行動するということは、当然に組合の意思と統制のもとに行動することを意味する。もっとも、ここで組合の意思と統制のもとに行動するというのは細胞員たる組合員が組合内でさまざまの行動をなす際のその基底に横たわる根源的志向がそこに向けられているという意味であ（る）。……根源的志向が細胞員たる組合員の行動の基底に存するかどうかは、法的に問題となる場合『外部に現われた行動その他からして』推認されることとなる。」（傍点―筆者）「労働者の政治活動・文化活動と組合活動」季刊労働法四六号二二頁参照。

(56)　否定された事例として、(イ)日光電気精銅所事件・栃木地労委命（昭二五・五・一〈棄却〉一二五）、(ロ)大映事件・京都地判（昭二九・九・四、労民集五巻五号四八五頁）等がある。また、東急電鉄事件（仮）・最大決（昭二六・四・四、民集五巻五号二一四頁）も参照。

(57)　沼田稲次郎「組合自主法違反の争議行為の法理―西日本鉄道の福岡地裁判決を中心として―」労働法律旬報五三号二頁。

(58)　沼田「正当な行為」一二〇頁、籾井「正当な行為」二一〇頁、竹下・前掲論文一五三頁参照。

(59)　岸井・前掲書（下）六五頁参照。

(60)　梶フェルト工業事件（仮）・東京地判（昭三五・六・一三、労民集一一巻三号六一九頁）。

(61)　三藤・前掲論文二七四頁。

(62)　沼田「正当な行為」一二〇頁。西谷・前掲論文一二七頁。

(63)　同一事案としての藤原鉄工所事件・中労委命（昭二五・六・二八〈救済〉二六）。

(64)　中央陶器事件・愛知地労委命（昭二七・三・二四〈棄却〉六八四）、同中労委（昭二七・五・二八〈棄却〉六八七）は、と

もに未組織事業場において婦人労働者が組合結成を意図して元いた職場の組合機関紙を配布したが、組合活動でないとされた。結成企図を有していた点を考えると問題点を有する命令である。

(65) 大阪証券代行事件・大阪地労委命（昭四〇・一一・一五〈棄却〉二四六八）参照。

(66) 沼田「正当な行為」一二〇頁、石井・前掲論文八頁参照。

(67) 村田機械事件・京都地労委命（昭四〇・四・二三〈棄却〉二四〇三）。

(68) 藤田製作所事件・愛知地労委命（昭二六・七・二一〈救済〉一五二）。

(69) 蓼沼謙一「正当な争議・組合活動と不利益取扱い」不当労働行為・峯村編著（総合労働研究所）一四六頁以下参照。

(70) 本多・前掲書三五頁参照。岸井・前掲コンメンタール一三四頁参照。

(71) 佐藤守弘「労働組合の構造と機能」社会学講座六産業社会学（東京大学出版会）一二一頁以下参照。

〔昭和五六（一九八一）年〕

第二章　企業秩序論の外延化と組合活動法理の転位

――ビラ配布等の労働組合情宣活動をめぐる判例を素材として――

一　はじめに

(1)　ビラ配布（含機関紙、パンフレット等）は、労働組合・労働者の教育・情報の伝達手段としてきわめて重要な意義を有する。とりわけ、ビラ配布は市民運動でもそうであるように、情報伝達手段の媒介として、確実に受け手に渡るという意味で、ビラ貼付や組合掲示板のビラ掲示よりは、ある面では、有力な情宣手段である。

(2)　ところで、ビラ配布等の組合の情宣活動が判例法理上論議され始めた時期は、ビラ貼りをめぐる判例事案と同様昭和三〇年前後を境として増加し始めたことが指摘できよう(1)。これは、他ならぬ敗戦後の労働組合運動の高揚期を経、日経連の「経営権」確立運動と合わせて導入がなされんとしたアメリカ型労働協約、あるいは、昭和二六年秋ごろから昭和二七年にかけて、全国単産（炭労、全銀連、合化労連、全繊同盟、私鉄総連、全自動車等）によりなされた、組合活動権行使の幅を拡大し、職場内に組合活動の自由を確立せんとした「統一労働協約締結運動」に対して、右日経連が唱導した「日経連労働協約基準案」の考え方が、判例事案でも基本的に認められて行った背景が存するために他ならない。右「基準案」は、業務命令権あるいは施設管理権という法イデオロギーを公式に打ち出したことでも有名であったが、その企図するものの中心的なるものは「組合活動は、原則として就業時間外、事業場外」でなすべきということにあったものといえよう。

しかし、ビラ配布等が、事業場内で、労働者や組合員に対してなされた場合、使用者の業務命令権や施設管理権という使用者の法益との関係で如何なる法的評価をなすべきかについては、右「基準案」の考えが直ちに、学説上も、判例法理上も受け入れられたわけでは、けっしてなかった。企業内組合である日本型労働組合は、その組織形態を最大の拠り所として、いわゆる「職場に労働組合運動を！」というスローガンに示されるように、事業場内の組合活動権の確保を運動的に進めて来たし、学説もそうであった。[2] これは、他ならぬ組合活動正当性評価一般およびその特殊な組合活動形態である組合活動の一環としての組合の情宣活動の法的評価の問題であった。この問題については、ビラ配布の㋑時期（就業時間中か休憩時間中か）、㋺施設利用（許可条項の効力）、㋩労組法七条との関係から「労働組合――の行為」を正当性評価でどう評価すべきか、[3] そして、㋥内容（企業の名誉、信用、体面の毀損の有無）等が、組合活動権の法的関係の中でその評価づけをめぐり論議されてきた。[4] これら、㋑㋺㋩㋥の法的問題点を考察するにあたっては、学説上、いわゆる「受忍義務論」あるいは「違法性阻却論」が主張されてきたことは、他の組合活動権に関する論議と同様であった。籾井教授が、「組合活動としての情宣活動の自由は、市民法上の言論の自由の範疇でもってのみとらえる性質のものではなく、特殊労働関係の場におけるそれである――かりに市民法上違法とされても『諸般の事情』からみて、組合活動の目的にてらし、それなりの動機と節度をもっているかぎり、なお『正当な』組合活動と評価すべきであり、その限度において使用者に受忍義務（がある）[5]」（傍点―筆者）と語るのがその一つの代表例であった。違法性阻却論も、憲法二八条の団体行動権の適正な行使としての無許可のビラ配布も「業務遂行上や施設管理上の実質的支障を生ぜしめない（場合）は正当な組合活動として保護される[6]」とし、この正当性は「受忍義務論」同様、「ビラ配布の目的や態様等」の「諸般の事情」によって判断されるとする点で同様である。その意味で、使用者側の法益である施設管理権、業務命令権と組合活動権との「比較々量」的考察と、正当性評価にあたっての「諸般の事情」という考えの大枠に決定的な相違はない。にもかかわらず、昭和五四年一〇月三〇日の国鉄札幌駅事件・最三小判（労旬九八八・四六）の「企業秩序論」は、これら旧来の組合活動権と使用者の法益である施設管理権、業務命令権との関係についての考えに、大きな根本的反省を迫るものとなった。本稿では、右「企業秩序論」が、その判決が下された時期を前後に、判例法理の中で、いかに外延化され労働者の行動を拘束づけるにいたっているかをビラ配布等をめぐる事案で分析・検証せんとするものである。そして右法理の特異性も考察してみたい。

(3)　なお、考察にあたり、以下の方法を採用した。第一に、ビラ配布の態様を(2)で前述したように、時期、施設利用で分けたが、これをさらに、以下のように細分化した。これは、前述の「基準案」の考えが「組合活動は、原則として、就業時間外、事業場外」というのが眼目であったと論じてみても、これが論じられた昭和二〇年代後半ならともかく、最高裁の「企業秩序論」の論理が下された以降は、法論理として必ずしも、十分な説得性を持ちえないためでもある。

(A)　「就業時間（労働者の労働力提供過程）中・事業場内」での情宣活動

(B)　「就業時間外（例：休憩時間中）・事業場内」での情宣活動

(C)　「就業時間外・事業場外」での情宣活動。これは、社宅や会社所有地の門前の広場での情宣活動が含まれる。また、組合員が名宛人である固有の意味での組合機関紙による情宣活動もこの類型に入れた。

(D)　「括弧付の第三者」への情宣活動。これには、取引銀行や親会社へ向けての情宣活動や甲企業に所属する労働者が、乙企業に出向した場合、その出向先で情宣活動を行った場合。

(E)　純枠第三者である一般市民や公衆に向けられた情宣活動。

そして第二にこのように、(A)～(E)と紛争類型を分析したもう一つの理由は、実は、争点となった法的内容のためにほかならない。というのも、ビラ配布等の情宣活動は、ビラ貼付のそれと異なり「事業場」という枠の空間性を越えて法的論議の対象とならざるをえないためである。ビラ配布およびビラ貼付も、たとえ組合活動の一環である情宣活動としてなされた場合でも、ともに民事責任（契約責任・不法行為責任）、刑事責任等が当該組合や組合員に追及される余地がある点では同じであるし、不当労働行為の不利益取扱を受ける余地がある点も同じであるが、その内容はかなり異なる。第一に、無許可ビラ貼付では、主として、損壊罪（刑法二六〇、二六一条）が問題とされるのに対し、同ビラ配布では、企業または利益代表者の名誉毀損罪（同二三〇条）、侮辱罪（同二三一条）、信用毀損罪（同二三三条）の追及の是非が問われる。第二に、就業規則上の懲戒責任の追及が、許可の有無でビラ配布を行ったか否かにくわえて企業の秘密・名誉・対外的信用保持義務違反を理由になされることが多い。第三に、不法行為責任追及が、物権的請求権の侵害・所有権（占有権）の侵害の有無等で法評価がなされる余地の高い無許可ビラ貼りに対し、ビラの無許可配布は、名誉・信用等の侵害（民法七〇九、七一〇条）で問題とされる場合がある。くわえて、ビラ貼りでは、物権的請求権行使の態様の一つであるビラ貼付禁止仮処分、自力撤去等が問題とされるが、ビラ配布では、不法行為にもとづく配布の差止請求も考えられうる。[7]つまり、同じ情宣活動でも、その態様が主として法的に問題とされてきたビラ貼付に対し、ビラ配布等は、その内容をめぐっての法益をいかに見るかが大きな争点となってきた（なお、ビラ貼付事案で、その内容が法的争点とならなかったというわけではない。しかし、中心的な争点ではなかった）。[8]このため、(A)〜(E)の類型立てを行った。つまり、「市民」としての表現の自由と「労働者」の表現の自由が微妙に交錯するためである。なお、内容に関し、判例法理も学説も㋑組合活動の一環であるビラ配布の内容と、㋺政治的なビラ配布について、その評価づけをかなり異にしておることを付言する（具体的な言及は後述）。そして、第三に、考察の対象を主として民事事件でしかも懲戒処分の事案に限定した。ただ、一部、配布差止等の妨害排除仮処分等他の紛争事案にも言及した。

二　各紛争類型に見る法理の特色——国鉄札幌駅上告審判決（昭五四・一〇・三〇）頃まで——

(1)　組合活動権に関する一般法理である「受忍義務論」および「違法性阻却論」については、一(2)で概説した。この法理自体、組合活動の一環である情宣活動に関し、その態様（時間と業務命令権、場所と施設管理権）の問題については、それなりに紛争解決の規範の拠り所たりえるが、ビラ等の内容の是非についてそのまま法理たりえない。このため、判例も学説も右一般理論に立脚しつつ対象に相応した法理構成を行ってきた。つまり、市民法上の保護法益である企業の名誉・体面・信用を憲法二八条や労組法七条等の組合活動に関する法規範との関連で、いかに法的な枠付けをなすかという問題である。それゆえ、「団結権保障に根ざした団結活動そのものであり、市民法上の言論戦の自由の範疇でとらえるごとき性格のものではない(9)」という原則に立脚しながら、組合活動権に添った立論が当然要請されるわけである。

(2)　「受忍義務論」に立脚した籾井教授は、この法的問題を①法益自体の内在的制約、②責任追及の方法との関連における限界、そして③組合活動の特殊性から、いくつかの基準を導き出す。①については、㋑名誉等が対外的な社会的評価に関する法益であるから、企業内の情宣活動にあってはこの種の法益侵害はない、㋺企業自体の規模・営業目的からみて、公共的性格を有する場合には、内情暴露のビラであっても受忍すべきである（なお、刑法二三〇条ノ二は、公益を図ることを目的とする情宣は、真実の証明であれば、名誉毀損罪での処罰を免れるとしている）。そして㋩被害法益の担い手はあくまでも企業であるゆえ、職制批判は個人法益の侵害たりえても、懲戒権行使の妥当性へと直接連結しない等である。②についても、第三者よりもさらに不利益取扱を労働者が加重される点を考慮しつつ、名誉等の法益侵害が労務提供過程においてなされた場合（例：企業機密の漏洩等）を除き、この法益侵害についての契約上の責任追及は、継続的契約関係にともなう労働者の適格性の場合に限定すべしとする。これは逆に労働者の市民的活動による非行の場合は、企業の名誉・信用等の毀損からストレートに、懲戒責任の追及をなしえないことをも意味する。原則として「（労働者は、）労務の提供と関連しない範囲にまで——企業に対する忠誠義務を負担するわけのものではない。」というわけである。そして、③については、結論的に、組合・労働者の情宣活動が、(α)企業の名誉等の社会的評価に影響を及ぼし、(β)それが、労務提供に関連してなされたものであっても、(γ)労働条件ないし団結活動と関連のある経営批判は、虚偽である場合を除き、正当であり、第三者・市民への呼びかけも妥当であり、多少の過激表現も許されるとする。[10]

他方、「違法性阻却論」も結論的に大差はない。たとえば、菅野教授は「ビラの内容が使用者の労務政策の批判攻撃である場合は、組合の本来的関心に属することがらであり、内容が全体において真実であれば正当性が認められよう。次にその内容が使用者の経営政策の批判的攻撃である場合は、それが労働条件や労働者の待遇と関連性があり、内容が全体として真実であれば正当性がある。[11]」（傍点—筆者）。但し、私事の暴露や人身攻撃については、当然否定的である。

結論的に、両説ともに、多少のトーンの違いはあれ、あるいは、視点の具体性の濃淡はあれ、「団結権の主体として権利を行使する場合の労働者の文書活動の自由[12]」をいかに法規範化するかの視点での結論に他ならないともいえよう。

(3)　ところで、各紛争類型の法理を考察する前にもう一つ検討せねばならない課題がある。企業の信用・名誉等の法益侵害を理由に、労働者が懲戒または契約上の責任を追及される事案として、「労働者の企業外非行」の事案がある。とりわけ、個別労働者が、「表現の自由」の一環である企業外政治活動により、逮捕・勾留・起訴され、これに対し企業が何らかの懲戒処分をくわえたり、普通解雇した事案の法理に言及せねばならない。何故なら、団結権の行使の一環である労働者・組合の情宣活動と市民的な表現の自由との間には、自ずと別な法理が論ぜられて然るべきであるからである。この種の下級審裁判例の傾向としては「企業の社会的評価」とか「企業の信用」の論理だけでもって、労働者の懲戒処分や普通解雇を是認するものは必ずしも支配的ではなかった。むしろ、右の論理のほかに、「職場もしくは企業秩序（規律）の維持」もしくは「業務の円滑な運営」の論理でもって具体的なしぼりをかけ右処分の是非を論ずるものが多かった。その意味で、この種の労働者の市民的な表現の自由に対する企業の契約責任や懲戒処分の追及にあたっては、表現の自由の基本権上の普遍性と相まって、できるだけ企業の労務管理上の法益、つまり、企業の労働力の適正配置（＝欠勤者についての補充等労務の配置・排列・組合せなどの変更についての処置）の利益に関連づけながら該処分の是非を論ずるというそれなりに、公私の区別という近代法上の特殊性を考慮せんとしたものであるといえよう。たとえば紛争類型(C)で後述するように、最高裁まで争われた住友化学工業事件・名古屋地判（昭四八・一〇・三一、労判一九〇）は、佐藤訪米阻止のためのデモに参加し公務執行妨害罪容疑で逮捕され、不起訴であったにもかかわらず、就業規則上の「社員としての品位損傷」という懲戒条項により出勤停止処分をかせられた労働者（現場作業員）の事案であるが、前述した下級審の支配的論理に依りながら、しかも「（従業員は）使用者の利益を不当に侵害する行為をしてはならないという誠実義務（がある）」ことから企業外非行にも使用者の懲戒権が及びうることの余地を是認しながらも「（社員の品位を傷つけるような行為）とは、当該行為が、その性質、程度において、被告の企業としての社会的地位、信用、業務秩序を傷つけるような行為を指す」（傍点—筆者）とし、原告（労働者）の行為は政治活動の自由・表現の自由の範囲内のものであって、何ら違法な行為でないとした。この判示の論理には、労働者の市民的な自由の領域の事項には、企業の懲戒権はできるだけ例外的であるべきであるとする考えが看取しうる。

しかし、最高裁の論理は右判示の論理ほど明快ではない。①国鉄中国支社事件・最一小判（昭四九・二・二八、労判一九六）は、文部省と山口県教委共催の教育課程研究協議会の開催に反対した国鉄労働者が、公務執行妨害罪で逮捕・有罪となり免職処分を受けその効力の是非を争ったものであるが、判示は「(国鉄の)高度の公共性」を強調しながら「(企業の)社会的評価の低下毀損は、企業の円滑な運営に支障をきたす」ので、「(社会的)評価の低下毀損につながるおそれがあると客観的に認められるごとき所為については、職場外でされた職務遂行に関係のないものであっても、なお広く企業秩序の維持確保のために、これを規制の対象とすることが許される」(傍点—筆者)として、処分の効力を是認した。公社関係の事案ながら「企業秩序論」が強調されている点に留意する必要があろう。他方、②日本鋼管砂川事件・最二小判(昭四九・三・一五、労判一九八)は、基地測量反対集会に参加し刑事特別法違反として検挙された労働者等が「会社の体面を著しく汚した」(協約・就規条項)として、懲戒解雇、論旨解雇、出勤停止処分を受け、この効力の是非を争ったものである。判示は、「(会社の体面は、)会社に対する社会一般の客観的評価をいうものであって——会社の経営者や従業員らの有する主観的な価値意識ないし名誉感情(は含まれない)」としながらも、「会社の社会的評価に重大な悪影響を与えるような従業員の行為については、それが職務遂行と直接関係のない私生活上で行われたものであっても、これに対して会社の規制を及ぼしうる」(傍点—筆者)とした。しかし結論的には該処分を無効とした。この判示は、私企業の労働者の事案ということもあってか、「企業秩序論」は強調されておらず、それなりに公私を峻別し、企業の懲戒権をできるだけ例外的なものにせんとする傾向が存することを読み取れうるものといえる。その意味で、(2)の冒頭で紹介したような、企業の体面・信用等の法益を労働者・労働組合の情宣活動により毀損せられた場合の市民法上の評価と労働法上の評価への論理的な関連づけをなす余地が残されているものといえよう。

(4)　それでは、各紛争類型に即応して検討してみよう。

(A)　「就業時間(労働者の労働力提供過程)中・事業場内」に関する事案

当然ながら、この種の事案はない。事件として全くなかった訳ではないと思われるが、この種の事案をめぐって争われた裁判事案がないというのが妥当であろう。情宣活動というより、労働争議もしくはその随伴行為の正当性の論議の中でなされたと思われる。（なお、ビラ貼り事案では、就業時間中のビラ貼付が整理解雇基準の一事由とされ、その妥当性の是非が争われた富士産業荻窪工場事件（仮）・東京地決（昭二五・五・三〇、労民集一―四・五六三）等がある。[13]）

(B)「就業時間外（例：休憩時間中）・事業場内」に関する事案

この類型に属する判例は、著名なものがいくつかある。各判示の論理内容も必ずしも一定の傾向が存するわけではない。事件の事実の典型的なものは、就業規則の無許可ビラ等配布禁止条項に反してビラ等を配布した労働者に企業が懲戒処分を科した類のものが該当する。

㋑「違法性阻却論」を採用した判例――富山製作所事件・大阪地決（昭四九・五・二、労判二〇一）

組合役員が、就業規則の無許可文書配布禁止条項に反して、休憩室や食堂で、休憩時間中に組合加入の呼びかけ文書を配布し、ために懲戒解雇され、右役員がこの効力を争った。

〔判　旨〕「前記就業規則の対象となるビラ配布行為は、許可制を採用することによって担保維持せんとした客観的に保護に値する企業秩序、すなわち作業秩序、職場規律あるいは企業施設の管理等に対し、その受忍限度を超えて、実質的な侵害を伴うものに限定されなければならない。したがって、就業規則の無許可文書配布の禁止条項を右のような文書配布のみを対象とするか、また右条項中右範囲を超える部分を無効と解するかのいずれによるを問わず、右範囲のような場合でない限り、仮に会社の許可を得ずに組合ビラを配布しても、これをもって懲戒解雇の事由となることは許されないものとみるべきである。」「そしてビラ配布による企業秩序侵害の有無の判断に際しては、当該ビラの配布の方法、態様、その内容ならびに影響等のほか、これについての従前の慣行を考慮しなければならない。これを本件についてみるに、前記認定の事実によると、申請人らは、正当な組合活動の目的で、休憩時間を利用して、短時間に、大部分は休憩所、食堂で平穏裡に本件ビラを配布したもので、本件ビラはその受領、閲読等について何らの強制的なものもなく、任意に受取られており、配布場所はいずれも、生産現場でないことからして企業秩序との関連性は薄く、ビラの記載は虚偽の事実とか個人的誹謗など特段に不当な内容を含むものではないのであるから、文書活動としては平穏かつ軽微なものであったということができ、本件ビラ配布行為自体が被申請人会社の職場規律を侵害したり、作業能率に悪影響を与えたり、企業施設の管理に特に支障を生ぜしめたものとは到底認めることができない。」

この判示は、「比較々量」的考察手法と正当性評価にあたって、「諸般の事情」が採用されているといえよう。

(ロ) ところが、学説上の有力な見解と異なり、「許諾説」を採用した判例も存する。日本ナショナル金銭登録機事件・横浜地判（昭四八・二・九、労民集二四・一・二）、同控訴審事案の日本エヌ・シー・アール事件・東京高判（昭五二・七・一四、労民集二八・五・六）がある。これは、出退勤時に工場入口で組合役員らがビラ配布を行い、懲戒処分を受け、その効力が法的に争われた事件である。一審、二審とも同旨の判断理由で懲戒処分を有効とした。一審の判示の概略は、以下のようである。

〔判　旨〕「およそ企業の有する施設管理権は、企業がその企業目的に合致するようその施設を管理する権限であって、単に物的管理権のみを指称するものではないというべきであり、したがって組合に対する関係においても、その組合の活動が、使用者の建物、敷地等を利用して行う場合には、使用者の施設管理権に基づき使用者の意思に反して活動することはできず、このことは特段の事情のない限り、休憩時間中あるいは就業時間外のものであっても変わるところはないといわなければならない。」

右判示は、国鉄札幌駅事件最高裁判決の走りをなすとも評価しうるが、その基本的な考えは「組合活動は、原則として就業時間外にしかも事業場外においてなすべき」というものであって、「企業秩序論」を強調したものではない。

(ハ) この期の、この種の紛争類型でさらに留意すべきものとして、目黒電報電話局事件・最三小判（昭五二・

一二・一三、民集三一・七）がある。これは、就業時間中に、電々公社職員が「ベトナム反戦」のプレートを着用して就労したため、局長らがこの取り外しを命令。しかし、右職員は、この命令に対する抗議書を休憩時間中に配布したため、ビラ配布の事前許可制を定めている公社就業規則に反したとして戒告処分を受け、この処分の効力が争われた事件である。下級審は、処分を無効としたが、最高裁は、処分を有効とし、原判決破棄、一審判決を取消した。

〔判　旨〕①「形式的に（就規違反の場合でも）……中略……ビラの配布が局所内の秩序風紀を乱すおそれのない特別の事情が認められるときは、右規定の違反になるとはいえない。」

②「本件ビラの配布は、休憩時間を利用し、大部分は休憩室、食堂で平穏裡に行われたもので、その配布の態様についてはとりたてて問題にする点はなかったとしても、上司の適法な命令に抗議する目的でされた行動であり、その内容においても、上司の適法な命令に抗議し、また、局所内の政治活動、プレートの着用等違法な行為をあおり、そそのかすことを含むものであって、職場の規律に反し局所内の秩序を乱すおそれのあったものであることは明らかであるから、実質的にみても、公社就業規則五条六項に違反し、同五九条一八号所定の懲戒事由に該当するものといわなければならない。」

③「従業員は労働契約上企業秩序を維持するための規律に従うべき義務があり、休憩中は労務提供とそれに直接附随する職場規律に基づく制約は受けないが、右以外の企業秩序維持の要請に基づく規律による制約は免れない。しかも、公社就業規則五条六項の規定は休憩時間中における行為についても適用されるものと解されるが、局所内において演説、集会、貼紙、掲示、ビラ配布等を行うことは、休憩間中であっても、局所内の施設の管理を妨げるおそれがあり、更に、他の職員の休憩時間の自由利用を妨げ、ひいてはその後の作業能率を低下させるおそれがあって、その内容いかんによっては企業の運営に支障をきたし企業秩序を乱すおそれがあるのであるから、これを局所管理者の許可にかからせることは、前記のような観点に照らし、合理的な制約ということができ

る。」

本件事案で留意すべきことは、(i)一般私企業ではなく公社職員による、(ii)政治的内容のワッペン着用就労を直接的契機とする事件である。その意味で、いわゆる組合活動の一環である情宣活動であるビラ配布とは異なるものであるが、「比較々量」的な論理手法が基本的になく、政治的表現の自由が企業内でいかに保障せられるべきかの視点がない。そして、決定的なことは、「企業秩序維持義務」が、労働契約上の義務として明確に認定された点に留意すべきものがある。[14]

(ニ) この種の紛争類型での目黒電報電話局事件以外に、ビラ等の内容が政治的なるものを除き判例の中で中心的な争点となった事案はない。

(c) 「就業時間外・事業場外」に関する事案

前述したように、組合員を名宛人とする固有の意味での組合機関紙配布に関する事案もこれに該当する。

(イ) 二(3)で前述した住友化学工業事件・最二小判（昭五四・一二・一四、労判三三六）[15]は、「違法性阻却説」を採用したものと思われる。

この事件は、街頭デモという市民的表現の自由の行使の結果、逮捕・勾留された労働者X_1が、無断欠勤を理由に一〇日間の出勤停止をされ、これに対し、X_1と同僚のX_2の二人が二十数日間連日、化学反戦名義の処分の不当性を訴えるビラ等を、会社正門前の会社所有にかかる広場で無許可で、各交替勤務者の入退場時に、従業員や取引・下請業者に配布したため、一五日の出勤停止処分をされ、ために、X_1X_2の二人がこの処分の無効確認と賃金の支払いを求めたものである。労働組合の承認のない、組合員の自発的活動でもある。

第一審・名古屋地判（昭四八・一〇・三一、労判一九〇）は、次のようにいう。

〔判　旨〕「およそ、使用者が、就業規則によって、従業員の文書配布に対し規制を加えられるのは、所有権に基づいて事業場内の秩序維持をはかる必要があるからである。従って、事業場内の秩序風紀を乱す虞れがある場合は、仮に事業場外であっても、使用者の所有権の及ぶ場所においては、前記規制をなすことができると解することができる。」

「使用者は、所有権に基づき企業施設に対する管理権を有しているが、他面労働者も、団結権を保障されていることよりして、使用者は、企業内における一定の組合活動にともなう不利益を受忍すべき義務を負うものというべきである。一般に、ビラ配布は格別企業施設を利用するものではなく、従業員は企業構内に立入る正当な権限を有しているのであるから、施設管理権との抵触はあまり問題とならない。従って、労働者は、原則として、作業秩序、職場秩序を乱さない限り、企業内において、組合活動としてのビラ配布の自由を有しているものと解する。」

「原告らが本件ビラ配布に及んだのは、前記のとおり、いずれも原告らの就業時間外であり、本件ビラの配布対象者は出勤してくる従業員であり、本件ビラ配布により右従業員の業務が妨げられたことを認めるに足る証拠はなく、また原告らの配布場所は一応事業場外であり、スピーカーによるアジ演説をする等の喧騒をともなったものであることを認めるに足る証拠は存しない。従って、本件ビラ配布行為自体が被告の事業場の秩序風紀を乱したものとは認められない。」

「比較々量」論、「諸般の事情」による「受忍義務論」の代表的なものといえる。「諸般の事情」の判旨内容からもすぐ判断しうるように、(α)就業時間外のビラ配布、そして(β)配布場所が事業場外、(γ)業務の実質的阻害がなかったこと等が、受忍義務が認められる決定的な要因となったものと思われる。その意味で、(B)の「就業時間外・事業場内」における違法性阻却論の位相とは異なる次元で語られたものといってよい。昭和二〇年代の「日経連労働協約基準案」の「組合活動は、原則として、就業時間外、事業場外」という考えの位置からみても、右判示は、極端な論理を語っているとは思われないものである。

控訴審・名古屋高判（昭五一・一一・三〇、労判二七三）も違法性阻却論により右第一審の結論を基本的に支持し、処分を無効とした。そして、最高裁も同様であった。

〔判　旨〕「原審の確定した事実関係によれば、被上告人らは、その就業時間外に本件ビラを配布したものであり、また、その配布の場所は、上告会社の敷地内ではあるが事業所内ではない、上告会社の正門と歩道との間の広場であって、当時一般人が自由に立ち入ることのできる格別上告会社の作業秩序や職場秩序が乱されるおそれのない場所であった、というのであるから、被上告人らの右ビラ配布行為は上告人の有する施設管理権を不当に侵害するものではないとして、これに対してされた本件懲戒処分を無効であるとした原審の判断は、本件ビラ配布が正当な組合活動であるかどうかを判断するまでもなく、正当として是認することができる。」

この判示の論理からみて、逆に、「就業時間外・事業場内」で、この種のビラ配布等の情宣活動は、違法性が阻却されることにはならない余地が成立しうる。(16)

(ロ)　ビラや組合機関紙の内容が、企業の名誉・信用毀損にあたるか否かが、この紛争類型で初めて主要な争点となってきている。「業務命令権・施設管理権と組合活動権」の問題から「就業時間外・事業場外」という事案の属性から、法的争点が「労働者の団結権の行使である文書・表現活動と企業の名誉・信用・体面」という法益の衝突をいかに法的に評価すべきかという問題である。

判例の大勢は、二(1)でも言及したように(α)言論が、労働者の地位向上を企図し、(β)個人的私怨をはらすためのものでなく、(γ)虚偽の事実を宣伝したものでない限り、基本的に「正当な組合活動」と評価しているものといえよう。(17)この考えを具体化したものとして、旭硝子事件・横浜地判（昭四七・六・二〇、判タ二八三）がある。この事件は、配転された労働者（申請人）が、組合の支部機関紙に〝自らが、職制により放火容疑まで掛けられている〟との職制批判をなす記事を投稿・掲載されたことにより、減給処分をされたため効力停止の仮処分等を申請したものである。

〔判　旨〕①「労働組合法は、労働者がその労働条件について使用者と対等の地位において交渉するため自ら代表者を選出することその他の団体行動を行うため自主的に組合を組織し団結することを擁護する等の目的に則し、使用者が右目的を阻害する行為をすることを防止するため不当労働行為制度を設けているのであるから、同法第七条にいう『組合の行為』のうちには、労働者の組織化と団結に不可欠な労働組合の機関紙発行行為および組合員の同紙上への投稿行為も当然含まれるというべきであり、かかる投稿行為は、その記事内容が直接または間接に組合員の図結権を擁護しその経済的地位の向上を計る目的からなされ、かつその内容が真実と合し若しくは確実と信ずべき事情が存し、殊更に使用者を誹謗する等特に不当な目的に出たものでない限り、たとい多少の誇張あるいは刺戟的表現が含まれていても、組合活動の特殊性に鑑み、未だ正当な組合活動の範囲というべく、かかる正当な投稿行為が職制に対する不信等会社の経営秩序に多少の影響を及ぼすことがあっても、使用者はこれを甘受すべきものといわねばならない。」

② 〔具体的判断〕 (α)投稿が組合内部における行為である、(β)投稿行為が、組合の団結円滑化と待遇改善を企図するものであった等から「その記事内容が真実若しくは確実と信ずべき事情が存しその表現に不当な点がない（ので）右投稿行為は正当な組合活動（である。）」として、処分を無効とした。

その他、多少の誇張表現や揶揄的表現についても、正当な組合活動とする判例もある。組合活動の一環である「表現の自由」は、市民的な「表現の自由」をストレートに同一次元で評価すべきものとするものは、基本的にないといってよい。なんらかの意味での団結強化という目的の存するビラ・機関紙の内容である限り、市民法的な企業の名誉・信用等の法益は、相対化せらるべきという考えに立脚するものと思われる。

(D) 括弧付の「第三者」への情宣活動の事案

木材市場会社甲の市場内で木材の取次販売を営む乙会社と丁会社の従業員が組織する合同労組の争議にさいし、合同労組が「市場会社及び市場内の問屋は労働基準法に違反し従業員に支給すべき割増賃金を『猫ばば』している」という内容のビラを貼付・配布し、委員長が市場会社甲の圧力により解雇されたことが、不当労働行為か否か争われた山恵木材事件・東京地判（昭四〇・四・二八、労民集一六・二・三二八）がある。なお、右ビラの内容は、組合側の計算の間違いとわかり、訂正ビラの貼付・配布を二度にわたって行なった。判示は「少くとも市場会社についてみれば内容虚偽であり……表現において妥当性を欠く部分も存する」。しかし「（これも）市場内の問屋の割増賃金不払の事実を強く印象づけるための手段であって、必ずしもこれによって市場会社その他市場内の問屋を誹謗する目的にいでたわけでなかった」（傍点―筆者）とし、ビラの内容により、市場会社の信用に多少の影響があったことまでも認めながらも、正当な組合活動の範囲内にある情宣活動とした。また、組合機関紙で「会社生産品の品質の低下」を非難し、親会社も合わせて非難した記事を掲載したことを理由に委員長が懲戒解雇されその効力の是非が争われた日本ビクター事件（仮）・横浜地決（昭二九・七・一九、労民集五・四・三八二）は、具体的事実の摘示のない、抽象的な内容は無根の事実という非難に該らず、経営者の誹謗、職制の揶揄表現もくわえて、「親会社を誹謗することは法的には第三者を誹謗することと同様である（が）」、全体的にみて、労働条件の維持改善・労働者の経済的地位向上を企図して書かれたものである限り不当なものではないとした。両判決とも、取引関係にある会社を誹謗することがビラ等の内容の表現について厳格性を加重するものとはなっていないものといえよう。

(E)　純粋第三者である一般市民や公衆に向けられた情宣活動に関する事案

この種の事案に関する判例は、二(2)ですでに論じたような、労働者の団結活動の一環であるビラ等の文書活動をどう法的に評価すべきかの視点から判断を下しているものが多い。したがって、故意または重過失による虚偽の事実を捏造したり、信用・名誉毀損する内容については、厳しい否定的な判断が下されている。否定的な評価が下された事案としては、昭和電工事件（仮）・東京地決（昭三一・八・一五、労民集七・四・七八〇）がその一つである。これは、組合が争議中に、組合員の一部が、外部団体の者とともに、農村宣伝と称して、「もうけるためには民族を売る肥料資本家を攻撃しよう」「硫安を輸出出血するな、肥料を安くよこせ」等のビラを農家等に配布したため、労働者（複数）が懲戒解雇され、その効力の是非が争われた事案である。懲戒解雇有効。

〔判　旨〕「組合が団結権を擁護し組合員の経済的地位の向上を図る目的で会社の経営又は営業方針を批判することは正当な組合活動の範囲内に属するものであり、その批判が多少誇張に及んでも、特に不当の目的に出ない限り、これによって会社の信用に影響してもやむを得ないところであって、労組法第七条にいう正当の組合活動というを妨げないと解すべきであるけれども……虚構の事実の宣伝は一応殊更に会社の信用を毀損する目的をもってなされたものと推認する外はないのでたとえ争議中に組合活動として実行されたものといえども正当な組合活動の範囲外の所為と解するのが相当である。」。

この判決からいえることは右判示中「その批判が多少誇張に及んでも、特に不当の目的に出ない限り、これによって会社の信用に影響してもやむを得ない」との判断部分は組合活動として正当な情宣活動と認定された他の事例（例：山陽新聞社事件・岡山地判（昭四五・六・一〇、労民集二一・三・八〇五））の判示内容も大旨同一であり、その意味で、市民的な表現活動とはことなり、団結活動としての表現内容の事実無根、誇曲等は、相対化されて評価せられるべきものであるともいえよう。そして、第二に、この種の情宣活動は、組合内の少数派が行なった場合に、「正当な組合活動」に該るかの論議はなされても（例：細胞活動と文書活動）[18]、「企業秩序論」と関係づけての法的評価はなされなかったということが指摘できよう。

以上、労働者・労働組合のビラ配布等の情宣活動に関する代表的判例の法理を五紛争類型ごとに分け考察した。当初、「就業時間外・事業場外」という一つの尺度基準が、右活動の正当性の評価づけの有力な契機とされたものの、必ずしも決定的な基準たりえたものではなかった。「受忍義務論」を正面から採用した判例はほとんどなく、支配的なるものは「違法性阻却論」が「事業場内・外」を問わず、その「比較々量論」「諸般の事情論」と相まって論じられた。

第二に、企業の信用・名誉等毀損を正当性の評価づけの中心をなした事例においても、「比較々量」的な手法が中心をなしていたものといえる。

にもかかわらず、第三に、(B)類型の目黒電報電話局事件上告審判決のように、公社職員の事件ながら「企業秩序維持義務」が労働契約上の義務として認定せられた点に留意すべきであろう。そして、第四に、取引先会社（括弧付「第三者」）に対する抗議・情宣のビラの内容につき、企業の信用・名誉等の毀損の法益との関係で、「第三者」たることが、厳格基準の加重要件とされていないことが指摘できよう。

三　国鉄札幌駅上告審判決と各紛争類型への影響

(1)　国鉄札幌駅事件の事案の詳説はすでに幾つかの論稿でなされているので、本稿では省略するが、その判示中、次の二点に留意すべきであろう。

その第一は、「企業はその存立を維持し目的たる事業の円滑な運営を図るため、それを構成する人的要素及びその所有し管理する物的施設の両者を総合し合理的・合目的的に配備組織して企業秩序を定立し、この企業秩序のもとにその活動を行うものであって、企業は、その構成員に対してこれに服することを求めるべく、その一環として、職場環境を適正良好に保持し規律のある業務の運営態勢を確保するため、その物的施設を許諾された目的以外に利用してはならない旨を、一般的に規則をもって、又は具体的に指示、命令することができ、これに違反する行為をする者がある場合には、企業秩序を乱すものとして、当該行為者に対して、その行為の中止、原状回復等必要な指示、命令を発し、又は規則に定めるところに従い制裁として懲戒処分を行うことができる」（傍点—筆者）という、いわゆる「企業秩序遵守」の義務を強調している箇所である。そして、第二に、いわゆる「受忍義務論」を否定しつつ、「労働組合又はその組合員が使用者の許諾を得ないで……企業の物的施設を利用して組合活動を行うことは、これらの者に対しその利用を許さないことが当該物的施設につき使用者が有する権利の濫用であると認められるような特段の事情がある場合を除いては、職場環境を適正良好に保持し規律ある業務の運営態勢を確保しうるように当該物的施設を管理利用する使用者の権限を侵し、企業秩序を乱すものであって、正当な組合活動として許容され（ない）」（傍点―筆者）の「許諾説（権利濫用説）」を論じた箇所である。

前者の論理上の問題は、以下の点である。第一に、労働者に労務提供義務とともに、企業秩序遵守義務を負うことを強調している点である。そして、この企業秩序義務違反に対して制裁罰としての懲戒を科すことを認めた点である。これらのことをさらに具体化するならば、(a)使用者（企業）が、包括的な企業秩序の定立権を当然に有することを前提としていること、(b)懲戒権に関する使用者（企業）の規定が、専制支配的な規範の表現たる性格を有することにならざるをえなくなるということになる。そして、(c)使用者（企業）の懲戒の関与する範囲が、労働者の市民的活動においては、例外的であるべきとする考えまでも、曖昧化させる危険性を有する点である。つまり、前述の国鉄中国支社事件上告審判決の論理の方が、どちらかといえば、労働者の「企業外非行」について、抑止的たらんとした前述の日本鋼管砂川事件上告審の判示論理よりも前面に出る危険性をもつものといえる。総じて、労使関係における契約関係の思想が後退し、私法上の物権上の権利や債権上の権利とこれらに対する権利侵害の救済法理、つまり物権的請求権にもとづく対抗手段、損害賠償、契約解除等以上の対抗手段措置を使用者（企業）に認めたものといえよう。そして、後者については、事業場内の組合活動が、原則として、使用者の許諾なしには不当労働行為等の「特段の事情」が存する場合を除いて何もなしえないこととなった。

このことは、従来、「就業時間外・事業場内」での組合活動権を憲法二八条の法意を考慮しつつ、法認化せんとした「受忍義務論」や「違法性阻却論」の法理構成の意味をも、消極的に解するものである(19)。

(2)　そこで、右国鉄札幌駅判示が、各紛争類型に与えた影響を、著名な判例を素材に検討してみよう。

(A)　「就業時間（労働者の労働力提供過程）中・事業場内」に関する事案

この種の事案は、男鹿市農協事件・秋田地判（昭六〇・四・一五、労判四六一）、同控訴審判・仙台高秋田支判（平元・一・三〇、労判五三八）がある。本件は、勤務時間中、会社のコピー機械を利用して、組合加入勧誘パンフレットをコピーしたこと等を理由に、課長が出勤停止処分を受け、この効力の是非等が争われたものである。判示は、慣行論を主たる論拠に、職務や業務運営等に阻害が生じなかったことを理由に右処分を無効とした。事案といい、判示の論理といい、この期においてはユニークなものであり、国鉄札幌駅上告審の影響は読み取れない。

(B)「就業時間外（例：休憩時間中）・事業場内」に関する事案

この類型の事案は、当然ながら〝承認しないことが権利濫用にあたる『特段の事情』が介在するときに例外的に使用者の承認を受けた組合活動が正当視される〟か否かの関連から「特段の事情」をどのように見るかが、大きな争点となる。したがって、ビラ配布に対する警告書の交付が不当労働行為に該るか否かで、労委命令の取消訴訟である西日本重機事件・最一小判（昭五八・二・二四、労旬一〇三七）や日本チバガイギー事件・最一小判（平元・一・一九、労判五三三）や無許可で教員室でビラ配布を行い、ために組合の委員長・書記長が懲戒処分を受け、この処分が不当労働行為に該るか否かが争われた倉田学園事件・高松地判（昭六二・八・二七、労判五〇九）があるものの、純粋な民事の懲戒事案は少なく、特筆すべきものは少ない。

(A)(B)類型の事案で、国鉄札幌駅事件上告審の論理によった判例が、必ずしも多くないのは、第一に、ビラ配布という情宣活動自体、業務命令権、施設管理権という法益と衝突することがビラ貼りよりもストレートに導き出せないこと、第二に、判示の文言としては具体化されていないが、企業別組合という日本的現状を法的判断の中で考慮せざるをえないと思われること、そして、第三に、いくつかの国鉄札幌駅事件上告審判決の批判にそれなりに答えんとするものであったといえよう。[20]この状況を、最高裁の「企業秩序論」[21]が下級審で必ずしも受け入れられておらず、文言的に受け入れても実質的に変容したとする論者もいるが、右評価にいたるには、若干時間が要すると思われる。

ところが、(C)(D)(E)の紛争類型の著名な判示を検討してみると、かなり様相が異なる。

(C)「就業時間外・事業場外」に関する事案

この類型では旧来のように、「諸般の事情論」でもって、内容上の誇張表現の存在を認めつつも、ビラ内容は正当な組合活動に該るとした八重洲無線事件・東京地判（昭六〇・三・一八、労判四四九）の判決がない訳ではないが、関西電力事件・最一小判（昭五八・九・八、判時一〇九四）に、やはり言及せざるをえないであろう。この事件は、労働者（組合員）Xが、大晦日から正月にかけての深夜、社宅に（その意味で、文字通り「就業時間外・事業場外」）、(イ)会社の反共宣伝批判、(ロ)職場八分批判、(ハ)低賃金批判、(ニ)既得権剥奪批判等を内容とするビラ三五〇枚を配ったため、譴責処分を受け、この効力が争われたものである。第一審・神戸地尼崎支判（昭四九・二・八、判時七三九）は、該譴責処分を無効としたが、第二審・大阪高判（昭五三・六・二九、労民集二九・三・三七二）は、逆に右処分を有効とした。

〔判　旨〕「労働者は、労働契約を締結して雇用されることによって、使用者に対して労務提供義務を負うとともに、企業秩序を遵守すべき義務を負い、使用者は、広く企業秩序を維持し、もって企業の円滑な運営を図るために、その雇用する労働者の企業秩序違反行為を理由として、当該労働者に対し、一種の制裁罰である懲戒を課することができる。」

「右企業秩序は、通常、労働者の職場内又は職務遂行に関係のある行為を規制することにより維持しうるのであるが、職場外でされた職務遂行に関係のない労働者の行為であっても、企業の円滑な運営に支障を来すおそれがあるなど企業秩序に関係を有するものもあるのであるから、使用者は、企業秩序の維持確保のために、そのような行為をも規制の対象とし、これを理由として労働者に懲戒を課することも許される。」（最高裁昭和四五年（オ）第一一九六号同四九年二月二八日第一小法廷判決・民集二八巻一号六六頁参照）

「これを本件についてみるのに、右ビラの内容が大部分事実に基づかず、又は事実を誇張歪曲して被上告会社を非難攻撃し、全体としてこれを中傷誹謗するものであり、右ビラの配布により労働者の会社に対する不信感を醸成して企業秩序を乱し、又はそのおそれがあったものとした原審の認定判断は、原判決挙示の証拠関係に照らし、是認することができ（る）。」

「本件ビラの配布は、就業時間外に職場外である被上告会社の従業員社宅において職務遂行に関係なく行われたものではあるが、前記就業規則所定の懲戒事由にあたると解することができ、これを理由として上告人に対して懲戒として譴責を課したことは懲戒権者に認められる裁量権の範囲を超えるものとは認められない。」

本判示の問題点の第一は、本件、ビラ配布は、本稿では、(E)類型に属する「純粋第三者である一般市民や公衆に向けられた情宣活動」ではない。むしろ、配布の受け手が、従業員とその家族という形で、その範囲は限定的である。にもかかわらず、判示中引用の「企業外非行」事案である国鉄中国支社上告審判示の論理により、本件事案を判断した。第二に、このことは、労働者の団結活動の一環である情宣活動といわゆる労働者が「市民」としてなす表現・文書活動との混同がある。このことは、二(4)で前述した同じ(C)類型の住友化学工業事件上告審が「違法性阻却論」を採用して、この種の文書活動に対する懲戒処分を無効としたのと比べるときわめて対照的である。第三に、本件労働者は、公企体労働者ではないにもかかわらず、公務員労働法制の一部を成す公労法適用下にある国鉄労働者の事件である右国鉄中国支社事件上告審を判断枠としていることである。そして、第四にビラ内容の法的評価であるが、「諸般の事情」の検討がなく、〝誇張・歪曲〟からストレートに、「企業秩序紊乱又はそのおそれ」という抽象的な危険の次元でもって正当性を否定しており、およそ、組合活動としての情宣活動である点の認識が欠如しているものといわざるをえない。

(D)「括弧付の第三者」への情宣活動に関する事案――東日本旅客鉄道（高崎運行部）不当労働行為救済命令取消請求（行・控）事件・東京高判（平五・二・一〇、労判六二八）

本件は、取消訴訟であり、本稿が考察対象としてきた民事懲戒処分の効力の是非が争われたものとは異なるが、契機が組合の情宣活動に対する組合員の懲戒処分であり、かつ、出向先への情宣活動の正当性是非が争われたものである。控訴人（会社）は、余剰人員対策のため三次にわたる出向の事前通知を行ったが、その強行実施に反対する控訴人補助参加人国労高崎地本と合意が成立せず、右地本は地労委に不当労働行為救済の申立てを行い、群馬地労委は、控訴人（会社）に慎重実施の勧告を行った。そして、地本側は、一三名の組合員が出向するＦ会社自動車工場の門前で、出向初日、組合員の激励と抗議をかね約五〇分間宣伝カーによる集会とビラ（国労本部名の出向施策批判ビラ）を配布した。Ｆ会社は、地本側に若干の留意事項を述べるだけであったが、のち控訴人（会社）に懸念の意思表示をなし、ために、控訴人（会社）は陳謝した。そして、情宣活動に従事した組合員四名を五日間の出勤停止処分にした。なお、工場前敷地はＦ社所有地であり、右情宣活動により具体的な業務阻害は生じなかった。また、同時刻頃、Ｆ会社の労働組合もビラ配布等を行っていた。高崎地本は、右懲戒処分を不当労働行為であるとして救済申立を行い、地労委は、平成元年三月二三日付命令で救済命令を下し、これに対して会社が右命令の取消請求を提起し、第一審・前橋地判（平三・三・二七、労判五八九）は、「違法性阻却論」と思われる考えに立脚し、「諸般の事情」を検討しつつ、地労委命令を支持した。これに対して、会社側が控訴した。

〔判　旨〕　①　「労働組合ないし労働者が、経済的地位の向上を図る目的で、職場の内外で使用者の経営方針や労務政策などを批判し、演説やシュプレヒコール、ビラ配りなどによるいわゆる情報宣伝活動（略して「情宣活動」ともいう）を行うことは、もとより社会的相当性の範囲内にある限り何ら違法とされるものではない。しかしながら、企業の経営は専ら企業主体（使用者）の危険と責任において遂行され、ことに企業は様々の第三者との取引（本件におけるような外部企業との委託による出向も含む）によりその経営の実を挙げようと努めるものであり、他方労働者は賃金を対価として使用者の指揮命令下に労働力を提供するものであるから、労働組合ないし労働者の職場外での情報宣伝活動であっても、企業の円滑な運営に支障を来しまたは使用者の業務運営や利益等を不当に妨げ若しくは不当に侵害するおそれがあるような行為は慎しまなければならないことは当然であり、このことは、情報宣伝活動の内容が不当な場合はもとより、情報宣伝活動の内容自体は相当なものであったとしても、その外部的態様（時間、場所、行動内容、影響等）などからして使用者やその取引先たる第三者に対して不当に不安動揺を生じさせ、もって企業の円滑な運営を妨げるおそれがあると判断される場合も同様である。したがって、労働組合ないし労働者の前記のような情報宣伝活動の正当性を判断するにおいては、そのような情宣活動の内容のみならず、当該情宣活動がなされるに至った経緯、目的、態様、当該情宣活動により生じた影響など諸般の事情が総合的に考慮されたうえでなされなければならない。そして右のような見地から判断して、それが使用者の業務運営や利益を不当に侵害するもので、労側組合ないし労働者の正当な活動の範囲を超え、企業の円滑な運営に支障を来すおそれがあると認められる場合には、それが仮に、職場外でなされた職務遂行に関係のない場合の行為であっても、使用者は企業秩序の維持確保などのためにそのような行為に対して懲戒を課することも許されると解される（最高裁判所昭和五八年九月八日判決、判例時報一〇九四号一二一頁参照）。」

②「出向の手続や基準をめぐって労使交渉や労働委員会への救済申立てが行われているという状況下で、労働組合の側において出向受け入れ先企業に向けて情報宣伝活動を行うことが必ずしも許されないものではないとしても、その内容、方法、態様等は、出向先企業に対し不当に不安動揺を与えたり、出向先企業の出向元企業に対する信頼を失わせ、もって出向元企業の出向制度の円滑な実施に不当な影響をもたらすようなものではないことが要求されるところである。なぜなら、出向の基準や手続をめぐって労使が交渉を行うことと、企業が企業の業務経営上の必要から出向受け入れ先企業の開拓や信頼関係維持に努めることとはもとより別個の事柄であって（労働者においてもこのような信頼関係を尊重しなければならないことは労働契約における信義則上の義務であると考えられる）、企業が現に出向の受入れ先企業の開拓等に努力を傾注している最中に交渉の対象となる出向制度自体の破壊につながるおそれのあるような行動をすることは、例えば出向の実施そのものが使用者の権利濫用である

ことが一見して明白であるなどの特段の事情の認められる場合は別として、企業の円滑な運営を妨害するものとして労働組合の正当な活動の範囲内であるとは到底肯認され得ないからである。」

③〔具体的判断〕㋑本件情宣活動は、F会社の控訴人に対する信頼低下・業務運営を不当に妨げるおそれがあった、㋺F重工が補助参加人（国労等）の団交名宛人たりえても、何らの具体的な要求や手続をしていない、㋩地労委勧告は、㋑㋺の違法性を阻却せず㊁〔結論〕本件情宣活動は、正当な組合活動ではない。処分も相当。原判決取消。

本判示の問題点の第一は、「就業時間外・事業場外」の情宣活動であっても「企業の円滑な運営に支障を来しまたは使用者の業務運営や利益を不当に妨げ若しくは不当に侵害するおそれがある」場合には、正当な組合活動でないとした点は、前述の関西電力事件上告審判決を判文中に引用しながら、あらためて確認したことにある。第二に、そのおそれの保護主体が、「使用者」だけでなく「取引先」（本件の場合、出向先）にも拡大されたことである。第三に、情宣活動の内容が「正当」であっても、外部的態様が「不安やおそれ」を生ぜしめた場合には、正当な組合活動たりえない場合があるとする。従来、「就業時間内・事業場外」の(B)類型までは、許可や方法の態様が業務命令権・施設管理権の法益との関係でその是非が主として問われ、(C)類型～(E)類型では、内容が企業の信用・名誉等の法益との関係で論議せられていたにもかかわらず、本件判示は、内容が正しくとも態様による不安、動揺のおそれを保護法益として明確に認めた。これは、関西電力事件上告審判決が、労働者の「企業秩序遵守義務」違反の懲戒罰行使の正当性を、主として内容の不当性・虚偽性から導き出した点からみても決定的な違いがある。[22]第四に、本判示は、受入企業であるF会社の「使用者」としての地位を全く否定しているわけではない点からみて、F会社は純粋な第三者ではない。そして、F会社の業務阻害が具体的に阻害されたわけでもないのに、そのおそれでもって組合活動としての正当性を否定した。したがって、幹部責任を論ずる余地もないということになる。この論理は、従来、目黒電報電話局事件上告審事件のような、政治的ビラの規制の正当化を法認する手法であった。そして、第五に、企業の保護法益に「出向先企業の出向元企業に対する信頼」をあらたに加え、しかも、それが「企業の円滑な運営」という論理を介して、組合活動の一環である情宣活動の正当性を消極的に解する有力な論拠となっている。この法益が、「対外的な社会的評価に関する法益」なのか否かあるいは、「使用者」であることによる企業内の評価とみるべきかという緻密な論理的判断はなされていない。総じて、企業秩序論の保護法益性を関電上告審判決よりさらに拡大したものとなっている。これは国鉄札幌駅上告審判決前のこの(D)類型に該当する山恵木材事件や日本ビクター事件の判示内容と比べるときわめて特異なものとなっている。

(E)　純粋第三者である一般市民や公衆に向けられた情宣活動に関する事案

中国電力事件・最三小判（平四・三・三、労判六〇九）。本件は、自から属する電力会社の従業員（組合員）七名が、経営政策批判（原子力発電所批判）のビラを原発立地予定地の住民に配布したため虚偽であること等を理由に懲戒（休職ないし減給）処分され、右組合員らが処分の効力を争った事案である。ビラ内容は、大旨原発の危険性を指摘するもので〝㋑中電社員も原発に反対、㋺エネルギー危機の真否、㋩事故の場合想定事態、そして、㊁原発社員は地元の魚を食べない等〟からなっていた。第一審・山口地判（昭六〇・二・一、労判四四七）は、組合のビラの内容が、経営批判であって多少の誇張表現も許されるとしながらも、「企業秩序遵守義務」を強調しつつ「故意に虚偽の事実や誤解を与えかねない事実を記載して、（会社）の社会的に容認されるべき正当な利益を侵害したり、名誉、信用を毀損、失墜させたり、あるいは企業の円滑な運営に支障を来すことがあれば……正当な組合活動（でない）。」との基本的立場に立ちながら、本ビラの内容が虚偽のものであり、悪質なものであったとして懲戒処分を有効とした。労働者の文書活動は、一般市民のそれとは異なり、むしろ抑止的であるべきとする考えがバックにあると思われる。だが、ビラの内容の表現がいかなる具体的な営業上の障害を生ぜしめたかの考察はないし、営業情報に関する被告会社と組合（しかも少数派）の情報収集能力の差には言及されてはいない。控訴審・広島高判（平元・一〇・二三、労判五八三）も、第一審の判断を支持した。労働者（原告、控訴人）上告。

〔判　旨〕「労働者が就業時間外に職場外でしたビラの配布行為であっても、ビラの内容が企業の経営政策や業務等に関し事実に反する記載をし又は事実を誇張、わい曲して記載したものであり、その配布によって企業の円滑な運営に支障を来すおそれがあるなどの場合には、使用者は、企業秩序の維持確保のために、右ビラの配布行為を理由として労働者に懲戒を課することが許されるものと解するのが相当である（最高裁昭和五三年（オ）第一一四四号同五八年九月八日第一小法廷判決・裁判集民事一三九号三九三頁参照）。……中略……原判決の法令違背をいうに帰するところ、右懲戒権の行使は、上告人らの表現の自由を不当に侵害するものとはいえず、また、上告人らの思想、信条自体を規制しようとするものでもないから、公序良俗に反するものではない」。処分を有効とした原審判断は正当。

本判示は、関西電力事件上告審判決を引用している点からも導出されるように「企業秩序遵守義務」がその内容の骨格を成しているが、たとえ「企業外非行」の法理を適用しうるとしても、二(3)で前述した日本鋼管砂川事件上告審判示、あるいは、二(4)の(E)の団結活動の一環としての対外的な情宣活動の是非が争われた昭和電工事件の判示がそうであったように、あえて「企業秩序論」を媒介する必然性はないと思われる。

判示の論理によると企業秩序侵害のおそれを主たる保護法益とするかぎり、該ビラの内容による企業の具体的な業務阻害等の検証をなす必要までもないということになる。

四　企業秩序論の特異性——ドイツの一判例法理を素材として——

(1)　一連のビラ配布等の労働者・組合の情宣活動に関する判例を検討する中から、いくつかの問題点の指摘ができる。第一に、ビラ配布等の態様に関して、「日経連労働協約基準案」が示すように、「就業時間外・事業場外」という基準が決定的であるように考えられたこと（例：日本ナショナル金銭登録機事件・横浜地判〔昭四八・二・九〕）もあったが、「企業秩序論」の法理が、組合活動の正当性是非の基準とされた今日、全く意味のないものとなった。第二に、右「企業秩序論」が、事業場内だけではなく、事業場外、さらには、括弧付の「第三者」たる出向先での情宣活動のみならず、純粋第三者たる市民名宛ての情宣活動の是非を判断する基準とされるようになった。第三に、労働者の「市民」としての公的権利の行使で問題とされた「企業外非行」の法理が、団結活動としての労働者の文書活動の是非の尺度基準とされるようになった結果、使用者（企業）の懲戒権が労働者の公私両面の活動に幅広く関与しうることとなった。そして、第四に、労働者の文書活動の内容の是非について、企業の保護法益が、その抽象的侵害の「おそれ」まで加えられ、かつ「出向先企業の出向元企業に対する信頼」まで含められることにより、質的・量的に拡大されるようになったこと等が指摘できよう。この日本法理がいかに特異なものかを、ドイツの一判例を素材に検討してみたい。

(2)ドイツでは、周知のように法制上別個の組織である労働組合と従業員代表システムである経営協議会という、いわゆる二元システムが採用されている。ために、労働組合がその活動を事業場内で直接に行うには、法制度上も事実上も困難が伴った。その根本的要因が、基本法（GG）九条三項が事業場内の組合活動を保障していると は文言上も読み切れず、経営組織法二条三項の、いわゆる経営協議会の組合員の利益不関与規定があり、わが国のような憲法二八条あるいは不当労働行為制度システムが採用されていないことが最大のネックであったことは多くの論者からも指摘されてきた。(23)ところが、六〇年代後半から、労働組合が事業場内での組合活動の自由を求め、ために ビラ配布、組合機関紙の配布、ポスターの掲示板貼付、あるいはワッペン着用等についていくつかの判例もあり、学説上の論争もある。(24)主たる争点は〝団結の存立確保するために不可欠な（unerläßlich）、事業場内の組織・情宣活動が基本法の保障する団結権の「核心的領域（Kernbereich）」に含まれるか〟という点にある。この問題について深く研究してはいない筆者が判例法理の全体像をスケッチしえないが、近時、次のような興味がある判決が下級審であるハンブルグの労働裁判所（一九九二・六・三〇）により下された。[25] この判決は、使用者（会社）からのビラ配布差止請求に関する事案であるため、本稿が基本的素材としてきた民事懲戒処分の効力が争われたものではないが、多くの傾聴すべき考えを提起しているように思われる。

〔事件の概要〕 被告訴人・NGG（食品・嗜好品・飲食業労働組合）が、告訴人・連邦鉄道の食堂車営業会社（DSG）の職場委員である従業員を通して、都市間特急（IC）五四一の車内レストラン内で、次のようなビラを配布せしめた。

〟私達は、喜こんで皆様に奉仕します。しかし、親愛なる列車の乗客の皆様！ レストランの親愛なるお客様！ 私達、DSGの者達は皆様を満足させるべく本当に努力をしています。残念ながら、私達の使用者は労働条件をきわめて劣悪にさせています。その結果、私達には、目下笑いがありません。食堂車の従業員については、労働時間が週一八時間または週四日労働日以上の場合には今後さらに一様に全てが求められている。準備、料理、給仕、食事を出す、食器洗い、計算（レジ）そして、これら全てを一人で。今後もはや典型的なコック・ボーイ、給仕、台所手伝いは存しない。ただ多能的な労働力の投入（multifunktionaler Einsatz）が求められている。全区間、わずかの人員でもって各人が全てのことをしなければならない。私達はお客と従業員を犠牲にして貯蓄することが理解できない。どうか、私達が目下もはや笑えないことに御理解を。〟

告訴人・会社は、①組合が、職場委員あるいは他の従業員を通じての配布の差止禁止、そして②文言上・意味上も会社が違法に団結権を制限せんとしているとの主張を禁止せんとした。

判示は、前者については、告訴人が論拠とした㋑不正競争防止法（一九〇九年）違反は「当事者が商取引における競争者ではない」、㋺住居不可侵権（das Hausrecht：GG一三条、一九条三項）については、「従業員は、列車内食堂に滞在する権限があるので、情報が配布せられる制約が明確にされていない」、㈧物権法上の権利の主張については「一時的なビラ配布では、物権法上の権限は妨害されたとはいえない」、㈡BGB八二六条（不法行為）違反についても、「組合が、ボイコットを呼びかけたわけでなく、意図的に公序違反的な損害を与えたわけではなく、具体的な損害も疏明されていない」ことなどから否定した。そして、基本法九条三項の法理を介在することなく、むしろ、一般的な表現の自由（allgemeines Äußerungsrecht）からも、配布差止という不作為請求を導き出しえないとした。その具体的論拠は「ⓐビラの文章には、虚偽的な事実の主張がないし、告訴人（会社）も、ビラの内容が虚偽であるとは主張していない。ⓑ基本法五条一項（表現の自由）は、表現の個々の点に亘る正当化までされなければ、保護されないというわけではない。言論戦の適切な手段の枠を越える場合には法的保護の対象とはされない。このことは、労働組合の意見表明にもあてはまる。ＢＡＧが、この基本法五条一項との議論ぬきに、直接的に基本法九条三項の量的質的枠づけを行うことは両基本権が競合関係があるゆえに納得しえない」。結論的に「本件、組合のビラは、〝誹謗の批判（Schmähkritik）〟ではなかった」として、告訴人・会社の①の主張を認めなかった。

後者の主張についても以下の理由から告訴人・会社の主張を認めなかった。第一に、組合は、会社のいわゆる経営権（Recht am Unternehmen）を侵害していない。判示によると営業権の侵害は、本質的な侵害の場合にのみ法的に問題とされるべきであって〝たんなる営業権という基本権の侵害は、個々の事例における財産や利益の比較考量が必要な侵害の違法性を導き出しはしない〟とし、「たとえ、食堂内でのビラ配布が営業権の侵害的行動と評価せられたとしても、影響の時間的経過あるいは集中により導き出される必要な本質的な危険（Substanz-gefährdung）が欠如している。取り挙げて論ずべき価値のある範囲内でのビラ配布により、経営障害（Betrieb-sablaufsstörungen）が生じたか、あるいは売り上げ（die Umsätze）低下についての疎明がない。このような影響は、ビラの大量配布ですらも、見込まれない。しかも、経営を妨害されないで行うという権利には、通説では、量的・質的にそんな重要でない妨害に対しての防禦請求権を与えてはいない。」そして、第二に「経営は、公的な空間（ein Öffentlicher Raum）であるゆえに、経営権の保護領域が侵害されたとしても、組合の手段の違法性は検証されえない。」第三に、右「公的空間論（ＢＡＧの判例法理）」に立脚して、現実の権力状況を考慮するならば、労働組合は、労働者側に立ってその特別な手段でもって（mit ihren spezifischen Mitteln）干渉する権利を必要とする。「これと結びつくわずかな経営障害（Betriebsstörungen）は、つねに受忍せられなければならないし（hingenommen werden）、加重する障害（gravierende Störungen）も、これにより所有権の私的な有用性（die Privatnützigkeit）が崩壊せられない限り受忍せられなければならない。」とし、「営業の自由（Gewerbefreiheit）」と「職業の自由」とを同時に考察すべきという視点から「営業権は、もう一方の側が少なくとも同時的に対抗的権力（Gegenmacht）を積み上げることなしに、均衡性ぬきに（abwägungsfrei）貫徹することは認められない。」くわえて、まかれたビラは、明確かつ適切であった。「それゆえ、その配布は、設立されかつ営まれている営業に関する告訴人（＝会社）の利益を考慮しても、均衡性を欠くものではなく、したがって合法的なものである。」

右判示の論理は、表現の自由の限界法理によっていることにおいて、日本法理のような組合活動権の言論戦の内容評価を「市民」一般ではなく「使用者」との法益（名誉・信用等）との関係で論ずるのとはかなり異なるが、表現の自由と団結法理を関係づける視点など幾つかの参考とすべき基準が提示されているといえよう。くわえて、決定的なことは、労使共同決定的な背景を前提に〝企業においては、労働と資本が相互に出会っている。労働者にとり生存に関わる職場（Arbeitstätte）についての基本的評価に関係する箇所についての真相は、企業の所有権保障により排除されない（ＢＡＧの一九七八年二月一四日判決）〟の「公的空間」論から、営業権とその対抗的勢力の均衡論を導き出し、労働者の文書活動の企業内の相対的劣位を是正せんとする方向が確認できることである。

このことから、ビラ内容により惹起せられた、本質的なものではない経営障害を使用者を受忍すべきとしている点は、「企業秩序論」により、事業場内のみならず、事業場外、そして一般的市民に対する組合活動である情宣活動をも消極的に解せんとする日本の判例法理とは全く異なるものといえる。ある面では、国鉄札幌駅上告審判決前の日本法理との類似性を看取しうる。その意味で「職場（事業場）に組合運動を！」という現象を何とか法理論化せんとするドイツの判例の一部の動向と日本の判例法理の支配的傾向とが、まさに対極的な位置にあるといえる。日本と西欧との労使関係システムが根本的に異っていた昭和二〇年代から三〇年代にかけて、経営側も、政府側も、どちらかといえば西欧的トレード・ニズムを基本原理とする法政策を打ち出しておきながらも、西欧の労使関係システムが、六〇年代後半頃から、事業内（企業）に組合運動を求め、それが部分的にせよ実現化せられていったというパラドックシカルな歴史的逆転が生じた今日、日本法理のみがその特異性を持ち続けうることに普遍性はないといえよう。(26)(27)(28)

五　おわりに

最後に、懲戒法理に若干言及する。組合活動も、争議行為とともに、憲法二八条の保護対象であるゆえ、正当であれば、民刑免責があり、不利益取扱いが禁止せられ（労組法七条）、私法上の懲戒処分は無効とされることはいうまでもない。ところが、ビラ配布等の組合活動に関する判例法理を検討してみると、国労札幌駅上告審判決以前は、(B)の紛争類型の若干の例を除き、態様にせよ、内容にせよ「諸般の事情」を検討しつつ、比較々量的な手法で懲戒処分の是非を論じていたものといえよう。ところが、国労札幌駅上告審判決後の判例の流れは、正直にいって統一が取れていない。(A)(B)の紛争類型では、懲戒権の根拠である「企業秩序論」が必ずしも判例の中で継受されていない傾向にある。他方、(C)(D)(E)類型で取り上げた判例では、「企業秩序論」を正面から採用している。取り上げた判例が、電力会社や旧国鉄の事案のためであるとすると法対象により法適用を使いわけているといわざるをえないが、現時点では、断定的結論は出しえない。しかし、各紛争類型に即応しながら、組合活動と懲戒処分について若干言及しておく。このため、第一に、組合活動中、組合員は、使用者の業務命令権や平常時の共同作業秩序を前提とした規則に服するものではないこと[29]、そして、第二に、ビラ配布等の情宣活動の是非を検討するにあたっては、態様と内容双方にわたって検討せざるをえないことに留意する必要がある。

(1)　紛争類型(A)を除き、ビラ配布等の場合、積極的・具体的に業務命令権を排除して、作業秩序を具体的に侵害することは考えられない。ビラ貼りと異なり物権侵害も同様である。それゆえ、許可制や届出制に反する組合ビラも原則的に正当な組合活動であるといえよう。(A)の場合も、全面的、排他的な物権侵害予想しえない。

(2)　(D)紛争類型の場合も、(B)(C)と同様である。内容についても、括弧付の第三者自体の法益である企業の名誉、信用等を対外的なものではありえず、(A)(B)(C)の場合と同様、「使用者性」の関係から、企業内の情宣活動と同様に処理すべきである。したがって、事実無根、事実誤認、事実の歪曲の不当性は相対化して考慮されるべきである[30]。

(3)　(E)紛争類型は、ビラの態様は、問題たりえない。内容について組合活動性評価につき問題が生じえよう。ビラ内容につき作業秩序侵害が生ずることは考えられない。ボイコットの呼びかけになる場合も考えられるが、これは、争議行為の問題となる。労働条件等をめぐる経営批判については、(D)類型の場合よりも、事実誤認、事実歪曲等についての相対化は、より限定的、厳格に解すべきことになる。なぜなら、配布の名宛人が従業員やその家族あるいは関連会社従業員ではなく、一般公衆であり、その意味で、企業の名誉等の社会的評価に関わるからである。

(4)　労働者の「市民」としての活動に対する懲戒処分たる法理は、通常時の作業秩序を前提として考えられるべきものであって、その限りで企業の信用等の法益は、団結法理との対抗関係で考える必要がない。つまり、労働力の適正配置（欠勤者についての補充等）が前提とされる。しかし、組合活動権の行使は、右共同的な作業秩序を部分的にせよノーマルでなくなることが法的に保護されているわけで、「企業外非行」に関する懲戒法理を組合活動である労働者の文書活動に適用することの問題は、国労札幌駅上告審判決後の判例法理、とりわけ(C)(D)(E)の紛争類型で取り上げた判例の論理は、懲戒権法理からいっても問題が大きいものといえよう。その意味で、最高裁の「企業秩序論」は憲法二八条の法意からみて多くの問題を有するものといえよう。

(1)　「組合活動判例総覧」労働法律旬報一一四九・五〇合併号参照。とくに、西谷敏「ビラ配布」。
(2)　この間の、協約における組合活動条項を分析したものとして横井芳弘「労働協約における組合活動条項」労働争議調査会編『戦後労働争議実態調査X「労働協約をめぐる労使紛争」』第五章（昭和三三年）があり、組合活動に関する労使の考えが明確に分析せられている。
(3)　この種の問題は、当初、政治活動とくに政党下部組織の名においてなされた組合員ないし労働者の文書活動は、労組法七条一号にいう「労働組合の……行為」に該当するか否かで論議された。蓼沼謙一「労働者の政治活動・文化活動と組合活動」季労四六号。
(4)　外尾健一『労働団体法』（現代法学全集四〇、筑摩書房、昭和五〇年）三三六頁以下参照。
(5)　籾井常喜『経営秩序と組合活動』（総合労働研究所、昭和五〇年）二三七頁。
(6)　菅野和夫『労働法〔第三版補正版〕』（弘文堂、平成六年）五三八頁。山口浩一郎『労働組合法』（有斐閣、昭和五八年）二六七頁。
(7)　製品を誹謗・中傷する組合の情宣活動が、営業妨害にあたるとして使用者の方からの差止請求が認められた数少ない事案として眞壁組事件・大阪地決（平四・一・一三、労経速一四五五）がある。なお、北方ジャーナル事件・最大判（昭六一・六・一一、民集四〇・四・八二七）参照。また、組合側から出されたビラ配布妨害排除等の仮処分申請事案ものとして、国労兵庫支部鷹取分会事件・神戸地決（昭六三・三・二二、労判五一七）がある。
(8)　拙稿「ビラ貼りに関する判例法理の考察（Ⅰ）（Ⅱ）（Ⅲ）（Ⅳ）」北見大学論集一五・一八・一九・二一号。
(9)　青木宗也『労使の言論・政治・文化活動』（労働法実務大系2、総合労働研究所、一九七〇年）九四頁。
(10)　籾井・前掲書二二九頁以下。
(11)　菅野・前掲書五三八頁。
(12)　横井芳弘「企業秩序と労働者の表現の自由―関西電力事件判例批評―」労判四一七、以下「関電」。

(13)　就業時間中の政党機関紙「アカハタ」を職務怠慢とされ、整理解雇の一事由とされたことの是非が争われたものとして日本曹達事件（仮）・東京地決（昭二六・四・二七、労旬五七・八）がある。なお、右判示は、ビラ配布につき「ビラの頒布の如き直接物件を利用又は汚損しなくてもできるものにあっては、就業時間外はみだりに禁止できない」（傍点―筆者）との判断を下したことでも著名である。

(14)　明治乳業事件・最三小判（昭五八・一一、判時一一〇〇）は、類似の事案でありながら、懲戒処分を無効とした原審判断を是認。形式的に就規違反でも、秩序紊乱のおそれがない特別の事情の存在を認めたものといえよう。しかし、これは、最高裁の「企業秩序論」とは整合性を欠き実質的軌道修正を企図したものと解すべきと論ずるものに片岡曻・大沼邦博『労働団体法（上巻）』（現代法律学全集29、青林書院、一九九一年）三九八頁。

(15)　この判決は、明らかに国鉄札幌駅事件・最三小判（昭五四・一〇・三〇）より後に下されたものである。タイムラグわずか二ヵ月足らずであることを考慮すると、この種の事案について、第三小法廷の「企業秩序論」の影響なしに、判決文がすでに作成せられていたものと解さざるをえない。でなければ、後述する同じⓒ類型の関西電力事件・最一小判（昭五八・九・八、判時一〇九四）の論理との整合性がつかない。したがって、国鉄札幌駅上告審前のⓒ類型に組み入れた。なお、前掲、片岡・大沼『労働団体法（上）』三九四頁参照。

(16)　山口・前掲書二六七頁も、本判決を「違法性阻却説」を採用したと見る。しかし、萱野・前掲書五三八頁は、右判示を国鉄札幌駅上告審判決の影響下にあると見、「特段の事情」の一つの判断事例であるとする。

(17)　青木・前掲書九四頁。

(18)　蓼沼・前掲論文参照。

(19)　国鉄札幌駅上告審に関する判例批判は、数多くなされており、本稿でその全てを取りあげることは、論稿のスペース等からみてできない。ただ、横井教授は、「組合活動と施設管理権」中央労働時報六六〇号二頁と前掲「関電」論文で直接言及して批判を展開されている。

(20)　国鉄札幌駅上告審判決については、「受忍義務論」の立場のみならず、「違法性阻却論」の立場からも、批判が投げかけられている。山口浩一郎・法曹時報三二巻七号一〇八〇頁、下井隆史「労働組合のビラ貼り活動に関する再論」判タ四〇七号六頁、渡辺章「組合活動の自由と企業秩序」労働問題研究創刊号（五月社、一九八〇年）等。

(21)　片岡・大沼・前掲書三七一頁以下参照。

(22)　山口・前掲書七二頁、萱野・前掲書五八六頁以下。渡辺章「企業間人事移動と団体的労働関係の法的問題」学会誌六三号一〇五頁以下参照。

(23) 角田邦重「組合活動の権利と正当性」季労別冊四号一一四頁、同「西ドイツにおける企業内組合活動の法理」季労一一七号三七頁。

(24) 久保敬治「企業内組合活動に関する西ドイツの判例法理」労判三四一号。

(25) ArbG Hamburg, Urteil v. 30. 6. 1992 25b Ga 5/92. „AuR. 6/1993, 189ff"

(26) 労働裁判所法二条一項一号は、協約締結能力ある当事者間の労働争議の為の手段又は団結の自由に関する不法行為の民事訴訟につき裁判管轄を有すると定めている。しかし本件は、ビラ配布の名宛人は、あくまで世論である。それゆえ、団結の自由（Vereinigungsfreiheit）との関連はないゆえ、労働裁判所管轄にはなじまないとする批判がなされている。Dr. Margaretha Sudhof, „AuR. 6/1993, 191ff" ただ比較衡量的な手法については、肯定的である。

(27) なお、注（7）で引用した国労兵庫支部鷹取分会事件・神戸地決（昭六三・三・二二、労判五一七）は、組合側からの妨害排除仮処分申請ながらも、「企業秩序論」（目黒電報局上告審判決を引用）でもって、その主張をしりぞけている。懲戒論の根拠のみに右「企業秩序論」が論拠とされていないときこのドイツの判決は、興味深いものである。

(28) なお、蓼沼謙一『企業レベルの労使関係と法』（勁草書房、一九八〇年）および横井芳弘編『現代労使関係と法の変容』（勁草書房、一九八八年）の各論文参照。

(29) 片岡・大沼・前掲書、三八八頁以下参照。

(30) 横井・前掲「関電」論文参照。

〔平成七（一九九五）年〕

第三章　企業内・外の組合活動

はじめに

わが国における労働者の団結（体）の集団的な活動は、その組織形態が企業を軸に結成されていることにもより、欧米型の労組のごとくwalk out型のストライキ（同盟罷業）を原則争議行為とし、事業場内の組合活動との境界が截然と分けられうる形態を取らないでなされる場合が多い。(1)一定の要求（例：賃上げ）をかかげて団体交渉を使用者に迫りながら、闘争宣言を発したり、ある時は就労しながらある時はストライキに入りながら、ビラ配布・ビラ貼付・リボン着用などをなすため、(2)これらの現実を法的にどのように評価づけるかにつき、種々の見解を生ぜしめている。そして、下された判例も多くの法的争点を提起してきた。くわえて、憲法二八条が「団体交渉その他の団体行動をする権利」という文言を採用しているため、労働者の団結（体）がなす諸活動が、市民法原理と衝突する場合の法的効果の無価値的評価の射程範囲をどのように確定づけるかにつき、(3)上記の論議を一層複雑化させているともいえよう。(4)ところで、争議行為の正当性の問題については本巻大和田論文で論ぜられるので、本稿ではいわゆる組合活動権保障の法的効果を各種の組合活動類型を素材にして考察する。したがって①資本の業務の正常な運営を阻害する行為（＝平時には労働力市場や商品市場と結びついている資本機能を停廃せんとする行為）で、②該団結（体）の意思決定にもとづき実行する争議行為は、(5)商品市場と結びついている資本機能を停廃せんとしてなされるボイコットを除き、考察の対象とはしない。

一　組合活動の権利性と正当性

⑴　組合活動の態様

まず労働者の団結（体）が自らがなす示威行動を有効ならしめるためになされる大衆的示威・情宣活動としての組合活動がある。これには、①バッジ・ワッペン・リボン・腕章・ゼッケン等の着用行動、②ビラ配布・ビラ貼り、③シュプレヒコール・デモ行進、④組合旗、懸垂幕などの掲揚、⑤マスコット戦術（円筒などの机上配置）、⑥経営者の私宅への要請・抗議行動、⑦争議支援のための一般市民への呼びかけ・取引先への要請行動などがある。これはいわゆるボイコット戦術をもってなされる場合もある。

他面、労働者の団結（体）は日常的にその活動を支え、維持していくための活動が存する。①団結（体）の内部組織運営に関するもの（役員選挙や各種機関会議など）、②団体交渉の予備・事後活動、③団体交渉や労使協議（団交・経営協議会・労使委員会などへの出席）のほか、④構成員への日常的な情宣活動などが考えられる。

これらの活動のために、上記の大衆的示威行動中、ビラ配布・ビラ貼付・ワッペン・バッジ・集会・リボンおよびマスコット戦術(6)などが情報・伝達の機能の役割を担って重要な位置を占める。また、企業内の便宜供与の類をなす組合事務所や組合掲示板も、同じく重要な役割を果たしている。

したがって、本稿の考察対象は労働者の団結（体）の大衆的示威・情宣行動・ボイコットおよび日常的な情宣活動に関わる法的諸問題である。なお、本稿では、政治活動をめぐる法的諸問題は原則割愛し、本稿のテーマとの関係上重要と思われる判例のみを取り上げた。

(2) 組合活動権の免責保護

それでは団結活動および争議行為にあらざる団体行動権、つまり組合活動権の免責・保護（＝正当性）の要件はどのように立論すべきであろうか。

(1) 総論

団結活動や団体行動が、①職場内（「就業時間中、事業場内」あるいは、「就業時間外、事業場内」）でなされる場合、使用者の法益である業務命令権や施設管理権との衝突の契機が生まれる。②また、職場外でも、ビラの内容や表現などが、使用者の法益である名誉・信用、プライバシーならびに営業権などの諸権利を毀損する場合がないとはいえない。これについて、従来主張されてきたのが、受忍義務論および違法性阻却論である。

前者の理論のモチーフの出発点は、使用者の専権的な領域内である事業場内で、「組合活動の自由」[7]をどのように法理的に構成し、この権利の正当性をいかに導き出すかにあった。[8]後者の理論のモチーフの出発点はそもそも争議権を労働者が対使用者において有する既成の権利（特免＝immunity）として、その効果を形式的にとらえ（違法性阻却）、他方その内容を「正当」の概念を通じて流動的に設定して市民法秩序と労働者的法意識との調整を企図することにあったといえよう。[9]そして、上記法理を団体行動権の一部である組合活動権にも及ぶものとする。[10]

これら両者の見解は、組合活動の必要性と業務運営・施設管理への支障の有無を比較衡量して組合活動の正当性を判断することにかかわりがなく、正当な組合活動については、刑事免責（労組法一条二項）、民事免責（同法八条）不利益取扱禁止（懲戒などの免責）（同法七条一号）、そして原則的にビラ撤去請求否認などの法的効果を導くものといえよう。[11]他面、使用者の事業の経営を全く否定する組合活動について免責的効果を否定する点についても、両見解は同じである。[12]

(2) 組合活動の正当性

組合活動の正当性は、一般的に主体、目的、態様などの諸側面からその是非が検討されるべきであるが、本稿では、態様（就業時間中、事業場内など）の正当性の評価基準を中心的に論ずる。[13]

(a)　団結権行使としての組合活動の正当性　これに属する組合活動は、労働者の団結（体）の組織運営上の必要不可欠性の有無および使用者の業務運営、施設管理権上の法益侵害が、組合活動権の法益との関係で受忍限度の枠内であったか否かで、その正当性の是非が決せられよう。これについては、もとより個々の組合活動類型ごとの判断が求められることはいうまでもない。

旧来、狭義の組合活動をめぐる中心的な論議は、非専従の組合役員が団結活動の目的で「離席」をした場合に、使用者の対抗措置である契約違反責任、懲戒そしてその他の不利益取扱などの是非をめぐるものであった。受忍義務論の当初の問題設定の出発点も、非専従の組合役員の職場離席に関する契約上の責任をいかに免責させるべきかにあったとみてよい（ただし、賃金カットを違法と断じていたわけではない[14]）。

わが国において、この種の組合活動は協約などでルール化されているのが一般的である。それゆえ、ルール違反の離席や欠勤について、判例は組合活動に藉口した欠勤であるという厳しい判断を下す傾向にある（例：萱場工業事件・東京地判昭四四・一一・二五労経速六九六・六九七合併号三二頁、関東鉄道事件・水戸地土浦支判昭四六・三・三〇労経速七四四号二一頁など）。しかし、問題の中心は、ルール化されていない場合の団結活動にともなう組合活動の是非である。不当労働行為の取消訴訟事案であるが、組合用務のため就業時間中、職場離脱をなした委員長らの仕事差別につきオリエンタルモーター事件（千葉地判昭六二・七・一七労判五〇六号九八頁）は、①「当該組合活動が労働組合の団結権を確保するために必要不可欠であること」、②「右組合活動をするに至った原因が専ら使用者側にあること」、③「右組合活動によって会社業務に具体的な支障を生じないこと」を要件として、不当労働行為とした地労委の救済決定を是として会社側の主張をしりぞけた（控訴審・東京高判昭六三・六・二三労判五二一号二〇頁、上告審・最二小判平三・二・二二労判五八六号一二頁も同旨の結論である）。もとより、行政救済に関わる判断であり、司法救済の判断ではないので、民事実体上の権利判断と直結するとは必ずしもいえないが[15]、②の要件は本来労使間でルール化すべきことを当該使用者がネグレクトしたことを権利濫用（不当労働行為）と評価する意味で、使用者の権利行使が他の権利（この場合、組合活動権）の法益との関係で抑制的であるべき旨を論じたものといえよう。

上記①②③の正当性要件は、労働者およびその団結（体）の会議や集会のための企業施設利用、組合事務所や組合掲示板の企業内設置（便宜供与）についての法評価基準として考慮されて然るべきである。

(b)　団体行動権の行使としての組合活動の正当性　　狭義の組合活動と使用者に向けての示威・抗議を目的とするそれとは、截然と分かち難い側面があるものの、後者の方が前者とくらべてより積極的・作為的な行動類型が支配的であるため[16]、その正当性評価においては、たんなる必要不可欠性の有無よりも、それぞれの労使関係の具体的事情を考慮しつつ、組合活動の目的、手段、使用者の対応（不誠実交渉など）、争議状態の有無などの「諸般の事情」を総合的に検討しつつ、組合活動権と使用者の契約上の法益、施設管理上の法益を比較衡量してその正当性の是非を決せざるをえない[17]。

ところが、この種の示威的な団体行動権の行使たる組合活動の権利の正当性評価基準は、基本的には、最高裁の判例法理においては、受け容れられることとはならなかった。

その第一は、職務専念義務法理が、労働者の示威的な団体行動を違法づける重要な法律要件として採用された（反戦プレートの就業時間中着用行為に対する労働者の処分の是非が争われた目黒電報電話局事件・最三小判昭五二・一二・一三民集三一巻七号九七四頁、リボン着用を就業時間中になしたホテルのボーイへの処分が争われた大成観光（ホテル・オークラ）事件・最三小判昭五七・四・一三民集三六巻四号六五九頁）。

第二に、企業秩序遵守義務法理が、示威的な団体行動権を規制する最高裁の法理、とりわけ懲戒権法理として重要な役割を担って展開されている。その決定的な事案はロッカーへのビラ貼付行為への処分の是非が争われた

国鉄札幌駅事件（最三小判昭五四・一〇・三〇民集三三巻六号六四七頁）である。

しかし、最高裁の判例の基本的考えについては以下のような問題点がある。まず第一に、労働契約上の基本的義務をなす労働者の労務提供義務および、その他の規律に関わる付随的義務は、そもそも各私企業の私的規律を端緒に、法的義務たりうべく構成された法政策上の義務でしかない。したがって「労働関係の特質と労働法的政策原理」を踏まえて確定さるべきものである。[18] 労働法体系中に私的規律たる就業規則が法認化されている点をみるなら、けっして使用者の専権的な指揮により義務内容が確定されるべきものとはいえない。[19]

第二に、使用者自体、現行資本制社会において、生産手段への所有権者もしくは占有権者として、自由なる契約を介して自己支配下においた労働力を介して操業をなすという事実に鑑みるならば企業内における労使関係の規制（協約、就業規則、慣行など）を受けざるをえない。[20] くわえて、施設管理権それ自体、資本としての社会的機能に即して、判例法理として労働法上の概念として設定されたものにほかならないわけで、[21] この権利から単純に人的管理権を法的効果として導き出すのは無理な擬制である。[22] いずれにせよ、職務専念義務論といい、人的・物的要素を総合する企業秩序論による企業秩序遵守義務といい、その根本において多くの疑念を呈するものである。

二　事業場レベルにおける組合活動をめぐる諸問題

(1)　企業施設利用の組合活動

使用者は、占有権ないし所有権にもとづいて、建物、敷地、企業施設等の施設を管理する権限を有する。さらに、施設利用規定により、許可、条件付許可、あるいは届出によって、該施設の利用を認めることが一般的であり、上記規定に反した場合に、労働者が懲戒処分に付されることが多い。

ところで、各組合活動類型の正当性を論ずる前に、以下の点を留意する必要がある。

第一に、使用者の代表的法益である施設管理権は、労働契約上の服務規程や職場規律により確保せられうる。第二に、施設管理権の法益保護のための職場規律は、問題とされる施設の機能によりその保護法益の評価に違いが生ずる。この企業施設は、一般的に①共用的性格を有する施設（食堂、休憩室など）、②使用者の専用的性格を有する施設（社長室、応接室など）、そして、③中間的性格を有する施設（会議室、集会室など）に分けられうる。したがって、第三に、労働者の団結（体）は②の施設利用をなす組合活動上の必要不可欠性は、該組合活動によって生ずる使用者側の法益侵害とくらべて、はるかに少ない。そして、第四に①の施設利用をなす組合活動は、使用者の法益侵害はなく、あっても軽微である。[23]

(1)　ビラ貼り

(a)　労働者の団結（体）の情報伝達機能　　労働者の団結（体）の情報伝達機能は一般的には、組合掲示板などの便宜供与で果しうる場合が多い。掲示板がなくても、労使間において、ルール化されている場合が多い。問題は、掲示板がないかルール化自体が存立しえていない場合、あるいはルール化されていない場所へのビラ貼付の場合である。

この場合には、前述した団結権行使としての正当性基準により、ビラ貼付の正当性評価が決せられるべきである。具体的には企業施設の規模、従業員の就労場所分布に即応した組合掲示板の設置箇所の有無、ビラ配布などのその他の情宣方法の容認、貼付の平穏さ、施設の機能侵害や美観の侵害が原則的にないことなどによって評価されよう。目的も、組織内情宣・連絡、組織結成呼びかけ、労働者仲間への働きかけなど組織運営上の必要不可欠なものという限定を受ける。「スト権奪還」の組合仲間への呼びかけビラ一枚を線路の引止柱に貼付したことで組合員が軽犯罪法一条三三号違反に問われた国労福山事件（刑）（福山簡判昭四二・九・一八下刑集九巻九号一一七八頁）は、「業務の正常な運営を阻害せず、または阻害するおそれもな」いので「違法性を欠く」として無罪とした。

しかし、使用者の専用的施設へのビラ貼付は、枚数の少なさや情宣の他の代替手段が担保されていなくても、組合活動上の必要性を欠き違法とされる場合が多いといえよう。

判例などでもっとも多く争われたのは、大衆的示威行動の一環としてなされた労働者の団結（体）のビラ貼付活動の正当性の是非であった。これは、労働者の団結（体）構成員の団結を固めると同時に、使用者に威圧を加える闘争戦術の一種であるが、争議行為ではない。しかし、当然ながら、無許可ビラ貼付は、使用者の施設管理権・企業の物的施設に対する支配権と正面からぶつかり合うことが多く、生起した判例や法的問題も多岐にわたる[24]。

この種のビラ貼りに関する従来の判例は、圧力行動のために行う企業施設利用の必要性と業務阻害の有無を「諸般の事情」（施設の性質・機能、貼付方法が糊かセロテープか、回数、範囲、内容、枚数、企業の特殊性、不当労働行為に代表される使用者側の対応、慣行等）を考慮しつつ、比較衡量して、その正当性を決していた。とくに、該施設の効用侵害の程度評価にウェイトがかけられていた。したがって争議前段・準備期のビラ貼付は、使用者側の対応と絡めて正当性の幅は広がり、それに相応して使用者にその法益を貫徹することが、抑止（制）せられる余地が大きくならざるをえない[25]。

判例法理上、ビラ貼付についての組合活動上の正当性については、受忍義務論に立脚するものも多かったが、大勢としては違法性阻却論から免責の是非を論ずるものであった[26]。しかし、前述の国鉄札幌駅事件が、いわゆる許諾（権利濫用）説を採用するにいたり、その判示の「特段の事情」論は、きわめて限定的であり、ビラ貼り事案につき、この論理を採用する判決は少ない[27]。国鉄札幌駅事件最高裁判決は、施設利用の組合活動の正当性が法的論点たりえるのは、使用者の許諾のない場合であるにもかかわらず、この許諾を正当性評価基準とする点において致命的な論理矛盾を有するものといえよう[28]。

(b)　ビラ貼りが、正当でないとされた場合　①建造物損壊罪（刑法二六〇条）または器物損壊罪（同法二六一条）、場合によっては、軽犯罪法一条三三号違反で刑事責任の追及が問われる場合がある。②就業規則上定められている労働契約上の付随義務違反を理由に懲戒処分が労働者になされる場合がある。③不当労働行為制度上の保護を受けられない。そして、④使用者が、労働者の団結（体）やその構成員に対し、ビラの撤去費用・施設の修復費用等の損害賠償請求をなす場合もある。争議状態下で、大衆的示威行動の一環としてなされたビラ貼付行動に対する損害賠償請求事件として、動労甲府支部事件（東京地判昭五〇・七・一五労民集二六巻四号五六七頁）がある。同判示の情緒的文言はさておき、スト中のビラ貼付ではなく、スト準備中のビラ貼付であり、管理局の中枢的機能への貼付や枚数、態様などからみても、使用者の業務運営に著しい支障を与えた違法な組合活動と評価せざるをえない[29]（なおスト中のビラ貼付行為に対する損害賠償請求事案として、神谷商事事件・東京地判平六・四・一八労判六六四号六〇頁がある。判示は、ビラ貼付を争議行為の一部と見て、全体的に違法な争議行為として、相当因果関係にある損出額についての賠償請求を認容した。ただ、ビラ貼付の態様即施設管理権侵害で違法との結論を下しているが、争議行為は、物権侵害をも免責されうる余地があり、つまり、争議行為と組合活動全体の評価の中で、争議行為全体の評価が検討されてもよい事案である）。

また、一定期間経過後も、貼付状況を継続している場合、撤去費用の賠償義務を負わざるをえない。

⑤労働者の団結（体）のビラ貼付が違法であるとして、使用者がビラを自力撤去する場合が多い。その他、⑥違法なビラ貼付については、使用者側の対抗措置として、ビラ貼り禁止の仮処分がある。⑤⑥の法的論拠は物権的請求権にある。そもそも物権的請求権の行使は、財産（商品）帰属の客観的な侵害状態があれば、侵害原因の支配者に対し、故意・過失があろうとなかろうと当然・無条件になしうるものである。しかし、所有権（占有権）にもとづく施設管理権は、単なる物的管理たりえず、企業内の労使関係（協約、就業規則、慣行など）の規制を受けざるをえず、その保護法益は、人格権や債権と同様に必ずしも始めから客観的に明確とはいえない。自力撤去の制度目的は、権利内容の実現につき公権力の保障機能が正常に作動しない場合の「商品交換法秩序の維持

に適合的な補完的行動として」[30]、例外的、緊急避難的に認められるにすぎない。したがって、「労働力商品が商品を生産する過程」において、労働力商品を切り離したり（ストライキ）、商品を商品市場から切り離して（ボイコット）、資本の機能を停廃させた場合には、争議行為への対抗行為としての自力撤去も場合によっては認めれえよう。しかし、大衆的な示威行動としてのビラ貼付であるにせよ、原則使用者の業務運営につき著しい支障を与えていない正当なビラ貼付（法益の比較衡量による法評価がなされた）に対して、ビラの自力撤去を認めるべきではない[31]。しかし、ビラ貼付が不当でなくても、自力撤去は許されるとする甲府生コンクリート事件（中労委命令昭五五・五・七命令集六七集六八七頁）がある。疑念を禁じえない[32]。けだし、物権的請求権の行使の適法性評価それ自体、「被害利益の強さの度合と侵害行為の度合」を比較衡量することにより決せられるべきであるからである[33]。同じことは、後者の貼付禁止の仮処分という対抗行為にも妥当する。したがって、比較衡量的手法が論理上排除されており、しかも懲戒法理である企業秩序論を取る前掲・国鉄札幌駅事件の判示論理により貼付禁止の申請を認めたエッソ・スタンダード事件（東京地決昭五六・一二・二五労民集三二巻六号九八八頁）には、多大の問題点がある[34]。いずれにせよ正当な団体行動権の行使たるビラ貼付に対する自力撤去や貼付禁止の仮処分などの対抗行為は支配介入などの不当労働行為を構成する[35]。

(2)　集　会

(a)　大会、代議員会、執行委員会など団結（体）の会合　大会、代議員会、執行委員会など団結（体）の会合は、企業施設を利用してなされることが多いし、その必要性も高い。また、労使間でルール化されている場合が多い。ルール化にあたっては、次の点が留意されて然るべきである。①従業員の専用施設は、自由に利用できる（ただ、施設全体の開閉時刻の制限は受けよう）。ルール化自体原則問題にならないといえよう。②共用施設は、原則届出制、場合によっては、許可制も可。③役員専用施設は、原則的に許可制という形態のルール化が成立しえよう[36]。

しかし、争議状態下などでは、使用者が、ルール（慣行または明文）の破棄または条件付加などの新ルールを一方的に設定し、無届または無許可集会として就業規則などの会社施設利用条項をたてにユニオンリーダーが懲戒処分を受けたり、集会自体に解散・退去通告がなされる場合がある。抗議集会は、場合によってはデモ行進をともなう場合もあり、喧騒さを強調して秩序侵害にともなう規律違反を使用者が問う場合が多い。就業時間中の職場集会は、時限スト中または慣行による短時間の職場離脱以外は、原則正当とはいえない。しかし、最高裁は、使用者が従来認めてきた業務阻害のない短時間の時間内職場集会慣行に対しての警告書交付は不当労働行為でないとする（中労委の救済命令を取消した済生会中央病院事件・最二小判平元・一二・一一民集四三巻一二号一七八六頁）。職務専念義務および企業秩序遵守義務の法理は、この種の組合活動にも厳しい。したがって、支持し難い。

問題は、施設管理権との抵触が問われる「就業時間外・事業場内」でなされる集会である。従業員の専用施設の集会に許可制もしくは、一定の条件付許可（例：上部団体の役員の参加を禁止する条件付加）は、会社の業務の現実的な障害が、いかなる意味でも生ずるおそれもないゆえ不当なものといえよう。

(b)　その他の適否　　その他の共用もしくは使用者専用施設の利用が許可制であるにもかかわらず、無許可で労働者の団結（体）が集会をおこなった場合の適否は、①従来の慣行、②集会がなされた場所・時間帯、③現実の業務阻害の有無（例：歌声やシュプレヒコールで業務が停滞したか否か）、④労使間の紛議の経緯、⑤施設利用の必要性の程度（組合事務所でなしうる規模の集会か否か、あるいは、組合事務所を会社側が拒否したか否か）などの「諸般の事情」を総合的に検討して決すべきである。

しかし、前述の国鉄札幌駅事件最高裁判決以後、無許可の職場集会につき、主要な判例は、利用施設の類の別なく休憩時間中のそれであろうとも正当でないと結論づける（例外：慣行論から施設利用拒否を不当労働行為（権利濫用）とした総合花巻病院事件・最一小判昭六〇・五・二三労経速一二三六号三頁）[37]。とくに、オリエンタルモーター事件（最二小判平七・九・八労判六七九号一一頁）は、従業員の共用施設である食堂を、従来組合に「業務の支障がない限り」使用許可願いがあれば使用を許可していたにもかかわらず、労使関係緊張後、許可条件を付しこれに従わないとみると施錠さえして事実上使用不能にさせても不当労働行為にあらずとした。該判示は、シカーネ的な使用者の対応を顧慮せず、中労委の救済命令を取り消している。まさに「使用者の許諾なき施設利用」ということによる。

解散命令、退去通告などの対抗措置は、集会により業務阻害が現実に生じ、他に取りうる手段（代替施設の提供）がない場合の緊急性を要件として初めて求められるべきである。実力による集会の妨害・阻止は不当労働行為であり、団体行動権への侵害であり許されない。

(c)　組合旗・懸垂幕・横断幕掲揚　争議状態下のこれらの戦術の目的は、組合員の士気昂揚、使用者への抗議の意思表示であったり、第三者へ争議の意義を理解してもらうべくなされるのが一般的である。正当性評価は、原則的にビラ貼りや集会に準じてなされるべきである。(38)

(d)　ビラ配布　ビラ配布では、施設管理権侵害の継続性がないため、事業場内で行われる場合の主たる法的紛議は、就業規則などに定められている「文書等の事前許可制」に反したとして労働者が懲戒を受け、その効力の是非を争う場合が多い。

就業時間中、組合加入のためのビラ配布を行った課長の処分の是非が争われた男鹿市農協事件（仙台高秋田支判平元・一・三〇労判五三八号七六頁）や市民デモで逮捕・勾留されたことを理由とする処分への抗議行動への処分の是非が争われた住友化学工業事件（最二小判昭五四・一二・一四労判三三六号四六頁）も、判示は原則違法性阻却説を採用している。その意味で、団結活動および団体行動権の正当性評価につき「使用者の許諾」を関わらせていない。むしろ、判例の大勢は労働者個人のビラ配布事案であった前掲・目黒電報電話局事件の「形式的に就業規則違反の場合でも」同規定の適用解釈レベルでの「秩序風紀を乱すおそれのない特別の事情」論を判断枠組みとして採用し、該ビラ配布が正当な組合活動であるか否かの判断を先行させない論理を採用している。判例の中で、検討されている「特別の事情」は、①労使間の経緯、②配布目的、③配布場所、④時間、⑤態様、⑥内容、⑦枚数、⑧慣行、⑨業務阻害の有無等である（政治ビラ配布の明治乳業事件・最三小判昭五八・一一・一労判四一七号二一頁、団結活動のためビラ配布の倉田学園事件・最三小判平六・一二・二〇民集四八巻八号一四九六頁）。ために、結果的に、ビラ貼付の場合より、無許可ビラ配布につき正当性の幅が広く認められている。

しかし、場所（使用者の専用施設等）、就業時間中のビラ配布を禁止することは許容しえても、事業場内のビラ配布自体を一般的に禁止することは、物権侵害惹起のおそれがないことや表現の自由などから無効とすべきであろう[39]。禁止規定に反するビラ配布は、前記①ないし⑨の「諸般の事情」を総合的に検討する中からその正当性を評すべきである。とくに、団結活動のためのビラ配布についてはさらに、⑩必要不可欠性をも正当性基準として入れて然るべきであろう。

正当でないビラ配布は、労働者およびその団結（体）に対する警告や不法行為にもとづく損害賠償請求が認められる。例えば、「ゴロツキ・ペテン師」の表現のあるビラ配布につき名誉・信用毀損を理由とする損害賠償を認めた上原学術研究所事件（大阪地判平一一・二・一七労経速一七一三号三頁）、そして、労働者に対する懲戒処分、そして場合によっては陳謝文の請求が認められる場合もありえよう（民法七二三条）。

(e)　便宜供与――組合事務所・組合掲示板　　便宜供与についての第一の問題点は、使用者に対して労働者の団結（体）に供与請求権があるかという点である。明確な法的根拠がないので、否定的に解すべきである[40]。判例も同旨である（組合事務所について、日産自動車事件・最二小判昭六二・五・八労判四九六号六頁、組合掲示板について、三菱重工業長崎造船所事件・最三小判昭六一・一二・一六労判四八八号六頁）。

しかし、併存組合下における供与差別については、使用者の中立保持義務から許容されない（前掲・日産自動車事件最高裁判決）。

問題の中心は、使用者による組合事務所設置の拒否および明渡請求の是非である。組合事務所設置は、基本的には労使間の合意形成に拠るべきであるが、不供与が場合によっては、使用者の権利濫用（不当労働行為・支配介入）を惹起せしめる場合があろう。なぜなら、労組法七条三号を「使用者に組合活動を抑制しない限度で供与なさしむべし」と解することも可能であるからである。

後者については、事務所の継続的利用関係の法的構成につき諸説（使用貸借、無名契約など）があるが、明渡請求を組合活動の自由の保障との関係からその是非を論ずるべきであって、使用者の好意による便宜供与であることを理由に、不供与（契約の解約）を何時でもなしうると解すべきではない（同旨・日本航空沖縄支店事件・最二小判昭五四・一二・七労経速一〇四九号二〇頁、ただし、該事案の解約については、正当理由ありとした）。

判例は、一般的に「諸般の事情」（不当労働行為の有無、代替事務所提供の有無、組合の解散、社会的合理的理由の有無など）により請求の是非を判断する（教育社事件・東京高判昭五三・五・一〇労判三〇三号六九頁）。

問題の中心は、使用者が組合事務所などの利用規制（第三者の事務所への立入り、利用時間、使用者による事務所への立入りなど）にある。

一般的に、合理的とされる規制（例：第三者の身分・資格を明らかにすること、深夜の利用時間制限、防火・防犯のための立入りなど）は、適法な規制と評しうるので支配介入に該らないが、便宜供与の目的に反するもの（事務所周辺への鉄柵設置[41]、緊急の必要性のない守衛の立入り[42]、事務所閉鎖など[43]）は違法と解すべきである。

組合掲示板についても、組合事務所の議論が大体妥当する。問題は、掲示内容の制限（例：選挙ポスター）や掲示手続の厳格規制（例：事前許可制）に関する点である。いかなる文書を掲示するかは、労働者の団結（体）の自治の問題であるので、右規制は原則的に許容しえず、規制は支配介入と解されよう。

ビラ貼付の場合と同様、ビラ内容を理由とする使用者側の自力撤去は、原則的に認められるべきではない。ただ、公序に反した内容、あるいは規制条件に反した場合には、撤去要求はなしえよう[44]。

⑵　就業時間中の組合活動

これらの組合活動を目的・態様などから類型分けをすると以下のようになる。①バッジ着用（場合によってはリボン、腕章、ワッペンなども含まれることもある）、各種組合会議への出席、組合用務のための離席、労使の各級会議への出席などは、労働者の団結（体）の内部運営にとって必要不可欠な活動類型といえよう。他方、②バッジ、鉢巻、リボン、腕章、ワッペンなどの着用は、大衆的な示威的活動である。そして、③争議準備活動や団交拒否への抗議行動は、①②の中間形態とみてよい。[45]

これらの組合活動類型の正当性基準を考察する前に、以下の点が確認されるべきである。

第一に、使用者の業務命令は、①労働者の労働義務に関わる部分と②職場規律に関わる部分（労務以外の付随的な服従義務）とに分けられる。リボン等の着用は労働者の労務の提供が意味をなさない場合（例：結婚式場における黒リボン闘争＝「債務の本旨」に従った労務提供でない）と使用者の具体的な業務を侵害しない場合（例：接客業でない工場労働者のリボン闘争）とに分けられうる。[46]後者の場合に、組合活動権の行使の是非が問われるのであり、職場規律（服装整正規定）違反と使用者の法益侵害との関係が議論される。

第二に職場規律に定められた注意義務の程度・内容は、一般的なそれがあるわけではなく、場所・目的・身分・業種（被侵害法益の性格）・労働者の職務・使用者の注意義務ないし保護義務、そして労使関係のあり方などによって決定されうる。したがって、業務命令一般、ましてや職務専念義務一般が問題とされるわけではない。

そして、第三に、一定の服装ないし身なりをして就労することは、元来労働者の人格権と密接な関わりを有するものである。[47]組合マーク入りのベルト着用就労と服装整正、職務専念義務そして就業時間中の組合活動禁止規定による使用者の対抗措置の是非が争われたＪＲ東日本本荘保線区事件（仙台高秋田支判平四・一二・二五労判六九〇号一三頁）は「労働者がどのような服装で就労するかは原則として労働者の自由な判断に委ねられる」と論じた（なお、右控訴審が使用者の対抗措置を違法とした結論を同事件・最二小判平八・二・二三労判六九〇号一二頁も支持した)。

(1)　団結権にもとづく就業時間中の組合活動

一般的に、リボン、ワッペン、バッジの着用は、団結確認的な文言のみ(例：所属組合名)が表現されている限り、団結権にもとづく組合活動として正当なものといえよう。

とくに、組合バッジは、通例組合所属のみを表示しており、後述する大衆示威的な行動に該当するものではない。あくまでも、労働者の団結(体)のメンバーの結束や連帯意識の強化という内部的活動の範囲のものである。(48) それゆえ、労務不提供や職務専念義務違反の法的評価を生ぜしめない。また、職場規律を理由とする一律規制の対象にすらなりえないものである。服装整正規定により法的保護対象となり、使用者が業務命令としての着装命令を下しうるのは、服装着用が労働契約の要素(例：安全衛生上の理由、食品衛生業における白衣など)となっている場合だけである。(49) 判例には、組合バッジ着用指令は就業規則違反を指令し、相当な理由なく労使間の緊張をあおるものとして組合員の処分を妥当としたものがある(ＪＲ東海〔新幹線支部〕事件・最二小判平一〇・七・一七労判七四四号一五頁、同控訴審・東京高判平九・一〇・三〇労判七二八号四九頁)。しかし、上記事件と同一事案であるＪＲ東日本〔神奈川〕事件・最一小決平一一・一一・一一労判七七〇号三二頁)は、支配介入と判断した控訴審(東京高判平一一・二・二四労判七六三号三四頁)の判断を支持し、会社側の取消上告請求を受理しなかった。ただしバッジ着用の正当性の是非は、判示の中心的論点となっていない。(50) むしろ、バッジ着用は就業規則で禁止する組合活動でないとしたＪＲ西日本事件(広島地判平五・一〇・一二労判六四三号一九頁)を支持したい。

したがって、組合バッジを着用就労した労働者に対し、取外し命令に従わないとして本来の業務から外し、降灰除去の命令を適法とした国鉄鹿児島自動車営業所事件(損害賠償請求事案)(最二小判平五・六・一一労判六三二号一〇頁)の判示には問題があり、人格権もしくは団結権侵害の権利濫用的業務命令と評すべきものである。

次に、就業時間中の「離席」については、(一(2)(2))ですでに言及した。ここでは、組合活動による労務不提供に対し、使用者側に要員確保のための方策を保有する利益は当然認められるべきである点を確認する。したがって、「離席」の届出・通知制あるいは不許可は、必ずしも正当な組合活動への違法な対抗措置となりえない場合もあることを言及するにとどめる。[51]

結論的に、組合活動の必要性、緊急性の程度、使用者側の拒否事由に合理性を欠く場合には、業務中断を生ぜしめても、該離席が正当性を有する（前掲・オリエンタルモーター事件・千葉地判昭六二・七・一七）。

(2)　大衆的示威行動としてのリボン等の着用

就業時間中のリボン等の着用戦術は争議行為にいたる前の団体交渉と併行して、使用者に対する大衆的な示威行動としてなされる場合が多い。判例も多くはこの事案である。[52]

この場合には、リボン等の着用の目的、使用者の業務、労働者の職務の性質・内容、当該行動の態様、使用者の対応（従前の慣行・対応など）、背景の労使関係、業務阻害の程度などの「諸般の事情」を総合的に、比較衡量的手法により、その是非を決すべきである。

接客業等におけるリボン等の着用は、強い圧力行動型の行動となり、会社の業務等に具体的な支障を生ぜしめる。この場合には、争議行為（労務不提供、場合によってはボイコット）の正当性の是非の問題となるが、組合活動としては、原則違法との評価を免れえないであろう。しかし、平常時にもリボン着用がなされており争議状態下でも継続的にリボン着用がなされ、かつアピール度の強い文言が付加されても直ちに違法なものとは評価しえない。使用者側にたとえ多少不利益を生ぜしめても職場規律違反の責任は問えないものといえる（神戸陸送事件・神戸地判平九・九・三〇労判七二六号八〇頁は就業時間中の組合活動を一般的に違法としつつも労働契約上の業務と両立し「使用者の業務を具体的に阻害することのない」組合活動は必ずしも違法でないとし、くわえて業務内容、腕章の形状、得意先の構内でははずしたことを考慮して、団体示威行動の腕章着用を正当な組合活動とした）。[53]

使用者側の対抗措置としては、警告・取外し命令、担当業務の変更、賃金カット等が考えられる。

リボン等の着用行動は、労働契約上の義務と両立しうる限度で許容されるわけであるが流動的な労使関係の中で使用者側が、該リボン等の着用が服装規定に反し、労働契約上の義務に反すると判断した場合には、警告・取外し命令を下しうる。しかし、自力撤去はビラ貼付などと異なり、身体にリボン等が着用している点からみて、いかなる場合でも認められない[54]。

担当業務変更についても、「使用者の利益の防禦手段として相当と認められる範囲[55]」、つまり、労働契約上の義務の範囲内でのみ許される（前掲大成観光〔ホテル・オークラ〕事件の場合も、事前に担務変更がなされたが、これ自体違法性はないといえよう）。

就労拒否・賃金カットは、リボン等着用行動が明白に正当性を有しないと評価される場合であり、むしろ、争議行為としての法的評価段階の場合に許容されるべきであろう。そうでない場合の団結活動や大衆的示威行動の段階でこの種の対抗手段がなされることは、使用者が自らの利益を擁護するための措置というより団結権・団体行動権への対抗措置であり、不当労働行為といわざるをえない場合が多いと思われる[56]。

三　労働者の情宣活動と使用者の名誉・信用・営業権ならびにプライバシー・人格権

⑴　労働者の情宣活動の自由

一般的に、労働者の団結（体）が行う事業場内外の大衆示威的な情宣活動には、「団結権の主体としての権利を行使する場合の労働者の文書活動の自由[57]」に関わる法的問題が惹起する。これについては、以下の点に留意すべきである。第一に使用者批判の言論活動は、市民法上の言論戦のカテゴリーでとらえるべきものではない[58]。文書の内容が全くの虚偽でない限り、個々の誇張された表現や事実誤認的表現は、相対的に評価すべきである。

しかし、私事の暴露や人身攻撃・誹謗の内容である文書は、違法との評価を受けよう。対第三者（市民、組合脱退者など）に対する場合も同様である。これらの文書活動の評価にあたっては、情宣活動の経緯、目的、態様、内容および回数などの「諸般の事情」が総合的に検討されよう。それによっては民事法上、刑事法上の違法性が阻却される場合がある（「侮辱的」内容のビラは違法であるが、枚数僅少から解雇を不当労働行為とした順天堂病院事件・東京地判昭四〇・一一・一〇労民集一六巻六号九〇九頁、市民や従業員に配布したビラの内容に若干客観性の欠如はあるが、争議の経緯や、私事の暴露がないことから違法なものではないとした医療法人直源会相模原病院事件・東京高判平一〇・六〇・三〇労判七四七号五七頁など）。

逆に住民へのビラの内容が全く虚偽であることが「企業の円滑な運営に支障を来すおそれ」あるもので、企業秩序遵守義務に反し、正当な組合活動ではないとした中国電力事件（最三小判平四・三・三労判六〇九号一〇頁）がある。しかし元来、市民に対する組合の言論戦は、企業秩序により保護せられるべき法益とは異なる次元でその法的評価がなされるべきである。しかし、判例の大勢は異なる。(59)

第二に、情宣のアッピールの内容が、公益性に関わる場合に、その事実が真実であるか客観的に証明されない場合でも、労働者が真実であると信ずるに足る正当な理由があった場合には、刑事上も民事上（とくに、不法行為責任）も違法性が阻却される場合がある（刑法二三〇条の二、公共の利害に関する場合の名誉毀損の特例）。日本計算器事件（京都地峰山支判昭四六・三・一〇労民集二二巻二号一八七頁）は、組合が配布した公害糾弾ビラを労働者が真実と信ずるにつき合理的理由があったから正当な組合活動として受忍すべきとした。

第三に、事業場外の労働者・個人もしくは労働者の団結（体）の指令を受けたものではない情宣活動であっても、労働者の経済的地位や団結体の強化という視点でなされるものである限り、一般的な「市民」の表現活動とは区別され、上記第一および第二の視点により解決せられるべきものである。しかし、最高裁判示は、いわゆる市民がデモなどで逮捕せられた「企業外非行」の法理によって、処理し、「企業秩序紊乱のおそれ」でもって、その違法評価をなしている（関西電力事件・最一小判昭五八・九・八労判四一五号二九頁）。組合活動上の法益の評価につき消極的な傾向があることは、否めない。以下、情宣活動態様の類型ごとにその正当性の評価基準を検討する。

(2) 情宣活動の諸態様

(1) 取引先、親会社、純粋持株会社およびメインバンクなどへの情宣活動の場合

労働者の団結（体）の団体行動は、労使関係の存する直接の使用者のみならず、使用者の取引先などに対しても、紛議対象の内容によりなされうる。企業別組合が支配的である日本においても、この事理は当然生じうる。この種の団体行動の正当性は、大衆的示威行動のそれにより決せられ、諸行動の免責が結論づけられるべきである。不当労働行為をなす使用者の取引先や金融機関に対する取引停止要請行動は、不当な圧力や強制もないので不当ではないとした西成合同労組事件（大阪高決平五・四・二八労判六三三号五〇頁）、懲戒解雇が不当である旨をビラ配布などで取引先に訴えた行為が、たとえ誇張した内容の部分があっても使用者批判の情宣活動は「裁判や団体交渉の場以外で（も）」「正当な（組合）活動」とした山勝真珠事件（大阪地決平五・七・一二労経速一五二三号二三頁）がある。反対に、組合活動の正当性の枠を労働契約関係の存立を前提として、この種の要請行動を違法とした全日建運輸関西地区生コン支部（眞壁組）事件（大阪地決平一一・一〇・一五労判五七三号一六頁）、同じくこの種の要請行動を「組合員の権利利益に直接関係する立法や行政措置の促進又は反対」の範囲のみで認むべきとする大沢生コン事件（東京地決平七・三・三一労経速一五五九号三頁）があるが、正当性の幅を強く限定する意味でも支持しえない。また、出向先企業の門前の組合員の激励行動が「出向施策の円滑な実施等の業務運営を不当に妨げるおそれがあった」ので正当な組合活動ではないとした国労高崎地本事件（最二小判平一一・六・一一労判七六二号一六頁）がある。同判示は具体的な業務阻害の有無ではなく、そのおそれと、前述の「企業外非行」に類比させるかたちで、該激励行動を違法とする点で疑念を呈せざるをえない。この判示の考えでは、出向元の労働者が労働条件につき、使用者でもある出向先での情宣活動を行うことがきわめて困難となる。

純粋持株会社は、事業活動を行わず子会社・孫会社を通じて間接的に経営を支配する。ために、直接雇用関係にない労働者またはその団結（体）は純粋持株会社に対し、労働条件を実質的に決定づける者として、ビラ配布などを含めた大衆的示威行動をなすことが考えられる。グループ企業内の労働組合の組織形態が、単一・連合型の場合や労働者が地域ユニオンへ加盟する場合であっても同様であろう[60]。この場合の情宣活動も、市民法的な厳格な基準でもって、その正当性を判断すべきではない。

(2)　一般市民への情宣活動の場合

この種の活動は企業内におけるそれよりも、企業の名誉・信用を毀損する余地が高く、その分、業務阻害を惹起せしめる場合が多い[61]。しかし、虚構の事実ではなく、批判の中味が真実に合致するか、あるいは信ずるに相当な理由が存する限り社会的に受忍すべき正当な組合活動とみてよい（山陽新聞社事件・岡山地判昭四五・六・一〇労民集二一巻三号八〇五頁）。ただ、ホームページによる使用者批判は、ビラ配布などと異なり、受信者の規模が大きくそのもたらす影響も大きいと思われるので、企業内事情の暴露・批判の真実性については、より厳格さが要求されよう。

集団性のない個人がなす情宣活動や集団性があっても決定的な団体承認が欠けている場合の組合活動の法益をどのように評すべきかという問題がある。しかも、世論への喚起という方策をもって、集団内の劣勢を回復せんとすることが多い。判例の評価は一般的に厳しい（前掲・関西電力事件）。しかし、この種の情宣活動こそその力量の差は、労使間で決定的である。したがって、労働者の文書活動として、表現の虚偽の許容度は明確な集団性のある場合よりも大きくなるとみてよい。それゆえ、契約締結妨害ともいえない就職説明会時の大学門前でのビラ配布を採用活動妨害に該るとした大日本印刷事件（東京地労委命令平七・二・二一労経速一五六三号六頁）は労使間の宣伝・情報の力量差の位置認識につき、支持し難い。

支援者（団体）を混えた市民向けの情宣活動は、経営批判の内容がともすれば誇大表現をともなう傾向にある。

この種の活動は一般的に泥沼化した紛議の場合が多い。したがって、労使紛議についての使用者の対応を如何に評価するか、業種、そして情宣の方法などによってその是非の判断が分かれる場合が多い。倉田学園事件（平六・四・二〇別冊中労時一一四六号二七二頁）では、中労委は団交拒否などを重くみて、該情宣活動に関わった組合員の処分を不利益取扱と認定した。(62)

しかし、営業などにいかなる不利益を生ぜしめたか否かあるいはその危険の具体性なども考慮して評価すべきと思われる。（正当な組合活動とした前掲・医療法人直源会相模原病院事件）。

(3)　ボイコットの場合

ボイコットには、第一次と第二次のそれとがある。ボイコット呼びかけにともない、使用者の製品の悪口を述べたり、虚構の事実の宣伝を違法とするものが一般的である。開口サボやサンドイッチマン戦術の場合の岩田屋事件（仮）（福岡地判昭三六・五・一九労民集一二巻三号三四七頁、同・福岡高判昭三九・九・二九労民集一五巻五号一〇三六頁、同〔本案〕・福岡地判昭五〇・三・二九判時七九一号二九頁）、たんなる不買呼びかけのビラ配布の福井新聞社事件（福井地判昭四三・五・一五労民集一九巻三号七一四頁）は、第一次ボイコットの範囲内にあり、争議行為として適法とした。一般的に、商品ボイコットにともなう宣伝勧誘は争議中の情宣活動の評価基準でもって、やはりその是非を決すべきである。(63)したがって、虚偽の事実の誇大宣伝や過渡な表現による人格・信用毀損は、ボイコットを呼びかけても、正当性を逸脱するものと評価しえよう。結論的には、「諸般の事情」によりその社会的妥当性を決すべきである。企業別組合が主流であり、なおかつアメリカ法制と異なる日本においては、第二次ボイコットを違法と解すべき根拠はないので、第二次ボイコット違法即それにともなう情宣活動も違法という論理は成立しなえいものといえよう。(64)したがって第二次ボイコットにともなう組合活動は、大衆的示威行動の正当性評価基準でやはり決せられるべきである。一般的市民的自由に限定するものとして、東海商船事件(65)（東京高判平一一・六・二三労判七六七号二七頁）がある。この判示の論理では、該使用者の取引先への商品ボイコットを呼びかけた場合には、それにともなう情宣活動には、市民法的な違法評価の排除はかなり厳しいものとならざるをえなくなる。

(4)　私宅への抗議行動の場合

経営者のプライバシーや人格権の法益は、最大限尊重せられるべき法価値を有するため、労働者およびその団結（体）の表現の自由の行使として相当性の範囲内にあり、これらの法益の侵害の程度が受忍限度を超えるものでないときは認容されえよう。

しかし、経営者の私生活領域においてなされる労働組合活動の一環である情宣活動が許されないわけではない。目的、方法（例：ラウドスピーカー、ハンドマイク）、態様（面会要求、シュプレヒコール等）などを総合的に検討して、その相当性の是非が判断されるべきである。

なお、これらの戦術が違法であれば、使用者は、組合（労働者）に対して差止請求(66)（営業権、人格権、プライバシー権などが理由）や損害賠償請求をなしうる。また、刑事責任（名誉毀損〔刑法二三〇条〕、信用毀損〔同法二三三条〕罪など）の追及も考えられよう。

おわりに

二の考察は、商品生産が物の生産が主流で、生産と流通や消費が切り離れていた労働様式を前提としている。しかし、サービス労働に就労する労働者が圧倒的に多い時代となる二一世紀においては、サービスの生産、流通、消費が原則として同一の時点、同一の場所で行われることが多くなる。組合運動も、生産と流通・消費と分けてなすよりも、混在することが多くなると思われる。したがって三で論じた法領域の問題がより重要になってくると思われる。それゆえ、憲法二八条の法理と二一条の法理の区別と関係の考察が一層重要になってくるものと思われる。

（1）　蓼沼謙一「争議行為の定義または意味について」一論七五巻三号（一九七六年）二四五頁、喜多實「『争議行為』概念検討の必要性」南山大学・アカデミア〈経済経営学編四八〉（一九七五年）三〇頁。
（2）　ミツミ電機事件・東京高判昭六三・三・三一労判五一六号五頁の事案が典型例である。
（3）　横井芳弘「正当な組合活動とその免責の構造」労判二七四号・二八〇号・二八五号（以上一九七七年）、二八八号・二九二号・二九七号・三〇七号（以上一九七八年）参照。
（4）　一九六〇年代末頃までは憲法二八条の団体行動権を争議権と解する傾向が強かったといえよう。吾妻光俊『新訂　労働法』（青林書院新社、一九六四年）一〇四頁、沼田稲次郎・蓼沼謙一・横井芳弘『労働組合読本　改訂版』（東洋経済新報社、一九六五年）六章・蓼沼執筆、石井照久『新版　労働法』（弘文堂、一九七一年）六八頁など。しかし、一九七〇年代半ばに入ると、団体行動権は争議権と組合活動権を含しむべしとする見解があらわれてくる。野沢浩「懲戒処分・解雇と不当労働行為」峯村光郎編著『不当労働行為』（総合労働研究所、一九七六年）二五七頁、菅野和夫『労働法　初版』（弘文堂、一九八五年）二六頁。そして、山口浩一郎『労働組合法第二版』（有斐閣、一九九六年）二八九頁など。
（5）　外尾健一『労働団体法』（筑摩書房、一九七五年）三九五頁。
（6）　たとえばセロケースの机上配置の事案である丸三証券事件・大阪地判昭五七・二・二四労判三八四号五七頁参照。
（7）　沼田稲次郎「組合活動の自由について」討論労働法四八号（一九五六年）一頁以下。同教授は、労組法八条の解釈につき勿論解釈により争議行為以外の正当な組合活動も免責されるとする。
（8）　受忍義務論を初めて唱えたとされる沼田教授は、その論稿「団結する権利の保障」菊池教授記念論文集刊行会編『労働法と経済法の理論』（有斐閣、一九六〇年）八九頁以下で、該理論の対象をあくまで、労働契約上の義務履行の免責に限定しつつ論旨を展開していた。その後の「労働組合の正当な行為」新講座六巻一一三頁以下も同様で、施設管理権法益との関係における受忍義務論による免責論を全面的に展開してはいない。
（9）　有泉亨「争議権という権利」労旬一〇〇号（一九五二年）四頁以下。
（10）　小西國友「組合活動に関する正当性の判断基準　上・下」判評二九〇号（一九八三年）・二九二号（一九八三年）。
（11）　横井芳弘「組合活動と施設管理権」中労時六六〇号（一九八一年）二頁以下、毛塚勝利「労働契約と組合活動の法理」労働

五七号（一九八一年）三二頁以下、石橋洋「施設管理権と組合活動の正当性」労働五七号（一九八一年）五三頁、角田邦重「争議中のビラ貼り」『労働法の争点』（一九七九年）など。

(12)　片岡曻・大沼邦博『労働団体法　上巻』（青林書院、一九九二年）二七八頁、籾井常喜『組合活動の法理』（一粒社、一九八五年）二〇〇頁。小西前掲注（10）論文（下）一七二頁など。なお、受忍義務論中、受忍義務の具体的履行の請求権（抗弁権とは区別される意味で）を認むべきとの見解もある（例：角田邦重「組合活動の権利と正当性」季労別冊四号（一九七九年）一一四頁以下、片岡・大沼・同書三一四頁など）が、契約法理上の対抗的な請求権とは異なる意味での請求権を認容するには、やはり実定法上の根拠が必要であろう。同旨・山口浩一郎「組合活動としてのビラ貼りと施設管理権」法曹三二巻七号（一九八〇年）一頁以下。

(13)　団結権と団体行動権との二類型により組合活動の免責法理を検討するのが一般的であり、これについての異論は現在はあまりみられない。

なお、組合活動権の法的位置をめぐり憲法二八条の団結権保障（＝団体行動権保障）の意義を強調するあまり、対外的行為との関係で曖昧さが指摘され、それが受忍義務論批判の論拠の一つとされたことがある（山口・前掲注（12）論文一〇頁参照）。しかし、受忍義務論を提唱した沼田教授は、沼田「団結する権利の保障」・前掲注（8）論文とほぼ同時期の「闘争の権利について」恒藤先生古希記念論文集『法解釈の理論』（有斐閣、一九六〇年）（著作集九巻三一頁以下所収）で、憲法二八条の「その他の団体行動」の意義を「争議行為プラスその他の示威行為」と解釈し、これに関しても資本の側の受忍義務論からその免責論を論じている。「その他の示威行為」とは、とりもなおさず、要求貫徹を目的とする労働者およびその団結（体）の大衆的示威行動にほかならない。なお、池田栄「組合活動と免責の法理――学説の対立の検討を中心として」東洋大学大学院紀要三三集四〇頁以下参照。

(14)　沼田・前掲注（7）論文および同・前掲注（13）論文はともに就業時間中の組合活動に関する賃金カットが違法であるとか、在籍専従の給与負担を支配介入に該らないとまで論じているわけではない。その意味で、受忍義務論を語りながらも法的効果の帰結は、免責論にあったとみてよい。

(15)　西谷敏『労働組合法』（有斐閣、一九九八年）一三七頁以下は、労組法七条の諸規定を団結権保障説に立脚しながら、行政救済規定でもあり、司法救済の規定でもあるとする。また最近の学会報告である道幸哲也「不当労働行為の成否判断基準」労働九四号（一九九九年）一四七頁以下は、労組法をあくまでも行政救済の基準であって、司法救済の基準とみなすべきではないとする。

(16) 籾井・前掲注(12)書一九五頁。
(17) 籾井・前掲注(12)書二〇一頁、片岡・大沼・前掲注(12)書二七八頁。
(18) 毛塚・前掲注(11)論文一八頁。
(19) 外尾・前掲注(5)書三一七頁、職務専念義務を批判するものとして、渡辺章「リボン等着用行動」現代講座三巻二〇一頁、大沼邦博「労務指揮権と組合活動の正当性」同上書一一六頁、萬井隆令「職務専念義務論」西村信雄先生傘寿・浅井清信先生喜寿記念論文集『個人法と団体法』(法律文化社、一九八一年)三二三頁、横井芳弘「就業時間中の組合活動と職務専念義務」労判三二八号(一九七九年)四頁など。
(20) 労働事件の判例にしては珍しくも、資本の法的構造たる労働契約を介して運動する私的所有権を語る山陽電気軌道事件・山口地下関支判(刑)昭四五・七・九労旬別冊七八四号五頁以下および七八五・七八六合併号二頁以下参照。
(21) 周知のように、施設管理権という概念が初めて登場したのが、昭和二八(一九五三)年一月に発表された「日経連労働協約基準案」であった。
(22) 西谷敏「施設管理権の法的性格とその限界」法雑二六巻三・四記念号(一九八〇年)五五七頁以下。
(23) 西谷・前掲注(15)書二二五頁、石橋・前掲注(11)論文六一頁、籾井・前掲注(12)書一四一頁など。
(24) 拙稿「ビラ貼りに関する判例法理の考察」北見大学論集一五号(一九八六年)、一八号(一九八七年)、一九号(一九八八年)、二二号(一九八九年)。
(25) 関扇運輸事件(刑)・大阪地判昭四二・四・二七下刑集九巻四号四九八頁。外尾・前掲注(5)書三二七頁。
(26) 受忍義務論を採用した例として弘南バス事件(控)・仙台高秋田支判昭三九・四・一四労民集一五巻二号二六八頁、違法性阻却説のそれは、国鉄米子駅事件(控)・広島高松江支判昭五〇・四・九労判二二九号五五頁。
(27) 朝日新聞西部本社(行政)事件・福岡高判昭五七・三・五労民集三三巻二号二三一頁ら若干の事例である。
(28) 山口・前掲注(4)二九四頁。
(29) 同旨・秋田成就「争議時におけるビラ貼りと損害賠償責任」判評二〇三号(一九七六年)二七頁以下。
(30) 島田信義「団結活動と使用者の自力救済」季労一〇三号(一九七七年)三五頁。
(31) 同旨・片岡・大沼・前掲注(12)書二八一頁。
(32) 山口・前掲注(12)論文一四頁以下は、責任追及法理と物権的請求権行使とは次元が異なるという視点から自力撤去を肯定する。角田・前掲注(11)論文も、ビラ貼付が不当でなくても自力撤去は許容されるとする。

(33) 槇悌次『物権法』（文眞堂、一九七八年）。
(34) 萩沢清彦「本件判例研究」ジュリ七九九号（一九八三年）一二二頁参照。
(35) 小西國友「施設管理権をめぐる各種の法的問題」季刊公企労研究（一九八二年）五六頁。西谷・前掲注（15）書二三五頁。
(36) 受忍義務論が支配的であった時に、この正当性評価基準をすでに提起していたものとして松岡三郎『労働法の話』（労働旬報社、一九六九年）一一〇頁以下。なお、西谷・前掲注（15）書二三七頁参照。
(37) なお、池上通信機事件最三小判昭六三・七・一九労判五二七号五頁の伊藤正己裁判官補足意見参照。
(38) 豊川義明「組合旗・懸垂幕等の掲示」現代講座三巻二六八頁。
(39) 西谷・前掲注（15）書二三七頁。
(40) 受忍義務論でも供与請求権が労働者の団結（体）に存することについては否定的である。籾井・前掲注（12）書二〇二頁以下、同旨・西谷・前掲注（15）書二五二頁。逆に供与義務ありとする角田邦重「組合事務所の利用権と侵害に対する救済方法（一）」労判三〇二号（一九七八年）一一頁。
(41) 日本計算器事件・京都地峰山支判昭四三・一一・五労民集一九巻六号一四六四頁。
(42) 新潟放送事件・新潟地判昭五三・五・一二労判二九九号四六頁。
(43) エスエス製薬事件・東京地決昭四〇・六・四労民集一六巻三号四五〇頁。
(44) 山口・前掲注（4）書三一三頁。
(45) 毛塚・前掲注（11）論文四七頁。
(46) 有泉亨『労働組合の争議戦術　労働法実務大系五巻』（総合労働研究所、一九七五年）二五六頁。
(47) 有泉・前掲注（46）書二五四頁。
(48) 角田邦重「組合バッジ着用行為の正当性」労判七三二号（一九九八年）六頁以下。道幸哲也「労働組合員たることの保護法理」法時七〇巻一〇号（一九九八年）四三頁以下。なお、鈴木隆「組合バッジ着用行動の法理」島法四〇巻二号（一九九六年）四五頁は、組合バッジ着用は、中間形態に属するとする。
(49) 有泉・前掲注（46）書二五四頁。
(50) なお、本件控訴審の判例批評である野川忍「就業時間中の組合バッジ着用に対する不利益処分の不当労働行為性」判評四八九号（一九九九年）五一頁は、訴訟法上の論点を明快に解明する。
(51) 毛塚・前掲注（11）論文四八頁。

(52) 全逓灘郵便局事件・神戸地判昭四二・四・六労民集一八巻二号三〇二頁、国鉄青函局事件・札幌高判昭四八・五・二九労民集二四巻三号二五七頁など。
(53) なお前掲大成観光（ホテル・オークラ）事件の伊藤正己裁判官の補足意見参照。
(54) リボン着用を違法な組合活動とみる山口・前掲注（４）書三〇一頁も、自力撤去は許されないとする。
(55) 西谷・前掲注（15）書二四四頁。
(56) 山口・前掲注（４）書は賃金カットを当然適法とする。
(57) 横井芳弘「企業秩序と労働者の表現の自由――関西電力事件判例批評」労判四一七号（一九八三年）四頁。
(58) 籾井・前掲注（12）書一四一頁以下。
(59) 企業秩序遵守義務論にもとづく懲戒法理がいかに「企業秩序」の枠を越え、労働者の行動を規制するものになっているかを論じたものとして、拙稿「企業秩序論の外延化と組合活動法理の転位」新報一〇一巻９・一〇号（一九九五年）一五五頁以下。
(60) 吉田哲郎「純粋持株社会解禁と労働法上の諸問題」季労一八八号（一九九九年）一一四頁。
(61) 新谷眞人「情宣活動と企業・役員等の名誉・信用」労働判例大系一一巻（労働旬報社、一九九二年）三〇三頁以下。
(62) しかし、取消訴訟第一審（東京地判平九・一・二九労判七一三号六九頁）は、生徒の応募状況に多大の影響を与えるおそれ、という理由から処分相当とし救済命令を取り消した。
(63) 蓼沼・前掲注（１）論文二六六頁。
(64) 吾妻光俊『新訂　労働法概論』（青林書院新社、一九五九年）二五六頁。
(65) 国武輝久「便宜置籍船と二次的ボイコット」労旬一四五八号（一九九九年）三六頁参照。ただし、第一審・東京地判平一〇・二・二五労判七四三号四九頁の判例批評。
(66) 関西地区生コン支部事件（大阪地決平三・一二・六労経速一四五五号八頁）は債権者（会社役員）の人格権にもとづき、組合側の横断幕掲示等の差止を求めた事案であるが、判示は「表現の自由の行使として相当性の範囲内にあり」、「人格権の侵害の程度が受忍限度を超えるものでないとき」は、該大衆示威行動は、表現の自由の行使として許されるとする。

〔平成一二（二〇〇〇）年〕

〔判例解説〕

1 チェック・オフ協定の法的効力

——エッソ石油事件・最一小判平成五年三月二五日・労働判例六五〇号六頁——

一 事実

一 (1) 上告人X（被告、控訴人）は、石油精製・販売等を業する会社である。被告人Y_1ら三名（原告、被控訴人、なお選定当事者）は、Xの従業員であり、かつX従業員の一部が加盟する訴外A労組（以下「A労」）の組合員であった。しかし、闘争方針の違いから執行部と対立するようになり、ために昭和五七年九月訴外B労組（以下「B労」）を結成し、同年一〇月一四日までにY_1ら全員（三六名）が加盟し、その旨をXに通告し、「A労」の方針とは異なる独自の組合運動を展開し始めた。

(2) (一)Xと「A労」との間には、「『組合規約に定める組合費』を賃金から引去る旨」の協約（チェック・オフ協定）が結ばれていた。(二)「A労」組合規約第六条には、組合員の組合費納入義務が定められていた。(三)組合会計規定第四条には、〝組合費の支払いは、チェック・オフにより行う〟旨の定めがあった。(四)組合規約第八条は〝脱退は理由を明記した脱退届の提出と組合委員長の承認を要する〟と定めていた。そして、(五)各組合員は、Xに「（賃金からの）組合費引去依頼書」を提出していた。

(3)　なお、Y_1らは、「A労」組合規約の右脱退条項を遵守せず、脱退届を提出しなかった。

(4)　「B労」は、組合結成後組合員の組合費を組合指定口座にXをして振り込ますべく変更依頼書をXに提出、その後、一一月五日と一二月一三日の二度にわたり、所属組合員各自の「組合費引去停止依頼書」を添付した組合名の文書をも提出した（なお、これらの書面は、「B労」の抗議書・依頼書を解するXと、組合費の引去停止を求めた組合員の書面であるとするY_1らとの間に見解の対立がある）。にもかかわらず、Xは、昭和五七年一〇月から翌五八年三月までY_1らの賃金から、および昭和五七年一一月の一時金から「A労」の組合費をチェック・オフしこれを「A労」に交付した。

二　(1)　そこで、Y_1らは①チェック・オフは、協定ではなく組合員個別の依頼に依るべきもの、②昭和五七年一〇月一四日までに、「A労」を脱退し、その組合員たる地位を喪失したのであるから、X・「A労」間の協定の適用を受けない。③該チェック・オフは、「A労」肩入れの不当労働行為である等の理由から、XのY_1らの賃金からのチェック・オフを不法行為であると難じ、控除された組合費相当額の損害賠償を求めた。

(2)　Xは、Y_1らの右主張に対し、①該協定は、組合員を拘束する。②Y_1らの「A労」脱退の事実確認がとれず、「振込先変更依頼書」だけではチェック・オフの停止はできない。③安直にチェック・オフを停止するとは自ら「労・労問題」に足を踏み込むこととなり、結果的に不当労働行為を惹起することとなると全面的に反論し、④抗弁事由として、賃金債権および不法行為債権の消滅時効を主張した。

三　(1)　第一審・大阪地判（平元一〇・一九、労判五五一）は、①（組合脱退とチェック・オフ協定の効力）「組合規約八条は脱退の意思表示は書面によるべきこととする限度で有効であるが、書面によらない黙示の意思表示であっても……客観的事情から組合員の脱退の意思が明確に看取し得る場合には脱退の効力を否定（できない）」「Y_1らは、（昭和五七年一〇月一四日）までに書面によらない黙示の意思表示によって『A労』を脱退したものと認めるが相当」「（Y_1らは）『A労』組合員の地位を喪失したのであるから、本件チェック・オフは違法」②（組合費引去依頼書の法的意義）「Xに提出している組合費引去依頼書は、右チェック・オフ協定を確認する趣旨のものであり、組合員個別の引去依頼の撤回によって直ちに右チェック・オフ協定が失効（する）とは解されない」。③（不法行為責任成立の是非）「Xは（Y_1らの『A労』組合員地位喪失を了知しうる状況にありながら）脱退の申告がないという形式的理由に拘って本件チェック・オフを継続したこと（は）正当（ではない）」（傍点―筆者）として、Xの不法行為責任を認容した。

(2) 右判断に対し、Xは、①チェック・オフ協定には、規範的効力があり個々の組合員は拘束されること、②①がたとえ認められなくてもチェック・オフ自体の法律関係（支払委任説または代理受領説）から、組合員は委任を一方的に解約できない（民法六五一条二項）、そして、③「労・労問題」に会社は中立であるべき等から、不法行為責任の成立を否定し、控訴した。

控訴審・大阪高判（平三・二・二六、労判六一五）は、①（チェック・オフ協定の法的効力）「チェック・オフ協定（労働協約）が、右協約締結当事者である労働組合から使用者に対する組合費の取立委任の効力を持つことは当然であるが、チェック・オフは具体的に発生した労働者の賃金請求権の一部についての処分に当たるものであるから、これが労働組合である労働者に対する関係で許されるためには、それが右労働者の意思に基づくことが必要であり、したがって、労働者がチェック・オフを拒否している場合、又はその承諾が撤回された場合など労働者がチェック・オフを拒否し、これを承諾していないときは、たとえ労働組合との間でチェック・オフ協定が成立していても右労働者に対するチェック・オフは許されない」、②（具体的な撤回時の判断）「（Y_1らは、組合員の地位喪失後の）昭和五七年一一月五日には組合費引去依頼の撤回を申し入れをしている（から右時点）以降はXはチェック・オフを継続することはでき（ない）」（傍点―筆者）として、Xの賃金債権侵害を不法行為と判断した。X上告。

(3) Xの上告理由は、控訴理由とほぼ同旨ながらも、右控訴審判示にそって若干の補充がなされた。第一に、

「組合費引去依頼書」は、たんに協約のチェック・オフ条項の確認的意義しか有せず、組合員資格喪失以外にチェック・オフを停止できない。第二に、控訴審がその法的価値をきわめて重視した昭和五七年一一月五日付の「B労」文書は、個人的な賃金債権行使文書たりえない。そして第三に、債務不履行責任（賃金不払）の成立を認める余地を認めつつも、不法行為責任自体の成立を否定する等であった。（労経速一五二六号四頁以下）。

二　判旨――上告棄却

(1)　（上告理由第一点・協約中のチェック・オフ条項は組合員を拘束するか）①「労働基準法二四条一項ただし書の要件を具備するチェック・オフ協定の締結は、これにより、右協定に基づく使用者のチェック・オフが同項本文所定の賃金全額払の原則の例外とされ、同法一二〇条一号所定の罰則の適用を受けないという効力を有するに過ぎないものであって、それが労働協約の形式により締結された場合であっても、当然に使用者がチェック・オフをする権限を取得するものでないことはもとより、組合員がチェック・オフを受忍すべき義務を負うものではない」。②「したがって、使用者を労働組合との間に右協定（労働協約）が締結されている場合であっても、使用者が有効なチェック・オフを行うためには、右協定の外に、使用者が個々の組合員から、賃金から控除した組合費相当分を労働組合に支払うことにつき委任を受けることが必要であって、右委任が存しないときには、使用者は当該組合員の賃金からチェック・オフをすることはできないものと解するのが相当である。」③「そうすると、チェック・オフ開始後においても、組合員は使用者に対し、いつでもチェック・オフの中止を申し入れることができ、右中止の申し入れがされたときには、使用者は当該組合員に対するチェック・オフを中止すべきものである。これと同旨の原審の判断は正当として是認することができ、原判決に所論の違法はない。」

(2)　（上告理由第二点・組合費引去依頼の撤回の意思表明の有無及び上告理由第三点・不法行為の成否について）「原

審の認定判断は原判決挙示の証拠関係に照らし、正当として是認することができ、その過程に所論の違法はない。論旨は、いずれも採用することができない。」

三　解　説

一　チェック・オフに関する法的問題は、判例法理上いくつかの未解決の問題があった。第一に、チェック・オフの実施のためには労基法二四条一項但書の労使協定（「過半数労組」もしくは「労働者の過半数代表」との「書面」による協定）が必要か否か、第二に、労基法二四条一項但書協定は、たんなる免罰的効力を有するだけなのか、それとも、支払委任の効果をも有するものなのか否か、第三に、チェック・オフ協定が、協約の中で確認的に規定された場合のその効力に関する問題である。チェック・オフに関する協約の規定は、取立委任という債務的効力のみならず、組合員と使用者との間に支払委任的効果という規範的効力を惹起しうるかという問題である。これは、第二番目の問題と密接な関連を有する（つまり、支払委任的効果は、協約の効力として生じうるのか、それとも労基法二四条があって始めて認められるのかという問題である）。第四に、チェック・オフそれ自体の法律的性格の問題である。支払委任説、代理受領説等が学説あるいは判例法理上論議されているが、この点の法的評価の問題である。第五に、チェック・オフの中止と不当労働行為の成否の問題である。そして、第六に、たとえ労基法二四条但書協定があっても、組合費納入義務は該事業場の労働者一般ではなく、組合員であるが、その納入義務の法的根拠はいうまでもなく組合自主法である組合規約である。右組合規約にもとづく納入義務に組合員はいかなる場合に異議を唱えうるかである。これは、二つの場合が想定できる。その一つは、組合費それ自体の使用目的から生ずる場合（例：組合の政治活動のための組合費徴収）ともう一つは、組合内反主流派的な活動や組合を脱退した場合などに問題となる。

二　これらの法的問題点は、問題の提起された方自体不当労働行為事案が多いためか錯綜し、判例法理上必ずしも明確に整理立てて議論されてきたわけではない。というのも、法的解釈の準拠規範が、㋑労基法二四条一項但書、㋺協約、㋩契約、㊁組合規約、そして㋭労組法七条等絡み合い、くわえて、法的紛議の当事者が⒜労働組合と使用者、⒴使用者と組合員、⒝労働組合と組合員と三面の次元で相登場するために他ならないからである。

三　周知のように、済生会中央病院事件・最二小判（平成元・一二・一一、労判五五二）は、第一の法的問題について「チェック・オフも労働者の賃金の一部を控除するものにほかならないから、（労基法二四条一項）但書の要件を具備しない限り、これをすることができない」として、一応判例法理上の結論づけを行った。つまり「過半数労組もしくは事業場の労働者の過半数代表」の要件を充足しない協定、あるいは書面協定ぬきのチェック・オフの合意は私法上無効であり、場合により使用者は刑事罰を受けることもあることになった。くわえて、第五のチェック・オフの中止と不当労働行為の問題についても、一つの先例的基準を確立した。というのも慣行で一五年余も続いてきたチェック・オフの中止も、その兵糧攻め的な機能に法的価値の重きをおかず、㋑過半数組合の有無、㋺組合員の特定の困難性、そして㋩代替的な協定案の提示等から不当労働行為の意図を否定したわけである。したがって、右判決は、従来、ともすれば、チェック・オフの組合活動保障としての機能に法的評価の優位性を見て、「チェック・オフは使用者の団結承認の一形態」であり、労基法二四条一項但書の規制外であり、右条項を協約として位置づける見解（中山「チェック・オフ」労働法大系１〔有斐閣、昭和三六年〕一六二頁、沼田「労働協約の締結と運用」労働法実務体系７〔総合労働研究所、昭和四五年〕一三九頁、本多「賃金・退職金・年金」労働法実務体系13〔総合労働研究所、昭和四六年〕九一頁等）を原則的に採用しなかったものといえる（なお、済生会中央病院事件の判例批評として、秋田「チェック・オフ制度について」季労一五五号、道幸「チェック・オフの中止と不当労働行為」ジュリスト九五三号、増井「時の判例」ジュリスト九五三号、安枝「チェック・オフの中止と不当労働行為」法学教室一一五号）。くわえて、チェック・オフ協定は、書面要件を充足しておればたとえ、「当該事業場の過半数の労働者を組織する組合」ではない、少数組合の協定も有効とする見解も採用しなかった（山口『労働組合法』〔有斐閣、昭和五八年〕二七五頁）。

四　本件事案では、一で前述した法的問題のうち、労基法二四条の但書協定が、労働協約の形態で締結されているという点から、第二（労基法二四条協定）及び第三（協約）の法的問題と関連するものであることが指摘できよう。そして、組合脱退→新組合の結成が問題と関係を有するがゆえ、第六の法的問題中、組合員の納入義務に関する異議申立中の後者の問題、つまり、組合脱退者からのチェック・オフに関する異議申立の事案である。そして、第二・第三の法的問題との関係から第四（チェック・オフの法的性格）の法的問題も論議の余地が当然存しよう。

ところが、第一審の判示から上告審のそれまでを検討してみると本件事案についての法的評価の視点がかなり異なることが指摘できよう。というのも、第一審判示は、本件事案を徹頭徹尾組合脱退の問題として処理したといえる。このため、組合規約（脱退条項）に限定解釈をなして書面によらない脱退を有効とし、そして、組合員地位喪失から本件チェック・オフを違法とした。このためXへの「組合費引去依頼書」に法的効果を導き出すことに与しなかったものといえよう。論点の中心が団結法理が中心となり、チェック・オフの法的性格を論議するまでもなかったものといえる。ところが、第二審は、協約法理、つまり、規範的効力の問題を法的評価の中心に据えた。その核心的な論理は、「チェック・オフは具体的に発生した労働者の賃金債権の一部」（労判六一五号五九頁）という視点から、右債権は、協約の集団的な規制の対象外という考えに依ったものと思われる。このことは、協約によるチェック・オフ協定は、取立委任の法効果（労働組合が使用者に対して、労働者からの組合費の取立て委任をした）という判断枠が前提とされている。それゆえ、Xへの「組合費引去依頼書」に法的価値の重点を移したものと思われる。つまりこの依頼書に通例組合に組合員が加入したさい、使用者が組合への組合費の支払いをしても異議を留めない、つまり、支払委任効果という契約上の効果が存することを求めたものといえよう。

したがって判示の論点が、組合脱退ではなく、組合加入の法的論点へ移行したことになるといえよう。（この点の問題点を強調するものとして、倉田聡「チェック・オフ協定の協約理論」労旬一二九〇号二八頁以下参照）。そして、上告審は、控訴審の右判断を基本的に受け入れた。

五　ところで、本件事案のように、労働者が、今までに所属していた組合から脱退し、自らの組合費のチェック・オフの停止を求め協定の拘束力の否定を主張した事件は、従来のチェック・オフに関する判例ではない。強いて類似の事案をあげるならば、①日本炭礦事件・福岡地判（昭四四・二・一二、労民集二〇・一・一一七）がある。しかし、これは、退職して組合員の地位を喪失した者による未払退職金の返還請求事件である。②組合内が二つに分かれ旧主流執行部がチェック・オフ協定の破棄を通告したにもかかわらず会社側が右協定に順い、旧主流派に属する組合員の組合費をチェック・オフし、新執行部に引き渡したため、旧主流派の組合員が組合費控除禁止の仮処分を求めたネッスル霞ケ浦工場事件控訴審・東京高決（昭六一・一二・一、労判四八七）がある。しかし、この判示は、明確に組合分裂を法的に認定したわけではない。事実上の分裂状況から協定の拘束力を否定した（なお、第一審・水戸地土浦支決〔昭六一・一・二七、労判四七八〕は、規範的効力をチェック・オフ協定に認め、組合分裂でもない点から、右協定の組合員に対する拘束力を認めた）。むしろ、③組合分裂により旧組合に残留した組合員が、チェック・オフされ、産別組織を脱退した企業内組合に交付された金員を賃金として支払いを求めた、東京計器事件・東京地判（平二・二・七、労判五五七）や④産別残存組合が、脱退新組合に交付された残存組合員分のチェック・オフ金の支払・返還を会社・新組合に求めた事案である全金東洋シート事件・広島地判（昭五九・二・二九、労判四三七）、同控訴審・広島高判（昭六三・六・二八、労判五二九）、⑤②の関係事案である不当労働行為救済命令取消訴訟事件（例：ネッスル日本霞ケ浦工場事件・東京地判〔平元・一二・七、労判五五三〕等）など、不当労働行為に関わるような事案が多い。その意味で、控訴審の判断を基本的に受けた上告審判旨⑴の部分は、本件事案と必ずしも相応しない③東京計器事件の論理（個々の組合員の委任で処理する法理）や⑤ネッスル日本霞ケ浦工場事件判示のそれを採用している点に問題があるように思われる。前述した①日本炭礦事件の判示も、〝協定の支払委任効を否定し、チェック・オフの実施につき個々の同意を要する〟としている、とする反論も生じえようが、先ほども指摘したように、退職者が関係した事案であり、しかも、退職金（これについては後述する）から生協の負債立直しのチェック・オフに関する事案であり、チェック・オフの対象およびその目的からいっても、本件事案にそのまま該当すべき事案ではない。問題とされているのは、脱退前の旧所属組合のチェック・オフ協定の効力が脱退者にも及ぶかということであるから、協約の人的適用範囲の問題として処理すべきであったように思われる（なお、倉田前掲論文参照）。その意味で、②のネッスル霞ケ浦工場事件控訴審の判示の論理が参考に値する。

六　それでは、なぜ、本判示(1)①は、本件チェック・オフ事案を協約の集団的規制力の枠の問題として法的判断を下したが検討されねばならない。その最大の理由は、チェック・オフ協定の対象属性から法的結論を下したように思われる。つまり、チェック・オフされた組合員の金員は、たしかに本来労働者個人に所属することが予定されていた賃金（＝個人の既得の権利）の一部であった。この点を最大に評価し、右結論を導いたと思われる。しかし、個々の組合員が労働組合もしくは組合幹部に代理権を授与したり委任したりして、自らの職場復帰の条件や退職の条件を取り決める場合（例：前者については、例えば、日本鋼管事件・横浜地川崎支判（昭六〇・九・二六、労判四六〇）、後者については、北神コンクリート事件（仮）・神戸地判（昭五三・八・三一、労判三〇七））と本件組合活動費としてのチェック・オフされた賃金債権の一部の処理を同一の委任法理で処理しえる対象なのか否か、判旨の割り切り方に疑問なしとしない。「判示(1)①の「組合員がチェック・オフを受忍すべき義務を負うものではない」との箇所は協約であるチェック・オフ協定につき、規範的効力を有するとする見解（菅野『労働法〈第三版補正版〉』〔弘文堂、昭和六年〕四二五頁、小西「チェック・オフの法的構造」季労一六四号一三一頁）を採用しない旨を明言したものといえるが、組合費のチェック・オフの組合財政上の機能や組合活動時間創設的機能

〈遠藤隆久「チェック・オフ」ジュリスト増刊・労働法の争点〈新版〉〔平成二年〕一〇四頁〉等を法的に評価づけの中でまったく捨象しきれうるものなのか。判旨の論理からは読み切れないといえる。協定の支払委任効果を否定した①日本炭礦事件の判示は、たしかに退職金からのチェック・オフにつき組合員であった者からの同意を必要としたが、一般的な組合費ではなく、生協の債務処理を組合員の退職金からのチェック・オフで充当した事案で、いわば使用目的からの制約論理（その意味で、政党選挙絡みの組合費徴収につき組合員が返還を求めた事案〔例：私鉄総連営団労組事件・東京地判・昭五二・五・三一、労旬九三二〕と共通するものがある）を介在させており、本件のような一般組合費のチェック・オフが問題となったのとは異なる。

七　判旨(1)の①は、労基法二四条但書の要件を充足したチェック・オフ協定は、免罰的効力を有するだけで、組合員がこれに拘束されるとの私法上の法律効果（支払委任効果）の根拠とはなりえないものと結論づけたものといえよう。この判旨の箇所は、チェック・オフ協定は、たしかに取立委任的効果しかないが、労基法二四条の規定により支払委任効果が認められるという見解（山口・前掲書二七六頁）により、チェック・オフをするにつき個々の労働者の同意を要しないとする主張を否定する意味があると思われる。なお、判例上、右二四条協定の法的効果について言及したものはあまりなく、⑤の控訴審・東京高判（平三・六・二六、判時一四〇一・一二六）がある。

八　判旨(1)②は、チェック・オフの法的性格を支払委任として結論づけたわけで、判例の支配的見解に依ったものといえる。（なお、代理受領説を採用したものとして、①日本炭礦事件、④全金東洋シート事件の第一審及び控訴審の判示等がある）。判旨(1)③は、チェック・オフ協定は、会社と組合員間との間で私法上の効力を有しないため、その実施は、契約で律せられることを最終的に確認したものといえよう。組合加入の法効果により、チェック・オフ開始のさいはあまり問題となりえないが、チェック・オフの中止は、組合員の意思次第ということに帰結する。そのため、Xの上告理由の第二の「組合費引去依頼書」の意思解釈の疑念も判旨(2)で受け入れなかったといえよう。

総じて、本判示は法律審であるという上告審本来の構造的枠がありながらも、認定事実とその法的評価に必ずしも整合性があるとはいえず、チェック・オフの法的問題につき学説論争の決着をつけた傾向が否めないものといえよう。

〔参考文献〕

文中に引用したもの以外に、菅野和夫・諏訪康雄『判例で学ぶ雇用関係の法理』（総合労働研究所、一九九四年）、山川隆一「チェック・オフをめぐる権利義務関係と不当労働行為—ネッスル日本霞ケ浦工場事件」ジュリスト九六〇号、渡辺章「労働協約の規範的効力の範囲」東京学芸大学紀要第三部門第二三集一。

〔平成六（一九九四）年〕

2　内部告発文書と普通解雇の効力
――敬愛学園事件・最一小判平成六年九月八日・労働判例六五七号一二頁――

一　事　実

一　上告人X（被告、控訴人、以下X）は、高校（国学館）を設置・経営する学校法人であるが、生徒数減少にともなう経営危機が教育内容の低落、教職員の服務規律の乱れ等を惹起せしめていた。昭和五八年以来Zが理事長（昭和六〇年四月より校長兼任）に就任し、強力なリーダーシップの下、種々の改善策を実施し、ために、再建策の効果は徐々に実をなしつつあった。しかし、教職員の間からは独善的であるとの批判も生じていた。被上告人Y（原告、被控訴人、以下Y）は、Xに教諭として採用され、社会科のちに国語も合わせて担当し、かつ、右校務分掌以外にも、奉仕活動を含む特別教育活動等を長い間担当してきた。

二　X教職員就職規程（以下「就規」）一五条に「普通解雇」に関する規定がおかれ、同条一号「勤務成績不良」、同二号「心身の故障のため職務遂行不能」、同三号「一二号外の職務の適格性欠如」、同五号「その他前各号に準ずるやむを得ない事由がある場合」、そして、同八号では「懲戒解雇処分が決定したとき」等の各解雇事由が定められている。他方、就規三七条には、懲戒処分規定がおかれ、懲戒事由として、教育方針違背行為、職務上の義務違反、服務規律違反等が掲げられ、同三八条では、懲戒処分の種類として、譴責、減給、出勤停止、懲戒解雇の四つが定められている。

三　(i)　Xは、Yに対し昭和六二年二月二七日付で解雇の意思表示（＝第一次解雇）を行った。解雇理由は、①勤務成績不良（遅刻の常習犯、入試問題配布ミス）、②業務命令拒否（東北地区私学研修会でのレポート拒否）、そして、③教育方針違背行為（テストの実施方法等に関するZの指示、方針に反対した）などである（なお、右第一次解雇理由は、第一審認定事実と控訴審のそれとは、若干異なる。上告審は、原審＝控訴審の確定した事実関係によっている）。

(ii)　これに対し、Yは地位保全の仮処分申請をなし、昭和六二年一一月一八日、裁判所は右申請を認容。ところが、Yは、右仮処分申請前に、Xによる解雇の不当性を訴えかつ調査依頼等の文書を県弁護士会長あて（「文書一」）、次いで、右弁護士会長あてにXおよびZの実態報告に関する文書（「文書二」）、そして県弁護士会あてに、Zの教育の具体例を挙示した文書（「文書三」）を提出した。なお、「文書一」および「文書二」には、①学校会計と文化祭でのバザー収益との関係、②台湾旅行の件、③Xの労務管理等についてのXもしくはZを批難する記述があった。また、「文書三」には、①女子寮内での飲酒、②万引、③その他につき、Zを非難する記述が同じくあった。

(iii)　さらに、Yは、右仮処分事件係属中に同人を取材に訪れた週刊誌の記者に、「文書一及び二」の写しを交付したかこれを示すかして説明をし、ために、ZのX運営に対する姿勢や実態、あるいは、右文書のYの言い分を内容とする記事が掲載されるにいたった。

(iv)そこで、Xは右(ii)(iii)の行為は、前記就規一五条の一号、三号、五号に該当するとして昭和六三年三月一二日、第一次解雇を撤回し、あらためて、Yに解雇の意思表示（＝第二次解雇）を行った。

(v)　なお、第一審でXは、前記三(i)の②③等は、懲戒事由にも該当することを合わせて主張。第二次解雇理由として、右週刊誌への情報提供行為以外に、仮処分審尋中のYの上申書・陳述書の中でのZおよびXの役員批判および仮処分申請認容後、復職和解話し合いのさい、Yが誓約書の提出を拒否したことが、それぞれXY間の信頼関係を破壊し、協調性が欠如する旨が付加されていたが、第二審では主張されていない。逆に、控訴審で初めて、前記「文書一乃至三」の内容が解雇事由に該当する旨Xより主張された。また、Xは、控訴審では、第一次解雇理由と第二次解雇理由を分けて主張せず、包括的に「勤務成績不良・勤務態度不良」(これは、前記三(i)の①②等が該当)、「Zに対する不当発言」(これは、同三(i)の③等が該当)、「XおよびZに対する名誉信用毀損行為」(これは、前記三の(ii)各文書の内容および(iii)の週刊誌への情報リークが該当)が合わせて普通解雇理由として主張された。さらに、第一審では、Xの論拠とされた就規条項は、前一五条一号と五号であったが、控訴審および上告審では、右各号に、三号の「職務適格性欠如」が合わせて主張された。(総体として、第一審および控訴審において主張された解雇理由の一部は、各審判示において、認定自体否定されるか、解雇事由に該当せずと判断され、上告審で法的判断の対象となったものは、前記三(i)(ii)(iii)に限定せられた。したがって、当事者の主張および各審級判示の概略紹介は、当然右事項に限定)。

四　これに対し、Yは、以下の理由から雇用契約上の権利が存することの確認を求めた。第一に、第二次解雇は、普通解雇ではなく懲戒解雇である。第二に、第一次解雇理由中①は雪害によるもの、あるいは処分の均衡性等からみて解雇理由に該当せず。第三に第一次解雇理由②は、発表命令自体に「業務性」がなく、たとえ正当な業務命令であっても、拒否には正当事由あり、第四に、第一次解雇理由③は、該事実の存在を否認、第五に、第二次解雇理由中、報道機関への資料・情報提供行為は、不当解雇を訴える手段として社会的妥当性があり、記事の内容・表現には、Y自身直接関与せず、第六に、第一次解雇理由①乃至③、そして、週刊誌への情報提供行為は、たとえ解雇理由に当たるとしても、いずれも軽微あるいは相応の理由があり、解雇権の濫用。

五　第一審・秋田地判(平二・五・一八、労判六五七)は、以下の理由でYの解雇を無効とした。(一)第二次解雇は、普通解雇。(二)(解雇理由の是非)(就規一五条の)解雇事由の有無の解釈にあたっては、(就規三七条の懲戒事由と一部概念的に重複しているので）「本件解雇の有効無効を判断するに（は）……Yの側に……実質上懲戒処分としての解雇に相当するだけの事由（の有無）が判断の対象とならざるを得ない」（傍点—筆者）。㈢（具体的判断）㋑第一次解雇理由①は、軽微な懲戒事由で、解雇理由に該当せず。㋺同②は、Xの発表の指示・命令は、業務命令。しかし、Yの拒否にも相応の理由があり、解雇たりうる非違行為でない。㋩同③は、Yは私学（Xの）教育方針服従義務があると同時に、公教育との関係から「教育の自由」を実践する立場にある。前者の義務の全き否定でない限り、教育実践は、教諭の裁量の範囲内。Yは、右裁量権を逸脱せず。㈡（第二次解雇理由として週刊誌への情報提供行為）終局判断前に、訴訟当事者が、自己の一方的言い分等を報道関係等に提供し、事件を報道させることは相当でなく——X自体の対外的名誉（毀損）。しかし、「労働事件において、使用者側に比し、経済的、社会的基盤の弱い労働者側が、自己の主張の正当性につき（世間一般の支持を得るため）、報道機関へ働きかけ（る）ことは、往々（ある）」。記事により、Xの名誉は毀損、しかし、その内容は雑誌社の編集権の問題であり、Yに責任なし。解雇事由たりえず。㈣（結論）その他の理由を含めXの主張する第一次および第二次解雇理由は、就規一五条所定の解雇事由に該当せず。解雇無効。X控訴。すでに、三(v)で述べたように、Xの控訴理由中で主張された解雇理由ならびにその論拠条項は、第一審とくらべて若干ことなるが、その大要はあまり変動はない。Yも、大旨第一審時と同一の視点から反論。

六　第二審・仙台高秋田支判（平五・二・二四、労判六五七）は、以下の理由で第一審と同様、Y解雇を無効とした。㈠本件解雇は、普通解雇。㈡（認定事実）第一審とほぼ同じ。㈢（解雇理由の是非）㋑第一次解雇理由①は、いずれも解雇事由に該らず。㋺右同②は、Xの業務命令は権利の濫用ではないが、諸般の事情からみて、Yの業務命令拒否は「悪質な服務規律違反の非違行為と（はいえない）」。㋩右同③は、「各教員にも一定の範囲で教育の自由（があり）、授業内容や試験の方法、内容等の細部に亘ってまで理事会や校長の指揮、命令に服すべき義務（はない）」し、コンセンサスの欠如した下でのZの方針も不適切ゆえ、Yの解雇理由とするのは一面的。㈡（第二次解雇理由中、週刊誌への情報提供行為について）(A)「一般に、労働者が、使用者を誹謗、中傷し、その人格攻撃に亘るような内容の文書を報道機関に提供し、報道機関がこれに基づき報道活動をして使用者の対外的名誉、信用が失墜せられたような場合、当該労働者の行為は、使用者に対する忠実義務違反（であり）……労働者としての適格性が問われることがあ（る）……その理は、（教員にも）原則として妥当」。しかし、「労働者（教員）が直接（使用者を）……誹謗中傷する……言論活動をした場合と異なり……報道機関の報道を介して使用者の名誉・信用が害された場合は、（情報提供者）である労働者（教員）の責任は二次的（である）」（二四、三六頁）。(B)右情報提供者の責任が問われるのは、情報源であるY「文書一・二」引用による記事内容の(α)「真実性の有無」または(β)「事実評価の適切さの是非」によって決すべき（二五頁）。(C)（具体的判断）(a)Xが虚偽、誹謗、中傷であるとする記事中「真実に反し」「事実評価不適切」と認められるのは少ない（「文書一・二」）の①③に相応する記事は、真実に反せずか、虚偽とまではいえない。同③に相応する記事は、事実に反し、不相当。しかし、Yの真意が反映されていない編集内容。(b)Xは、記事の虚偽性を主張・立証していない部分もある。(c)第一次解雇をめぐる紛議中であるYには、忠実義務はない。(d)週刊誌のコメント要望にXは拒否し、結果的に不利益な記事の掲載となった。(e)「Yが、解雇の不当性を社会に訴える意図をもって情報提供をし、その中に真実性の証明ができず不相当といわれるような部分があったとしても、宥恕すべき」（三六頁）。(ホ)（第二次解雇理由中、弁護士会等提出文書、とりわけ「文書三」の内容について）(A)（具体的判断）「文書三」①ないし③は全て真実とは認められない。その他、「文書一・二」の記載文中、週刊誌未掲載部分も、一部「真実の証明がなされていない」。(B)しかし「（弁護士会等に提出された文書）は、報道機関による一般人に対する報道とは……異なり、その存在や内容が知れる範囲もごく限定され、それが伝播する可能性も少ないし、かつその内容を了知した者をして、その真実性を信ぜしめる可能性も（低い）」ので、「Xらの被る不利益は……少ない」（三三、三七頁）、(四)（結論）本件解雇は、解雇権の濫用で無効。Xは、右判断の全部破棄を求めて上告。

二　判旨——原判決破棄、第一審判決取消

一　(1)「（文書一ないし三は）Xの学校教育及び学校運営の根幹にわたる事項につき、虚偽の事実を織り交ぜ、又は事実をわい曲して、X及びZを非難攻撃し、全体としてこれを中傷ひぼうしたものといわざるを得ない。」(2)「さらに、Yの（週刊誌）の記者に対する文書一及び二の情報提供行為は、……問題のある情報が同誌の記事として社会一般に広く流布されることを予見ないし意図してされたものとみるべきである。」(3)「以上のようなYの行為は、Zの名誉と信用を著しく傷付け、ひいてはXの信用を失墜させかねないものというべきであって、Xとの間の労働契約上の信頼関係を著しく損なうものである」(4)「第一次解雇がZの学校運営に批判的で勤務状況にも問題のあるYを排除しようとして性急にされたうらみがないではないことや、Yが、（県）弁護士会又は（同）弁護士会会長あてに前記各文書（「文書一乃至三」—筆者注）を交付したのが第一次解雇の効力をめぐる紛争中のことであったことを考慮しても、右の評価が左右されな（い）」。そして「Yの勤務状況には、前記（第一次解雇理由①ないし③の事実—筆者注）のような問題があったことをも考慮すれば、本件解雇（は）権利の濫用（ではない）。」

二　原判決破棄。「YとXとの間の雇用契約は、本件解雇によって終了した（ので）Yの本訴請求は棄却。」

三　解　説

一　本件事案の中心的な問題は、労働者が自らの解雇反対運動を行っているさなかになした言論・表現活動（県弁護士会および同会長宛の文書の内容と右同文書にもとづく週刊誌への情報提供行為）による企業の名誉・信用の

法益侵害とされた行為が、普通解雇として妥当性を有するか否かである（なお、事実三で概略説明したように、第一審段階では、弁護士会宛Y文書の内容表現の是非は、普通解雇理由としてXより主張されておらず、むしろ仮処分審尋中のYの言動と週刊誌への情報提供行為が、解雇理由の中で重きをおかれて主張された）。

二　継続的な債権関係としての労働関係の特殊性から、労働者は、自ら属する企業の秘密・名誉・信用を毀損してはならない義務を負うことが一般的に肯定されている。

しかし、それも包括的かつ無制限に右義務を肯定すべきというわけではなく、労務提供過程ないしそれと関連して、なされた場合に（業務上の背任、企業機密の漏洩あるいは、自社製品の悪口等）限定して付随義務として解すべきとか、あるいは、労務や職務の遂行と関連なくしてなされた企業の名誉・体面・信用の毀損・侵害行為も、継続的な債権関係の中での信義則的な論理を媒介にして、限定的に解すべきで、普通解雇その他の懲戒処分は、その限度で肯定できうるということが一般的に論じられている（籾井常喜『経営秩序と組合活動』〔総合労働研究所、昭和五〇年〕二三五頁）。

ところで、右法的問題が労働者の表現の自由の行使の一環である文書活動をめぐっての次元で論議される場合に、判例法理上も学説上も単純に議論がなされているわけではない。というのも、判例法理上の事案を検討してみると、この企業の信用・名誉を傷つけないという労働契約上の義務と労働者に対する解雇その他の処分の是非をめぐる事案は、第一に、Ⓐ労働者が「市民」としての立場でなされた言論・表現の問題として考えられる場合がある。そして、第二にⒷ「団結権の主体として権利を行使する場合の労働者の文書活動」（横井芳弘「企業秩序と労働者の表現の自由―関西電力事件判例批評」労判四一七号）として考えられる場合がある。右両者とも、企業の信用・名誉等の法益を侵害したことを理由に、労働者が就業規則上の該当規定違反を理由に懲戒処分（含懲戒解雇）されたり、契約上の対抗措置（含契約解除）を取られたりする場合がある点では同一である。しかしながら、本件事案のように、「労働者が自らの企業を批判する行為と企業の名誉・信用等を傷つけないという労働契約上の義務違反」をどう考察すべきかが、右(A)(B)という単純な議論で処理できえない法的問題を惹起せしめる。

三　(A)(B)ともに、労働者が関わる表現活動の是非をめぐる問題であることにおいては、同一である。しかし、「自らの企業を批判する行為でなく、かつ、自らの職務の遂行と関係のない行為」で、企業の名誉・信用等を毀損したとして、労働者の処分の法的効力が問われた事案として、労働者がデモ等の企業外政治活動により逮捕・勾留・起訴されそして処分の是非が問われた「企業外非行」がある。これは、単純に右(A)の類型に入れることができよう。懲戒処分に関する最高裁先例として、国鉄中国支社事件・最一小判（昭四九・二・二八、労判一九六）と日本鋼管砂川事件・最二小判（昭四九・三・一五、労判一九八）がある。右両判決の処分の結論はともかく、デモによる逮捕等が、公社または企業の社会的評価等を毀損したと評価し「職務遂行と直接関係のない私生活（上の行為）」についても使用者の懲戒処分が是認されうるとした。

関西電力事件・最一小判（昭五八・九・八、判時一〇九四）は、個別組合員の社宅内での、「自らの企業を批判する」ビラの内容が誇張・歪曲、誹謗・中傷に充ちており、かつ、「職務遂行に関係なく行われたもの」として、右「企業外非行」と同類型に属するものと評価し、該懲戒処分を肯定している。その意味で、労働者の「市民」としての文書活動と法的に評価したものといえよう（反対説・横井・前掲論文、片岡・大沼『労働団体法　上巻』現代法律学全集29（青林書院、一九九一年）三八二頁）。

四　他方、明らかに、前述の(B)類型に属する労働者の文書活動と懲戒処分の是非が問われたものである。これは、「自らの企業を批判する」市民宛の文書が「会社の名誉または信用を著しく失墜させた」こと等を理由に組合役員が懲戒処分を受け、この処分の是非が争われたものである。山陽新聞社事件・岡山地判（昭四五・六・一〇、労民集二一・三）は、ビラの内容に、一部虚偽等があるものの、新聞＝社会の公器論や組合間対立の緊迫下のビラ配布あるいは「労働条件に直接関連する諸問題も取り上げられている」等から、該ビラが「おおむね真実に合致する」として、正当な組合活動と評価し、該処分を無効とした。（なお、組合内少数派に属する組合員の市民的情宣活動の正当性が問題とされた事案として昭和電工事件・東京地決（昭三一・八・一五、労民集七・四）も、多少の誇張の表現があっても、正当な組合活動として評価されうるとしている。）

逆に、「自らの企業を批判する」市民宛の組合文書が「職務の遂行と関係ない」内容で、かつ虚偽的なものであれば、正当な組合活動と認められないとしたものに中国電力事件・最三小判（平四・三・三、労判六〇九）がある。

五　総じて、右判決の論理を検討するならば、労働者の文書・表現活動で「自らの企業を批判し」かつ「職務の遂行と関係のある」内容である場合、その内容の虚偽性、不当性は相対的な視点で、該活動が評価され、右(B)類型＝組合活動としての文書・表現活動と法的に評価される傾向にあるといえる。そして、逆に「職務の遂行に関係のない」「自らの企業を批判する」労働者の文書・表現活動は、(A)類型の中に含められて許価され、場合によって「企業外非行」のカテゴリーにおいて評価せられる場合もあるといえよう。したがって、この場合、右文書の内容については、厳格さを要求されるともいえる。

六　労働者の文書・表現活動が、組合活動として評価せられた場合（＝前述の(B)類型）、学説上も、文書の内容・表現が全くの虚偽でない限り、個々の誇張された表現や事実誤認的表現は、相対的に評価すべきとする見解が支配的である（籾井・前掲書二二九頁以下、横井・前掲論文一二頁以下、菅野『労働法（第三版補正版）』五三八頁、反対説・石川『労働組合法』法律学全集46（有斐閣昭和五三年）三二五頁）。右見解は、労使関係の場における言論戦において、労働者がきわめて劣位にある点を何程か法的に評価せんとするものである。組織労働者においても右原則は妥当し、さらに未組織労働者においては、言論・情報の質的、量的力量は、圧倒的に使用者に劣る点からいって、表現の虚偽の許容度は大きくなるともいえよう。

七　以上の前提を踏まえ本件事案の特質を検討してみよう。本件の場合、「職務遂行と関係のない」文書・表現活動について、労働者の契約責任が追及された場合ではない。むしろ、第一次解雇（勤務成績等を理由）に反対する言論活動の態様を理由とする普通解雇の事案である。このことは、第一審でXが主張した解雇理由の中に「仮処分審尋中のYの言動」が含まれていた点からもより明らかである。その意味で、たとえ未組織労働者の事案であっても前述の(B)類型に属する事案である。この視点で、下級審の論理は検討してみよう。第一審は、事実五㊂㈡で紹介したように、「労働事件において、使用者側に比し、経済的、社会的基盤の弱い労働者側」という視点から、言論戦における「報道機関への働きかけ」を、どちらかというと肯定的に解している。記事自体のXの名誉毀損部分は、編集権上の点から、労働者Yには第二次的な責任しかないとする。第二審も、労働者が使用者の人格攻撃を内容とする文書を報道機関に提供し、右機関がこれにもとづいてなした報道が使用者の名誉・信用を失墜させた場合、「忠実義務違反の問題が生ずるという一般論を論じ、この前提に立って、「文書一・二」自体の内容ではなく、記事それ自体の内容を、(α)真実性の有無または(β)事実評価の社会的妥当性（いわゆる内容の相対的正当性）という評価基準を導入し、右記事内容に全き虚偽はそれほど多くはなかったと認定。その他、解雇係争中、「XがY（文書）の虚偽性を立証していない」こと等から、解雇の不当性を市民一般に訴える目的の「情報提供（は）、真実性の証明ができず、不相当（な）部分があったとしても宥恕すべし」（三六頁）とする。「文書一乃至三」の内容自体については、「文書三」は、虚偽、「文書一・二」の週刊誌未掲載部分の一部は「真実の証明がない」としつつも、解雇係争中に伴う企業の信用・名誉等を傷つけないという付随義務の存立自体の疑念と配布対象の限定性・係争当事者文書の表現の誇大性の不可避性等から、右虚偽性は相対化せられるべきとしている。その意味で、第二審も、本件第二解雇理由となった三(ii)(iii)のYの行為を評価するにあたっては、組合活動としての労働者の文書活動をめぐる視点より判断したといえる。したがって、第一審、第二審ともに本件解雇の是非を判断するにあたっては、他の第一次解雇理由も合わせて、組合活動の正当性を論ずるさいに駆使される「諸般の事情」（教育実践をめぐるZとYとの対立の経緯、第一次解雇から第二次解雇の経緯、教育労働に占める裁量性の余地の肯定的評価等）をそれなりに検討したものといえよう。

八　上告審判示も、判旨**一**⑷の解雇権濫用事由の有無を検討する箇所で、Ｙの文書活動が「第一次解雇の効力をめぐる紛争中のことであった」と評価していることからみて、Ｙの文書・表現活動が、Ｙの「職務の遂行に関係のある行為」であり、したがって、組合活動、つまり前述の(B)類型の行為であると判断しているように思われる。そして、判旨**一**⑴の箇所で、Ｙの第二次普通解雇理由（事実**三**(ii)である文書・表現活動を「(自ら属する）Ｘ」ならびにＺを「非難攻撃（する）」との評価を下している点からも、右のことは裏付けられるものと一応いえよう。であるならば、判例や支配的見解の論理からみて、事実評価の虚偽性や不当性を相対的に評価すべきということになるのだが、判旨**一**⑴の文言を読む限りこの種の文書の内容にも厳格な基準を要求しているものといえよう。その意味で、前掲の石川教授の見解を採用したものといえよう。

ところが、判旨一⑵では、控訴審のように、週刊誌記者への「文書一および二」の情報提供行為を「労働者の編集権第二次責任論」を介在させて、記事それ自体の真実性ないし評価の社会的妥当性の有無から労働者の契約責任の存立の有無を検討せんとするのではなく、情報提供行為それ自体を契約責任の追及対象となるとの法的評価を下している。そして、判旨**一**⑶「以上のようなＹの行為」は、Ｙの虚偽文書配布と情報提供行為双方を指すわけで、これら両行為がＺの名誉・信用毀損、Ｘの信用失墜のおそれを惹起し、「労働契約上の信頼関係（の毀損）」との結論に至っているものといえる。しかし、判旨**一**⑴の部分は、Ｙの文書に虚偽や歪曲が全くなければ、正当な組合活動である労働者の文書・表現活動たりえる論理を内包しており、もし解雇が右文書の内容を理由になされたら、そのかぎりで労組法七条一項違反の解雇で無効の法的評価がなされうる余地ありといえよう。これ自体目新しいものではない。

むしろ、本判示の重点は、判旨**一**⑵の論理が示すように、Ｙの週刊誌への情報提供行為が、継続的な労働契約に内在する労働者の重大な義務違反であり、ＸＹ間の信頼関係を決定的に破綻せしめたという点にある。その意味で、情報提供行為を「企業外非行」類似のものと法的に評価をしたものといえよう。しかし、判旨**一**⑷が論ずるように、解雇紛議中の忠実義務の存否、あるいは、解雇という職務と優れて関係ある未組織労働者の情報提供であった点などが、判旨一(2)と整合的に論じられていない。その意味で本判示は、解雇権濫用の判断基準の恣意性を問うものとなっている。

〔参考文献〕

本文で引用以外に、吾妻光俊『解雇』(勁草書房、昭和三一年)、萩沢清彦「解雇の事由」大系5(有斐閣、昭和四六年)、小西國友「解雇の事由とその制限」季労別冊一号・労働基準法一一六頁一。

〔平成七(一九九五)年〕

３　施設管理権および照会票による組合員調査と支配介入

――オリエンタルモーター事件・最二小判平成七年九月八日・労働判例六七九号一一頁――

一　事件の概要

(1)　本件は、労働委員会の不当労働行為救済命令取消訴訟に関する事案である。本件には、(i)組合活動のための食堂利用拒否および組合加入状況の調査が、不当労働行為であるか否かが争われ、会社（以下Ｘ）が取消請求上告人である平成三年(行ツ)第三四号事案および(ii)組合事務所に関する団交拒否、新入社員教育における組合誹謗発言、賃上げに関する受領書の配布、そして饗応などによる組合脱退工作などが不当労働行為であるか否かが争われ、中労委が取消請求上告人である平成三年(行ツ)第三五号事案がある。本稿が評論の対象とするのは、前者である。ただ、右(i)(ii)は、同一事実により生起した判断であるため、事実上も、法律上も関連する部分については、(ii)についても言及する。

(2)　Ｘは、精密小型モーターの製造・販売を目的とする会社で、千葉県柏市に本社および同市をはじめとして全国に四営業所を有する。また、製品販売部門の子会社X_1（会社名・オリエンタルサービス、以下X_1）をも有する。両社の従業員は約九七〇名であった。被上告人Ｙは中労委（以下Ｙ）である。ＸおよびX_1の従業員で組織する労働組合Y_1（全日本金属情報機器労組東京地本オリエンタルモーター支部、ただし、本件事件発生時は、総評全金地本オリエンタル支部、以下Y_1）は、Y補助参加人である。

(3)　Y_1は、昭和四九年一二月二二日、XおよびX_1の従業員三六名により結成された。結成の動機は、三六協定締結のさいの従業員代表の選出方法などについての不満が高じたためであった。Y_1は、当初非公然であったが、組織拡大の結果、翌昭和五〇年の春闘時（五月）に、組合員数が約二五〇名ほどになったので、公然化大会を開催し、Xに対し、組合活動権の確立および賃上げを中心とする労働組合としての要求書を提出（いわゆる「一三項目要求」）し、団交を求めた。右要求項目の具体的な内容は、㋑就業時間中の組合活動、㋺便宜供与（組合事務所など）、㋩団交権の確認、㋩労働条件に関する事前協議条項などを中心とするもので、組合として取り立てて特異な要求ではなかった。

Y_1の組合員が最大規模となった（約六〇〇名）頃になされた、第一回目の時限スト（七月三日）まではXは、どちらかといえば「話し合い路線」を旨としていたと思われ、右「一三項目要求」につきXY_1間の交渉が数次にわたってなされ、部分的に「合意」に達したものもあった。しかし、右第一回目の時限スト以後、XのY_1に対する態度に微妙な変化がみられるようになり、Y_1が要求した交渉事項につき「解決済み」、「交渉事項が不明確」あるいは、「交渉の前提として組合員名簿の提出」を求めるなど、誠実に交渉する姿勢がみられなくなり、あまつさえ、暫定的に組合事務所としていた食堂からの組合備品の撤去、食堂利用の組合集会の不許可、あるいは三六協定締結の当事者としての適格性の有無判断のためと称する就業時間中の組合員名調査などの積極的かつ作為的な攻勢に出た。この間、約一〇ヵ月のXY_1間のいわゆる「労使攻防」のはてに、Y_1が、Xの右一連の対応を不当労働行為であるとして、千葉地方労働委員会に救済を申立てた（昭五〇・九）。地労委（昭五三・一・一三決定、別冊中労委時報九一二号三六頁）は、Y_1の申立ての一部を除き、いずれも不当労働行為であると判断し、組合大会等の妨害に対し、ポスト・ノーティスを命じた。これを不服として、Xより再審査の申立てがなされ、中労委（昭六二・五・二〇決定、別冊中労委時報一〇四八号三五頁）は、初審命令およびポスト・ノーティスの一部を取消しまたは変更したものの、初審命令を原則的に維持し、Ｘの再審査申立てを棄却した。なお、再審査結審時の組合員は三五名である。

(4)　ところで、地労委および中労委が、ともに認定しかつ法的決定を下した主たる事実は、大略以下の一〇点に分けられる。これを法的争点ごとに分けると五タイプに類型化できる。

〔争点一〕　団交事項と団交拒否（労組法七条二号）事案　①就業時間中の組合活動の範囲、②人事異動と協議・同意約款、そして、③組合事務所設置・貸与について、Ｘは、「正当な理由」なく団交を拒否したとして、Y_1は救済を求めた。

〔争点二〕　施設管理権による組合活動規制と支配介入事案　④組合集会等の食堂利用規制、⑤組合備品（含・組合旗）の自力撤去、そして、⑥千葉地本統一交渉団（上部団体役員）入構拒否は、施設管理権に名を籍りた組合活動に対する不当な支配介入であるとして、Y_1は救済を求めた。

〔争点三〕　業務命令と支配介入事案　⑦三六協定締結当事者確認のためと称する就業時間中の従業員の組合加入状況調査は、協定締結に籍口した支配介入であるとして、Y_1は救済を求めた。

〔争点四〕　給与支給差別と支配介入事案　⑧労使交渉中に、一時金および賃上げ回答額につき〝異議なく受領する〟旨の念書を配布し、受領する者に署名押印をして提出させたことは、組合の弱体化を図る支配介入であるとして、Y_1は救済を求めた。

〔争点五〕　その他の態様の支配介入事案　⑨新入社員教育において、会社顧問の組合誹謗発言および、⑩饗応・仲人を介する組合脱退工作は、組合の運営に対する支配介入であるとして、Y_1は救済を求めた。

(5)　初審命令と再審命令の違いは、(3)で前述したようにあまりなく、ただ、中労委は、㋑交渉事項命令中、就業時間中の組合活動につき〝社外における組合活動〟と限定して誠実交渉を命じ、そして「人事異動に関する事前協議約款又は同意約款の締結」を初審命令から削除・取消し、㋺ポスト・ノーティス中に、人事異動に関する団交拒否条項を付加し、他方で、初審命令ポスト・ノーティス中から、④組合集会妨害、⑤組合備品の撤去、組合旗撤去、そして、⑥上部団体役員入構拒否という、どちらかといえば、施設管理権に関わる部分を削除し、取消した点に留意すべきである。

右中労委再審査命令に対し、Xが取消の行政訴訟を提起した。第一審・東京地判（平二・二・二二、労旬一二四六）は、(4)で述べた法的争点中、〔争点一〕中①②および〔争点四〕中⑧の一部についてのみ再審命令を適法とし不当労働行為の成立を認めたものの、他については違法とした。これに対して、XY・Y_1双方が控訴した（二六号および二八号事件）。控訴審・東京高判（平二・一一・二一、労旬一二五七）は、右法的争点中、〔争点二〕の④および〔争点三〕の⑦につき、再審査命令を適法とし、原判決を取り消した。その他の点については、第一審の原判決を維持した（したがって、控訴審の判断によると、争点中、①②④⑦そして⑧の一部〔一時金に関する念書〕について、再審査命令適法ということになった）。XY・Y_1双方が上告。Yが上告人である第三五号事案について、最二小判（平成七・九・八）は、上告棄却（したがって法的争点③⑧の賃上げに関する念書、⑨⑩について救済再審査命令違法とする高裁判断が維持された。労判六七九）。Xが上告人である第三四号事案については、原判決中、主文B項一部分（＝控訴審判決が一審判決を取り消した部分、つまり、法的争点の④および⑦部分）を破棄、右部分に関するYおよびY_1の控訴を棄却した。なお、Xのその余の上告も棄却された（控訴審が、命令適法と原審判断を維持した法的争点①②および⑧の一部に関する部分）。ために、再審査命令の適否については、第一審判示と同一の結論となった。以上が、本件事案の概略である。

(6) ところで、本件最高裁判示の概要を紹介する前に、本判示で最大の争点となった（法的争点二・施設管理権による組合活動規制と支配介入事案）④および（法的争点三・業務命令と支配介入事案）⑦の事実経緯について詳述する必要があるであろう。

(1) 組合集会等の食堂利用規制に関する事実

㈠　これは、（法的争点二）の③組合事務所設置・貸与に関する団交拒否と救済申立てと関連する。Y_1は、組合結成以来、長年の悲願であるX施設内における組合事務所設置・貸与に関し、Xと精力的な交渉を続けてきた。右事務所の貸与協定についても、XY_1間で部分的な合意すら成立した。Xも「組合結成通知をうけて以来、会場使用許可願の提出があれば、業務に支障がない限り組合に食堂の使用を許可していた」（上告審の認定判断）。事実、食堂はY_1により、暫定的に組合事務所としての機能を果たしていたし、当初、Y_1は食堂を組合事務所の設置場所としてXに要求した経緯もあった。しかし、結局、食堂案はXの受け入れるところとはならず、その他の三候補地中、「第二事務所地下二階のC部分」でXY_1の合意がなされたものの、右協定書にY_1が〝暫定条項〟の覚書を付加したため（昭和五〇年七月）協定書が締結されない状態が継続した。その後、Y_1の時限スト後のXの対応硬化により、「組合事務所設置の合意」が暗礁に乗り上げ、杳として、便宜供与のもっとも中心的な課題につき決着がつかず、Y_1は、引き続き食堂を組合事務所として代替的に使用することを余儀なくされた。

㈡　このような状況に対し、(a)それまでは、食堂利用の組合集会に対し、Xは守衛をしてその参加数のみの確認で済ませていたにもかかわらず（ただし、地労委および中労委の認定事実―筆者注）、昭和五一年二月頃より、便宜供与に関する合意不成立を拠り所に、私権・施設管理権の行使と称し、(b)右集会の参加者名の記録を守衛をしてなさしめ、これに抗議する組合に対し、警告書を発令し、抗議当日の食堂利用の許可願を却下した。さらに、(c)使用届の提出のみで集会を行なう組合に対して、食堂からの退去命令、電気の消灯という手段で対抗するまでになった。(d)団交を求めて解決の途を探ろうとするY_1に対し、〝「守衛から取り上げた記録用紙の返還と陳謝」を条件に、事前申入れによる食堂利用を許可しうる〟との文書回答のみで対応し、加えて、(e)その後には、条件（㋑使用目的、人数、使用時間を明記した許可願の提出、㋺上部団体役員を除く外部者の入場許可制、㋩排他的使用禁止、㊁構内への入退場のさいのX諸規定遵守）を充足する場合にのみY_1の食堂利用を許可するとの立場を鮮明にした（「許可四条件」の確立）。これに対するY_1の逆提案あるいは、どちらかというと組合活動権と施設管理権の比較考量的な立場から、XにY_1の食堂利用を認めるべきとする地労委勧告が出されたものの、Xは、右四条件による許可に固執し、団交が若干なされたが、合意をみずに打ち切られた。そして、結局のところ、昭和五一年四月頃から、Y_1は、組合集会のために食堂利用を許可されず、事実上も「終業後施錠」により、利用が不可能となった。

(2) 三六協定締結当事者確認のためと称する就業時間中の従業員の組合加入状況調査

(一) Xでは、昭和五〇年四月、本社が存する豊四季事業所の従業員代表某との間で、三六協定を締結・労基署長に届け出て、残業を実施していた。ところが、同年六月五日の団交で、Y_1が右協定の「従業員代表某」が過半数代表でないことを理由に無効を主張し、かつ同年九月一八日に自らこの協定締結を求めた。他方、Y_1の組織戦術も絡んで、労基署に右協定の適格要件である「従業員代表」につき、Y_1が従業員の署名を集めながら異議申立を行なった。これに対し、労基署は、同年一〇月二二日、Xに対し是正勧告を行なったものの、Xは当初、これに従わず、呼出しを受けるまで残業を行なっていた。そして、逆に、Y_1に三六協定締結当事者としての適格性判断をなすためと称して、団交、あるいは文書で数回にわたり「組合員名簿」の提出を求めた。Y_1は、これを拒否。

(二) そして、同年一一月一八日、Xは、Y_1がXの要求に応じないと判断し、「豊四季事業所その他の各事業所(で)、所属課長を通じて、就業時間中に一斉に、従業員全員に対し……(中略)……組合加入の有無を調査する照会票……(中略)……を配布し、記名の上即刻回答するよう求めた」(上告審認定事実)。なお、右照会票の文面中に、労基署の指導ものとになされる旨の文言があったため、後日労基署より注意書がXに出されたという経緯があった(地労委および中労委認定事実—筆者注)。

(三) Y_1は、右照会票の配布を不当な支配介入と非難し、謝罪を求めたが、XはY_1が従業員の過半数を組織するか否かの確認のためであり、組合員名簿をY_1が提出しないための代替的手段であったと主張し、Y_1の謝罪要求に応じなかった。その後、Xは、照会票により豊四季事務所では、Y_1は従業員の過半数を組織していないことが判明したと断定し、非組合員五名の従業員代表と三六協定を締結し、労基署長に届け出て、労基署から適法である旨の連絡を受けた。

二　判　旨

(1)　組合集会等の食堂利用規制に関する判断

(1)　総論的判断

①　「労働組合又はその組合員が使用者の許諾を得ないで企業施設を利用して組合活動を行うことは、これらの者に対しその利用を許さないことが当該企業施設につき使用者が有する権利の濫用であると認められるような特段の事情がある場合を除いては、当該企業施設を管理利用する使用者の権限を侵し、企業秩序を乱すものであり、正当な組合活動に当たらない」（国鉄札幌駅事件・最三小判昭五四・一〇・三〇、民集三三・六・六四七、済生会中央病院事件・最二小判平元・一二・一一、民集四三・一二・七八六—筆者注）。

②　「施設利用拒否を通して、労働組合の弱体化を図ろうとする場合に不当労働行為が成立し得るが）使用者が組合集会等のための企業施設の利用を労働組合又はその組合員に許諾するかどうかは、原則として、使用者の自由な判断にゆだねられており、使用者がその利用を受忍しなければならない義務を負うものではない」。

(2)　具体的判断

①㋑「許可願の提出があれば業務に支障がない限り食堂の使用を許可していた（ことから）XがY_1に対し、食堂の使用につき包括的に許諾をしていた（とはいえず）その取扱いを変更することが許される」、㋺K守衛事件発生後の、Y_1の使用届のみの食堂無許可使用はXの施設管理権を無視し、正当な組合活動に当たらない。㋩したがって、Xの許可四条件の提案は、「施設管理者の立場からは合理的な理由（があり、）……（中略）……XがK守衛事件を契機として、従前の取扱いを変更し、その後、食堂利用について施設管理権を前提とした合理的な準則を

定立しようとして、Xの施設管理権を無視するY_1に対し使用を拒否し、使用条件について合意が成立しない結果、自己の見解を維持する組合に対し食堂を使用させない（のも）やむをえない」。㈡「諸般の事情」（業務上の支障が少ない、組合事務所の貸与がない、企業内組合活動の困難性、労働委員会の勧告など）を考慮しても、「条件が折り合わないまま」XがY_1又はその組合員に対して食堂の使用を許諾しないことは、「Xの権利の濫用であると認めるべき特段の事情があるとはいえ（ないので）食堂の使用拒否（は）不当労働行為に当た（らない）」。

(2) 組合加入状況調査に関する判断

(1) 総論的判断

「（組合には組合員名簿提出義務はない）」「使用者がその雇用する労働者のうち誰が組合員であるかを知ろうとすることは……（中略）……本来使用者の自由に属する行為で（あるが）、労働者の団結権等の関係で一定の制約を被ることは免れない」「使用者が、組合加入が判明することによって具体的な不利益が生ずることをうかがわせるような状況の下」「組合員に動揺を与えることを目的として組合加入についての調査をした……（中略）……場合であれば、格別、一般的に、使用者において個々の労働者が組合員であるかどうかを知ろうとしただけで直ちに支配介入に当た（らない）」。

(2) 具体的判断

㋑Xは、残業を行なう必要から適法な三六協定を締結する必要があった、㋺他方、Y_1は過半数組合としての右協定の当事者としての締結を要求しながらも、組合員名簿の提出を拒否していた、㋩このような状況のもと、「組合の組織率を把握する必要が（Xに）あったのであり、……（中略）……正確を期するために記名式の用紙による照会をしたとしても（不当ではない）」。

(3) 結論

「秘密投票の方法によるものではなかったことのみをもって、組合に動揺を与え、組合の弱体化を図るために組合員の氏名を知ろうとした行為である（とはいえない）」（傍点—筆者）。

ただし、河合伸一裁判官の反対意見がある。

三　解　説

㈠　本件事案は、多岐にわたる法的問題点が存する。事案に即して、主要な争点となった問題点の第一は、使用者が労使間において組合事務所設置・貸与に関する合意が成立しないあいだ暫定的に、使用許可願いがあれば、業務上支障がない限り、集会などのために労働組合が食堂を利用することを認めてきたが、労使関係が緊迫化するプロセスのなかで、守衛に参加者名を確認させたり、許可に条件を付したり、労使間に合意ならずとなれば、いっさい使用を許可せず、はては強行使用する労働組合に対し、対抗的に施錠し事実上使用不能にさせたことが、不当労働行為（支配介入）にあたるか否かである。第二の法的問題点は、使用者が、三六協定を過去に締結するとの名目で、記名式による照会票で「上司」を介し、「就業時間中」に、従業員全員に対し、組合加入の有無を確認することが、支配介入にあたるか否かである。そして第三に、行政訴訟である労委命令の司法審査における判断基準の枠組みに関する問題である。これには、いわゆる実質的証拠法則の問題も相関連するものといえる。ただし、この問題についてはすぐれて労働訴訟上の問題でもあるので、紙数の関係もあり本稿では言及しない(1)。

㈡　第一番目の問題から検討する。本件事案については、「事件の概要」ですでに紹介したように、労委段階で二回、行政訴訟で三回と都合五回の法的判断が下されている。その意味で、いわゆる〝五審制〟といわれる労委命令の取消訴訟に関する典型的な事案である。そして、もっとも留意すべき点は、いわゆる国鉄札幌駅事件・最三小判（昭五四・一〇・三〇、労旬九八八、民集三三・六）以前に下された判断は、唯一、初審命令（昭五三・

一・一三）のみであって、他はすべて、右国鉄札幌駅事件判決後に下されたものである。そのためか、とりわけ初審命令の基本的視角は、「組合活動権と施設管理権」につき、どちらかというとはっきりとは明言はしていないものの、いわゆる「受忍義務論」的な論理に依拠したものということができる。ところが、再審査命令は、〝労使間のやりとり・交渉の経緯〟を非常に重視しながら判断を下している。このことは〝事件の概要〟ですでに指摘したように、初審命令ポスト・ノーティス中から、どちらかというと施設管理権に関わる部分（④組合集会妨害、⑤組合備品・旗の撤去、⑥上部団体入構拒否）を削除した点にあらわれている。右再審査命令の論理は、これまたはっきりとは明言してはいないが、やはり、前述の国鉄札幌駅最高裁判決の「許諾説（権利濫用説）」を十分に意識したものといえよう。それゆえ、本判示においては右判決の「労働組合又はその組合員が使用者の許諾を得ないで——企業の物的施設を利用して組合活動を行うことは、これらの者に対しその利用を許さないことが当該物的施設につき使用者が有する権利の濫用であると認められるような特段の事情」（傍点—筆者）という判断が、本事案においていかになされたかを検討することにあるといえよう。

㈢　ところで、右最高裁判示の「権利の濫用」をいかに理解するかについては、判決後の種々の論評のなかでも基本的に不当労働行為を意味することについては異論なく論じられていた。たとえば、「施設利用の組合間差別[2]」あるいは「使用者側にはっきりとした反組合的意図がある場合[3]」などが例示的に主張された。加えて、右最高裁判示が、講学上著名ないわゆる「受忍義務論」を明確に否定したというセンセーショナルな論点とは別に、無許可ビラ貼りに対する民事懲戒処分の是非が争われた事案に対する判断であった点にその特殊性があることも、また論議の対象とならざるをえないものであった。換言すれば、労働組合または組合員の施設利用に関わる支配介入という事案につき、右最高裁判示の判断基準をどのように法的に評価すべきかという大きな論点についても、すでに判決時から論議がなされていた。つまり、「団体行動が正当（適法）な場合の使用者の妨害排除請求権[4]」の是非を、右判示の判断枠との関連でどのように解するかである。右判示の枠内でも、労働組合等の行為が憲法二八条の保障する団体行動権の保護の及ぶ範囲内の行為と認められる場合には、それは正当な団体行動と評価され、かかる正当な団体行動に対する使用者の干渉行為は労働法七条三項により禁止される不当労働行為と判断される余地があるか否かである。それゆえ、「施設管理権と支配介入」に関する事案の場合にも、結局のところ、〝承認しない〟ことが権利濫用にわたる「特段の事情」が存するとき、例外的に使用者の承認を得ない組合活動が正当視されるケースに本件事案が該当するか否かである。それゆえ、本判旨⑴が、①で先例引用として、国鉄札幌駅事件上告審判決にプラスして、済生会中央病院事件上告審判決を挙示しているのは、本判示自体、本件事案の中心的な法的争点がどこにあるかを明確に意識しているものといえよう。逆に、同⑴②の「受忍義務論」を否定している箇所は、現時点における判例法理の流れのなかからみるならば、積極的な意味を有する部分とは思われない。先例の判示文言をあらためて注意的に引用した以上の意義しか有しないといえよう。

㈣　そこで、「施設管理権と支配介入」をめぐる今までの主たる最高裁先例を検討してみよう。

これには、大略以下のものがある。①新宿郵便局事件（行訴）・最三小判（昭五八・一二・二〇、労旬一〇八七・八八）、②総合花巻病院事件（行訴）・最一小判（昭六〇・五・二三、労経速一二三六）、③池上通信機事件（行訴）・最三小判（昭六三・七・一九、労判五二七）、④日本チバガイギー事件（行訴）・最一小判（平元・一・一九、労判五三三）、そして、⑤済生会中央病院事件（行訴）・最二小判（平元・一二・一一、民集四三・一二）である。これらは、いずれも公労委もしくは労委命令に対する取消請求である点では、本件事案と同じであった。さらに、これらの事件の法的争点となった端緒的事実のみに限定して紹介してみよう。

①の事件

この事件は、休憩時間中の休憩室での職場集会に対し、当局側が庁舎管理権にもとづく集会解散通告あるいは発信メモ・集会監視・集会の中へ積極的に介入したことが支配介入に該るかが争われたものである。公労委救済中立事案。

②の事件

病院は、組合に従来施設を無償で利用させていたが、上部組合加盟を機に、右施設利用を拒否するようになった。組合救済申立て。

③の事件

本件と類似の事案である。組合結成後の翌日は妨害なく食堂で集会を開催しえたが、使用者側は、その後、組合の使用願を拒否し、ために組合が集会を就業時間外に食堂で強行したことに対し、使用者側が中止命令・処分警告などの妨害行為を行なったことが不当労働行為か否かが争われた事案である。なお、サークルの組織には、食堂利用を認めた。

④の事件

公然化した組合が、会社に結成通知書を提出するとともに、組合事務所および組合掲示板の貸与等を要求した。第一回の団交の報告集会のため、組合は工場部門の終業時刻午後五時からの食堂の利用を会社に申し入れたところ、会社は本部部門が午後五時四五分終業であることを理由に、午後六時以降しか認められないと回答。組合は、「屋外」での報告集会の施設利用を代替的に要求したが、会社はこれも拒否。組合員は、午後五時すぎに食堂に集まったが、会社は「六時以降の許可」を理由に、組合員の退出を求めたりしたため、結局のところ午後六時以降に組合集会は開催された。これらの一連の会社の行為が、支配介入であるとして組合が救済申立を行なった。

⑤の事件

これには二件の事実が関係する。第一は看護婦の勤務表の不利益な変更に対し、都合二回の勤務職場時間内の職場集会（各々二〇分ないし三〇分）を開き、勤務拒否についての報告と今後の対応を二日続けて話し合った。そして、急患勤務の看護婦の増員を要請した。この職場集会は、看護婦の勤務状況を考慮し、ために時間内というかたちをとり、かつ休憩室ではなく勤務配置場所である元空腹時血糖室でなされた。参加者は業務に支障のないかたちで対応した。この職場集会につき、病院側が数日後、「警告ならびに通告書」を支部組合に対して発した。従来、勤務時間中の職場集会を無届・無許可で行なっても病院からなんらのリアクションもなかった。第二の件は、賃金をめぐって支部組合が都合三日間にわたり、昼休み時間から午後一時からの勤務時間にくいこんだ職場集会に関して、同じく病院側が「警告ならびに通告書」を交付した事案に関するものである。従来の病院側の対応は、第一の場合と同じであった。これに組合側が労委に救済申立を行なった。

もとより、これらの事件は、転変著しい労使関係に内在する事実より生じたものであるため、使用者の言論活動、チェック・オフの中止、便宜供与、脱退慫慂などの問題が絡んでおり、単純一律に法的な結論づけをなしえない要素がある。しかし、共通するものとして指摘できうることは、「終業時間外（例：休憩時間中・終業後）事業場内」または、「就業時間（労働者の労働力提供過程）中・事業場内」（⑤事件がそうである。しかし、従来病院側が、勤務時間内の職場集会を無許可・無届でも黙認してきたという経緯に法的価値を重くみるならば、慣行上からみて前者のカテゴリーに含ませうるものといえよう。ただし、上告審はこの考えを採用していない。）でなされた組合への対抗措置（解散通告、集会監視、処分警告、利用制限、利用拒否、警告など）が、支配介入に該るか否かが、法的争点であったということである。その意味で争議行為とは異なり、本来「就業時間外・事業場外」のレベルで生成してきたとされ、違法な要素を含まない組合活動とは、別異の次元で論議されなければならないのが①ないし⑤の事件であり、そして本件事案である。つまり、受忍義務論という法理構成をとる場合はさておき、本来、違法の契機を含む余地の高い「就業時間外・事業場内」でなされた組合集会を、憲法二八条との法意での関係でいかに法的に評価すべきかが、まさに問われているのである。

㈤　このような前提に立って、判旨(1)を検討してみよう。第一に、その(2)（具体的判断）部分で従来の食堂の利用の経緯、業務上の支障の有無、便宜供与なし、労委の勧告などの「諸般の事情」に言及しながらも、結局のところ「組合活動の正当性を許諾の効果と考え、組合活動の正当性に独立の意義を否定した」(5)という根本的問題が、②を除く①③④⑤と同様、依然として保持されたままであることが指摘できよう。そして第二に、そのためか、Xが食堂利用「許可四条件」を付したことや、合意不成立とみるといっさいの利用を不許可にし、はては施錠したことが、事業場内で、しかも組合事務所という便宜供与問題が解決されていない、結成・公然化されて日の浅いY_1の組合活動権にいかに影響をもたらしたかにあまり重きをおく必要性もないという結論に至ったものといえる。

しかし、第三に、たとえ判示の基調である「許諾説（権利濫用論）」に依拠したとしても、労委段階あるいは高裁次元そして上告審でも部分的に認定がなされておりながらも、「許可四条件」についての合意がX・Y_1間で不成立になったのちに、施錠などによる「一切の食堂利用拒否」という事実に、あまり積極的な評価をしていない上告審の論理自体に整合性があるのかという疑念が指摘できよう。たしかに、物権侵害の予防措置として、不法行為者からの侵害を防ぐため、家屋などに「施錠」がなされることは私法上一般に認められるであろう。しかし、あくまでも、該家屋などに、何らの権利を有しない者が物権侵害をなさんとすることに対して法的に許容される対抗措置といえよう。しかし、本件の場合は、憲法二八条の法意からみて、あるいは許諾説（権利濫用説）に立脚しようと、あるいは伊藤政己裁判官の③池上通信機事件の補足意見に立脚しようとも、権利対権利の衝突、換言すれば施設管理権と組合活動権との衝突（ただし、集会という形態）とのなかで、いかなる法的調整原理をうち立てるべきかが問われているはずである。[6] 本件の場合の施錠ということを含めた「食堂の一切の利用拒否」は、①③④⑤事件でなされた組合活動を牽制せんとする使用者の対抗措置（解雇通告、中止命令、警告書、利用時間制限など）とは決定的に異なり、法的効果のみならず事実上も事業場内から、組合活動権に関わる集会という行為[7]をいっさい排除するものである。むしろ、Xの組合集会に関わる該行為は、文字通りのシカーネ的な施設管理権の行使といえるのではなかろうか。[8] 権利対権利の衝突のなかで、一方の他方に対する部分的な権利侵害につき違法性が阻却される余地すらもまったく考慮外におかれざるをえなくなるものといえる。前述の国鉄札幌駅事件上告審の判示の論理からみても、本件使用者の対抗措置は、違法性の強いものといえよう。その意味で、本判示は、権利濫用の成否につき、どちらかというと主観的要件から客観的要件へシフトを移したと思われる、③事件の伊藤政己裁判官の補足意見の系譜を引く河合裁判長の反対意見を一顧だにする必要なしの姿勢を、こと無許可の組合集会に関し明確にしたものと思われる(9)。

第四に、そもそも本事案が不当労働行為の取消訴訟であるという点に鑑みるならば、許可の成否が私法上の権利濫用に該るか否かというよりも、本来私法上違法とされる余地の高い「就業時間外・事業場内」でのY_1の組合集会に対し、施設管理権にもとづくXの妨害排除の諸態様（Y_1スト実施後のXの対応転換、許可四条件、集会参加者の名簿記載、施錠、あるいはXの便宜供与に関するXの対応など）が、「諸般の事情」（目的、手段、態様など）のなかで、いかに評価すべきかが判示において展開されるべきであった。判示は、「条件が折り合わない」（判示文言）から合意成立せず、したがってXY_1間に権利・義務は生成しないと私法一般の論理に固執するあまり、XY_1間の具体的労使関係のなかで、いかに不当労働行為独自の基準を出すべきかという本事案にとってもっとも必要とされる論点が欠如しているものといえよう。その意味で、「組合は、会社の物的施設内をその組合活動の主要な場とせざるをえない」「組合事務所が貸与されていない」ことなどから、「Xの」前述の、とりわけ「許可四条件」提示後の「一切の食堂利用拒否」は、支配介入に該るとした控訴審の見解の方が、取消訴訟に対する判断という点からも妥当であるように思われる(10)。

(六)　第二番目の問題の検討に移ろう。この問題の特徴として指摘しうることは、不特定多数の従業員を対象とした使用者の言論活動ではなく、Y_1加入の有無を(i)Xの上司（所属課長）が、(ii)就業時間中に一斉に、(iii)全従業員に、(iv)記名、回答方式で、(v)本件該事業場のみならず、他の事業場でも、行なったという点にある。しかも、労基署という公的機関の指導という文言が真実とは裏腹に照会票に記載されていた（ただし、この点について、上告審はなぜか正面切って認定をしていない）ということを加味して考えるならば、従業員は、右調査に答える義務が労働契約上存するもの、あるいは、右調査に異議を唱えると何らかの契約上もしくは事実上の不利益が科せられることになると考えるのは必至である（ただし、右調査を拒否した従業員の存在については認定されていない）。となると、本調査は、従業員の私事（即目的には、義務遂行とは直接関係のない事項）の調査に関わる業務命令権の適法性の是非という論議を提起するものといえる。判示も、その判旨(2)(1)の総論的判断の冒頭部分で、組合の名簿提出義務を否定したが、組合員について言及していない点は、間接的にその業務命令性を肯定したとも読める。これについては、労働契約上の業務命令に関する私法上の権利の適否の次元および右命令と支配介入の有無というアプローチが可能である。前者の問題から検討してみよう。

判例法理上、帯広電報電話局事件・最一小判（昭六一・三・一三、労判四七〇）が「一般に業務命令は、使用者が業務遂行のために労働者に対して行う指示又は命令であり、使用者がその雇用する労働者に対して業務命令をもって指示、命令することができる根拠は、労働者がその労働力の処分を使用者に委ねることを約する労働契約にある」と論じているように、業務命令の範囲およびその法的根拠は、結局のところ、労働協約、就業規則、労働契約等の具体的な検討により明らかとなるはずである。ところが判示はその判旨(2)(1)（総論的判断）で、労働者が組合員であるか否かを知ることにつき団結権等の制約が存することを認めながらも、判旨(2)(2)(イ)が示すように、その適法性をすぐれて行政手続上の必要性から無媒介に、つまり「組合の組織率を把握する必要」から導き出し、照会票の形式（記名式）をまでも肯定している。判示は第一の問題である組合集会と施設利用につき、私法上の論理にきわめてこだわりを示しながらも、この問題については、労働契約の私法上の原理というよりも、行政手続上の必要性にこだわりを示すという異質な論理を採用している。たしかに「事業所内の従業員の過半数」をY_1が擁するか否かという行政手続上の要件充足の必要性自体を認めざるをえないとしても、業務命令という形態を肯定するにはいま一つ説得力のある論理が必要であると思われる。日立製作所武蔵村山工場事件・最一小判（平三・一一・二八、労旬一二八二）が、三六協定の内容と労働契約上の残業業務につき就規等の条項を媒介として「合理的である」という論理を介しながら業務命令権の適法性を論じた点からいっても、本判旨の論理的な未整合が存するように思われる。組合活動権という人権に関する調査であるとするならば、プライバシーという人権と脱靴検査という業務命令の是非が争われた西日本鉄道事件・最二小判（昭四三・八・二、判タ二二六）の四要件（明示の事業場内規範の存在、合理的理由、一般的妥当な方法と程度、画一的実施など）が考慮されてしかるべきではなかったか。本件の場合、行政手続規定の要件充足のために、㋑組合員数の厳格な把握（上告審判示は〝正確性の担保〟という表現）、そして、㋺実名の把握までなぜ必要とされるのか。右四要件中、とりわけ「一般的妥当な方法と程度」という点で、本調査の手法に決定的な疑念があるといえよう。

そもそも、組合員か否かの調査を使用者が行なうこと自体、事の性質上不当労働行為の疑念を払拭しきれないものである。[11] そうなると、この疑念を否定すべく何らかの方策を使用者に求めること自体、法的要請としてリーズナブルなものである。したがって、旧来の判例・命令は、(a)情報調査・収集の目的、(b)手段・方法、(c)時期（労使事情）、(d)情報の使い方や組合活動に与える支障などを総合的に検討して、不当労働行為の有無を判断してきた。かつて、匿名組合員の問題については、合同労組に対する使用者の団交応諾について学説上・判例上も、一般的に使用者の必要性のみで結論を導き出すのではなく、右諸般の事情を検討しながら結論を導き出した（いわく、最初から組合員名簿の提出を求め、組合が応じない場合の団交拒否は不当労働行為である。[12] 交渉事項によって、一定の段階で、使用者が組合員名簿の提出を団交開始の要件とし、提出なき場合の団交拒否は正当だが、チェック・オフ実施の段階で組合が組合員の名簿を明らかにしたのに、なおかつ、団交開始要件として組合員名簿を要求することは、不当労働行為である等）。[13]

本件は、支配介入の事案であるため必ずしも同一レベルで論ぜられないとしても、判旨(2)は、組合員の調査を三六協定の締結当事者の適法要件確認という必要性からのみその適法性を論じている。判旨への疑問は、第一に、使用者側が「組合員名簿」を第一回時限スト後、便宜供与に関する団交の前提として要求した点、あるいは、人事異動をめぐる団交要求でも、あるいは団交開始自体の前提として要求したことなど一連の経緯に言及していない点である。そして、第二に、三六協定の当事者は〝労働組合か事業場代表か〟という二者択一の問題ではなく、あくまでも労働組合が優先当事者である。(14) 本件の場合、何よりも、従前の「三六協定の当事者」の適格性に疑念を投げかけたのはY_1である。となると、Y_1が協定当事者になるか否かは、たんなる行政手続の要件充足の是非だけではなく、労働条件（本件の場合、とりわけ残業）をめぐる、事業場内での発言力の成否の帰趨を決するものといえる。してみると、Xの本件調査は業務命令という形態をとりながら、しかも三六協定の当事者の確認という大義に名を籍りたY_1の影響力牽制のための、つまり不当労働行為意思を推認させる組合員調査であったといえるのではなかろうか。(15) その意味で、判旨(2)は前述した旧来の判例・命令の是非基準である「諸般の事情」中、(a)についての判断は部分的な説得力が認められるとしても、(b)(c)(d)の各論点については、納得しうる判断を下していないといえる。河合裁判長の反対意見の方が、人をしてより納得せしめ、救済命令取消訴訟の判断として、より適法なものと思われる。

総じて本判示は、事実についてどちらかというとXに都合の悪い部分について、認定が消極的であり、かつ、法的な結論が先にあったという印象が否めないものとなっている。不当労働行為の成立につき、労働委員会には要件裁量は認められないという先例法理や行政法の支配的見解によるとしても、労委と裁判所の結論があまりにも違いすぎ、多くの問題点を提示する判決である。(16)(17)

（1） 労経速一五八〇号には、本件三五号事案における上告人（中労委）のこの問題に関する考えが掲載されており、一読に値する。
（2） 横井芳弘「組合活動と施設管理権」中央労働時報六六〇号二頁以下。
（3） 下井隆史「労働組合のビラ貼り活動に関する再論」判タ四〇七号六頁以下。

(4) 小西國友「施設管理権をめぐる各種の法的問題」季刊公企労研究五一号四八頁以下。
(5) 山口浩一郎「組合活動としてのビラ貼りと施設管理権」法曹時報三二巻七号一頁以下。同旨・横井・前掲論文。
(6) その意味で、不法行為事案ながら権利の行使に一定の限界をつけるという法的構成を採用した信玄公旗掛松事件・大判（大正八・三・三、民録二五輯三五六頁）のプリミティブな発想の原理は、労使関係事案においてもいまなお参考となる。
(7) ただ、最高裁は、チバカイギー事件（行訴）・最一小判（平元・一・一九、労判五三三）と学校法人倉田学園事件・最三小判（平六・一二・二〇、民集四八巻八号一四九六頁）で、事業場内のビラ配布活動に対する使用者の対抗措置に対して不当労働行為とした労働委員会の救済命令を適法としている。このことからみて、「就業時間外・事業場内」の組合集会とビラ配布とでは、国鉄札幌駅上告審判決の「特段の事情」につき別異の基準立てを模索しているといえるかもしれない。なお、中嶋士元也「ビラ配布活動の合法性」法学教室一七八号九〇頁以下参照。同旨・菅野・諏訪『判例で学ぶ雇用関係の法理』（総合労働研究所、一九九四年）三五三頁参照。
(8) 山口・前掲論文は、「（許諾しないことが）濫用にあたる場合がそうたやすくでてくるとは考えられない。」（一〇八〇頁）とし、下井・前掲論文も、〝権利濫用と認められる特段の事情〟（国鉄札幌駅上告審判決）をシカーネ的な場合であるとする（一一頁）。
(9) 川井健「シカーネ禁止」伊藤正己・甲斐道太郎編『現代における権利とはなにか─権利の濫用をめぐって』（有斐閣選書、昭和四七年）三一頁以下参照。なお、秋田成就「最高裁行訴判決における多数意見と反対意見」労判六八三号参照。
(10) 石井保雄「組合集会のための便宜使用拒否と支配介入の成否等」（本件控訴審判決解説）季労一六二号一七二頁以下参照。秋田、前掲論文も、「組合事務所貸与問題」を抜きに結論づけた本判示の問題点を指摘。
(11) 大和哲夫「支配介入の態様」『新労働法講座第六巻』（有斐閣、昭和四七年）二〇八頁以下（同『不当労働行為と労働委員会制度の研究』（第一法規、昭和六二年七七頁以下参照）。同旨・道幸哲也『労使関係のルール』（労働旬報社、一九九五年）一六〇頁参照。
(12) 鈴木ミシン事件・宮城地労委（昭三四・八・一一、労経速三二五）、同判例研究・本多淳亮「組合員名簿の不提出を理由とする団交拒否」季労三六号九二頁以下。
(13) 金星自動車事件（行訴）・札幌地判（昭三八・三・八、労経速四八〇）。荒木誠之「合同労組と団体交渉」季労四二号一三〇頁以下は、「合同労組から、当該組合の組合員がその従業員として存在することを主張するについては、何らかの形でその事実を疎明することは必要であろうが正確な人数や氏名を交渉開始の条件とすることは原則として許されない。」とする。

(14) 東大労働法研究会著『注釈労働時間法』(有斐閣、一九九〇年)四一六頁。
(15) その意味で、組合との間で一時金交渉妥結前に非組合員に一時金を支給するため、全従業員に対し自主申告というかたちの「非組合員調査」を行なった会社の所為は支配介入でないとした日本ナショナル金銭登録機事件・神奈川地労委命令(昭四七・一一・二四、別冊中労委時報八四五号)の判断が参考となる。
(16) ただし、①新宿郵便局事件では、公労委と最高裁の見解は一致した。なお、山川隆一「労働委員会と裁判所—命令の司法審査をめぐって—」中労委時報第八九七号臨時増刊五四頁以下、山口浩一郎「裁判所における救済命令の取消」日本労働研究雑誌〔一九九六年〕一・三月号参照。
(17) かつて宮里弁護士が指摘した「東京地裁労働部判決にみる特徴的傾向について」労旬一二四六号は、こと組合集会につき、最高裁でも常識化したものと言えよう。

〔平成八(一九九六)年〕

4　企業内処分の無効確認の利益の有無と慰謝料請求の証明責任

——ＪＲ東日本（高崎西部分会）事件・最一小判平成八年三月二八日・労働判例六九六号一四頁——

一　事実の概要

(1)　上告人（原告・被控訴人）X_1他九名（なお、原告時および被控訴人時は総計一一名）は、被上告人会社Y_1（ＪＲ東日本）の従業員であり、かつ訴外労働組合国労（以下、略称名Z）高崎地本高崎西部分会高崎運転所班（以下「運転所分会」。なお、事件発生時は、高操支部高崎運転所分会と称す）に所属する組合員である。なお、第一審時には、他にY_2（処分発令者であるY_1高崎運行部長、のちY_1高崎支社長となる）も被告であった。

(2)　本件は、一三項目にわたる要求に関するX_1らの職場交渉の申込みの際に生じた事案である。国鉄民営化約半年後の昭和六二（一九八七）年一〇月八日午後六時すぎ、Z高崎地本がZの八項目の統一要求とともに、職場実態に合わせた内容の要求を現場長に申入れをなすよう各分会に指令をなし（一〇月一日）、これを受けたXらが、Y_1高崎運転所の事務室にいた訴外Y_1助役甲、乙に交渉の申入れを行なった。乙がこれを拒否するや、現場長である運転所長内宛の「申し入れ書」を押し問答の末、Xらは、乙の机の上に置いて引き上げた。なお、X_1が右職場交渉の申込み行動に参加していたかにつきＸＹ間で争いがあり、かつ、右行動参加者総数についても、一三名と証言する甲、乙と一七名と認定した第一審判決とのあいだに違いがあり、加えて右行動につきY_1が処分をしたものの、現認の手違いから一二名にとどまったことが認定されている。

(3) Xらの(2)の行為につき、Y_1は、約三週間後の同年一一月二日、Y_2名で以下のような処分（措置）を行なった。①X_2を訓告処分に付した。その理由は、運転所事務室無断立入り、退去勧告不服従、そして首席助役乙誹謗が、〝JR社員としての自覚が欠如している〟という点にあった。そして、②他一〇名を厳重注意処分に付した。運転所事務室無断立入り、退去勧告不服従が同じく〝JR社員としての自覚が欠如している〟という点にあった。なお、Y_1就業規則では、就業規則上の定めはあるものの、㋑訓告を懲戒の類に入れておらず、「懲戒を行う程度に至らないもの」としている。㋺厳重注意については、就業規則に規程すらなく、〝将来を戒めるために発令されるもの〟とされ、やはり懲戒処分とはされていない。

(4) ところで、Xらが、(2)で述べたような職場交渉を要求した背景には、以下の経緯があった。その第一は、Xらが就労する職場の実情に帰因するものである。そして、第二には、YZ間の労使関係の事情によるものである。前者の点について、第一審認定事実によると、次のような点が指摘できよう。本件事件発生時、X_2を除く一〇名は、Y_1高崎運転所貨車解体技術班（以下「貨車解体班」）に所属し、ガスバーナーで貨車を切断・解体する等の作業に従事し、運転乗務には就いていなかった。右貨車解体班は、Y_1発足後の新職場ゆえ、施設整備が不十分であり、かつ乗務と異なる不慣れな労働のため怪我する者が多かった。また、作業場も、本所庁舎から約一・五キロ離れた操作場内の屋外にあり、加えて、ガスバーナーによる作業のため危険が多いので作業マニュアル作成などの職場の固有の労働環境に関わる諸問題が多かったために、現場職制に直接かけ合って問題を解決せんとする傾向にあった。

なお、右解体班所属のY_1従業員は、Z組合員二〇名、全動労および動労連帯各一名と、すべて国鉄民営化に異論を唱える組合所属メンバーであった。したがって、Z高崎地本運転所分会は、実質「貨車解体班分会」（判示表現）と称しうるほどであった。また、X中、唯一右貨車解体班に所属していないX_2は、民営化直前に結成されたＺ高崎地本運転所分会の分会長であったが、結成約一ヵ月後に他の運転区に配属替えとなり、同区で運転業務でない清掃と雑作業に従事させられ、詰所も右同区の職員と区別させられていた。後者のＸＹ間の労使関係事情については、以下のような事実経緯があった。民営化直後、Y_1とＺ東日本本部との間で締結せられた協約は、Y_1運行部とＺ地本レベルが「交渉単位」と定められており、その方法もＺ高崎地本が文書で交渉事項をY_1高崎運行部に提出し、同運行部が予め用意した回答を団交の場で伝えるというものであった。しかも、Y_1高崎運行部は現場機関の職制（例：運転所長）に団交権限がないという認識のもと、組合の下部機関からの職場交渉に応諾すべきでないとの指導をなした。しかし、右運行部は申入れ事項について現業機関の職制の意見を聞く場合が多かった。このため、Ｚ高崎地本は、現場の労働条件については、現場でまず話し合わせることを優先的に行なうべく指導をなした。これら現場の労働条件に関わる事項は、部分的にY_1高崎運行部とＺ高崎地本との間の交渉議題になったものもあり、現場の話し合いも、現場長は、職場団交とは異なる苦情申込みという具合に解し、その申込みスタイルも、Ｘらの文書の提出という方法がまずなされてから話し合いがなされたという経緯もあった（例：組合提示板、貨車解体班の安全対策、傷害事故発生時の連絡方法等）。

ところが、右協約の有効期限が同年九月三〇日に切れたためY_1の労使間では、無協約状態下となり、Ｚは、旧協約により認められていなかった事業場単位の団交が可能となるとの見解に立ち、Ｚ高崎地本も右Ｚ本部と同一の立場に拠りながら、本件事案の契機となったＸらの行動を指令した。これに対してY_1高崎運行部は、団体交渉につき従来の考えで対応し、現場長を指導した。したがって、事件発生時の助役甲・乙のＸらへの対応は、これまた右Y_1運行部の指導にもとづくものであった。

(5)　(3)で述べた懲戒でない処分（措置）に関しては、以下のような不利益が生じた。

㋑Y_1賃金規程では、「調査期間内」（年末手当については、六月一日から一一月三〇日まで）に、訓告等のあった者および「勤務成績が良好でない者」（これには、厳重注意が場合によって該当するとされる場合もあり）等について、期末手当が五％減額されると定められている。なお、〝厳重注意処分即勤務成績が良好でない者〟と判断されるわけではない。事実、第一審が認定した事実によると、右同一調査期間中、X_5、X_6、X_9、X_{10}は、二回の厳重注意処分を受けたものの、X_5、X_9、X_{10}は昭和六二年年末手当が五％減額されたが、X_6はされなかったとする。しかし、第二審が認定した事実では、被控訴人（原告）全一一名が期末手当を減額されたとする（労判六四四号）。

㈫Y_1賃金規程では、一年間に、四号俸昇給するが、右昇給所要期間（一年度）にⓐ訓告が二回以上ある者、およびⓑ勤務成績が良好でない者は、一号俸減ぜられる。㈰と同様、〝厳重注意処分即勤務成績が特に良好でない者に該当する〟との規程はないが、マイナス要因とされ、厳重処分の繰り返しや訓告等他処分との関係で右評価がなされる蓋然性がある。事実、第一審の事実認定によれば、厳重注意処分によりX_2、X_3（＝ただし、控訴審が認定した事実によれば、他の処分との抱き合わせで、三号俸減）、X_4、X_7、X_8は昇給につき昭和六三年四月期に減号された。しかし、X_1、X_2（ともに、三回の厳重注意）およびX_5、X_6、X_9、X_{10}（二回の厳重注意）は、同時期に昇給減号されなかった。控訴審も、この件につき直接的ではないが、認定したとみてよい。

㈩さらにY_1昇進基準には、ⓐ前年度から受験日までの間に、懲戒処分（訓告を含む）のあった者は、昇進試験受験不能、およびⓑ昇進発令日までに、懲戒処分（訓告を含む）があった者は、合格取消しの各規程がある。しかし、厳重注意については定めがない。

㈡Y_1の人事考課の判断資料である人事管理台帳の記入要領に、給与実績欄と賞罰欄があり、各々訓告および厳重注意につき記載すべく指示がなされていた。

(6)　(3)のY_1処分（措置）に対し、第一にXらは、本件団交申入れ行為は、正当な組合活動であるにもかかわらずなされたもので、結局、労組法七条一号に該当する不利益取扱いに該るとして、その無効確認を請求した。そして第二に、X_1は、本件行為に不参加であったにもかかわらず厳重注意処分を受けたために、「多大な精神的苦痛」を受けたとして、Y_1とY_2に対し、不法行為にもとづく慰藉料として一〇〇万円を請求した。この主張は、X_1

不参加の事実それ自体がその内容の中心をなすものであった。

(7)　Ｘらの右主張につき、Ｙらは、以下のように反論した。第一に、本案前の抗弁としてＸらには、「本件処分の無効確認を求める訴えの利益」がない。なぜなら、㋑本件処分は、就業規則上の懲戒処分ではなく、「Ｘらの非を論して反省を促し、将来を戒めるために行った事実行為である」（労判六〇三号八六頁）。とくに「厳重注意処分」がなされていたかといって、減号されるとは限らない。つまり、通例の懲戒処分のように就業規則上の法律要件即処分の法律効果が発生する場合と決定的に異なる、㋺また、本件処分が法律行為であるとして無効の確認がなされても、他処分（訓告・厳重注意の重複）により、あるいは、受験資格の復活により、期末手当、昇給・昇進に影響はなく、処分の無効確認の直接的効果は消滅しており、「雇用関係上の利益には影響を及ぼさない。」（労判六〇三号八六頁）からである。そして、第二に、団交の交渉単位についての見解の違いから、Ｘらの団交申入れ行為は、正当な組合活動に該らない旨が主張された。そして、第三に、X_1の主張については、本件処分対象行為とされた団交申入れ行為参加の事実をあらためて主張した。

(8)　第一審・前橋地高崎支判（平三・三・二三、労判六〇三号）は、以下のような理由から本件処分の無効確認請求とX_1の損害賠償請求の一部を認容した。

①　確認の利益について

(a)　「(5)㋑㋺㋩㋥の事実を総合すると）Y_1の人事考課において、訓告には、懲戒処分に準じる制裁的性質が与えられて（おり）「厳重注意についても、直ちに訓告のような制裁的効果が生じるものではないが、人事考課上、確実にマイナス要素として考慮されるという意味では、やはり不利益措置としての性質を有するものと認められる。」「(右両）処分も単に将来を戒めるという指導監督上の事実行為にとどまるものではない。」

(b)　「昇進等の人事考課上の資料となる人事管理台帳には、本件処分が記載されていると認められ本件処分を受けたという事実自体が、当該年度だけでなく、将来における人事考課においても、何らかの影響を与えると考えるのが合理的である。」

(c) 結論「本件処分の効力を確定することは、Xらの現在及び将来の労働契約上の派生的な紛争を解決することにほかならず、Xらには、本件処分の効力を争う法律上の利益がある。」（傍点―筆者）

② 不当労働行為の成否

（事実の概要(4)で認定したように、旧協約の規程や他労組員をまじえた団交申入れからみて、Xらの「申し入れ書」の提出は、「正規の団体交渉の「申入れ行為ではなく事実上の話合い（である）。」（労判六〇三号九一頁）この慣行的事実には合理性があり、協約の失効後、XY双方は右慣行に従わなければならない。それゆえ組合規約の規定からのみで、協約失効後、「分会の団体交渉の申入れが正当なものに（ならない）。」結論：本件処分は不当労働行為に該らない。

③ 本件処分の相当性

(i) X_1の本件行為への参加の有無：「事実の概要(2)」にみるように、X_1の本件行動参加有無の事実につき、甲・乙の現認数（一三名）と実際の参加者数（一七名）とにくい違いがあり、被処分者の一名が不詳であるなど疑問点があり、右両名の証言は措信できず、「X_1に対する厳重注意処分には、発令事由に該当する事実が認められないから無効（である）。」結論：ⓐ「X_1に対する本件処分は、人事考課上の不利益を生じさせたのでX_1に対する権利侵害（である）。」「本件行為は企業組織上の不利益措置であり、権利侵害を惹起した主体はY_1である。」「Y_2はY_1の機関としてY_1の権能を代行して行使したものである（から）、Y_2個人の責任（はない）。」ⓑ「Y_1の現場職制などは、甲・乙の現認に誤りがあることを予測しえたのに」「予防措置をたらなかった（＝不作為の不法行為―筆者注）。」「Y_1高崎運行部の組織体としての過失があった。」

(ii) ⓐX_2らの高崎運行所事務室へ団交を求めて立ち入ったのは、「正当な団体交渉の申入れ（ではない）」ことなどから「無断入室」である。しかし、入室時のX_2らの態度や従来の経緯からみて、その非違性の程度は大きくない。ⓑ甲・乙の退室を求める明確な発言はなかったことから、「不退去」の事実はない。ⓒX_2は、乙助役を「誹謗した」事実はあった。しかし、この評価にあたっては、甲・乙が従前の対応を変更したことを斟酌すべきである。ⓓ結論：ⓐX_3らへの厳重注意は、ⓐⓑからみて「著しく公正さを欠き、担当性がな（く）、無効。」(γ)X_2への訓告は、ⓒの事情に加え、口頭発言であったこと、かつ、右誹謗はその事情を知る者にのみ認識されたにすぎないものなど、そして不退去と評価された行動が大きく影響していたが、右事実が存しなかったことなどから、訓告は無効である。

(9)　右第一審の判断につき、Y_1控訴。原審・東京高判（平四・二・一〇、労判六四四号）は、Xらの勝訴部分を取り消し、無効確認の訴えを却下、X_1の損害賠償請求を棄却。なお、Y_1の控訴事由の第一点は、ⓐ「過去の行為等の無効確認の訴えは、原則として確認の利益を欠き、不適法である。」（労判六四四号七六頁）そして、あわせてⓑXらは、本件処分以外にも、他処分（訓告、厳重注意等）を受けているため人事考課上の不利益は残り、また、今後は本件処分によって不利益は課せられることはない等の事情により、「本件処分の無効確認は、Xらの現在の雇用関係上の利益には影響がない」（労判六四四号七六頁）ということにあった。そして、第二に、X_1の本体行為への参加が、あらためて主張された。

[控訴審判旨]

(1)　確認の利益について

ⓐ「過去の行為であるが、それを受けたことにともなう不利益が、現に残存し、あるいは、将来課せられる可能性があり、その無効確認により、右の不利益の回復ないし消滅が客観的にみて当然に期待されると認められるのであれば、その無効確認の訴えは確認の利益を肯定して差しつかえない。」（傍線—筆者。労判六四四号七六頁）ⓑXらは、他に同一年度内に処分歴があって、本件処分の無効確認をしても、期末手当や昇給に影響がない。ⓒ勤務成績等が期末手当、昇給に及ぼす影響は、当該年度限りである。ⓓ訓告（X_2）による昇進試験の受験資格欠

格は、前年度から受験日までのそれに限られる。ⓔ本件処分が〝将来の人事考課において影響を与えるかどうか、与えるとしてもそれが法的に意味あるものかどうか確定しえない〟（労判六四四号七六頁）。ⓕ結論：本件処分の無効確認を求める利益はない。

⑵　X_1に対する不法行為の成否

X_1が本件行動に参加しなかったとするX側の主張は「措信しえず。」、またY_1側の甲・乙が現認している点は〝ただちに信用できない〟ともいえない。

結論：「X_1に対する不法行為は、同人が本件行為に参加しなかったとの事実を前提とするものである（が）右事実を確定し難いのであるから、右不法行為は、その成立を認め得ない。」「不法行為に基づく損害賠償の請求は、失当。」

⑽　右控訴審の判断に対して、Xらが上告。Xらの上告理由は、以下の点である。第一点は、原判示は、無効確認の利益についての判断につき、法令違反があるとする。その中心的な主張は、まず、㋑就業規則には、たしかに本件処分にともなう不利益の効果が直接明記されていないが、人事考課のチャンネルで、被処分者には不利益（期末手当減額、昇給減号）が惹起する。それゆえ、訴えの利益を、就業規則に不利益の法律効果が明記されている場合、つまり「不利益の回復ないし消滅が客観的にみて当然期待される」と限定するのは、人事考課の実態をみていない、㋺原判示は、期末手当減、昇給減は該調査期間内、該所要期間内という時間的制約からその不利益の限定さを論じているが、昇給減の不利益は、「退職するまで継続する」（判タ九〇六号二三四頁下段）という事実を無視している点は、経験則に違反し、理由不備の法令違反がある、㋩本件処分に関する人事考課は、原判示と異なり、「将来における人事考課においても、何らかの影響を与える」（判タ同号二三五頁上段）という法的効

果があり、該効果には当然確認の訴えの利益がある。それゆえ、右原判示は、経験則に反する。そして第二点は、不法行為の成否につき、証拠評価の誤りが、自由心証主義を逸脱した経験則・法令違反があり、加えて、立証責任の分配につき法令違反があるというものである。前者については、原判示の仮定にもとづくXらの主張する事実の否定の論理の問題と、Y_1助役、甲、乙の「現認」の不正確さが主張され、後者については、処分者であるY_1に「処分理由の存在＝X_1の本件職場団交申し込み行動に参加の事実」につき立証責任があるとの主張がなされた。

二　判　旨――一部上告棄却、一部破棄差戻

(一)　上告理由第一について　「原審の適法に確定した事実関係の下において、本件訓告又は厳重注意の無効確認を求める訴えの利益は認められないとした原審の判断は、正当として是認することができ、原判決に所論の違法はない。」

(二)　上告理由第二について　①「原審の確定したところによれば、Y_1における厳重注意は、就業規則等に規定がなく、それ自体としては直接的な法律効果を生じさせるものではないが、実際上、懲戒処分や訓告に至らない更に軽易な措置として、将来を戒めるために発令されているものであり（記録によれば、書面をもって発令されるものであることがうかがわれる）、人事管理台帳及び社員管理台帳に記載されるものであるというのである。そうすると、本件厳重注意は、企業秩序の維持、回復を目的とする指導監督上の措置と考えられるが、一種の制裁的行為であって、これを受けた者の職場における信用評価を低下させ、名誉感情を害するものとして、その者の法的利益を侵害する性質の行為であると解される。」

②「一般に、使用者は、労働契約関係に基づいて企業秩序維持のために必要な措置を講ずる機能を持ち、他方、従業員は企業秩序を遵守すべき義務を負っているものではあるが、使用者の右権能の行使としての措置で

あっても、それが従業員の法的利益を侵害する性質を有している場合には、相当な根拠、理由もないままそのような措置を執ってはならないことは当然である。したがって、右のような性質を有する使用者の措置に基づき従業員が損害を被ったという事実があれば、使用者が当該措置を執ったことを相当とすべき根拠事実の存在が証明されるか、又は使用者において右のような事実があると判断したことに相当の理由があると認められるときでなければ、不法行為が成立すると解するのが相当である。」

③「本件厳重注意は、前記のような性質を有するものであるから、上告人X_1が本件行為に参加したとの事実が証明されない以上、高崎運行部長（第一審Y_2）において上告人X_1が本件行為に参加したものと判断したことに相当の理由があったかどうかの点について審理判断をしないまま、同人が本件行為に参加したのか参加しなかったのかが不明であることのみを理由に不法行為の成立を否定することは許されないものというべきである。」

㈢ 結論 「以上のとおりであるから、原判決のうち、上告人X_1のY_1に対する損害賠償請求に関する部分を破棄し、更に審理を尽くさせるため、右部分につき本件を原審に差し戻し、上告人X_1のその余の上告及びその余のXらの各上告をいずれも棄却することとする。」

三 解説

(1) 本件事案の主たる法的問題点は、以下の三点である。その第一は、企業内の労働者への処分でありながら、該処分につき㋑就規上の定めはあるが、懲戒条項には**ない**場合（訓告）に、被処分者にその後、期末手当の減額、昇給減号（延伸）、昇進試験受験不能、同試験合格取消、人事管理台帳への記載などの不利益効果が、会社の諸規程・基準で定められている場合、あるいは、㋺就業規則上明定されて**いない**にもかかわらず、該処分（厳重注意）が、使用者の裁量で文書で発令され、しかも、該処分単独で、あるいは他の処分との総合評価により「勤務成績不良者」と判定された場合に、期末手当の減額や昇給減号（延伸）、そして人事管理台帳への記載などの不利益がこれまた使用者の裁量でもってなされた場合に、被処分者は、法律行為の無効確認の訴えで、右処分の効力の有無を争えるか否かである。なお、右㋑㋺の違いは、規定（懲戒条項ではない）上の有無および処分の不利益効果の惹起が羈束的か、自由裁量的かにある。そして、第二に本件処分無効原因の有無という争点の中心的な論点となっている、無協約下の〝職場団交の申入れ行為〟が、正当な組合活動に該るか否かである。そして、第三に、第二の争点のもう一つの無効原因である右〝職場団交申入れ行為〟に不参加であった労働者にも処分がなされた場合に、処分理由が存在しないにもかかわらず厳重注意処分がなされたことは不法行為であるとして、被処分者（労働者）が処分者（使用者）に対して行なう慰藉料としての損害賠償請求訴訟のさい、処分理由の事実の存否に関する立証責任はどちら側にあるかという問題である。第二の職場団交申入れの組合活動としての正当性の問題は、控訴審以後、第一の本案前の抗弁としてY_1らから主張された論点が、法的判断において中心的な位置を占める結果となったため、上告審でも直接的な争点とはなっていない。ために、本稿では、この点の検討はしない。(1)

(2)　第一の法的問題点から検討しよう。

(i)　一般的に、労働者が使用者より、訓告、譴責、昇給停止（減号）などの処分を受けた場合、これらの処分の無効を争うさいに、該処分の効力の是非そのものより、使用者側は本案前の抗弁として、「無効確認を求める利益はない」と主張する場合が多い。本件事案もそうである。本件の場合、Y_1は、大略以下の二点から訴えの利益がない旨主張した。㋑本件の訓告・厳重注意はY_1の就業規則懲戒条項上の処分ではなく、「Xらの非を論して反省を促し、将来を戒めるために行った事実行為である」、㋺「本件処分の無効確認をしても、雇用関係上の利益には影響を及ぼさない。」（本件第一審判示—労判六〇三号八六頁）前者㋑の主張は、労働契約上懲戒の効果が生ずるには、就業規則の要件充足＝法律要件＝法律効果の発生が前提となるべきであるにもかかわらず、本件訓告は懲戒規定条項にはなく、また同厳重注意は、就業規則に規定すらない処分であるゆえ、確認の訴えの前提である法律行為ではない点を主張したものといえよう。後者㊁の意味するところは、本件処分（訓告、厳重注意）によっても、懲戒解雇処分や出勤停止処分などとは異なり、それ自体で、直接的に会社と従業員間の権利または法律関係を設定、変更もしくは消滅させるものではない旨を、あわせて主張したものといえよう。その意味では、XY間双方の主張、とりわけYのそれは、オーソドックスな訴訟手法であるといえよう。

たしかに、訴訟上における「確認の訴えの利益」は、確認対象選択の適否については、第一に単なる事実の確認、第二に過去の法律関係については原則的に許されないが、「現存する紛争の直接かつ抜本的な解決のために最も適切かつ必要と認められる場合」に例外的に認められるとされ、さらに、保護せられるべき法益についても、単に感情的、経済的なものでは不十分で、法律上、しかも実体法的な利益（＝一定の権利または法律関係）が、現実に危険・不安にさらされていることが必要である旨解されている(2)。したがって、本件Y側の主張するように、本件訓告および厳重注意が単なる事実行為であって、しかもこれらの処分の無効の確認が現存の紛争の抜本的解決に値しないものなのか否か、そして、右処分の波及的な効果である期末手当減額、昇給停止（減号）、昇進試験受験不能などが単なる経済的な利益であって、保護せられるべき実体法的な利益たりえないものなのか否かを検討せねばならない。そこで、若干の先例法理のなかから、右判断のよすがを求めてみたい。

(ii)　ところで、先例法理を検討する前に、本件処分の特徴をあらためて確認する必要があろう。まず、本件訓告処分であるが、第一に、就業規則の懲戒条項にはないが、定めがある、第二に、処分の効果（期末手当減額、二回以上の場合には昇給減号、昇進試験受験不能など）が賃金規程・昇進基準で定められ、そして第三に、人事管理台帳の賞罰欄に記載された。

他方、本件厳重注意処分は、第一に、就業規則上に定めはない、第二に、Y_1の裁量により、場合によっては他処分の関係の加重評価により「勤務成績が良好でない者」と評定された場合に、右処分の効果として期末手当減額、昇給減号される場合もあった。その意味で、蓋然的なものであった。そして第三に、人事管理台帳の賞罰欄に記載された。なお、いったん昇給減号されると、その効果は退職時まで影響を与える（継続的不利益）点に留意する必要がある。全体的に、前者は羈束的な処分である、後者は自由裁量的な処分という特徴づけが可能かと思われる。

それでは、先例全体の動向はどうであろうか。全体的な特徴をあえて指摘するならば、処分の規定およびその効果については、多種多様であると一言でいえよう。それゆえ、以下の視点から分析してみた。

〔Ｉ〕　就規上の規定の有無からの視点

(A)　就規の懲戒条項に該処分条項がある場合

これの類型に入るのは、譴責処分（＝従業員に始末書を提出させ将来を戒める）に関する事案がほとんどである。①川崎重工業事件・神戸地判（昭四一・一二・二四、労民集一七巻六号）、②富士重工業事件・東京地判（昭四七・一二・九、労経速八〇一号）、③①の控訴審・大阪高判（昭和四八・一〇・二四、判時七三九号）、④関西電力事件・神戸地尼崎支判（昭四九・二・八、判時七三九号）、⑤②の控訴審・東京高判（昭四九・四・二六、判時七四三号）、⑥日本パルプ工業事件・鳥取地米子支判（昭五〇・四・二二、労判二二九号）、⑦三菱電気事件・静岡地判（昭五一・一〇・二八判時八四六号）、⑧⑥の控訴審・広島高松江支判（昭五二・四・二七、労判二七八号）、⑨④の控訴審・大阪高判（昭五三・六・二九、判時八九八号）[3]。

(B)　懲戒条項にはないが、他の条項中にある場合

訓戒処分の効力が争われた⑩日本鉄鋼連盟事件・東京地判（昭六一・一二・四、労判四八六号）。右処分は、〝懲戒に至らない処分〟であるという規定があった。

⑪国労青函地本リボン闘争事件・函館地判（昭四七・五・一九、判タ二七八号）、⑫⑪の控訴審・札幌高判（昭四八・五・二九、判タ二九五号）は、国鉄法三一条所定の四種類の懲戒処分に至らない訓告（＝将来を戒め、行為の反

省を求める）の効力の是非が争われたものである。ただ、昇格についての労使協定中に右処分に関する条項があったという点に特色あり。

(c) 就規および関連規定にいっさいの定めがない場合

⑬立川バス事件（控）・東京高判（平二・七・一九、判時一三六六号）は、労使より構成される賞罰委員会において、該労働者の処分をめぐって労使の見解が一致しないため、就業規則上にない譴責処分を使用者がなすことで折り合いがつけられ、その効力の是非が一つの争点になった。

⑭大和銀行事件・東京地判（平二・一二・二一、労判五七四号）は、就業規則にない戒告（文書による注意）がなされ、その効力の是非が一つには争われた。

（総括）本件事案の処分中、訓告は、右Ⓑ類型に属するといえるが、厳重注意は同Ⓒ類型に属するといえよう。ただ、⑬と異なり企業の処分という秩序罰の行使が、労使間のやりとりのなかで形成されたものとはとてもいえず、⑭事案と近い厳重注意処分であるといえよう。

〔Ⅱ〕処分効果である不利益性が就業規則その他の社内規範で定められているか否かによる視点

(甲) 処分の派生的効果である不利益性が、就業規則その他の規範で明定されている場合

(一) 訓告を二回以上受けた者は、所定昇給号俸を一号減ずる旨労使協定がある場合（⑪⑫）。

(乙) 就業規則その他で処分の派生的効果は明定されているが、その適用・運用が使用者の裁量による考課査定によるとされた場合

(一) 賞与基準があるが、そのランク付け評価は査定による（②⑤）。

(二) 昇給についての協定書および資格制度の覚書が労使間に交わされているが、懲戒を受けた場合、低額の基準表の適用もしくは降格条項がある。また、就業規則規定で懲戒処分を受けた者を使用者の判断で表彰しない場合もある旨定められている。また、右処分は、履歴書にも記載される旨の認定もある（④⑨）。

㈢　懲戒解雇に関する就業規則規定にのみ、懲戒処分の累積による派生的考課条項があるが、使用者の裁量による勤務評定に該処分が悪影響をもたらすことが認定されたもの（⑦）。

㈣　処分の派生的考課は、就規その他の規範でも明定されていない。あくまでも、使用者の裁量による効果の発生がある点が認定された場合

㈠　処分自体あるいは処分の累積により、将来何らかの不利益な影響をもたらすと認定されたもの（⑥⑧）。

㈡　処分にともなう特別な効果規定はないが、人事考課上の不利益の蓋然性を認めたもの（⑩）。

㈤　処分の不利益的効果について規定もないし、その他の裁量によるそれも認定されなかったもの（⑬⑭）。

〔総括〕本件処分中、訓告は、右該類型中㈰に入るといえようか。事実、⑪⑫事案は、本件事案の企業Y_1の前身である公共企業体時の事件であり、本判示を検討するさいに参考となる。決定的な違いは、訓告を二回以上受けると昇給減号が、公共企業体時は労使間の協定で明定されていたのに、本件事案では、賃金規程によるとされた点にある。また、本件処分中、厳重注意はその派生的効果たる不利益性の発生（期末手当減額・昇給減号）が、〝厳重注意処分即勤務成績不良者〟ではなく、他処分や処分回数による使用者の裁量・判断にゆだねられている点からみて㈪の類型にあたるといえよう。

以上、〔Ⅰ〕〔Ⅱ〕の分析視点からすると、本件訓告処分はⒷ㈰、同厳重注意処分はⒸ㈪といえよう。

(iii)　(ii)で先例法理を検討した結果、若干の特徴点を指摘できよう。まず第一に、就業規則上に定めがあるか否かでもって、該処分およびその派生的効果について、確認の訴えの利益の有無を結論づける単純な論法を採用しているものはないという点である。これを論拠づけるものが、就業規則上の定めのある代表例である譴責処分の無効確認を訴える原告（労働者）の主張に対して、使用者が抗弁する事実行為説も、判示自体、第一審では事実行為説、第二審は法律行為説であるが、その逆もあり、あるいは同じく事実行為説を採用したり、明確に判断するのを避けているものもあり、必ずしも一義的ではない。例えば、①川崎重工業事件は〝明確な定義をせず〟、

③同控訴審は、〝法律行為〟とする。②富士重工業事件は、〝事実行為〟としたが、⑤右同控訴審は〝法律行為〟とし、そしてまたⒷ類型に属する⑩日本鉄鋼連盟事件は、懲戒条項ではないが就業規則上に規定がある「訓戒」をその効果の発生が明定されないことをもって〝事実行為〟とする。そしてⒸ類型の⑭大和銀行事件は、就業規則上定めがないことをもって「戒告」を〝事実行為〟とするという具合で、確認訴訟における確認対象選択の適否については、ⒶかⒷか、はたまたⒸ類型かという議論はあまり意味をなさないといえよう。(4) そして、第二に指摘できることは、Ⓑ㈲類型に入り、処分もその派生的効果も就業規則およびその関連規程で定められておりながらも、右確認の訴えで〝紛争内容が特定化されていない〟〝不利益待遇が現実化していない〟と使用者側に反論される事案もあるという点、あるいは、他処分の同時存在が確認の利益を該処分について失わせしめるということが、本件問題を考えるさいに、考察を難しくしていることである（具体的には⑪⑫）。

むしろ、全体的にみて判示の力点は、事実行為であるにせよ法律行為であるにせよ、処分による派生的効果（昇給延伸・停止、賞与低査定、永年勤続表彰の欠格者など）が、考課査定などにより蓋然的に生じうる場合の、その不利益性を、(i)で論じた原則と例外との関係で、確認の訴の是非をめぐってどう立論するかにあるといえよう。その意味で、〝具体的な権利ないし利益の直接侵害がない〟（②）場合、あるいは〝紛争の内容を具体的に特定できないため、権利または法律関係の存否の訴えを提起することが困難〟（⑨）な場合、あるいは「不利益待遇が現実化していないもの」（⑥）と使用者側が主張する場合、換言すれば、使用者の裁量による考課査定を、いかに法律判断の枠内に取り込み、そしてその効果の効力の有無を司法判断の俎上にのぼらしめるかが、中心的な論点となった。(5) つまり、確認対象選択の適否の例外としての〝現存する紛争の抜本的、直接的解決のための、基本的法律関係や過去の事実の確認〟が認められるのか否か、そして、保護法益としての〝現実に、危険・不安にさらされている実体法的な利益〟なのか否かが判示の中心的位置をなしているといってよい。

(iv) それでは、Ⓑ㈲類型の先例は、いかなる判断を下しているか検討してみよう。⑪は、㋑懲戒条項にない訓告処分につき処分自体に訴えの利益を認めなかったが、「昇給」を「契約上の重要な関係」とし、「昇給延伸という必然的な派生的効果」を生じせしめるので該処分の無効確認が紛争の抜本的解決になるとして、右利益を認めた。㋺しかし、一部該訓告他処分による昇給欠格事由を有する一部の者には、処分による昇給延伸という必然的派生的効果がないとして、右利益を認めなかった。㋩人事考課上の資料として上司の裁量の素材となる点については、「将来における抽象的危険性にとどまるもの」として訴えの利益を認めなかった。本件控訴審判示は国労青函地本リボン闘争事件のような訓告処分二回による昇給延伸（減額）の確認の訴えそれ自体の判断ではないものの、右⑪の判断とほぼ軌を一にしている。とくに、右㋺㋩がそうである。しかし、本件事案は懲戒条項にはない処分条項が就業規則上にあり、その法効果（期末手当減額、昇給減号）が明定されている処分自体の判断について厳格にあてはめた事例ではなく、むしろ他の処分（他の理由による訓告、厳重注意）を裁量で処分の効果条項に適用する事案の検討の方が、むしろふさわしいといえよう。

そこで、(C)(乙)類型を検討してみよう。ただ、(C)類型の⑬⑭の事実および判示は、本件事案についてあまり参考にならない。したがって、(乙)類型の先例を検討してみよう。

②⑤は、賞与中の成績分配の額が、労働者の勤務成績につき使用者の査定によりランクづけされるため、労働者（原告）が勤務成績の評価の判断根拠の一つとされる譴責処分につき無効確認を求めた事案である。②判示は、賞与金額が特定されないから訴えが提起できない場合や紛争の抜本的解決のために、処分無効の訴えの利益を認めるべきとした[6]。また控訴審⑤判示は、該処分を法律行為と解し、直接確認の訴えの利益を認めると同時に、被処分者の賞与、昇給その他の待遇に「何らかの不利益取扱いを受ける（のは）自明の理」という点からも、訴えの利益を認めた。さもなくば、就業規則上の処分ではなく、事実上の注意で十分とする。但し、傍論で処分による被処分者の法的地位に及ぼす影響が軽微な場合には、確認の利益を欠くとする[7]。

それでは、④⑨はどうであろうか。第一審④は、譴責処分による人事考課の事実上の不利益が、協約や就業規則を介して同時に被処分者の派生的効果たる昇給等の法的地位に影響を及ぼすことから、確認の利益を有するとする。[8] ⑨は前述したように、処分＝事実行為説によりながらも、第一審④と同じ見解である。しかも「不適法な懲戒処分がなされた場合には、その都度紛争を解決する必要を生ずるが、紛争の内容を特定できないために、一定の権利または法律関係の存否の訴を提起することの困難な場合もあり、その処分を要件とする種々な不利益取扱いはすべて違法ないし無効である旨を宣言する意味において、直接に紛争のかなめをなす当該懲戒処分それ自体の無効確認……もまた紛争の抜本的な解決に役立つ」[9]とさらに一歩踏み込んだ論理を展開している。その意味で、これら右判示の基本的な考えは、処分後の使用者の裁量による派生的効果（昇給延伸、賞与低査定、永年勤続表彰の欠格、格下げなど）が、考課査定などにより蓋然的に生じる場合の不利益性につき、抜本的解決論から訴えの利益を認めていることが指摘できよう。⑦判示にいたっては、処分の不利益効果が就業規則その他で明記されていようといなかろうと、昇給・昇格の査定に影響を及ぼすことが明らかであり、「派生的に、現在及び将来の法律関係の存否が問題となる」ことから無効確認の訴えの利益ありとする。[10] 〝不利益待遇が現実化していない〟、〝紛争内容が特定化されていない〟ということから訴えの利益を認めないという単純な議論を展開してはいないといえる。さらに、(丙)類型のように、使用者の裁量が(乙)類型よりも広い場合の⑥は、処分は「将来の（雇傭関係上の）地位・待遇に不利益な影響を及ぼすべき措置が付着せられることを予定されたもの」という考えから、抜本的解決のために訴えの利益を認めている[11]（但し⑧は、若干論点が異なる）。してみると、使用者の裁量（規定適用裁量と効果自体の裁量を含む）につき、先判の支配的傾向はたとえ蓋然的なものであるにせよ、紛争の抜本的解決のために、使用者の準懲戒処分行為の派生的効果が現実化しているにせよ、将来的、蓋然的なものであるにせよ、無効確認の訴えの利益があると結論づけているといえよう。例外的なものは、①③⑬の事例は〝原告（労働者）が退職している〟とか、⑭のように〝不利益効果が立証されていない〟とか、⑤傍論が〝不利益効果が軽微である〟と言及しているくらいである。

(3)　以上の検討から、本件両処分は、他処分とのからみから、右処分の無効確認の利益自体は認められないとする先例⑪⑫に依拠したＹ主張、および不利益の波及効果が現実化していないとするＹ主張は、先例法理からみて必ずしも正鵠を射ていない。また「本件処分により将来不利益が生じることについて、Ｘらに具体的に適示する必要があった。(12)」という指摘も、控訴審判示の結論にとらわれすぎたのではないのか。さらに考課査定による昇給減号等は、特別昇給でもない限り退職時にまで影響を与えることは必至で、その不利益が軽微であるとは、とても言えまい。控訴審判示が、「不利益の回復ないし消滅が客観的にみて当然に期待されると認められる（場合）」に確認の利益ありとするのは、〝不利益待遇が現実化していない場合〟、〝紛争内容が具体的に特定化されていない〟、〝具体的な利益ないし利益の直接侵害がない〟から、無効確認の訴えの利益は認められないという論理を裏返し的に表現したものと思われるが、この論理は、最高裁先例法理が〝権利または法律関係の基本となる法律関係の確定〟による〝紛争の直接かつ抜本的解決〟の必要から基本的法律関係に訴えの利益を認めたこととも反する。(13)控訴審の論理では、就業規則上の懲戒規定にない定めがある場合も、あるいは関連処分規定がない場合も、不利益効果の規定さえあれば使用者の裁量で右両規定が適用される企業内の準懲戒的な制裁処分が、法的救済の枠外におかれることになる。たしかに、両処分自体即自的には、Y_1の裁量が介在するため、雇用関係上の権利の発生・変更・消滅には影響を生ぜしめない。しかし、人事考課の管理台帳に記載されること自体が将来の勤務評価に悪影響をもたらすであろうことは、想像に難くない。とくに、厳重注意処分をされた回数が同じでも、あるいは他の処分とのからみで、ある労働者は〝勤務成績不良者〟とされ、別な労働者は右認定外されるということは、平等取扱いの原則に反し、結果的に他の処分自体も無効であるか否かの検討なしになされる恣意的な人事考課を法的に救済しえないことに行きつくのではなかろうか。(14)その意味で、判旨㈠の結論には賛成しかねる。

(4)　(1)　次に、もう一つの争点である企業内処分の不法行為の成否に関する立証責任について検討してみよう。本件事案のような場合に、無効確認の訴えとともに無効確認を不法行為責任の原因として損害賠償（慰藉料）を原告（労働者）側が求めたものがかなりある。企業内での人事管理の適正評価を求める手段として、単に確認訴訟の次元のみでは、必ずしも十全なものたりえず、事実上の評価の毀損（侵害）を、その不法行為にもとづく損害賠償請求であわせて救済せんとするものといえよう。

事実、先に紹介・引用した先例事案中⑪⑫の国鉄青函リボン、①③川崎重工業、④⑨関西電力、⑥⑧日本パルプ工業、⑦三菱電気、⑩日本鉄鋼連盟、⑬立川バス、⑭大和銀行などの主要な各事件がそうである。その意味では、本件事案の被処分者である原告（労働者）の主張は、訴訟態様としてはオーソドックスなものである。

(ii)　ところで、本件事案の判示の論理を検討する前に、前述の先例のなかで該処分が無効と判断した事案が、不法行為にもとづく損害賠償請求につきいかなる判断を下したかを検討してみよう。これは、ⓐ処分無効—処分者（使用者）に過失があるので請求認容[15]、ⓑ処分無効—処分者に過失なし、それゆえ、不法行為不成立、慰藉料請求棄却[16]、ⓒ処分無効確認で救済、不法行為不成立、と判断の諸類型に分けられる[17]。

しかし、右諸類型に該当する判例中でも、不法行為が成立する根拠事実の立証責任自体について争われたものはない。さらに問題なのは、本件事案は処分の無効確認の訴えの利益は認められなかったので、右ⓐⓑⓒの類型いずれにも該当しないものである。

そもそも不法行為が成立するには、㋑加害行為が故意また過失にもとづくこと、㋺加害者が責任能力を有すること、㋩他人の法益を違法に侵害したこと、㋥加害行為によって損害が発生すること、㋭行為と損害の間に因果関係が存在すること、の五要件が必要とされ、右事実についての損害賠償責任に関する立証責任は、被害者（原告）（＝債権者）にあるとされている。右不法行為法理の原則からみて、本件事案の場合、厳重注意処分された企業秩序違反行為、つまり、X_1が職場団交申入れ行為に参加していない、したがってYに不法行為責任があるとすべき立証責任は、X_1にあることになる。

これにつき第一審判示は、原告（労働者）側の立証自体に抗弁でYの主張する事実が措信できないことをもって、不法行為の成立を認めた。第二審判示も、X_1は処分理由の不存在について十分論証できていないという点から、逆に不法行為の成立を認めなかったが、ともに被処分者X_1に証明責任を負わせたという点に変わりはない。それでは、本判旨㈡は右の問題についていかなる判断を下したであろうか。右の問題を具体的に検討する前に、契約不履行の証明責任の特質をおさえておく必要があろう。

(iii)　一般的に契約不履行の場合には、被害者（債権者）は、相手方の故意・過失については証明責任を負わされず、加害者（債務者）の方で、自らには過失がないということの証明責任が負わされることはいうまでもない。右一般私法上の原則に立ちながらも、こと普通解雇に関する証明責任については、種々の理論構成はされながらも、「……があった」という積極的な事実の立証は容易であるが、消極的な事実の立証は困難であるなど、証明責任の公平負担論などから、判例法理は「最終的な解雇の相当性の挙証責任こそ労働者に課しているが、解雇事由該当性の挙証責任を実質的に使用者に転換（している）[18]」といえよう。

そのためか、契約法理では単純に律しきれない要因が多い懲戒解雇事案では、さらに積極的に（使用者は）懲戒解雇権の根拠、懲戒解雇事由該当性をそれぞれ主張立証すべ（き）[19]」と論じる判例もある。このため本判旨㈡は、労使関係で問題とされた懲戒もしくは私的制裁事案の不法行為責任をめぐる法的紛議に、右契約法理上の証明責任の転換法理を単純に横すべりさせたと読めないわけではない。そこで、判旨㈡の論理にそってさらに検討を加えてみよう。

(iv)　判旨㈡は、職場における信用および名誉感情を法的利益と評価し、本件厳重注意処分によりX_1の右法益を侵害せしめた点を認めている。その意味では、侵害法益については日本の伝統的な不法行為論の流れにある「権利侵害から違法性へ」の流れのなかでの法的評価づけをまずなしたものといえよう。したがって、前述の不法行為の成立要件からみて㋺㋥㋭については検討するまでもないか、自明のこと、あるいは差戻し審の対象である旨の認定がなされているので、㋑㋩の要件論の検討のなかから本判旨㈡の論理の特性を明らかにしうるものといえよう。

判旨㈡②中前段の「使用者の（企業秩序維持の）行使としての措置であっても、それが従業員の法的利益を侵害する性質を有している場合には、相当な根拠・理由もないままそのような措置を執ってはならない」（傍点―筆者）の箇所は、指導監督上の措置をなす際の、使用者の注意義務について論じたものといえる。つまり、人事管理をなすさいの措置につき、それなりの調査やチェック機能を十分に果たすべきことを使用者に義務づけているものといえる。したがって、右注意義務を怠った使用者の所為は、過失として法的に非難されることとなる旨を論じたといえる。その意味で、右箇所は、懲戒権の行使というか、企業の制裁的措置を行なう場合における契約法理ではない、不法行為論のレベルへの接合を謳ったものといえよう。そして、右判旨㈡②の後段は、二つに分けての考察が可能である。その前の部分は「（措置による損害を従業員が被った事実があれば）使用者が当該措置を執ったことを相当とすべき根拠事実の存在が証明され（なければ）……不法行為が成立する」であり、後半は「又は使用者において右のような事実があると判断したことに相当の理由があると認められ（なければ）不法行為が成立する」である。この前後両者の論理をどのように考えるべきであろうか。

判旨㈡②総体からみて、まず第一に考えられることは、前述の不法行為成立要件中④との関係から「過失の一応の推定」あるいは「事実上の推定」論によったといえなくもない[20]。つまり、慰籍料責任の証明は、財産法上の損害と異なり、立証は必ずしも容易でない。名誉毀損的なマスコミ報道をされた場合、そのことを主張立証すると、そのことによって精神的被害の存在が推定され、その反対の蓋然性について被告の反証がなされない限り、過失が認定されるという論理であるが、これを単純に労使関係の懲戒事案に適用したともいえよう。しかし、本件、の処分がY_1の過失ではなく、厳重注意処分の回数が同一でも、〝勤務成績不良者〟の認定が労働者によりまちまちであることは、Y_1が故意に、つまり違法性を認識しながら、あるいは不当な動機（組合間差別、積極的な組合活動家を嫌悪するなど）をもって、〝気にくわない奴から懲らしめる〟かたちでなされたともいえないわけでもない。したがって、単純に過失の「事実上の推定」論によったともいえまい。したがって、Ｘの上告理由である立証責任の分配論を単純に直接採用したとはいえない。むしろ、判旨㈡②の後段の論理構成からみて、マスメディアの表現・報道が不法行為にあたるとしてその責任が問われたさいの、真実性の抗弁理論によったものといえよう。(21) 判旨㈡②後段の前半では、不法行為責任について刑法二三〇条の二の要件のもとで、真実性の証明があるときは当該表現活動が違法性を阻却されるという見解を、労使関係事案に類比させて論ぜられていると指摘できよう。その意味で、前述の不法行為成立要件の㈧において、しかも違法性阻却事由との関係で論じられているといえる。さらに右抗弁理論では、真実性についての立証責任は公表者（加害者）にあるとされているので、労使関係の場では、当然加害者たる使用者にあることにある。(22) さらに、判示㈡②の後段の後半部分では、使用者が真実性を証明し得ない場合には、同じく抗弁理論の先例法理である〃事実を真実と信ずるについて相当の理由があるときは故意・過失がなく、不法行為は免責される〃という論理、文言などから判断すると、そのまま採用したともいえよう。(23) 結論的には、契約法理の証明責任と不法行為法理、しかも現代不法行為の一類型である名誉・信用毀損に関するそれとの原則的な違いをふまえて結論を下したものである。したがって、使用者が企業内の制裁処分を労働者に課した場合、(a)該処分事由が真実であることを使用者が証明した場合、処分発表には違法性が阻却され、名誉・信用毀損の不法行為は成立しない。そして(b)処分該当事実が真実であることを使用者自らが証明できなくとも、その事実を真実と信ずるについて「相当な理由」あるとき、使用者には故意・過失がなく、処分したことにつき同じく不法行為は成立しないということになる。本件の場合、右(a)の真実であることの証明をY_1がなすことには成功しているとはいえないという判断が、一審・控訴審で下されている。となると、差戻し審では(b)の〃真実と信ずるにつき「相当な理由」があったか否か〃が検討されざるをえない。適正な人事管理をなしている企業では、労働者の所為につきよく確かめもせず、あえて名誉毀損的な行為（処分）をなすことは、きわめて限定的であろう。してみると、(a)の認定がすでに下級審で否定されて違法性が阻却されず、さらに(b)それ自体が認められ、使用者の不法行為責任が否定せられるのはよくよく例外的な場合であろう。その点からみて、この種の紛議を生ぜしめること自体、本件Y_1の労使関係がきわめて例外的なものといえなくもない。

(5) 最後に、残された論点に若干言及しよう。本判示の場合、無効確認の訴えの利益が認容され、処分が無効とされても、場合によっては不法行為責任が認められない場合も、論理的には考えられる。つまり、処分事由がない場合（例：就業規則禁止条項に該当する行為がないのに処分されたことは無効であるとされながらも、使用者が処分事由ありと信じたことにつき「相当の理由」がある場合）には、被処分者（労働者）は、名誉・信用毀損を理由とする損害賠償責任の追及が否定されることもあるからである。これを、国家賠償と行政取消訴訟における違法性の異同（違法性二元説）を類比させた考察も可能であるとする論者もある。[24] しかしこれについては、後日稿をあらためて検討したい。

(1) 職場団交の実態を分析した国鉄時代の国労側の資料としては、さしあたり国鉄における慣行・協定問題研究会編『国鉄における労使慣行・現場協議制』（労働旬報社、一九八二年）、青木宗也・竹下英男編『国鉄労働者の権利課題』（平原社、一九八三年）を参照。

(2) 中野・鈴木編『民事訴訟法講義（補訂版）』（有斐閣大学双書、一九八四年）一六九頁以下参照。

(3) なお、上告審では、無効確認の訴えの利益の有無それ自体については、争点とはなっていない。②⑤上告審・最三小判（昭五二・一二・一三、労旬九四六号）。同④⑨上告審・最一小判（昭五八・九・八、判時一〇九四号）。

(4) このように、同一事案で当該処分を〝事実行為〟とするか、〝法律行為〟とするかで、見解が一審と控訴審で分かれているのは、訴訟法上訴えの利益を原則的に右処分を法律行為と定義づけして原則的な論理で認めていくか、それとも、同右処分を〝事実行為〟として「紛争の直接かつ抜本的解決のため」と例外的判断に重きをおいて判示の結論を導くかという、裁判官の認識の違いにもとづくものといえよう。たとえば、②富士重工業事件は、就業規則の懲戒条項中にある譴責処分を〝権利又は法律関係に属しない事実行為〟としながらも、⑤右控訴審は、右該処分を〝（労働契約）にもとづく処分行為であって被控訴人（労働者）の法的地位に影響を与える法律行為である〟とする。

(5) 日本鉄鋼連盟事件のように、就業規則懲戒規定にない訓戒、法律効果に関する規定がないことから〝事実行為〟とし、さらに人事考課などの不利益を〝蓋然性あり〟としながらも、「事実上の不利益でしかない」と切って捨てた論理を採用したのは、例外的である。
(6) 労経速八〇一号二二頁参照。
(7) 判時七四三号一〇四頁参照。
(8) 判時七三九号一二六頁。
(9) 判時八九八号一一一頁。
(10) 判時八四六号一一五頁。
(11) 労判二二九号二〇頁。
(12) 和田肇・本件判例批評（判例評論四五四号）二二五頁参照。
(13) 千葉工大事件・最一小判（昭四七・一一・九、民集二六巻九号）。
(14) とくに、事実の概要(9)で紹介・明示した控訴審判示文言（傍線部分）は、従来の訴えの利益を認めなかった判示文言ともかなり異なるものである。
(15) ⑪国労青函地本リボン闘争事件は、該処分により「労働者としての名誉侵害、将来的不利益の不安」、の精神的苦痛より慰籍料請求を容認、ただし、処分無効により減額、⑬立川バス事件（控）は、社内報掲載による精神的苦痛からの慰籍料請求認容。
(16) ③川崎重工業事件（控）、⑦三菱電気事件がそうである。③⑦ともに懲戒処分が微妙な価値判断が絡むものとして使用者に過失なしとした。
(17) ④関西電力事件がそうである。
(18) 小宮文人「解雇権の濫用―高知放送事件」ジュリスト・労働判例百選〔六版〕一五〇頁参照。
(19) 奈良観光バス事件・奈良地判（昭三四・三・二八、労民集一〇巻二号）参照。
(20) 森島昭夫『不法行為法論義』（有斐閣、一九八七年）三〇頁以下参照。
(21) 松井茂記「名誉毀損と表現の自由」新・現代損害賠償法講座２『権利侵害と被侵害利益』（日本評論社、一九九八年）七九頁以下参照。
(22) 幾代通（徳本伸一補訂）『不法行為法』（有斐閣、一九九三年）九一頁参照。この論理は、労働組合の情宣活動にともなう企業・役員の名誉・信用の毀損の有無が争われる場合にも問題となりえよう。この場合、「真実の証明」があれば、労働組合または役員は、不法行為責任を免れよう。新谷真人「情宣活動と企業・役員等の名誉・信用」労働判例大系11〔第四章〕（旬報社刊）参照。

(23) 幾代・前掲著一〇〇頁参照。なお、公共の利害に関する事実の適示と名誉毀損の成否が争われた最一小判（昭四一・六・二三、判タ一九四号八三頁）も参照。この点についての和田・前掲判例批評の指摘は的確なものといえよう。

(24) 本件上告審判例解説・判タ二三一号・匿名子解説。古賀寛「国家賠償法における違法性」判タ六〇〇号一三頁以下参照。

〔平成一一（一九九九）年〕

5　出向先工場前での情宣活動を理由とする懲戒処分と不当労働行為の成否

――国労高崎地本事件・最二小判平成一一年六月一一日・労働判例七六二号一六頁――

一　事実の概要

(i)　上告人（被控訴人、被告）は、群馬地労委である（以下、X）。X補助参加人として、国労高崎地本（X_1）および同地本組合員（X_2～X_5）。被上告人（原告、控訴人）は、JR東日本（以下、Y）である。

(ii)　本件事案の発端は、Y高崎運行部が、国鉄の分割・民営化直後の余剰人員対策としてなされた出向施策をめぐるX_1Y間の対立にあった。該施策については、他四労組とYとの間では合意がなされたが、XY_1間では労働条件はおろか、出向先での組合活動についても、まったく合意が成立しなかった。X_1は、不当労働行為の救済および審査の実行確保の措置勧告の申立を行ない、Xは勧告書を交付したもののYの受け入れるところとはならず、三次にわたる出向被発令者のほとんどが、X_1組合員であった。本件事案における紛議の該当場所となった訴外富士重工伊勢崎工場（以下、Z）への出向被発令者も、その一五名中一三名がX_1の組合員であった（X決定認定事実・別冊中労委時報一〇七三号五頁）。

(iii)　そこでX_1は、第三次出向の第一日目（昭和六二年八月一日）に、Z門前で該出向に以下のような抗議の情宣活動を行なった。(a)朝七時過ぎの五〇分間、通勤途上のZ社員にYの出向政策批判のビラ配布を行ない、宣伝カーのスピカーによりY労務管理の批判を行なった、(b)Y引率者と出向者がZ門前に到着した頃に、X_1組合員等は青年部長Kの音頭で、激励の意を込めたシュプレヒコールもなした、(c)本件行動の責任者は、被処分者とはならなかった青年部長Kである、(d)Z社員に配られたビラはX_2が約五〇枚、X_3が三～四枚、X_4が二〇～三〇枚、そしてX_5が二～三枚程度であった（一審認定事実・労判五八九号七五頁以下）、(e)X_2等がビラ配布をした所はZの敷地内であったが、公道との境界は不明であった。Z社員との間にトラブルはなく、Z業務にも支障はなかった。

Yの本件行動についての評価は厳しく、X_1に強い抗議の意思を表明するとともに、一般組合員であるX_2ないしX_5を五日間の出勤停止処分にした。

(iv) そこでX_1等は、X_2等の処分は不当労働行為であるとして、Xに救済を申し立てた。Xは、右申立を認容（平元・三・二三決定）。Yが取消訴訟を提起。第一審・東京地判（平三・三・二七、労判五八九号七二頁）は、Yの請求を棄却。Y控訴。控訴審・東京高判（平五・二・一〇、労判六二八号五四頁）は、基本的にY控訴理由を採用して、以下のような論理から第一審の結論を取り消した。

本件情宣行動の正当性について

(1) 総論的判断　(イ)「（職場内外での労働組合の情宣活動の正当性判断は）諸般の事情が総合的に考慮され（て）なされなければならない。」、(ロ)「（所属企業の取引関係にある［第三者］への情宣活動について）労働者は……中略……職場外での情報宣伝活動であっても」、「（その内容が不当な場合」はもとより、「（内容が相当でも）その外部的態様（時間、場所、行動内容、影響等）からして」、a「使用者の業務運営や利益を不当に侵害するもので、労働組合ないし労働者の正当な組合活動の範囲を超え」、b「企業の円滑な運営に支障を来すおそれがあると認められる場合には」、c「職場外でなされた職務遂行に関係のない場合の行為であっても、使用者は企業秩序維持のためにそのような行為に対して（懲戒を課しうる）」（関西電力事件・最一小判（昭五八・九・八、判時一〇九号一二一頁〕、傍線―筆者）。

(2)　各論的判断　(イ)「(X$_1$Y間で見解の対立があり、X$_1$がXに救済申立てをなしている中で、労組が出向企業へ情宣活動をなすことは許されるが)、その内容、方法、態様等は、①出向先企業に不当に不安動揺を与えたり、②出向元企業への信頼を失わせたりして、③出向元企業の出向制度の円滑な実施に不当な影響を(与えてはならない)」。なぜなら、「出向の基準や手続をめぐって(の)労使(交渉)」と「企業が企業の業務経営上の必要から出向受入れ先企業の開拓や信頼関係維持に努めることは別個の事柄(である)」、「労働者において(は)このような信頼関係を尊重(する)労働契約における信義則上の義務(が)ある」。(ロ)「(企業が出向先企業開拓の努力中に)交渉の対象となる出向制度自体の破壊につながるおそれのあるような行動をすることは……(出向実施が)権利濫用(である)場合は別として、企業の円滑な運営を妨害する(ので、正当な組合活動ではない)」。(ハ)①該演説内容、ビラの内容はYの労務政策批判の範囲内で正当、しかし、②該目的、態様、影響等から見て正当な組合活動ではない(傍線―筆者)。なぜなら、(a)本件行動は、X$_1$Y間の労使紛議の持ち込みを第三者たるZへ持ち込み、もってZの出向の受け入れ辞退を余儀なくさせんとしたものであり、(b)態様も、早朝の住宅街でなされ、第三者(をして)、Z内部の労使間紛議との誤解を生じさせないものである。たとえ(a)の目的がないとしても、(b)のような行動をとればZの側に諸々の影響を与えることが予見できたし、よく注意すれば予見しえたはず。そして、(c)Yの重点的な営業施策である出向制度の根幹に悪影響を与えかねない行動であったからである。X上告。

二　判決要旨――上告棄却

(1)　「X$_1$らによる本件行動は、(イ)Yの高崎運行部から相当数の従業員が初めて出向したときにおいて、(ロ)出向先のZに少なからぬ不安動揺を与えて、(ハ)Zの側から同様の行動が反復された場合には出向受け入れを再考したい旨の意向がYに示されるなど、Yの当時の緊要な課題であった出向施策の円滑な実施等の業務運営を不当に妨げるおそれがあったものであって、その余の事情を考慮しても、労働組合の正当な活動の範囲とはいえ（ない）」。
（2）「原審の判断は、違法ではない」。

三　研究

（1）本件事案は、「団結の主体として権利を行使する場合の労働者の文書活動の自由」[1]の問題が中心的な争点である。X_1がYの商品ボイコットを呼び掛けたものではない。したがって、争議行為の正当性が争われた事案ではない。X_1およびX_2らが労使関係の存する直接の使用者であるYの事業場ではなく、Yが商事契約（出向契約＝人員派遣契約）を結んだ訴外Zの工場門前で、Yの労務施策批判行動および被出向者への激励行動を行なったことの法的是非が問われたものである。つまり、企業別労組が企業（職場）外で、組織決定をもって、自らの所属企業の取引先で情宣活動を行なったことの法的正当性の有無が問われたものである。[2]その意味で、組合活動権の免責・保護（＝正当性）要件の法的評価の問題である。
（2）この種の労働組合の情宣活動の是非が争われた判例法理上の類型には、都合二つある。第一に、一般市民に対して向けられたもの。[3]第二に、取引先・親会社・メインバンクなどへなされたもの[4]がある。ところで本件上告審判示は、特異な控訴審の論理に引きずられたと思われるので、これら両判示をあわせて考察する。
第二審の論理をまず検討してみよう。該判示の組合活動の正当性を論ずる総論部分の「社会的相当性」および「諸般の事情」論自体は、奇異なものではない。労働条件や労働者の待遇に関する労働組合の言論・表現活動の正当性をめぐる問題であるという、対象認識自体も妥当なものである。

しかし、以下の諸特徴がある。第一に、訴外Zの法益侵害の是非を論ずる際に、Zを「使用者」というよりも、労使関係においても「第三者」的なものとして位置づけている。第二に、情宣活動の正当性基準を、Ｚの具体的な業務阻害の有無により判断するというよりも、Ｚによる出向契約の破棄のおそれからＹの「業務阻害のおそれ」を強調し、その違法性を結論づけている。第三に、これらのことと関連するが、「諸般の事情」の総合評価から該情宣活動の是非を論ずるよりも、「内容」は正当としながらも、この「内容」評価と「外部的態様」（時間、場所、行動内容、影響など）を区別してこれを違法とし、しかも、この「外部的態様」から情宣活動の「目的」（Ｚをして出向契約を破棄させんこと）を導き出すという法的評価を採用している。第四に、「目的」は意図的なものとまではいえなくとも、未必の故意論的な予見可能性論から、情宣活動がもたらしたＺへの影響につき「重大な落度」という過失論から、違法性を導き出している。第五に、信義則上の義務ながら、労働契約上の「企業間同士の信頼関係維持義務」を強調し、これが第四の故意もしくは予見可能性論と絡めて、「信頼関係毀損抑止義務」と称してもよいような論旨を展開していることが指摘できよう。最後に、最も重要なことは、本件情宣活動を「職場外でなされた職務遂行に関係のない行為」というかたちで、関西電力事件・最一小判（昭五八・九・八、判時一〇九四号一二一頁）を先例引用しつつ、Ｙの懲戒の妥当性を導き出していることである。右判示は、組織的な決定を経ていない社宅内でのビラ配布行為を、いわゆる私生活上の「企業外非行」と認識していた。(5)それゆえ、該控訴審判示は、本件X_1らの行為をいわゆる「企業外非行」と認識したものといえそうである。しかも、判示は関電事件の判示を単純に引用することはせず、右判示にはない「それ（＝労働組合の情宣活動―筆者注）が使用者の業務運営や利益を不当に侵害するもので、労働組合ないし労働者の正当な組合活動の範囲を超え」、「職場外でなされた職務遂行に関係のない場合の行為」の判文に付加して懲戒の妥当性を導き出している。これは、本件情宣活動が組織的決定を経たものであることによると思われる。これらから、以下の問題点が指摘できよう。

第一に、団交論議と絡ませた部分を除き、Ｚの「使用者性」の認識の希薄さが指摘されよう。控訴審判示はX_2らがなした情宣活動をいわゆる市民的活動とみるのか、労働組合の活動と見るべきかについて、明らかに混乱をしているといえよう。該判示は、企業別組合員がなした「就業時間外・事業場外」の行動という外面的な特徴に依拠して、市民的活動により惹起せられた「企業外非行」（デモによる逮捕・拘留、虚偽・歪曲のビラ配布など）と労働契約上の義務違反の法理でもって懲戒の是非を論じたものといえよう。「企業間の信頼関係義務」の強調は、「企業外非行」の判例法理で使われた「企業の社会的信用論」を想起せしめる。この論理は、本件情宣活動を、対使用者でない、市民一般への情宣活動の自由の問題として考えているともいえよう。そして第二に、情宣活動の正当性基準を具体的な業務阻害ではなく、「（企業〔Y〕が出向先企業の開拓の努力中に）交渉の対象となる出向制度破壊につながるおそれのあるような行動をすることは」と、「業務阻害のおそれ」論から、違法なものとの結論を導き出している。これは旧来、事業場内の政治活動の正当性の是非を論議するさいに論じられた論理手法である[(6)]。第三に、判示は、「諸般の事情論」を語るさいに、先例引用についてさらに混乱している。というのも、前記関西電力事件上告審判決は、ビラの内容が大部分事実に基づかず、又は事実を誇張歪曲して被上告会社を非難攻撃し、全体としてこれを中傷誹謗するものであ（る）」（判時一〇九四号一二三頁）として、該譴責処分を有効にしたが、本件の場合、判示自身も認めているように、ビラの内容自体には問題がないとの認定を下しているわけで、その意味では、右関西電力事件判決の論理を引用するのは妥当ではない。ましてや、本件は内部告発（whistleblow）の問題でもないのである[(7)]。その意味で⑵の第二類型に該当するものである。

⑶　上告審の特徴の第一は、前記関西電力事件の先例明示がないという点である。このことは、ZでのX_2らの情宣活動は、「職務の遂行に関係のある行為」との法的評価を下したものと思われる。換言すれば、控訴審の論理を採用しなかったものといえよう。その意味で、上告人たるX_1らの主張を部分的にせよ認めたものと思われる。ならば、破棄差戻とすべきと思われるが、そのような主張は採用しなかった。第二に、Zよりの出向受入れについての再考の申入れの余地から、「（Y）の出向施策の円滑な実施等の業務運営を不当に妨げるおそれがあった」（＝原審と同一の判断、傍点—筆者）から、該情宣活動を違法なものと結論づけている。

(4)　限られた判示の行間のなかから、以下の指摘が可能と思われる。

第一に、この種のビラ配布などの情宣活動の正当性が争われた最高裁の先例法理では、市民法的な次元で厳格に評価されるべきではなく、「諸般の事情」、とりわけ使用者の不当労働行為の度が激しい場合は、違法性評価につきより緩やかに評価せられるべきという論理が支配的であったが[8]、本件事案では、「諸般の事情」のなかで不当労働行為の有無の議論をあまり行なわず、むしろ「外部的態様」(時間・場所・影響・行動内容等)の評価に優位性を認めて、該情宣活動の影響を推認する手法で正当性論議を行なった原審の判断をそのまま肯定している。

そして第二に、Zの迷惑からYの余剰人員問題解決のための「当時の緊要な課題であった出向施策」という業務毀損のおそれを導き出している。結果的に、「企業外非行」の判例法で重要な法的基準とされた「企業の社会的信用」と同じ概念に属するとも思われる「(組合活動における)企業の信頼関係毀損抑止義務」に連なる論点を肯定している。しかし、企業の緊急時にこそ、労働条件について労働組合の意思表明の必要性が高いがゆえ、この論理を肯定するには、さらなる媒介論が必要であろう。その意味では、原審の結論を維持するため、つまり、前記関西電力事件の明示が必ずしも正鵠を射ていない点を何とか糊塗せんとした、最高裁なりの工夫のあらわれとも思える判示内容である。

(5)　これらの最高裁の論点から、以下の点を筆者なりに結論づけた。第一に、争議ではない、さりとて平常時でもない、いわゆる労働者の団結(体)がなす情宣活動につき、情宣の「内容」が正当な場合でも、「出向先企業のそれの場合」は、限りなく平常時の法理(市民法の契約法理たる誠実義務違反の有無)[10]で決すべきと判断したものと思われる。しかし、そもそも出向先でも、出向元から労働者を受け入れる法益を得る限り、決定的な使用者の法益の侵害に至らない出向元の労使の軋轢を何らかのかたちで受け継ぐことは、予想の範囲内の不利益ではなかろうか。本判決の論理では、二重の契約関係にある労働者も組織化している労働組合の情宣活動が、「業務阻害のおそれ」(=現実の経営障害が発生せず)でもって違法と評価されることになる。

これと関連して、本件判示を組合が、付近の住民の私生活を侵害する情宣活動を行なったことが、「労使間におけるフェアプレイの原則」に反し、ために違法と評価される一契機となったと解する見解があるが[11]、むしろ控訴審が採用した「企業外非行」の法理に引きずられたためではないかと思われる。控訴審の「諸般の事情」の事実認定中でも、あるいは上告審の法的評価中でも、本件情宣活動と工場付近の住民との軋轢は必ずしも中心的なものではない。本件をフェアプレイ原則違反の類型に入れるのは、必ずしも妥当とは思われない。

第二に、本件判決によると、企業内組合がその所属企業以外への組合活動（例：派遣労働者と派遣先、出向元労働者と出向先、持株会社と関連企業の労働者等）で、労使間合意なくして法的になされうる類型が何であるかを導き出すのはかなり困難である。その意味で本判決は、雇用形態の多様化にともなう複数企業をめぐる労働組合の争議・組合活動戦術（ボイコット、情宣活動など）の再検討を迫る課題を投げかけている[12][13]。

（1） 横井芳弘「企業秩序と労働者の表現の自由―関西電力事件判例批評」労判四一七号四頁。

（2） 山口教授は、「出向者（在籍出向）あるいはその組合に対する不当労働行為においては、当面内容いかんによって、出向元・出向先のより適切な方を当該労使関係での使用者と判断するほかあるまい。派遣労働者についても同様」（『労働組合法・旧版』〔有斐閣〕七二頁とする。本件の場合、不当労働行為の主体は出向をめぐる争いを契機とする懲戒であるがゆえに、Y（JR）であるが、組合活動の場が出向先のZ（富士重工）である点に特質がある。

（3） 中国電力事件・最三小判（平四・三・三、労判六〇九号一〇頁）が、その代表例である。この判決が下される前の判例は、市民的な表現活動と異なり、団結活動としての情宣活動における表現内容の間違い・誇張などは相対化して考察すべきした。故意・重過失による虚偽事実以外は、どちらかというと正当なものと評価された。また、純粋な市民的な表現活動（デモなど）による逮捕・拘留などの事案では、「職場外でされた職務遂行に関係のないもの」（国鉄中国事件・最一小判昭和四九・二・二八労判一九六号二四頁）、あるいは「職務遂行と直接関係のない私生活上行われたもの」日本鋼管砂川事件・最二小判昭四九・三・一五労判一九八号一七頁）と、諸行為の法的定義づけをしながらも就業規則の懲戒規定の適用を肯定している。

（4） 拙稿「企業内・外の組合活動」講座二一世紀の労働法第八巻『利益代表システムと団結権』（有斐閣、二〇〇〇年）一三〇頁以下参照。
(5) 関西電力事件で問題とされた労働者の行為を、組合活動の一環たる情宣活動とするものに横井・注(1)前掲論文、片岡・大沼『労働団体法・上巻』現代法律学全集29(青林書院、一九九一年)三八二頁等。
(6) 電電公社目黒電報局事件・最三小判(昭五二・一二・一三、民集三一巻七号九七四頁)。
(7) 注(3)引用の中国電力事件がそうである。同じく、組合の内部告発的な経営批判ビラが過激であり、違法であるとされた神戸港埠頭公社事件・兵庫地労委命令(平九・一一・一八、労経速一六六三号)等参照。
(8) 弘南バス事件・最三小判(昭四三・一二・四民集二二巻一三号三一九四頁)等がそうである。
(9) 同旨・JR東海事件・大阪地決(昭六二・一一・三〇、労旬一一八八号九二頁)。
(10) 菅野和夫『労働法・第五版補正二版』(弘文堂)三九九頁は、「事業場外・就業時間外」においても、労働者にこの契約上の義務が機能するという。問責された典型事案として、前掲関西電力事件最高裁判決を引用する。
(11) 山口浩一郎「行政救済と司法救済」講座二一世紀の労働法第八巻『利益代表システムと団結権』(有斐閣、二〇〇〇年)二七二頁。
(12) この点を強調するものとして、道幸哲也「労使関係法の将来」学会誌「労働法」九七号一九五頁。
(13) なお、本件控訴審の判例解説に、菊池高志「出向門前における情報宣伝活動の正当性」平成五年重要判例解説・ジュリスト増刊二三三頁がある。

〔平成一四(二〇〇二)年〕

第三編　ドイツ労働法をめぐる諸問題

——日本法との比較の中から——

第一部　労働過程で生じた損害と労働者の損害賠償責任

●解　説

(1)　本稿執筆時には、日本の労使関係においては、労働者が労働過程で、故意または過失により使用者に損害を与えた場合、使用者は、対抗手段として懲戒処分をなすことはあっても、損害賠償請求という対抗措置をなすことはあまりなく、もしなされることはあっても、退職後になされる場合が多かった。対抗措置としては解雇（含・懲戒解雇）が多かった。事実、本稿執筆時（一九九〇年代後半）までに刊行された学会講座（労働法講座、現代労働法講座、労働法大系等）を調べても、独立に本テーマの項目を立てて講座編纂はしてこなかった。労働法の研究者よりも民法の研究者が、労働者が労働過程で第三者に損害を与えた場合、被害者たる第三者は、使用者に対しても損害賠償責任（民法七一五条一項本文）を請求できるが、もしも使用者が、被害者たる第三者に賠償した場合に、求償権を行使できる（同三項）という使用者責任の論点の関係から論ずる場合が多く、労働法研究者の立場からは、野沢浩「労働過程の過失の責任制限法理」（『労働過程の過失と責任』労研双叢、労働科学研究所、一九八八年）等があるくらいであった。むしろ、損害賠償予約禁止規定（労基法一六条）の方が、日本の旧来の悪しき労働慣行の是正の立場で論ぜられることが多かった。判例も本稿執筆時までは多くはなかった。

収録をした本稿は、労働者の労働過程における過失につき、日本の判例法理には、資本主義的な生産様式下における労働実態、つまり組織的体系的な労働過程である点の認識が必ずしも十分に反映されておらず、どちらかというと裁判官の常識的判断が多いという印象を持っていた時に、AuR, 2/1995, 70ff に掲載されたＢＡＧ（ＧＳ）、Beschluß v. 27. 9. 1994を読んで、論考のヒントを得た。ドイツでは、この労働過程で労働者の過失により生じた損害賠償事件につき、判例で形成されてきた「危険労働（gefahrgeneigte Arbeit）」及び「過失形態の三分類（重過失、通常過失、最軽過失）」論が急速な技術革新により責任法理がどのように変容をし、過失法理と責任法理につき独特な論理を導くに至ったかを検討・紹介をし、あわせて日本の若干の判例の法理の検討を行ったものである。

その後、講座二一世紀の労働法講座第四巻（有斐閣刊　二〇〇〇年）の角田邦重「労働者に対する損害賠償請求」が、講座類では初めて独立の題目を立てて、本稿のテーマにつき論じ、そして、道幸哲也「労働過程におけるミスを理由とする使用者からの損害賠償法理」（「労働判例　八二七号六頁」）に見られるように判例も数多く下されるようになった。その意味で、日本の労使関係における法意識の変容を読むことができよう。

(2)　ところで、ドイツ法との比較法研究についても、同様右に述べた野沢論文の他、和田肇『労働契約の法理』（有斐閣、一九九〇年）があったが、この分野でも民法の研究者の研究が先行していた。例えば、田上富信「労働過程の過失と被用者の損害賠償責任（上）（中）（下）」（判例評論三五五、三五六、三五八号）や宮本健蔵「安全配慮義務と契約責任の拡張」（信山社、一九九三年）等がそうである。

しかし、本稿脱稿後、細谷越史「ドイツにおける労働者の損害賠償責任制限法理に関する一考察（一）、（二・完）」（大阪市立大学・法学雑誌四七巻二号・三号（二〇〇〇年））に見られるような意欲的研究がなされ、さらに同「労働者の損害賠償責任―ドイツ法を手がかりとして」（日本労働法学会誌一一二号（二〇〇八年））は、日独の比較を行うまでになった。その意味で、本稿で論じたテーマは、執筆時（一九九八年）から一〇年、成果が多い労働法分野といえる。

第一章　労働過程で生じた損害と責任制限法理の新展開

――ドイツＢＡＧ大法廷九四年決定を中心的素材として――

はじめに

(1)　周知のように、労基法一六条は「使用者は、労働契約の不履行について違約金を定め、又は損害賠償額を予定する契約をしてはならない。」と定めている。この条文の目的については「労働者の退職の自由の確保であり、旧来のわが国労働関係の実態への反省にもとづく。[1]」とされるように、日本の旧来の悪しき労働慣行の是正を目的としたものであるとされている。つまり、「従来契約期間の途中で、労働者が転職、さては逃亡する場合に備えて、このようなことが起った場合、労働者本人、またはその親元などに一定額の違約金を支払うことを約束させたり、また機械・器具などを破損した場合に損害賠償として一定額の金員を、労働者やその親元、身元保証人などに支払わせるような慣行が行われてきたが、こうした制度は、ともすると労働の強制にあたり、そうでなくとも、労働者が使用者に隷属するような事態を生ずるので、本法はこうした違約金制度や損害賠償額予定の制度を禁止したのである。[2]」と解されている。かつての教科書などでは、このような詳説をなすものが多かったが、最近のそれは冒頭引用定義のように簡単に言及するかたちで終わっているものが多い。

さらに、本条に関わる事案は、労働者の研修費用を使用者が負担し、一定期間の勤務義務を負わせしめ、もし、その一定期間の勤務をしなかった場合の費用返還を義務づけた契約の効力が本条に違反するか否かなど使用者の研修目的の講師料や手数料支払いと労働者の退職の適否や退職金の不支給・減額支給と転職・中途退職との関係などで争われた事案が多く、不法行為（例：機械・器具等の破損）にともなう損害賠償予定の是非をめぐる事案はあまりない。[3]

しかし、右条文が禁止する損害賠償額の予定は、労働契約の不履行にともなう損害賠償に限定されないで、不法行為における損害（労働関係において、労働者が使用者の機械、器具等を破損したような場合のそれ）の賠償額も指すことについては異論はない。

(2)　ところで、右条文の解釈につき、より重要な点は、金額を予定することを禁止するのであって、現実に生じた損害について賠償を請求することを禁止する趣旨ではないし（昭二二・九・一三発基一七号）、就業規則中に労働者の責に帰すべき行為により損害を蒙ったとき損害額を賠償せしめる旨の規定をおくことは、本条違反に該らないということである。[4]

したがって、労働過程で労働者が故意または過失により使用者に損害を与えた場合、労働者は、債務不履行または不法行為により損害賠償責任の追及という法的対抗手段が使用者によりなされうる場合もあるといえる。

ところで、同じ労働過程で、労働者が第三者に損害を与えた場合、労働者は被害者たる第三者に、同じく不法行為による損害賠償責任を負い、使用者、加害者たる労働者、そして被害者たる第三者という三面的な法関係については、民法は七一五条で使用者責任条項を定めており、このため、被害者たる第三者は、使用者に対して損害賠償責任（民法七一五条一項本文）を請求しうるし、そして、使用者が、被害者たる第三者に賠償した場合には、労働者に求償権を行使しうる（同三項）。

これら労働過程で惹起せられた労働者の責任をどう構成するべきか、もし右責任を軽減するとなるとどのように立論をなすべきかが問われるが、後者の使用者責任に関する論議については、判例や学説も多いが、前者については必ずしもそうではない(5)。そこで、論稿の対象を、おもに前者、つまり労働者が労働過程で使用者の機械・器具等に故意または過失で損害を与えた事案に限定して、この種の労働者責任がどのように考察されているかを検討してみたい。このために、以下の手法で本稿を進めたい。まず第一に、ドイツの判例法理の主たる動向を検討する。ついで、日本の判例法理の特徴の検討を行なう。なお、この検討にあたっては、民法七一五条の使用者責任に関わる事案についても必要な限りで検討せざるをえない。そして、最後に、日独法理の比較を若干試みたい。

一　ドイツ法理の展開――判例法理を素材に――

(1)　この種の紛議に関するドイツ実定法理および判例動向の概要

ドイツ法では、労働過程で労働者が過失により使用者に損害を与えた場合、BGBを形式的に適用すると、第一に、債務不履行（契約責任・BGB二七六条）を負うか、または第二に、不法行為責任（BGB八二三条以下）を負う点は、日本法理と同じである。そして、この場合の損害賠償の範囲は、同じく、形式的に考察するならば、惹起せられた損害の全部、すなわち原状回復を想定した全部賠償が原則であるとされている（BGB二四九条）。したがって、債権者（使用者）は、財産損害であろうと非財産損害であろうと、原則として、原状回復を求めうる。両当事者にとって、原状回復が妥当な損害填補方法であり、かつ期待可能であることにもとづく。しかし、BGBは、二五四条（共働過失(6)・Mitverschulden）の規定をおいているため、損害の発生（第一項）または拡大（第二項）に、被害者（使用者）の過失が共働したときには、加害者（労働者）の損害賠償義務を制限しうることも論理的に当然に成立する。つまり、共働過失は、全部賠償原則を破るものであるといえる。

しかし、右BGBの一般原則を労働関係に適用して労働者に原則全損害を負担させることは、不公平であるということから民法の規定を修正し、責任制限理論（Haftungsbeschränkungstheorie）がライヒ時代から主張されてきた。その根本的な背景となった考えは、配慮義務（Fürsorgepflicht）であり、使用者の労働者の福利に対する積極的な作為義務を債権法上の論理の中に組み入れんとするものであった。このため、右労働過程の労働者の過失による損害事例は、使用者の営業に含まれる危険を構成しているというベースがその考えにあるとみてよい。さらに、右法的考えの根拠についても具体的な主張がなされていると各論者から指摘されているので[7]本稿では、詳述をしない。しかし、労働者責任の制限に関する連邦労働裁判所（ＢＡＧ）の著名な判例法理を検討する中から、ドイツ法理の動向を検討してみたい。このため、本稿では、以下の手法を採用した。まず第一に、考察の時代区分を以下の三時期に分けた。⑴第二次世界大戦後の労働者の責任制限理論（Haftungsbeschränkungstheorie）の一定の方向性が確立せられたとする一九五〇年代、⑵五〇年代に確立された判例法理について、ＢＡＧ小法廷が異論を唱え始めた一九八〇年代前半、そして、⑶八〇年代半ばから大法廷の判例変更がなされた一九九四年九月二七日の決定（Vorlegungsbeschluss）までに至る時期である。そして、第二に指摘せざるをえない手法は、右第一の時期中、⑴⑵[8]については、これまた各論者が紹介・検討してきているので本稿では、その概略の検討・紹介を必要最小限とする。

⑵　過失形態三分類と危険労働要件の確立

本節で紹介する判例は、①一九五七年九月二五日のＢＡＧの大法廷決定（BAGE5, 1、以下本稿では「五七年大法廷決定」と略記す）と、②一九五九年三月一九日ＢＡＧ第二小法廷判決（AP Nr. 8 zu §611 BGB Haftung des Arbitnehmers）。

①の事件（「五七年大法廷決定」）

〔事実の概要〕

連邦自動車庁（Kraftfahrtbundesamt）に自動車運転手として任用せられていた職員Ｙ（Angestellte、被告。以下Ｙ）の運転する車が、他の四人の職員を乗せて走行中スリップして、木に衝突した。このため、右職員中一人Ｘ（以下Ｘ、原告）が重傷を負った。Ｘは本来の印刷工どころか、守衛としても働くことができなくなった。Ｘは、労働裁判所（Rendsburg）にＹが全損害を負担すべき旨の確認の訴を起こした。また、Ｘに労災補償をなした州保険局（die Landesversicherungsanstalt Schleswig–Holstein）は、Ｙに対して、ライヒ保険法（RVO）一五四二条による補償額一、五〇九・八五マルクを補填すべき義務があることの確認を求めた。なお刑事裁判所はＹの過失を否定し、無罪とした。労働裁判所は、Ｙに、過失（Verschulden）がなかったという理由で、Ｘの主張を棄却した。州労働裁判所（Kiel）は、Ｙの過失を肯定し、訴えの申立て（Klageanträge）に応じた。これら二つの事案につき、Ｙは上告した。第一小法廷は、〝㋑過失による不法行為により、同じ事業場や同じ会社の同僚の労働災害（Arbeitsunfall）を惹起した労働者は、その損害の補填を被害者である労働者に、どの程度負うか。㋺(i)被害者である労働者に、賠償義務を負うているかぎり、このような労働者は、どの程度そしていかなる前提下で、賠償義務からの免責を使用者に対して請求しうるか、(ii)使用者に対する免責請求は、社会保険法の規定あるいはその原理と対立しないか。㋩責任法や責任保険法（das Haftpflicht–und Haftpflichtversicherungsrecht）は、㋑㋺の疑問に対してどのような影響力を有するであろうか。〟という法的問題につき、大法廷の判断を求めた。大法廷は、中でも、最初の㋑の問題につき、第一小法廷係属中の判断につき重要であるとした。

〔決定判旨〕

㈠　同じ事業場あるいは同じ会社の他の労働者に対して過失で労働災害をひき起こした労働者は、「その非難性（Schuld）が委任せられた仕事の特別の危険を考慮して（im Hinblick auf die besondere Gefahr）、事案の諸般の事情からみて（nach den Umständen des Falles）、重大でない（nicht schwer）場合やそのような限りにおいて、損害賠償債務の負担を被害者に負うことはない。」

(二)　労働者が負うべき責任の程度は、過失（Verschulden）の程度、給付されるべき労務の危険の大きさ（die Größe der in seiner Arbeit liegenden Gefahr）、使用者によって予測され、保険によってカバーされる危険、事業場内の労働者の地位、賃金の額や危険手当（eine Risikoprämie）の額、被害の大きさ、労働者の個人的事情（例：勤続年数、年齢、家族関係、労働者の日頃の勤務態度）（bisheriges Verhalten）などによって判断されるべきである。

右判決は、大法廷が〝ライヒ労働裁判所が展開し、労働裁判所判決や連邦通常裁判所（ＢＧＨ）が受け継いできた危険労働の場合の使用者に対する労働者責任制限理論（Lehre von der Haftungsbeschränkung des Arbeitnehmers gegenüber dem Arbeitgeber bei gefahrengeneigter Arbeit）に与する。〟と表現したことで象徴せられる判決である。ただ、この段階では労働者が免責される場合を〝重大でない有責性（nicht schwere Schuld）〟という表現を使っており、重過失、軽過失という概念を使うまでには至っていない。

②の事件

〔事実の概要〕

遠距離貨物運輸会社Ｙ（被告）に、第二番目の運転手として勤務していたＸ（原告）は、トレーラ（〝クルップ〟の内燃動車とトレーラ付）をＹの駐車場に止めて退出したところ、そのトレーラが動き出し、ために他のトレーラに衝突した。その結果、Ｙの内燃動車のバンパーや泥よけに損害を与えた。事故原因はハンドブレーキを十分に引いていなかったためであった。Ｙは、修理のために二八九・九六マルクを費したとしてＸの週賃金からそのつど一五から二〇マルクを天引きした。一九五四年九月二五日のＸによる即時の退職までに、総計一八五マルクにまでになった。Ｘは、トレーラの空気圧ブレーキの空気ボイラーに故障があったためで、本人には過失もないし、しかも重過失をもなかったとして、Ｙに対し、右控除額の支払いを求めた。これに対し、Ｙは、反訴（Widerklage）請求として、残額一〇四・九六マルクの支払いを求めた。

一審の労働裁判所（Bielefeld）は、原告の本訴請求を棄却し、被告会社の反訴請求を一部認容して、四〇マルクの支払いを原告に命じた。

二審の Hamm のラント労働裁判所は、原告の過失を重過失と認定しながらも、双方の控訴を棄却。双方上告。

〔判　旨〕

㈠「危険性のある労働（gefahrgeneigte Arbeit）の場合はさておき、労働者は、その労働義務の過失により違反したすべての場合、使用者に、それにより生じた損害を支払うべき責任がある。」（ＢＧＢ二七六条一項）

㈡「危険労働のさい、㋑重過失（grob fahrlässig）で生じた損害を通例労働者のみが、単独で負担しなければならない。」

㈢「労働者が、危険労働で、重過失でないかたちで生ぜしめた損害は㋺通常の過失の場合には（bei normaler Schuld）、通例労働者と使用者とが、割合的に（quotal）担うべきである。この場合、衡平の原則（Billigkeitsgrundsätze）と期待可能性の視点（Zumutbarkeitsgesichtspunkten）により、損害の原因と損害の結果の全体状況を相互に比較考量しなければならない。㋩労働者の過失が軽微な場合には（bei geringer Schuld）、通例、使用者が単独で（allein）その損害を負担しなければならない。」

㈣「過失の概念は、上告審において、全面的に（in vollem Umfang）再審査せられるべき法概念である。上告審は、重過失につき、事実審が判断を下すべき事案において、"grob" という概念を、適切に適用したかどうかを再審査もできる。」

原判決取消。Ｙの上告を認め、重過失を理由に、損害の残額請求を認めた。州労働裁判所が、Ｘはブレーキを正しく引いておらず、ハンドブレーキも引いていなかったという事実認定をしていたことが右結論に大きく影響した。

以上、これら二判決でもって、労働過程で生じた使用者の資産に対する損害賠償につき以下の点が導き出される。

第一に、危険性のある労働でない場合には労働者はその労働義務のいかなる過失の故であっても、ＢＧＢの責任規定により、発生した損害に対して使用者に全部責任を負う。第二に、危険性のある労働の場合の労働者の責任の軽減と過失との関係につき、過失の三段階理論ともいうべき一般的原則を確立した。つまり、重過失(grobe Fahrlässigkeit)の場合には、労働者が単独で全部責任を負う、通常の過失の場合(bei normaler Fahrlässigkeit)には労使が割合的に負担、そして、最軽過失の場合(bei geringer Fahrlässigkeit)使用者が単独で損害賠償責任を負担しなければならない、つまり、労働者が完全に免責される。第三に通常過失の場合の割合負担につき、「全体状況」(die Gesamtumstände＝過失の程度、給付されるべき労働の危険の大きさ、保険によってカバーされる危険の可能性、事業場内での労働者の地位、勤続年数、年齢、労働者の日頃の勤務態度など)により画定されるべしとする。そして、第三の原則との関連で、一(1)ですでに言及指摘したように、労働者に重過失または通常過失があった場合でも、その損害賠償範囲については、使用者に共働過失(Mitverschulden)があれば(ＢＧＢ二五四条)、労働者の責任は、軽減または免除される方向に作用する(例：必要不可欠の指示がなされていなかった、欠陥のある労働器具が使用されたなど)。

(3)　危険労働要件の撤廃と法的安定性が欠如する過失三段階理論

しかし、右一般原則については、まず第一に〝危険性のある労働〟とは一体何かについて定義が事案ごとに分かれ不明確なものである、そして、第二に、通常過失の場合の割合負担につき、前述の「全体状況」(die Gesamtumstände)により画定せられるとしてもこれまた事案ごとに損害額の結論が異なり曖昧であるという批判が主張せられた。とくに、前者の危険性のある労働とは、一般的に自動車運転手、機関主任、クレーン操作係などが含まれるとされたが、[9]同じ自動車運転手でも危険性のある労働でないとされた事案[10]もあり、該要件が労働者の責任制限法理としての法的基準としての安定性の欠如を意味した。これらの状況を背景として、一九八三年に注目すべきＢＡＧの小法廷の判断が相次いだ。それは、③一九八三年三月二三日のＢＡＧ小法廷判決（AuR, 10/1983, 314）④一九八三年一〇月二一日のＢＡＧ第七小法廷判決（Ap Nr. 84 zu §611 BGB Haftung des Arbeitnehmers）であった。これら③④両事件についても、事件の概略と判旨を紹介する。

③の事件

〔事実の概要〕

原告（以下Ｘ）は、食肉加工場を経営していた。被告（以下Ｙ）は、運転手として採用されていた。Ｙは、採用にあたって、運転するトラックやその地域の事情についてレクチャーを受けなかった。とりわけ、工場から約二、三百メートル離れた所に三メートルの高さの地下道がある旨の指示を受けていなかった。採用されて九日目に、トレーラ付のトラックを工場まで移動すべく命ぜられたＹは、ベテランならともかく、トレーラの長さと工場の敷地が駐車中のトラックでふさがれている事情を考慮すると不可能のように思えた。トレーラの高さが三・六五メートルもあり、さらに、高さ制限の標識（die Durchfahrtshöhe）が、工場までの道路の途中や地下道の中途に設定せられていたにもかかわらずＹは、これを看過し、トレーラを地下道にぶつけた。ために、Ｘに二九、二〇〇マルクの損害を与えた。

Ｘは、事故後Ｙを即時解雇し、そして損害賠償の請求訴訟を提起。一審の労働裁判所は、Ｙの行為は中間過失（mittlere Fahrlässigkeit）に該当し、危険性のある労働における中間過失では原則として損害の半分を負担すべきであるが、本件ではＸにも場所的状況や運転操作について被告に充分な指示を与えなかった共働過失があるとして、結局、Ｙに対し損害の六分の一にあたる九、七三三・三三マルクおよび五％の遅延損害金の支払いを命じた。

なお、車両保険を付してなかった点は、Ｘの企業採算の範囲内に属し、義務違反にならないとした。二審のラント（Bremen）労働裁判所は、Ｘの控訴を棄却し、Ｙの附帯控訴につき賠償金額を二、〇〇〇マルクに減額した。Ｘ上告。

〔判　旨〕　上告棄却

㈠「本法廷は、五七年九月二五日のＢＡＧ大法廷（「五七年決定」―筆者注）との関連づけで、次の立場に立つ。使用者の経営危険（das Betriebsrisiko）は、労働者の〃有責性が重大でない（nicht schwere Schuld）〃場合には、ＢＧＢ二五四条を準用して、労働者の責任を排除する。」「〃有責性が重大でない〃ものとしては、いわゆる最軽過失および通常・中間過失であるとされうる。」「今まで、ＢＡＧの通常判決（例：BAG v. 3. 11. 1970, Ap Nr. 61 zu §611 BGB Haftung des Arbeitnehmers）で、労働者の通常過失の場合に、考えられていた、事例ごとに関連づけられた経営危険責任は、本法廷の見解によれば、テクノロジーの発展と結びついた、責任の危険の増大に直面して、もはや専門的な労働者責任の形成を意味していない。」

「労働者が、危険性のある労働を遂行するにつき、故意または重大な過失によらないで惹起した損害は、使用者の経営危険に属し、それゆえ、使用者のみ、単独で担わねばならない。」

㈡「労働者責任を、危険労働の場合の、故意または重過失により惹起せられた損害に限定することは、法的安定性および法的明確性という要請（den Geboten der Rechtssicherheit und Rechtsklarheit）をも考慮に入れている。平均的（あるいは、中間的）過失の場合に、経営危険を個々の事例と関連させながら負わせることは、通例、労働者の責任を排除することになりえたかもしれない。しかし、その時々の個々的な事例の諸事情によるこの種の危険配分（Risikoverteilung）は、使用者も労働者も、個々のケースにおいては、とりわけ平均的（又は中間的）過失の場合明確に区分し難い過失の程度、および、個々の場合にきわめて到達し難い経営危険の数量化のゆえに、労働者責任の有無、場合によっては、どの位の程度かを予見し難い危険がある。これに反し、本法廷により下された、使用者により担われるべきという、経営危険という一般的な評価づけは、法的不安定性を阻止するに適切なものである。」

㈢「上述の諸原則を本件紛議に適用すると、Yは、故意または重過失によってXのトレーラに損害を惹起せしめたのではないことになる。したがって、Yは、二、〇〇〇マルクという仮の自己負担額というかたちでの州労働裁判所の敗訴決定（Verurteilung）に対し、附帯上告（Anschlußrevision）をしていないので、その限りで既判力（Rechtskraft）が生じておるがゆえに、原判決は維持される。」

本判決の認識の背景には、工業化の進展、労働過程における技術革新の進展の結果、労働者自体がつねに危険にさらされており、たんなる理念的な自然人一般の過失概念で処理されない問題がある。とくに、右判示がBGB二五四条の準用により、通常過失の免責を肯定し重過失の場合にのみ責任ありとした点に留意すべきである。これは、従来の過失三段階理論とは明らかに異なるものである。つまり、経営危険は過失と直接関係のない責任事由であることになる。

④の事件

〔事実の概要〕

原告（以下X）は、運送業を経営していた。被告（以下Y）は、右Xに運転手として採用されていた。一九七六年四月二〇日、朝六時頃から一二時間運転したのち、一八時四五分頃、アウトバーンのカーブでトラックを転覆させて、三六、四六九・九五マルクの損害を与えた。Xは、この損害賠償をYに請求した。その理由は、Yは、事故時、許可を受けずに、私的に運転（Privatfahrt）しているさなかであった。というのは、Yは、命ぜられたWattenheim への遂行を行うために、命ぜられた指示に反して、直接 Lautzkirchen から高速道路へ向かうのではなくSpiesen の自分の家に向かっていたからである。したがって、無断私用運転（Schwarzfahrt）であり、軽過失につき全面的な責任を負う。くわえて、Ｙは、スピード違反のゆえ、重過失で事故を惹起したという点にあった。Ｙはこれに対し、朝六時以来、間断なく（ununterbrochen）運転し、さらに一八時からの継続運転の指示を受けそれゆえ、この種の長距離運転の前に、食事を取り、休養し、そして、持ち合わせていなかった運転免許証を取り行くため家に寄った。事故について責任はないと主張した。一審の労働裁判所は、Ｘの訴えを棄却。その理由はＹは、危険労働を行っている際に事故を起こし、そして、重過失なしに起こしたものである。Ｙの無断私用運転は、Ｘの労働契約上の配慮義務からみて許される。スピードの出しすぎでもないし、長時間運転後の自宅の立ち寄りは、さらなる運転のための食事、休養、のためからみて、許せる、ＸはＹに、労働時間規定の許容範囲をオーバーして運転を命じたことなどであった。Ｘ控訴。ラント（Saarland）の州裁判所は、Ｙの行為は、危険性のある労働の中間過失であるとして、Ｘに三、〇〇〇マルクの支払いを認容。Ｘ上告。

〔判　旨〕　上告棄却

㈠「労働者の責任を故意および重過失に限定することは（BAG, Urteil vom 23. 3. 1983, 前掲判例③——筆者注）、労働者が、事業活動の執行につき（in Ausführung einer betrieblichen Tätigkeit）、損害を惹起せしめたことを前提とする。そのうえ、この活動が危険なものであるかこれにつき、堅持すべきかどうかは、決定的なものではない。」

㈡「労働者が事業活動を執行するさいに損害を惹起したかどうかという疑問については、事業目的の追求が損害の決定的な原因としてみられることが、事業活動を損害の結果との間のこの種の内的関連性により重要である。」

㈢「もしも、運転手が、自分の家で休息時間（eine Erholungspause）を取るために、使用者が事前に示した運行ルートをはずれたときこの内的関連性は、いずれによ、労働者が、最高運転時間（die Höchstlenkzeiten）がすでに超えたかないしは未だなされていない運行距離を加算した場合かなりの程度オーバーするかもしれないの

で、廻り道が許される場合に存する。」（傍点—筆者）

㈣「これらの諸原則によれば、Yは、〝無断私用運転〟ではなかったという州労働裁判所の理由づけ（die Begründung）はたしかに十分ではない。しかし、本法廷は、本件損害は、事業活動執行のさいに生じたものであることが、おのずと確認できうる。というのはYは、現下の事例の法律関係の形成においてbei gegebener Fallgestaltung少なくとも、自分の家への廻り道が事業場の利害（betriebliche Interesse）とも一致しているという点の立論が許されるからである。」「Yは、重過失で行動しなかったという州労働裁判所の判断に、法的誤りはない。」

㈤「それゆえ、Yは、Xのトラックに生じた損害につき責任はない。しかし、Yから上告がなされていないので、その限りで既判力（Rechtskraft）が生じており、この場合、原判決は維持されざるをえない。」

これらの二判決の論理の特色は、以下の点にある。

第一に、労働者の責任制限を画する基準となっていた「危険性のある労働」の要件を撤廃し、責任制限を全ての事業活動に拡大した、第二に、労働者の責任を故意または重過失に限定し、さらに、通常過失（中間過失）の場合、損害と結果についていわゆる「全体状況」（die Gesamtumstände）を考慮して、労使が割合的に（quotal）責任を負担するとされていた今までの判例法理は、法的安定性に欠けると評価づけた。第三に、事業活動（betriebliche Tätigkeit）の執行のための基準として事業目的の追求という評価基準を導入した。そして、第四に、労働者の責任制限の論拠を、使用者の配慮義務（労使関係の配慮の思想から、全損害を労働者に負わしてはならないという考え）から、経営危険（Betriebsrisiko＝企業危険の当事者として、使用者は労働者が失敗することを計算しておかねばならない。事業場組織に労働者を組み入れて働かす使用者は、労働者の責任危険［das Haftungsrisiko］を作り出すのであるから、労働者が犯した過失の結果については、使用者が負うべきとする）から導き出すべしとした。[11]

ところで、今まで取り上げた①ないし④の事案は、その全てが、危険性のある労働として認定しやすい自動車の運転手が関わるものであった。ところが、必ずしも危険労働とはすぐ認定し難い次のような事案が、労働裁判所法四五条二項二文（現四五条四項）(12) との関係での法的論議、つまり、重要な問題につき新判断を下す場合や判例統一を維持すべく、小法廷は大法廷に判断を求める論議との関係をも含めて争われた。「病院看護婦事件」と通称されるものである。

⑤　一九八五年二月一二日のＢＡＧ小法廷決定（NZA, 3/1986, 91）

〔事実の概要〕

一九七三年以来、Ｒ病院の産科に勤務している看護婦が原告である。右原告は新生児病棟で約三年間就労していた。一九七六年一二月二六日、原告は移動ベットの中の生まれて一二日目の赤ん坊を入院している母親の下へ運びベットから取り上げた時、手から滑らせて高さ一メートルのところから床に落した。その子供は、頭蓋骨陥没（Scheitelbeinbruch）の損傷を受け、一九七七年一月一四日まで、その病院の小児科で、治療を受けざるをえなかった。なお後遺症が出た。

事故に遇った子供は、右看護婦と州立Ｒ病院に対し、四〇九・六〇マルクの損害と慰藉料の支払いを連帯責務者（Gesamtschuldner）として引き受けるべきであり、かつ、事故で生じそして今後生じる損害の権利の確認を求めた。ベルリン州労働裁判所は、両連帯債務者に対して、賠償金として四九・七二マルクの支払いを命じた。それどころか慰藉料として一〇〇〇マルクの支払いを看護婦に命じ、かつ、右子供の確認の申立（Feststellungs-antrag）に応じた。看護婦は控訴したが棄却。そこで、看護婦は原告（以下Ｘ）として、使用者である州（被告Ｙ）に対し訴訟費用三七七マルクの支払いおよび子供の残余の請求額を免責する義務があることの確認を求めた。労働裁判所、州労働裁判所ともＸの訴えを棄却。Ｘ上告。

〔判　旨〕

(一)「看護婦は、危険性のある労働を行ってはいなかった。損害を生ぜしめたXの職務は、その本性に注意深い労働者が、経験上偶然に誤りを犯すことが必然的に伴うものではない。」「訓練せられかつ長いこと経験を績んできた看護婦にとって赤ん坊をベットから取り出すことは、特別な損害危険と結びつかない、困難性のない出来事である。」「しかし、本件の場合、責任制限が全くないのは、賠償額の高さがXの生活基盤を危うくするので妥当ではない。」「危険性のある労働の概念は、本法廷の見解によれば、責任軽減（Haftungserleichterung）の介入の前提としては有効でないと実証された。この概念は、鮮明でないし、あまりにも狭すぎる。これは、撤廃すべきである。」「また、学説の一部や第七小法廷判決（④の事件―筆者注）が、故意と重過失の場合を除いて労働者の免責を導き出しているが、この点についても大法廷の判断が要請される。」

(二)「労働裁判所法四五条二項二文により以下の問題につき、大法廷に判断を求めるべく呈示する。

① 責任制限の原則は、労働者の職務（Tätigkeiten）の危険性を顧慮することなしに労働者の事業場の活動につき（für betriebliche Tätigkeiten）一般的に適用されるか。

② もし、これが肯定されるならば

ⓐ 労働者の責任は、労働者が故意または重過失で行った事例（Fälle）に限定せられるか。

ⓑ または、さらに労働者は、中間的責任の場合も（auch bei mittlerem Verschulden）少なくとも分担するかたちで（anteilig）責任を負うか。

ⓒ 労働者の責任を金額的に制限することは考慮されるか。

③ もしも、これが否定せられるならば、危険労働という責任原則は、ある職務が、過度に高額な損害危険（Schadensrisiko）と結びつく場合でも適用されるか。」

ただし、大法廷の判断は下されることなく訴訟は終了した。というのは、Y（州）が準備手続で、Xの請求を認容したためである。

その後、⑥ＢＡＧ第八小法廷は、一九八九年一〇月一二日の決定で、「労働者の責任の制限に関する原則は、㋑事業場を契機とし、㋺労働関係にもとづいてなされた危険でない労働（nicht gefahrgeneigte Arbeiten）にも妥当するという見解を主張したい。」とし、これは、いわゆる、「五七年大法廷決定」と異なるので大法廷の判断にゆだねられるべきであるとした。その理由は、責任の割合の判断基準である「全体状況」（die Gesamtumstände）中、考慮すべき契機とされた労働者の個人的事情（例：勤続年数、家族関係、日頃の勤務態度、年齢、過失の程度など）中、過失の程度を除き、損害を惹起した労働が危険であるか否かとは関係がないということと「危険性のある労働の場合、重過失により損害を惹起した場合、労働者は、全部責任を負うこととなっているか、重過失の場合でも、全部責任の例外がありえる場合がある。その判断は、個々の事例の『全体状況』の比較考慮によりなされるべきであるが、そのさい、職務の損害危険負担（Schadensrisiko）と労働者の収入（Verdienst）とが、明らかに不均衡（Mißverhältnis）状況である点が、決定的に問題でありうる。現行法によれば（nach geltendem Recht）、労働者の責任を最高額により限定づけることはなされていない。使用者の高額な財産の損失は予測せられかつ、保険によりカバーされるのでなおさら経営危険負担（Betriebsrisiko）に帰せられるべし。」（AuR, 1/1990, 26）という点にあった。

（4）　連邦労働裁判（ＢＡＧ）大法廷（ＧＳ）の判例変更と労働者責任制限法理の新展開

(3)の一連の事件は、すべて小法廷の判断であった。このため、大法廷の判断が期待せられていた[13]。なぜなら、危険労働の要件を否定し、かつ、労働者の責任軽減を拡大せんとする判例の動向に決定的な影響を及ぼすからである。そして以下の事案について、ついに大法廷の判断が下され、戦後、労働過程で労働者が故意または過失により使用者に損害を与えた場合の解決法理であった労働者責任制限法理（「五七年大法廷決定」）が決定的に変更せられた。これが、⑦一九九四年九月二七日の大法廷決定（AuR, 2/1995, 70ff. 本稿中では「九四年大法廷決定」と略記す）である。

〔事実の概要〕

① 建設業を経営する原告（会社、以下X）は、宅地内で敷地の柵を建造せねばならなかった。土台を築くためにショベルカーで深さ八〇センチメートル、幅一六センチメートルの溝を掘らざるをえなかった。被告（労働者、以下Y）は、この工事現場におけるXの職人頭（Polier）であった。Yは、Xの総務部長（Geschäftsführer）から、他のもう一人の従業員（Mitarbeiter）と現場で勤めるべく指示された。ショベルカーの運転手は、掘るさいにガス管を損傷した。電気器具のスパークにより、家の地下室で噴出したガスに引火した。家屋には、二四四・二六三マルクの損害が生じた。Xは、Yに事業者の責任義務保険により補填しきれない損害の支払いを求めた。

② Xの右請求の論拠は、㋑主要ガス管から分かれているガス管が家の地下暖房室にむかって敷設されている場所が事前に指示せられていた、㋺ガスの供給管（der Hausanschluß）が設計図に記入せられていた、㋩そのうえ、ガス供給管が走っていたその箇所において、路面のひび割れ（der Straßenaufbruch）が確認せられていた、㊁ガス供給管の領域では、掘削を手でもってのみ許すべきであった、にもかかわらず、㋭Yは、ショベルカーの運転手に相応しい指示をなすべきことを怠り、のみならず、その場所にはガス管が敷設されていないから注意する必要はないと言ったという点にあった。

これに対しYは、重過失（grob fahrlässig）で行為したわけではないと反論した。

③ Xは、原審では負けた。州労働裁判所は、Yには、いずれにせよ非難せられるべき重過失はなかったと認定した。BAGの第八小法廷は、従来の危険労働において展開されてきた諸原則を大法廷の今までの見解に反し、次のような損害、つまり、労働が(i)事業場を契機とし、そして(ii)労使関係にもとづいてなされた危険でない労働

がなされて生じたそれにも適用せんと欲した。それゆえ、ＢＡＧの第八小法廷は、小法廷間および小法廷と大法廷との間の判例の食い違いに関する判例統一条項である労働裁判所法四五条二項によりこの法的問題に関する判断をＢＡＧの大法廷にあおいだ。大法廷は、九二年六月一二日「連邦最高裁判所の裁判の統一を維持するための法律・六八年六月一九日」により、最高裁判所の共同部[14]に判断を求める呈示決定（Vorlegungsbeschluss）を行った。共同部の手続きにおいて、連邦通常裁判所（ＢＧＨ）は九三年九月二一日の民事第四部の決定を呈示した。[15]これによれば、民事第四部はＢＡＧ大法廷の見解に結果的に与した。ＢＡＧがその見解に対して異議（Bedenken）を主張することがなかったので、九三年一二月一六日の共同部の裁判長の指示による訴訟手続が採用され、そして、下されたのが本決定である。[16]ただ右決定に至る共同部手続経緯の具体的内容はすでに別稿で発表してあるので本稿では右経緯を指摘するにとどめる。[17]

　右九二年六月一二日のＢＡＧ大法廷の呈示決定（Vorlegungsbeschluss NZA, 1993, 547）の基本的な考え方は、後述する「九四年大法廷決定」と同一である。ただ、右九三年九月二一日のＢＧＨの第四部の決定（NZA, 1994, 270）は、右九二年決定が下した主要な二つの法的判断のうち、労働者の無制限な損害賠償責任を基本権、つまり、基本法（ＧＧ）二条一項の「人格の自由な発展のための権利」および同一二条一項二号「強制労働の禁止」から導き出した部分については支持しなかった。しかし、もう一つの「労働者の責任制限を画する基準となっていた「危険性のある労働」という要件を撤廃し、その基準を全ての事業活動に拡大し、かつ、その責任制限の根拠を事業活動にともなう企業内部の危険配分から導き出した点については、支持できるとした。したがって、後者の点については、ＢＧＨとＢＡＧとの間に見解が同一であるということになった。したがって、九四年大法廷決定は、呈示手続にもとづく法的問題に対する判断である。

〔決定要旨〕

〔Ｉ〕「ＢＡＧ大法廷は、第八小法廷の法的見解に同意した。第八小法廷呈示決定において論ぜられた労働者の責任の制限に関する諸原則はたとえ労働が危険性を有さないでも、事業場を契機とし、そして労使関係にもとづきなされた全ての労働にあてはまる。」

①「大法廷は（危険労働の場合に軽減せられるという責任）制限を放棄することを呈示すべきと考えた。というのは、さもなければ、危険性のない職務を行う労働者は、契約上の義務違反をした場合、原則的には使用者の全損害を負担しなければならないからである。これは、危険ではない労働の場合にも使用者に責任を負わせるべきとする経営危険負担理論や事業場の組織及び労働諸条件の形成に関する労働者の権限からみて正当化されない。」

②「大法廷は、ＧＧ二〇条三項、労働裁判法四五条二項および四項により、さらなる法形成（Rechtsfortbildung）という方法で、労働者責任法（das Arbeitnehmerhaftungsrecht）を今までの判決以上に事業場の事実に適用する権限がある。ＢＧＢ二七六条（自己の過失責任—筆者注）二四九条（損害賠償の種類と範囲—筆者注）の法規定は、一般的な法解釈によれば、労働生活における新たな形成の可能性や危険をもっと正確にいうと危険労働が問題とされているか否かと無関係のかたちで十分な考慮を払っていない。」

(a)「ＢＧＢの諸規定は、労働契約法を排除する規定を含んではいない。すでに、ＢＧＢを発布するさい、労働者の責任について立法の欠缺から出発している。」

「労働者は、ＢＧＢの施行時以来、増大する責任の危険にさらされていた。かつて労働者が原因となって生じた損害がたとえ控え目に評価せられたとしても、使用者により投入せられた経営資金をきわめて高く評価するがゆえに、わずかな間違い（geringe Fehler）がとてつもない高額な責任額となりえた。当初からのＢＧＢの規定の欠缺は危険労働における責任原理を支持する判決により充填せられた。しかしながら、それに相応する責任制限は変化した事業場の諸状況を考慮するには不十分なものであることが証明せられた。労働者は、今日の労働の世界において、危険でない仕事においても予期しえない高度な損害にさらされうる。」

(b)「これは、事業場が原因の労働者の労働の責任は無制限であってはならないという一般的な法的信念と一致する。かかる見解は――種々様々な論拠づけでもって――論文などでほぼ一致して主張せられている。一九九二年六月一二日の大法廷の決定は、呈示問題につき学説上は全員一致であった。」

〔Ⅱ〕「事業場において生じた全ての労働における労働者責任の制限は、ＢＧＢ二五四条（共働過失―筆者注）の準用から導き出される。

① 加害者の損害賠償義務は、損害の発生にさいし、被害者の過失が共働した場合にはＢＧＢ二五四条一項により制限される。損害賠償に関する債務及びなされるべき賠償の範囲は情況（den Umständen）、とりわけ損害が主にどの程度、一方の側あるいは他方の側に引き起こされたかによる。ＢＧＢ二五四条の文言以上に、この規定はたとえ被害者に過失がなくても、被害者が生じた損害につき自ら主張した物的危険・事業場危険にもとづき共同責任を負う場合、したがって損害が生じた場合、被害者は帰責の点で共働した場合にも準用せられている。この場合、個々の情況の比較考量により調整せられた損害の配分が加害者の完全責任（vollen Haftung）とその完全な免責（vollen Entlastung）との間で動く余地がありうることが認められている。

② この法原則は、労使関係においても妥当し、そして労働者責任の制限へと至る。ＢＧＢは――今まで危険な活動の存在という割合広い前提の下でも――通例の判決では（in st. Rspr）、使用者の側では、経営危険負担理論（das Betriebsrisiko）が考慮されるべきであるという点から出発している。」

「そして、それゆえにＢＧＢ二五四条による比較考量により、労働者の責任軽減という結論に行きついている。しかしながら、このことは比較考量では、危険性の多い諸要素のみ考慮することだけを認め、そしてそれでもって事業場の諸活動の部分的な領域だけを把握する。しかし、それどころか事業場内で生じた全ての活動の場合には、ＧＧＢ二五四条の枠内で考慮せねばならないより広範囲な帰責事由が使用者にとって存する。使用者はＢＧＢ二五四条による比較の枠内で、事業場の組織や労働諸条件の形成に関する自らの責任を、法的かつ事実的な視点で考慮せねばならない。

使用者は、事業場を組織化し、そして、労働過程を統御する。この組織的な統一体（Einheit）において、労働者は、単独もしくは事業場において雇われた労働者とともに指示に拘束せられた職務を通して、事業場の労働技術的目的を実現するために組み込まれている。使用者は、事業場の労働技術目的を自己責任で決定できるし、自らの計画と必要性にもとづき事業場組織を形成し、そして労働者の職務に影響を及ぼしうる。

事業場組織内に労働者が組み入れられ、そして労働過程の事実上の与件（例：現存し、とりわけ〔oft〕特別な価値のある技術的な装置、労働組織や労働生産物に関する量的・質的な要請にともなう生産方法の形成）により、労働者の職務に就くこと（die Berufsausübung）が増大する。労働者は、通例、事前に定められた労働諸条件を、事実的にも法的にも回避することができない。業務命令権（Weisungsrecht）にもとづいて、使用者は労働契約上義務を有する労働給付（Arbeitsleistung）を定めることができる。使用者は労働給付の有り様（die Modalitäten der Arbeitsleistung）（例：組織的あるいは技術的手段を通して）形成することが可能である。これにより、使用者により定められた事業場の組織が、労働者の責任危険（das Haftungsrisiko）を作り出しうる。自らの組織権限にもとづき使用者は損害危険の抑止を、あるいは守ったり変更したりしうる。たとえば、労働過程を変化させたり、よりよい監督をすることにより、あるいは安全措置をなすことにより阻止しうる。使用者は、保険を結ぶことにより、自らの危険にしばしば安全等を講じうる。事業場の組織の責任や労働諸条件の形成の責任は従来の判決の意味における危険な労働の場合や危険でない職務（Tätigkeiten）の場合においても等しく存在する。したがって、その責任は、事業場においてなされた全ての労働の場合に使用者に負わせられるべきである。このことは、BGB二五四条の枠内では、損害賠償惹起の責任が労働者に生じている場合でも、事業場においてなされた職務の場合に彼（労働者）により生じた損害を、BGB二七六条、二四九条により、つねに完全に（全額）補償しなければならないわけではないという結論になる。」

〔Ⅲ〕「BGB二五四条の準用を通して労働者の責任を限定することは職業の自由（GG一二条一項）の憲法上

の保障や一般的な取引の自由（GG二条一項）を顧慮すれば当然のことである。

①　連邦憲法裁判所の判決によれば、基本権の規定は、国家に対する個々人の主観的な防御権のみならず、同時に権利の全ての領域の基本的な判断、つまり立法及び市民法の判決の基本的な判断を含んでいる。市民法上の諸規定は、基本権において表現されている諸原理と矛盾してはならない。このことは、BGBの実定法上の責任原則にも妥当する。この原則はその経済効果と合わせて、場合によっては損害賠償義務（Schadensersatzpflichtigen）の一般的な生活形態（Lebensgestaltung）や職務従事（Berufsausübung）に決定的な影響を与える。このため、この原則は基本法二条一項及び一二条一項の保護領域と抵触する。にもかかわらず、その自由制限的な効果（freiheitsbeschränkende Wirkung）は、国家的な干渉の直接的効果ではない。つまり、BGBの契約責任法は、任意で（freiwillig）引き受けた給付・注意義務（Leistungs-und Sorgfaltspflichten）を前提とし、かつ同時に自己決定と関係する。それでもこのことは責任の効果（Haftungsfolgen）を形成するさいに立法者が完全に無関係であることを意味しない。むしろ、立法者は客観法的な前もって定められた基準（Vorgaben）を顧慮しなければならないし、そして双方の契約当事者の基本的立場を適切に比較する事を可能にするために構造的な不均衡の状態において保護すべく介入しなければならない。この場合、労働生活における種々様々な契約上の諸力を無視し、使用者の経営危険（das Betriebsrisiko）を顧慮することぬきにして、完全な危険責任でもって労働者に一方的に責任を負わせることは、基本法に一致しないという、より広い形成的や可能性が確かに立法者に与えられている。」

②　「立法者が、契約責任法の領域で、憲法にもとづいて（von Verfassungs wegen）、用立てをせねばならない最低保護が、いかに仔細に決めうるかは確定的なかたちで明らかにされる必要はない。事業場でなされた労働が原因で生じた全ての損害において、経営危険を不可欠なものとして考慮することは、それ自体正当な危険配分（Risikoverteilung）への道を可能にさせ、そして労使関係の中で生じる不均衡の状況を考慮している。通常裁判

所が、呈示決定（Vorlagebeshluß）の憲法上の言及に反対の旨を提起する限りで、説得性をもちえない。ＢＧＢ二五四条の枠内で経営危険を考察することは、労働者の過失（das Verschulden）の顧慮することぬきには免責（Haftungsfreistellung）の結果になりえないし、結果的に、ＢＧＢ二四九、二七六条について立法者の考えを十全に無効とはなしえない。結果的にＢＧＢの基本的な考えを基本権において評価せざるをえないといえよう。」

〔Ⅳ〕①「労働者が損害の結果に参与さすべきか否か、そして、場合によってはいかなる範囲で参与さすべきかは、全体状況（Gesamtumstände）、とりわけ損害の原因及び損害の結果の比較の中で、均衡及び期待可能性の視点に左右される。個々の事例の状態ごとに種々様々な価値を認め、そして決定的にありうべき多種多様な損害原因を考慮しても確定的に示すことができない諸事情の中には次のようなものが含まれる。(a)労働者が負うべき過失の程度、(b)労働の危険性、(c)損害の程度（die Höhe）、(d)使用者が計算もしくは保険により補填可能な危険、(e)事業場内における労働者の地位、そして、(f)多分の危険のプレミアが含まれているであろう賃金の額である。また、場合によっては(イ)勤続年数、(ロ)年齢、(ハ)家庭の事情、そして(ニ)従来の勤務態度のような人的事情が考慮されうる。」

②「労働者に全般的な生活危険（Lebensrisiko）を使用者にさせないためには、損害を生ぜしめた職務が、事業場において生じたものでなければならず、そして、労使関係にもとづいてなされたものでなければならない。この場合、労働者に労働契約上委託されたこのような職務、あるいは労働者が使用者の利害において事業場のために行うこのような労働者の職務は経営のためになされた。」

決定の要旨にそって検討する。判旨〔Ⅰ〕は、冒頭で、小法廷の従来の見解を採用し、労働者の責任制限基準である「危険性のある労働」要件を撤廃し、全ての事業場活動に拡大した。同〔Ⅰ〕①②は、右原則をさらに詳しく論じているが、注目すべきは、ＢＧＢの諸現定が労働者責任について立法の欠缺が存したということと、右欠缺を補完してきた従来の労働者の責任制限の判例法理が、労働過程における急速な技術革新により、現状に即応しなくなってきていると指摘している点である。とくに、従来の過失の三段階理論により、通常過失であったと認定せられ労働者が労働過程でのわずかな間違い（geringe Fehler）で部分責任があるとされても、高額な損害をもたらしたと評価せられた場合に、高額な賠償責任を負わざるをえない場合もあるとしている。

判旨〔Ⅱ〕は、「事業場において生じた全ての労働における労働者責任の制限は、ＢＧＢ二五四条の準用から導き出される。」と冒頭で述べている点に留意すべきである。③事件の判示がほぼ同じ文言ながらも、〝労働者の有責性が重大でない（nicht schwere Schuld）場合〟という限定枠が付されていた。ということは他ならぬ、過失の三段階理論による労働者の責任範囲づけを行う論理を放棄したことを意味する。つまり、従来のように、重過失および通常の過失については、使用者の共働過失（Mitverschulden）があれば、労働者の責任は、軽減もしくは免除されるという論理の放棄どころか危険あるいは危険のない労働という分類づけを否定して、全ての労働にＢＧＢ二五四条を準用して労働者の責任を排除した点に積極的な意味がある。さらに判旨は〔Ⅱ〕②には、今までのＢＧＢ二五四条の限定つき準用論が不十分な点を指摘して使用者の経営危険を以下のように強調している。第一に使用者は、労働者を事業組織に組み入れて、労働過程を統御している。第二に労働者は、業務命令にもとづいて労働者の責任危険（das Haftungsrisiko）を作り出している。第三に、使用者は自らの組織権限によって、損害の危険の抑止（例：労働過程の変化、監督強化、安全措置、保険など）をなしうることなど。そして、事業場で生じた損害危険の責任は、「事業場においてなされた全ての労働の場合に使用者に負わせられるべきである。」とする。その後の判旨が、「このことは、ＢＧＢ二五四条の枠内では、損害賠償惹起の責任が労働者に生じている場合でも」と、ＢＧＢの完全（全部）賠償原則を否定している判文などからみて、労働の性格を危険であるか否か、あるいは、過失の程度を考慮するかたちで、労働者責任を制限する立論とは全く異なるものである。つまり「他人の利益のために為す業務における危険責任」を考慮しつつ共働過失に関するＢＧＢ二五四条によって責任配分をせんとするわけである。[18]右の論理からみるならば、故意の場合はともかく、労働過程で労働者が過失で使用者の機械・器具等に損害を与えた場合、労働者が損害賠償責任を追及される場合にきわめて限定的なものとならざるをえない。つまり労働者の過失と使用者の帰責事由としての経営危険が必ずしもストレートに結びつかない法理構成である。

判旨〔Ⅲ〕は、前述したように、BGHとは見解を基本的に異にした箇所であるといえる。判旨〔Ⅲ〕①で、「市民法上の諸規定は、基本権において表現されている諸原理と矛盾してはならない。」という基本的な視点から、BGBの損害賠償責任の原則、とりわけ本件事案の場合、基本権の客観法的秩序論を労使関係の場での共働過失による賠償額の減額にも適用すべしとする。基本法とBGBの契約責任法の次元の違いを認めながらも、〝契約当事者の構造的な不均衡〟や〝労働生活における種々様々な契約と諸力（の違い）〟を是正する法的効力を人格の自由な発展（GG二条一項）の労働者の権利および自由に職業に従事することへの労働者の権利（GG一二条一項）にみて、労働者の無制限な損害賠償責任への否定的な結論を導いている。そして、あわせて、使用者の経営危険論をも結論づけている。そのため、判旨〔Ⅲ〕②は、BGHがBAGの九二年決定に対する決定に与しなかったことに言及しつつ、「BGBの基本的な考えを基本権において評価せざるをえない。」とあえて九二年決定支持するという象徴的な言葉で結んでいる。

最後に、判旨〔Ⅳ〕は、その①で、それまでの判旨〔Ⅰ〕〔Ⅱ〕〔Ⅲ〕の前提に立って、損害範囲の確定のための一般的範式を論じ、そして②で本決定要旨の肝要な部分を展開して、その結論としている。判旨〔Ⅳ〕①は、共働過失の場合の労働者の帰責範囲の諸要素を従来の判例の「全体状況」（Gesamtumstände）のそれとほぼ同一のものによりながら指摘している。しかし、従来も問題があるとされていた労働者の個人的事情（勤続年数・年齢・家庭の事情など）は、どちらかというと帰責要素としては、消極的に評価づけている。

本決定が、今までのBAG小法廷の理論の集大成であるにせよ大法廷の判断が示された意義は大きく、労働過程で生じた労働者が加害の場合の免責範囲は大きく、拡張されることになる。

二　日本の判例法理との比較

労働者が業務中に、故意または過失により、使用者の機械・器具などに損害を与えた場合、使用者が労働者を懲戒処分に付することはあっても、該労働者に損害賠償を求めることはあまりないといえる。下された判例も数件である。この種の事案の象徴的な判例とされる大隈鐵工所事件・名古屋地判（昭六二・七・二七、判時一二五〇号）でさえも右判断とは別に、懲戒処分（出勤停止）の撤回を要求するやりとりのなかで、労働者が解雇され、右解雇の効力の是非が争われ、結論的に会社側が敗訴した同・名古屋地判（昭五二・一〇・七、労判二九二号）が法的判断として存する。[19]その他、同種の、会社側から労働者に損害賠償請求を行った事案である三共暖房事件・大阪高判（昭五三・三・三〇、判時九〇八号）も、該労働者がライバル会社に引き抜かれたことを機に右請求を行っており、同じく山形食品事件・浦和地判（昭五七・六・三〇、判時一〇五六号）も、右請求が、被告（労働者）が退職後になされており、労働契約関係が存続することを前提に、この種の請求が純粋な意味でなされることはあまりなく、その意味では、日本的労使関係の一つの傾向をも表わしているともいえる。ただし右支配的傾向と異なり宝石会社の外勤社員に約二八〇〇万円相当の会社所有の宝石の入った鞄を職務遂行中に盗まれたことを理由に、債務不履行（鞄の保管義務違反・重過失）にもとづき純粋に損害賠償を求めた丸山宝飾事件・東京地判（平六・九・七、判時一五四一号）がある。しかし、この事案も、親である身元保証人にも損害賠償請求がなされている点は、やはり留意すべきである。

そこで、労働者の労働過程中の過失による物的損害に対する使用者側からの損害賠償請求の是非が争われた前掲・大隈鐵工所事件・名古屋地判の判断の論理を検討し、ドイツの判例法理との比較検討をしてみる。

〔事実の概要〕

Ｙ（本訴被告、反訴原告）は、昭和四八年一月六日から深夜業に従事し、プレナーによるギアボックスの切削加工作業を行っていたところ、翌七日午前六時二〇分頃、ギアボックス一〇個の端面を自動送りにして切削加工中居眠りをしたため、バイトでプレナーのテーブル上面を深さ約三ミリ、幅約二〇ミリないし二五ミリ、長さ約五メートルにわたって切込みきずをつけ、プレナーの機能と精度を低下させた。

Ｙは、これまでも事故を起こした前歴があり、勤務態度もあまりよくなく、本件事故後の処置も万全ではなかったため、一〇日間の出勤停止処分に付され、その後この処分の取消しを要求したため解雇された。

これに対し、Ｙは、解雇禁止の仮処分申請を行い、同年二月五日、名古屋地裁は右申請を認容。ところが会社（本訴原告、反訴被告、以下Ｘ）は、同日付けでＹを解雇したので、Ｙは地位保全の仮処分を申請（前掲・昭五二・一〇・七の判決は、解雇無効とす）。Ｘは、Ｙの作業中の居眠りが、債務不履行ないし不法行為であるとして、一、一〇〇万円の損害賠償を求める本件訴訟を提起（なお、Ｙの反訴請求の事実および判断については省略する）。

これに対し、Ｙは、以下のように免責事由ありと反論した。

①深夜作業は、労働者に生理的悪影響を与え、会社の夜勤制度が過酷で居眠りは回避不可能であった、②担当者二人制にすべきであった、③使用者に安全配慮義務違反があり、④本件事故は、会社の重大な事故防止義務（自動停止装置または警報装置を設置）の懈怠により惹起された、⑤労務過程上の過失については、労働者に故意や重大な過失がなければ、労働者は損害賠償の責任を負わない、⑥会社には、労務過程における労働者の過失に起因して被った損害の賠償請求をしないという事実たる慣習があった、⑦本件損害賠償請求は信義誠実の原則に反し、かつ、権利濫用に当たる、などである。

判決は、以下の点を基本的骨子としてＸの損害賠償請求を一部認容した。㋑プレナーの作業中に七分以上にわたり居眠りをしたことは債務不履行に該当、㋺高度に機械化された下での就労や終身雇用制という現状、従来の使用者側の態様、Ｙの社内の地位・収入・負担能力などからみて（軽）過失にもとづく事故については「Ｘは、労働関係における公平の原則に照らして、損害賠償請求権を行使できない」（判時一二五〇号一四頁）、㈧しかし、Ｙの行為は重過失である。㈢賠償額の算定にあたっては、㈡の「諸事情」を検討して具体的に定めるべきであるが、(α)Ｘが機械保険に加入するなどの損害軽減措置を講じていない、(β)本件事故が深夜勤務中の事故であり、Ｙに同情すべき余地があり、(γ)今まで物損事故につき労働者に損害を請求してなかった。(δ)Ｘが処分を受けていることなどを斟酌して、請求額の四分の一を賠償金額として認容した。

故意および重過失は免責されないが、軽過失は、免責あるいは損害金額の減額事由たりえるという論理は、ドイツの五〇年代に確立せられたＢＡＧの判例法理と類似性が存するともいえようが、危険労働か否かという議論は基本的にない。むしろ本判示は、労働者が業務中に第三者に損害を与えた場合該労働者に使用者が民法七一五条三項にもとづき求償権を行使する場合のリーディングケースとされている茨城石炭商事事件・最一小判（昭五一・七・八、民集三〇巻七号）の判示の論理「使用者が、その事業の執行につきなされた被用者の加害行為により、直接損害を被り又は使用者としての損害賠償責任を負担したことに基づき損害を被った場合には、使用者は、その事業の性格、規模、施設の状況、被用者の業務の内容、労働条件、勤務態度、加害行為の態様、加害行為の予防若しくは損失の分散についての使用者の配慮の程度その他諸般の事情に照らし、損害の公平な分担という見地から信義則上相当と認められる限度において、被用者に対し右損害の賠償又は求償の請求をすることができる。」によったものといえよう[20]。つまり、民法七一五条三項は、労働者に対し全額求償を可能としているが、故意、重過失、あるいは背信的な行為はともかく、軽微な過失や単純な過失については、求償権の行使対象たりえないとする判例が支配的である[21]。さらに、判例は過失の場合でも、会社側の管理上の問題、業務の性質、教育指導の不徹底、その他諸般の事情から、会社の監督不十分について過失相殺、信義則、公平の原則等から金額を減少するのが一般的である。つまり、求償権制限に関する議論の損害賠償請求権制限法理への援用である[22]。

本判示も右㋺の諸事情を検討したうえ、さらに、㋥で、機械保険の未加入、深夜業、労働者の処分などから請求額の四分の一に減少して、使用者側の請求を認めたのは、まさしく右先例法理によったものといえる。

しかし、重過失の場合に、賠償額を四分の一までの求償限度にした点に、信義則法理をベースとした右最高裁判決とは異なる視点ともいえる。(23) その意味で「責任論において軽過失を免責した上で、有責の場合に損害論のレベルで改めて責任軽減をはかるという二段構えの構成がとられている。(24)」という指摘は妥当なものといえよう。判示は民法七一五条三項の先例法理を単純にあてはめたわけでないといえる。

しかし、本判示については、第一に、プレナー工の居眠りを重過失と認定した点、第二に、事故の回避措置を会社側が十分に構じていなかった点、第三に、使用者側が保険に未加入であったことは、労働者の積極的な免責事由たりえるのではないか、そして、労働者の過失認定にあたっては、使用者に対する責任関係と第三者に対するることは区別して判断されるべきで、労働者の対外的責任では重過失であっても、使用者に対する企業内部では重過失たりえないと考えるべきであるという「過失概念の相対性」論などをベースとする批判が指摘せられている。(25)

とくに、Ｙの勤務体制が、三週中一週は、午後八時から翌朝七時まで実働一〇時間の夜勤に連続して勤務という点は「反生理的就労体制(26)」であり、これにともなう居眠りを重過失と認定するのは、きわめて問題であると指摘する論者が多い。

そもそも企業危険の損害の帰責は、基本的に使用者であり、労働過程において労働者の過失を問うこと自体法的に意味をなさないとして、繰り返し、労働者にとって事前に定められた労働諸条件の不回避的拘束性、業務命令権による労働者の責任危険の形成、高度技術的組織に組み入れられている労働過程の現実あるいは、使用者の安全措置や損害危険防止構じうるなど現下の単純な私的自治論では解釈しえない資本主義的労働過程を分析した前述の九四年ＢＡＧ大法廷判旨〔Ⅱ〕は、日本法理においても、大きな示唆を与えるものと思われる。その意味で、労働過程で労働者が使用者の機械・器具を損壊せしめた場合の労働者の責任論について、過失相殺論、民法七一五条三項の求償権論も絡めて、再検討すべき課題が多いといえよう。

（1）下井隆史『労働基準法』（有斐閣法学叢書、一九九〇年）四八頁。
（2）吾妻光俊『註解　労働基準法』（青林書院新社、昭和四〇年）一六七頁。
（3）野沢浩「賠償予定の禁止と労働者の賠償責任」（ジュリスト増刊「労働法の争点（新版）」一九九〇年）一六六頁。
（4）吾妻・前掲書一六九頁。松岡三郎『条解労働基準法（上）』（弘文堂、昭和四一年）二〇六頁。なお、右両著によると労基法一六条は、戦前の工場法施行令二四条に由来するという。さらに、右松岡著によると右施行令二四条の行政解釈（大正五・九・二六農商務省商工局長）も、現実の損害を賠償すべき旨の契約は、禁止する趣旨ではなかったという（松岡・前掲書二〇六頁）。
（5）最近の文献として、山田卓生編集代表・國井和郎編集『新・現代損害賠償法講座第四巻使用者責任ほか』（日本評論社、一九九七年）参照。
（6）論者によっては、Mitverschulden を〝寄与過失〟と訳するが、本稿では、椿・右近編『ドイツ債権法総論』（日本評論社、一九八八年）により〝共働過失〟とする。
（7）宮本健蔵『安全配慮義務と契約責任の拡張』（信山社、一九九三年）、野沢浩「労働過程の過失の責任制限法理」『労働過程の過失と責任』（労働科学研究所、一九八八年）所収（注（3）の論文と区別するため本稿では、野沢・「労研論文」と略記する）、和田肇『労働契約の法理』（有斐閣、一九九〇年）、田上富信「労働過程の過失と被用者の損害賠償責任（上）（中）（下）」（判例評論三五五、三五六、三五八号）などを参照。
（8）とくに、宮本・前掲書、野沢・「労研論文」、田上論文がそうである。
（9）野沢・前掲「労研論文」四〇頁、宮本・前掲書二三五頁。
（10）宮本・前掲書二三六頁。
（11）和田・前掲書八九頁以下参照。
（12）「審理を行う小法廷が、根本的に重要な問題について、新判例を作る上において、又は判例の統一を維持するために必要と認めるときは、大法廷の裁判に付すことができる。」
（13）宮本・前掲書二四〇頁。

(14)　基本法の改正により、五つの最高裁判所間の法令解釈を統一するために設けられた。

(15)　この理由は、BGHは、その一九五五年一月一〇日の判決（BGHZ, 16, 11）で危険労働の場合の労働者の責任軽減を初めて認め、そして一九五八年四月一日の判決（BGHZ 27, 62〔65〕）で、BAGの五七年大法廷判決により設定せられた危険労働の場合の責任制限に関する原則に従ったためである。

(16)　この手続は、呈示手続（Vorlegungsverfahren）といわれ、呈示された事件について共同部が決定を下したときは、呈示部（Vorlegender Senat、本件の場合、BAGの大法廷である）は、共同部の決定にしたがって、判決・決定を下さなければならない。

(17)　拙稿「危険労働要件の徹廃と責任制限法理の新展開」労働法律旬報一九九七年九月上旬号（一四一五号）参照。

(18)　和田・前掲書九一頁。

(19)　なお、野沢・前掲「労研論文」は、本事件の判例評釈も兼ねている。したがって、同一事実より生起した損害賠償請求事案についての評釈としても参考となる部分が多い。

(20)　本件事案・判例時報一二五〇号解説。前述の丸山宝飾事件も、本茨城石炭商事事件の判文をそのまま先例として引用しつつ、従業員の義務違反を「重過失」と評価し、損害の負担割合を二分の一と判断した。第三者の窃盗および盗難保険未加入が、二分の一減額理由となった。

(21)　安西愈『採用から退職までの法律知識（六訂）』（中央経済社、平成七年）によると求償権の行使の対象となる損害行為は、故意（横領、詐欺、窃盗等）、重過失（交通三悪等）、責任の比較的重い過失（刑罰に処せられ又はそのおそれのあるような過失）、明白、重要な社内規則違反（明白に禁止せられているマイカーの業務使用による加害等）背信的行為（社有車の無断私用中の加害行為等）などであるとする（三九八頁）。民法七一五条三項の求償権制限に関する諸学説も、求償それ自体を否定する固有責任説はともかく、求償権の行使を労働者の故意または重過失に限定するか、過失相殺法理によるべきとする。田井義信「求償」（前掲注（5）・山田卓生・國井和郎編集書所収）一一三頁以下参照。

(22)　安西・前掲書三九九頁、中島正雄「義務懈怠と損害賠償―大隈鐵工所事件」別冊ジュリスト・労働判例百選〔第六版〕四二頁。

(23)　安西・前掲書四〇〇頁は、「求償限度としては、故意、重過失でないかぎり、通常の過失事故等については本人の生活上の問題もあるので、二割ないし二割五分程度にとどむべきであ（る）」（傍点―筆者）とする。重過失は、減額事由たりえないとする。

(24) 中島・前掲注(20)論文、前掲・判例時報一二五〇号解説。
(25) 中島、田上・前掲論文および野沢・前掲「労研論文」参照。民法七一五条三項の求償権に関し、代位責任の立論するところは〝企業労働者の労働実態と乖離している〟という批判は本稿のテーマとの関係で参考となる。田井義信「求償」(前掲注(5))・山田卓生・國井和郎編集書所収)一三二頁。
(26) 野沢・前掲「労研論文」参照。また、同論文は、判例の過失論が、客観的考察を欠き、きわめて心理的、主観的であるとする。

〔平成一〇(一九九八)年〕

第二部　労働争議をめぐる問題――ドイツにおけるロックアウト論争

●解　説

(1)　周知のように、ドイツでは、ワイマール憲法一五九条は、団結（体）の自由（Koalitionsfreiheit）を保障はしているが、争議行為の自由についての自由については、これに含まれるかについては否定的見解が有力であったため、争議行為は「私法上」のカテゴリーで考えられた。ボン基本法九条三項についても、ワイマール憲法一五九条と同様に、当初労働争議（Arbeitskämpfe）の文言は規定されてはなかったが、一九六八年の緊急事態法（Notstandsgesetz）との関連で、労働争議という文言が規定に挿入された。しかし、これもストライキとロックアウトを意図的に区別をしておらず、労働争議全般にわたり裁判官法（Richterrecht）が重要な役割を果たしてきた。判例法上著名な、ＢＡＧ（GS）Beschluß v. 28. 1. 1955, AP Nr. 1 zu Art. 9 GG Arbeitskampf に、続いてＢＡＧ（ＧＳ）Urt. v. 1971, AP Nr. 43 zu Art. 9 GG Arbeitskampf が、ストライキとロックアウトをともに争議行為として承認した。

ところが、一九七〇年代頃から、ロックアウト違法論が、とりわけ労働組合側から主張されはじめ、とりわけこれら二判決が、争議対等の原理（das Prinzip der Kampfparität）から使用者のロックアウト権を承認したのは問題であるとの批判がなされ、さらには、ロックアウト禁止（Aussperrungsverbot）へとその基調を変え始めた。この背景には、一九七〇年代のコンピュター導入に代表される技術革新・合理化が労使の勢力関係を大きく変えたことが大きく影響したとされる。収録した第二章の論文は、前述の二判決の紹介とさらに一九七八年になされた、印刷産業、金属産業そして鉄鋼産業の労働争議になされた組合側の重点スト（Schwerpunktstreiks）等に対する使用者側の全面的ロックアウトや選択的ロックアウト・差別的ロックアウトに対する法評価である一九八〇年六月一〇日の三判決や同年一二月二二日下された二決定の紹介である。なお、紹介した判例は、一九八九年の壁崩壊を経た東西ドイツ統合後も、労働争議権の基本判例であり、タイトル自体「ドイツにおけるロックアウト論争」という表記が相応しいともいうべきであるが、原稿執筆時（ママ）の表記とした。

(2)　ところで、日本のロックアウト法理は、法定上使用者にロックアウトを認めた法律はないが、憲法二八条の争議権保障の趣旨から、「労使対等原則論」によりながら、衡平原則に照らし、労使間の勢力均衡回復のための対抗手段として認められるする。このため、先制的ロックアウトには、正当性が否定されるとする（例・安威川生コンクリート事件・最三小判〔平一八・四・一八、労働判例九一五号六頁〕）。したがって、上記論文中に書かれている「労働争議算術」や「協約適用領域」の考えは、当然ながら日本の企業別労使関係とは異なるドイツの産業協約制度の枠内で考察されているが、筆者が日独の労使関係の相違を労働法理において意識する契機となったこれらの労使自治の有り様は、さらに第三部以下の協約法理の論点とも関連する問題でもある。

第二章　西ドイツにおけるロックアウト論争

――七〇年代の技術革新・合理化と労働組合――

序

七三年秋の「石油ショック」により誘発された七四年以降の西ドイツ経済において、種々の停滞的な状況が目につくようになった。この現象の中で、不生産部門の縮少、閉鎖、新鋭機械・装置の導入が経営側から企図せられるようになっていった。この経営側の方策の中で、もっとも象徴的なものが、ＭＥ機器導入に示されるコンピューターにまつわる合理化であった。このため、後述するように七六年や七八年に大きな労働争議が各地で続発した(1)。このように、日本と並んで驚異とまで評された西ドイツの高度経済成長は終わりを告げ、その後現在に到るまで、失業者の増大に示される経済状態の悪化が進行しているといわれている。

これら七〇年代の経済苦境を取り込み、総括するような形で、ドイツ労働総同盟（Deutscher Gewerkschaftsbund、以下ＤＧＢ）は、一九八一年三月デュッセルドルフ臨時大会において、六三年基本綱領（Grundsatzprogramm des DGB, 1963）にかわる新しい基本綱領（Grundsatzprogramm des DGB, 1981）を採択した。この八一年基本綱領は、労資の利害調整、統合秩序の確立を任務としていた六三年基本綱領の内容とは異なり、全般的に労資の階級対立関係を強調していると評されているように、左派産業別労働組合の見解を色濃く反映したものとなっている。この八一年基本綱領をさらに細かく分析してみると、労働組合の社会的社会改革的（soziale, gesellschaftliche）運動（前文一八頁）、全労働者の連帯（Solidarität）（前文一四頁）、「経営をこえる共同決定（Überbetriebliche Mitbestimmung）」（八章）そして、労働の人間化（Humanisierung der Arbeit）[2]（三章）と並んで、その第一章の五で、「労働組合のストライキ権は侵すべからざるものである。経営者による抑圧手段としてのロックアウトは、いかなる形態であろうと憲法違反であり、禁止されねばならない。労働組合は、ロックアウトを自らの活動の可能性と存立に対する攻撃とみなし、団結してそれと闘う。」と、基本綱領の中で、初めてロックアウト禁止が謳われた。これは、四九年基本綱領や六三年のそれにも見られなかったものであり、総体的誘導（die Globalsteuerung）論をその根本にいだき、西ドイツ型「所得政策」たる政・労・使による協調行動（Konzertierte Aktion）[3]への労働組合からの訣別の宣言を意味するものであった[4]。

なぜ、ドイツ労働総同盟ＤＧＢの基本綱領八一の中に、ロックアウト禁止がわざわざ明定されねばならなかったのか。西ドイツの七〇年代におけるロックアウトをめぐる法思想の変遷を労使の具体的対応の中から検討してみたい。

一　問題の所在――ロックアウトに関する明確な法の欠缺

(1)　周知のようにワイマール憲法一五九条は「労働＝及び経済条件の維持促進のためにする団結の自由（Vereinigungsfreiheit）は何人に対しても且つすべての職業に対して、これを保障する。この自由を制限し又は妨害しようとするすべての約定（Abrede）及び措置（Maßnahmen）は違法である」と規定されていた。同条が同法一二四条によって保障された一般的結社権（Das Recht, ……Vereine oder Gesellschaften zu bilden.）と区別される団結（体）の自由（Koalitionsfreiheit）を保障したものであることには異論がない。

しかし、この団結（体）の自由（Koalitionsfreiheit）の中に争議行為の自由（Kampffreiheit）が含まれるか否かについては争いがあり、一般的には、「法律的効果を伴う事実としてのストライキは団結にその基礎をおいているが、団結権と同様に基本権ではない[5]」と解され、争議行為は、自然的行為自由（natürliche Handlungsfreiheit）（＝本来法的評価の外にある行為の自由を意味する）以上のものではないとされた。労働組合による集団現象としてのストライキも、それ自体一方的な労務提供の拒否として個々の被用者の契約義務違反（債務不履行責任）が生ずるとされた。そこで、この契約違反を回避するためにとられたのが、労働契約の解約告知（Kündigung）という法形式に他ならない。労働者はストライキを解約告知と結びつけながら、形式的に、労働関係（Arbeitsverhältnisse）の消滅をもたらして争議行為に入らざるをえなかった。そして、留意すべきは、この労働関係との関連については、(イ)休止（Ruhen）説と(ロ)解約（Gelöst）説（争議妥結後、新契約が締結される）があり、後者の解約説が有力であった。

他方、ロックアウトについてどうであったか。労働契約期間中に、被用者を仕事から閉め出すことは、使用者の受領遅滞（Annahmeverzug）を構成し、賃金支払義務を免かれないため（ＢＧＢ六一五条）、解約告知がやはり問題とされた。このため、所定の告知期間を守ったり、あるいは即時解約告知（fristlose Kündigung）によって、集団的に解約告知をして、被用者を適法に仕事から排除することがなされた。この点についても、労働関係（Arbeitsverhältnisse）が、(イ)休止される説と(ロ)解約される説とがあり、後者の解約説（労働関係消滅説）が多数説であった。したがって、一般的にロックアウトによって、労働関係が消滅し争議終了後に、ロックアウトされた被用者は再雇用（Wiedereinstellung）されることになるが、この場合、再雇用の諾否は使用者の自由裁量にまかされた[6]。

以上の点から、以下の結論が導かれうる。第一に、労働争議が私法上のカテゴリーで考えられた。第二に、解約告知期間の遵守が労働争議を私法上の効果から解放した。第三に、実定法上労働争議（ストライキ及びロックアウトも）の保護規定はなかった。

(2)　第二次世界大戦後のボン基本法（Grundgesetz、以下、ＧＧ）九条三項は、文言上、ワイマール憲法一五九条と同じで〝労働争議（Arbeitskämpfe）〟の文言は、意図的に言及されていなかった。

一九六八年になって、緊急事態立法（Notstandsgesetz）との関連で、次のような形式で、〝労働争議（Arbeitskämpfe）〟という概念が基本法ＧＧ九条三項に導入された。

基本法ＧＧ九条三項：「労働条件及び経済条件の維持改善のために団体（Vereinigungen）を結成する権利は、何人に対しても、またいかなる職業に対しても保障する。この権利を制限し又は阻害しようとする約定（Abreden）は無効として、これを目的とする措置（Maßnahmen）は違法とする。一二条ａ、三五条二、三項、八七条ａの四項そして九一条にもとづく措置は、第一段の意味で団体によりなされる労働条件及び経済条件の維持改善のためになされる労働争議（Arbeitskämpfe）になされてはならない。[7]」（傍点部分が追加部分）。

ただ、ここで留意すべきことの一つは、労働争議の概念が挿入されても、〝ストライキとロックアウト〟を意図的に区別していない点である。一九七二年改正の経営組織法（Betriebsverfassungsgesetz）七四条二項等にみられるように、その後の若干の立法例[8]も同様であった。ただ、一九七四年の重障害者法（Schwerbeschädigtengesetz）一五条五項や重障害者就業法（Schwerbehindertengesetz）一八条七項は、数は少ないけれども、ストライキとならんでロックアウトに言及している。

このため、労働法秩序全般にわたり欠缺のないものはなく、どうしても裁判官法（Richterrecht）が重要な役割をはたすようになった。労働争議の個々の問題に、立法者が抑制的であることは、「労働争議法は、本質的に裁判官法の中にある（Das Arbeitskampfrecht ist im wesentlichen Richterrecht.）」とか「連邦労働裁判所（Bundesarbeitsgericht、以下略称ＢＡＧ）は、補助立法者（Ersatzgesetzgeber）である。[9]」ともいわれてきた。

これらのたとえば、労働争議法上の重要な論点のほとんどが、連邦労働裁判所ＢＡＧへ持ち込まれるため、事件が連邦憲法裁判所（das Bundesverfassungsgericht）に上告されないかぎり、このＢＡＧが必然的に最終の決定権を有することを表現したものに他ならない。

(3)　ただ、州憲法へ目を移すならば、一九四六年一二月施行のヘッセン州憲法二九条は、例外的にロックアウト禁止を規定している。これについては、大略二点にわたる論点から、この州憲法の規定の有効性に疑問が投げかけられている。その第一は、基本法ＧＧの制定（一九四九年五月二三日）以来、この州憲法の規定は無効であるとする。なぜなら、基本法ＧＧ三一条は、「連邦法は、州法に優先する。」と定めているからというわけである。第二の見解は、州労働裁判所の判断をめぐることが発端となった批判である。ヘッセン州内にあるフランクフルト州労働裁判所が、「基本法三一条によれば、州法は連邦法が他の何らかのものを定めていない限りでのみ妥当する。だから、基本法になくして州憲法にある言葉は有効である。」という視点からロックアウトが禁止されるとしたわけであるが、[10]これについても異論がある。連邦労働裁判所ＢＡＧも一九八〇年に、この州労働裁判所の判断について、「一般的なロックアウト禁止は、現行協約法の主たる原理（den tragenden Grundsätzen＝交渉対等性―筆者）と相容れない。この協約法の原理は、ヘッセン州のみならず他の連邦諸域にも妥当する、なぜなら、連邦法は州法に優先するからである」（Art. 31 GG）（Urteil des Bundesarbeitsgericht vom 10. Juni 1980）と州労働裁判所の見解にくみしなかった。

以上のように、西ドイツのロックアウト法理を考察するには、結局、判例法理の検討が第一の課題とされる。

二　ロックアウト判例法理の展開

(1)　西ドイツにおける一九七〇年代のロックアウト論争に火をつけた最初の要因は、いうまでもなく、一九七一年四月二一日のＢＡＧ大法廷決定である。前述したように、判例の法理が火つけ役をはたしたといってよい。

しかも、この判例が論議されるのは、必ずといってよいほど一九五五年一月二八日のＢＡＧ大法廷決定との比較においてであった。この判例は、すでに多くの機会や場所で検討・考察をされているわけであり、その全体を紹介する必要性はないものといえよう。[11]ただ、本稿の性格上、その論理に若干言及せざるをえない。

〔事件の概要〕　遠洋漁業会社の従業員Ｘが解約告知期間を遵守せずにストに入ったのに対し、会社が即時解雇し、再雇用をしなかった。Ｘは解雇の効力を争った。

〔判　旨〕　(i)①労働争議手段は、共同的な行動（gemeinschaftliche Aktion）と見なすべし。②事前の解約告知なしのストライキ参加は、ストライキ総体が合法的であるかぎり、契約違反および違法とはみなされない。③基本法九条は、ストライキ権を認めていないゆえ、私法上の効果について判断する必要なし。(ii)労働争議が合法であるか否かの法的な評価は〝社会的相当性原理（das Prinzip der sozialen Adäquanz）〟によるべきである。この原理の具体的な基準としては、①労働争議は協約締結能力ある当事者により組織化されなければならない、②労働争議は、協約上規制せられる目的をめぐってなされなければならない、そして、最後的手段として（als letztes Mittel）だけ投入することが許される、③個々の労働争議手段は、社会的相手（Sozialpartner）を無にすべくなされてはならない。フェアーになされるべき、④個々の労働争議手段は、社会的相手（Sozialpartner）を無にすべくなされてはならない。(iii)①ロックアウトは、それが集団的に正当であれば、労働契約の解約告知は必要ではない。受領遅滞にもならない。②ロックアウトは、労働関係（Arbeitsverhältnisse）を解約（Lösung）する。

その他、労働協約自治システム論、争議対等の原理（der Grundsatz der Kampfparität）、比較均衡的な「争議危険負担（Kampfrisiko）」論、そして「争議手段選択の自由」論等が展開された。

使用者側の論客とされるW. Ohmが、この決定を評して「（この決定により）、労働組合の可能性と労働争議の場合に、ストライキ参加した被用者の地位を決定的に拡大した。同時に、ＢＡＧは、労働争議を飼い馴らすべく第一歩を踏み出した。」「労働争議手段の合法性に対する疑問及びロックアウトの許容性に対するＢＡＧのくわしい解説も、（労働争議が労働協約システム内の社会的な和解への手段である点の）解明に寄与した。」と述べ[12]、他方、ドイツ労働総同盟ＤＧＢ機関紙〝Die Quelle 一九五五年〟の中で、Erich Frey は、ロックアウト自体ではなく、その解約的効果に同意しなかった[13]といわれることから明らかなように、使用側は一応歓迎し、労働側もロックアウトそれ自体に強く異論を唱えるものではなかった。

その後、連邦労働裁判所第一小法廷は、一九五七、一九六〇、一九六三、一九六四年に、大法廷が枠づけた範囲内で、ロックアウトの解約的効果（lösende Wirkung）の問題点を主として具体化していったものの、停止説からの批判が学説上有力になっていった[14]。

(2)　このような理論状況の中で、七一年四月二一日の連邦労働裁判所大法廷決定が下された。

〔事件の概要〕　Xら二七名は、Bad Neuenahr の公務員賭博場の主任および主任補佐人で、商業・銀行・保険労働組合ＨＢＶの組合員であった。一九六六年末、組合と賭博場とのあいだの協約交渉が難航した。年末から年初めにかけて、組合側は、三波にわたるストライキを行なった。これに対し、賭博場側は、解約的効果を伴なう（mit lösender Wirkung）ロックアウトを行なった。スト終了後、Xら二七名は、他の大多数の被用者と異なり、再雇用されなかった。Xらは、このロックアウトにより労働関係が解消されていないことの確認判決を求め、予備的に再雇用を命ずる判決を求めた。訴訟の経緯は、かなり紆余曲折し、第一審は、予備的請求を認容したが、第二審は、これらの請求をすべて棄却した。連邦労働裁判所ＢＡＧの第一小法廷（der 1. Senat）は、(イ)適法なストライキ（einem legalen Streik）に、労働関係を解約させうるロックアウトで対抗できるものなのか否か。(ロ)使用者は、ロックアウトにより労働関係の停止（suspendieren）だけをできないのか否か。〟の問題点を解明するため、呈示決定（Vorlagebeschluß des 1. Senats）（一九六八年九月三日）で、大法廷（Großer Senat）に事件解決の下駄をあずけた。

〔判　旨〕　(i)ストライキとロックアウトは、たんに停止的効果（suspendierende Wirkung）だけを有する。使用者の賃金支払義務（die Lohnzahlungsverpflichtung）は、労働争議の終了まで停止するだけである。(ii)被用者側の争議がとくに違法な場合とか、長期のストライキのような場合にのみ、解約的ロックアウト（die lösende Aussperrung）を行使しうる。ただし、被用者は解約的ロックアウトのあとも、労働争議終了後、一般的に職場が存するかぎり再雇用（Wiederaufnahme）されねばならない。(iii)労働争議の合・違法の尺度基準として、（Sozialadäquanz）に代わり das Prinzip der Verhältnismäßigkeit が補填する形で導入せられた。：①Verhältnismäßigkeit の原理は、適性（Geeignetheit）、必要性（Erforderlichkeit）、そして、狭義の意味における相当性、いいかえれば Proportionalität 比例・釣合を意味する。「わが国の錯綜したそして相互に依存している社会においては、ストライキやロックアウトが労働争議に直接関係ある者にだけでなく、非ストライカーやその他の第三者（sonstige Dritte）、同じく一般公衆（die Allgemeinheit）にも多面的、持続的に作用する。」このため、「（労働争議では、）経済的な事情が考慮されなければならないし、そして公共の福祉（das Gemeinwohl）が明白に傷つけられてはならない。」②(イ)労働争議は、合法的な争議目的のため、そして労働平和（Arbeitsfrieden）再建のため、実際上必要とすることのためになされなければならない。(ロ)労働争議は、協約当事者間の意見を調整する行為（ein Schlichtungsverfahren）がなされたのち、最後的な手段としてだけ（nur als letztes Mittel）許される。(ハ)労働争議の当事者は、フェアーな争議行為を為すことが義務づけられており、(ニ)争議終了後には、できるだけすぐに、そして広範囲に労働平和を再建することに寄与しなければならない。(iv)ロックアウトは、許容されざる争議手段（kein zulässiges Arbeitskampfmittel）であるという見解には与しない。(15)

(3)　この決定に対する評価は五五年判決の場合とはかなり異なり、大きく分かれた。たとえば、W. Ohm は、①ストライキの合法性をロックアウトと関連させ、より一層確固とした判決であること、そして、②ロックアウトが労働関係を停止させる効果（suspendierende Wirkung）を有すると判断したこと等について、画期的なもの(16)であるとする一方で、労働組合の側は、停止説を採用したことを歓迎しながらも、例外的にせよ、ロックアウトを認めたことについて異を唱えた[17]。また、労働法学者の中からも、この決定について批判がなされた。この批判の論陣には、K.-J. Bieback, Däubler あるいはまた H. Wolter 等が加わった[18]。批判の視点は、いくつかあるが、それは、次のようなものである。第一に、ストライキ権の内容と制限が、個々の憲法上、実定法上の規定からではなく、法治国家的な明確性が欠如している一般条項（Generalklauseln）、つまり、〃Sozialadäquanz〃や〃Verhältnismäßigkeit〃から導き出された。このことは、法的な厳密さが欠けているのに労働争議に法的義務が課せられることを意味する。第二に、争議対等の原理（das Prinzip der Kampfparität）からロックアウト権を承認したのは問題である。実際の分析（eine Realanalyse）も、対等原理が基礎とされていない。第三に、自発ストライキ（der spontane Streik）の禁止も問題である。労働組合のストライキ独占（Streikmonopol）という言葉に見られるように組合が自から正当と認めるストライキを支援することが不可能となってしまった。

ところが、組合側の主張の重点は、判例の個々の評価から、ロックアウト禁止（Aussperrungsverbot）へと漸次移行していった。この組合側のロックアウトに対する対応の変化の流れを考察せざるをえない。

三　争議法論をめぐる新たな情勢――転機としての七八年労働争議――

（1）　ロックアウトに対する組合側の対応が明らかに、変化の兆しを示し始めたのは、七一年ＢＡＧ大法廷決定後間もない、一九七二年のドイツ労働総同盟ＤＧＢ第九回定期大会であった[19]。この大会では、①ロックアウトが恣意的になされる余地がある、②裁判所が補助立法者（Ersatzgesetzgeber）となり、これは権力分立を破壊するものであること等を骨子とするロックアウトを実定法上禁止することを求める提案が採択された[20]。開催地はベルリンであった。

さらに、その翌年、一九七三年九月一三日から九月一五日にかけて、ミュンヘンで金属産業労働組合（IG

Metall）が、「ストライキとロックアウト」というシンポジュウムを開催して、ロックアウト禁止の論議がようやく高まっていた。

（2）　組合側の態度変化の要因にいくつか考えられる。第一に、労働組合の側には、そもそもロックアウトが団結破壊のために行使されてきたという強いアレルギーがある。[21] 第二に、このアレルギーは、またロックアウトに関する官庁統計それ自体への疑念となってあらわれている。社会的現実に対する無知が、使用者側や裁判所のロックアウト法認の結論を引き出す原因となっているとする。たとえば、RdA 1980, Heft 1所収のInformationen[22]記事によると、一九四九年以来一九七七年までに、総計五六のロックアウトがあったとされている。官庁の公式統計によると一九四九年から一九七三年までは二六のロックアウトしかなかったとされた。しかし、Kalbitz は、この実際の数は七三であり、したがって、六三％が統計上把握されず、しかも、一九七七年までには七五になるとする。[23] このように、統計上の数が異っているのは、Kalbitz によると、(i)労働官署（Arbeitsämter）の〝統計上の無知（amtliche Blindheit）〟は、ロックアウトが一般的に把握されず、あるいは再び抹消されることが前提となっている、(ii)ロックアウトせられたストライカーが、統計上ロックアウトせられた者として取り扱われていない、(iii)連邦労働裁判所ＢＡＧ判決により、ロックアウトと区別されている自発的ストライキ後に生じた大量解雇が、統計上も除外されていること等が原因であるとする。[24] 第三に、政治の〝法律化（Justizialisierung）〟についての不安が組合側にあった。これは、一九五二年の経営組織法をめぐる対決において組合側が政治的に敗北したことが法的なるもの要求した原因となったのだけれども、これが逆に裁判官法（Richterrecht）が政治的なもの[25]に変わり、価値中立的性格を有しなくなったという認識がロックアウト禁止への転換要因の一つをなしていった。[26]

（3）　その後も、組合側のロックアウト禁止を求める動きは続けられ、この動きは、個別単産からＤＧＢ全体の考えを制するまでになっていった。一九七五年のドイツ労働総同盟ＤＧＢの第一〇回定期大会で、〝経営者の恣意的手段（Willkürmittel）であるロックアウトを認めること〟をあらためて批難した。

また、一九七六年、印刷（Druck）産業がロックアウトの影響を受けている中で、印刷・紙労働組合（IG Druck und Papier）の第一一回定期大会では、連邦議会、連邦参議院そして、連邦政府が明確に、ロックアウト禁止を決定すべきことが要請された。この中では、実定法上のロックアウト禁止まで組合側が連帯行動、連帯ストで対応する用意のあること、経営者のロックアウトに対して中央執行委員会（Hauptvorstand）が適切な措置をとりうることが求められている点などが強調せられた。

一九七七年、金属産業労働組合（IG Metall）の第一二回定期大会は、〝経営者のロックアウトは、恣意的な争議手段である〟旨の決議を採択し、このような動きは、ＤＧＢ傘下の比較的大きな労働組合だけでなく、木材及びプラスチック（Holz und Kunststoff）労働組合の大会でも見受けられるようになり、ついには、一九七九年にＤＧＢの行動綱領（Aktionsprogramm „79"）にまで受け入れられることとなった。そこでは〝労働協約自治に対する攻撃は守られねばならない。その中の一つに、ロックアウトを一般的に禁止する目的を有するロックアウトに対する闘いが含まれる〟と規定された（DGB [Hrsg.] Aktionsprogramm„ '79", beschlossen vom Bundesausschuß des DGB am 13. 6. 1979, S. 5.）(27)。

（4）　さらにこのような、ロックアウトに対する組合の認識を変えた決定的な要因は、技術革新と合理化の問題であった。一九七四年から七五年にかけて、戦後最悪といわれる景気の後退が西ドイツ経済を襲った。それまで、長期にわたる経済的好景気の中で、譲歩により（durch Zugeständnisse）社会的平和を獲ち取っていた経営者達が頑強な抵抗を示し始めた。その象徴的な事件が、一九七八年の印刷（Druck）、金属（Metall）、鉄鋼（Stahl）の争議であった。これら、一連の労働争議はすぐれて七〇年代後半の西ドイツ資本主義の状況と密接な関連をもち、〝技術革新・合理化と労働争議〟と名づけてよいといえる事件であった。

(1)　一九七八年の印刷産業における労働争議

(イ)　この協約争議は、エレクトロニクスの導入をもって生じた。つまり、伝統的な鉛植字（Bleisatz）からエレクトロニクスに導かれた光植字（Lichtsatz）への転換により生じた。植字工、校正者等の職場の喪失のおそれが生じたため、これを如何に解決すべきかが、労働法的に問題とされた。[28][29]

(ロ)　印刷・紙労働組合（IG Druck und Papier）のこの合理化に対する基本姿勢は、〝解雇（Entlassung）なしに、低賃金支払い職場への配転（Versetzung）なしに、景気変動による人員調整（Fluktuationsabbau）と操業短縮（Arbeitszeitverkürzung）によって、エレクトロニクスの利用が可能となるべきである〟というものであった。そこで、組合は、①職場の保証、②所得喪失の保護、③職業能力低下（Dequalifizierung）からの保護、④健康の保護、そして⑤ジャーナリストを技術的な修理（technische Herstellung）という熟練労働（Facharbeit）と無縁な点から保護せんとする〝新しい技術に関する協約化（Tarifierung der neuen Technik）〟に関する要求を提出した。[30]

(ハ)　使用者側の提案は、協約による解決を標榜し、その内容は、労働移動助成（Mobilitätshilfen）、合理化のソフトランディングというお定まりの言葉（Sozialplanformeln）、再訓練の提案（Umschulungsangebote）から成っていた。ただし、植字工には、再教育や社会計画による規制を期待はしていなかった。

(ニ)　組合側の提案は、経営側の強い抵抗にあった。対立の核心の一つは、配置の規制（die Besetzungsregeln）であり、他の一つは、週三五時間の時間短縮にあった。とくに前者は、出版社の一定の職場に印刷産業の熟練労働力（Facharbeiter）を配置することを協約で合意する点が争点となった。[31]

(ホ)　協約交渉は、七七年初頭から秋までかかるという長丁場なものとなり、争議期間も七七年一一月から七八年三月にまで及ぶものであった。争議行為は、七七年一一月における第一回目の調停（Schlichtung）が成果なく終ったのち、いわゆる警告及び抗議スト（Warn- und Proteststreiks）でもって始まった。この警告及び抗議ストは、再度の調停失敗後もなされ、七八年二月まで続けられた。[32]このストライキ形態は、連邦共和国ＢＲＤの大多数の事業所及び多くの雑誌・印刷所で五、六回ないし八回にわたって行なわれた。

引き続く重点スト（Schwerpunktstreiks）の局面は、四つの都市におけるストライキとともに開始せられた。この間、組合側は、使用者団体に傘下経営者に組合の要求を呑むよう指導するか、さもなくば企業別協約（Firmen Tarifverträge）を締結させるよう要求したが、両者とも拒否された(33)。

そして、ミュンヘンにおいてはまず期限付（befristen）であったが、のち無期限で（unbefristen）、しかも、地域的に限定せられた（regional begrenzten）ロックアウトをともなった。三月二日には、新聞事業十社において全国的に（Überregionale）の二四時間の時限ロックアウトがなされた。三月三日の場合には、十の新聞社がロックアウト宣言なしに、連帯心から（aus Solidarität）新聞の発行を停止した。

とくに注意すべきロックアウトは、三月五日から三月七日の間の四八時間時限ロックアウトにおいて、組合帰属を理由とする差別的ロックアウト、つまり、ロックアウトを技術部門の印刷労組の組合員に限定するロックアウトがなされた(34)。

三月一四日には、経営者は、第三の、しかも無期限ロックアウトを実行宣言、大きい事業所はこれに参加した。五四三の事業所において、三万七、〇〇〇人の労働者がロックアウトされた。組合側も六企業無期限スト戦術を拡大。三月一五日には、五八九事業所となり、数は、最終的に四万人にまでなり、三月二〇日まで続けられた。ヘッセンでは、二三の事業所で、事業所占拠（Betriebsbesetzung）があった(35)。

(ヘ)　その後、若干の紆余曲折ののち、三月二〇日に交渉が妥結。協約が締結された。内容は、①配置規制は協約によるべきこと、ただし、有効期間八年、②テキスト編纂労働は印刷産業の専門労働力が優先的に行なう、③専門労働者の従来の賃金保証、テキスト編纂はホワイトイカラーの仕事、④ジャーナリスト達は、スクリーンで読んだり、編集することを義務づけることが許される一方、拒否することもできた。⑤追加的休養期間（zusätzlichen Erholungspausen）と最大限六労働時間の保証、⑥その他、眼科医による定期検査、職場環境保全等から成り立っている。これは、組合側の要求が概ねみたされた内容であった(36)。

(2)　一九七八年のバーデン・ヴュルテンベルクの金属産業における労働争議

(イ)　この争議においても技術的進歩という社会問題を協約化することが問題とされた[37]。シュトゥットガルトの金属産業労働組合（IG Metall）の地区指導者である Franz Steinkühler が明らかにしたテクノロジーの結果は、次のようなものであった。①時計産業では、一九七〇年から七五年までに、従業員の数は約三五%減った。しかも、これは五〇%に近づきつつある。②機械テレタイプ製造に、従来は七五・三時間かかったのに、エレクトロニクスのテレタイプは、一七・七時間に短縮された。③タクシー料金メーターは、以前のものが、製造に一一・七時間必要としたのに、エレクトロニクスのそれは、三・七時間しか必要でなくなった等。これらの現象は、まず第一に、従来は予測もしえなかった規模での職場の喪失をもたらした。第二に、全ゆる職業グループ（ganze Berufsgruppen）が、とりわけ、精密機械工学の領域で余分なものとなった。そして、第三に、協約の基準（Tarifliche Kriterien）が完全に古くさくなった[38]。第四に、旧来の熟練労働力（Facharbeiter）の必要性がなくなるということは[39]、労働力の質の喪失とこれに結びつく給与損失の問題が当然生じることとなった。

(ロ)　労働側は、労働が低資格とランクづけられ、下級職階へおとされる危険から保護されるべきであると主張した。このため金属産業労働組合（IG Metall）は次のような二つのやり方で、労働協約の内容を集約していった。第一に、個々の被用者には、従来の賃金グループが、今後も保証されなければならない。第二に、現在、事業場内に存する資格水準（Qualifikationsniveau）は、保護係数（Sicherungskennzahl）以上に保証されなければならない。一定の評価手続を通して、事業場内における全ての労働者及び職員の資格等級（Qualifikationsgrad）の平均が確定されなければならない。しかも、平均的な資格水準（das durchschnittliche Qualifikationsniveau）は、集団的に保証されなければならない。しかし、使用者の配置の自由（Dispositionsfreiheit）は、制約されることにはならず、多分、解雇も可能となろう。

結局、七七年一二月一二日に提案された内容は、①賃金の八%アップ、②毎年、訓練報酬（Ausbildungsvergütung）を五〇マルクあげること、③労働者と職員に有利なようにグループ化して収入保証（Besitzstandssicherung）の協約を締結することから成っていた。(40)

また、金属産業労働組合（IG Metall）の協約のパックには、この職階保証の項とならんで、最下級にランクづけされた賃金グループⅠ及びⅡを、Ⅲに格上げせよとの要求が含まれていた。これは、女性差別を意識してのものであった。(41)

(ハ)　労働争議の経過は、そんなに長期的なものではなく、そして、複雑なものでもなかった。①主たる局面は、三月一五日の約八万人の従業員の重点ストライキ（Schwerpunktstreik）で始まった。対象は、機械組立て、車両組立て、エレクトロニクス経営者であった。②約一万四〇〇〇人の職員（Angestellte）が同時にストライキに突入したにもかかわらず、ロックアウトは労働者に対してだけ向けられた、選択的ロックアウトであった。③三月二〇日に就労意思のある者でロックアウトされた者の数は、一二万人で、ストライカーを入れると約二〇万人であった。これにより、組合財政への影響は、きわめて大きく、Kittnerの報告によると、八万人の被用者のたった三週間のストライキだけで、金属労組（IG Metall）の年間予算を消費尽したといわれる。(42)

(ニ)　〔妥結内容〕①賃上げは五%、②会社は一月か三月まで、一月当り、一律に一三七マルク、総計四一一マルク支払う。③最下級の労働評価せられたグループⅠの賃金は、一月一日より、グループⅡへ引き上げる。④給与表を下のランクへ落すことに反対する個別的な保証契約（Absicherungsvertrag）が合意された。しかし、集団的保証（Kollektive Absicherung）でないため、たった一歩の前進（nur einen»Schritt nach vorne«）と評された。(43)ただ、この妥結内容は、組合員の全員投票（Urabstimmung）の結果、三分の一以上が〝Nein〟と答えた。このため、ロックアウト解除は四月五日であったが、就労再開は四月一〇日となった。

(3)　一九七八年のノルトライン・ヴェストファーレンの鉄鋼産業における労働争議

(イ)　この争議は、鉄鋼危機以後、ヨーロッパ共同体委員会により決定された各国の生産割当とその限りでの生産の一部停止のため、組合側が職場確保のためと過重労働からの解放のために操短（Kurzarbeit）つまり時短、週三五時間労働を要求したことが原因であった。「五〇年ぶり」の鉄鋼争議であったといわれている。[44]

(ロ)　使用者団体は、四回にわたる交渉でも組合側の要求を拒否した。一一月三日に、二日間の有給休暇の増大を認めただけであったため、組合側スト決議。その後、六週間の有給休暇を提案したものの、主要な要求には応じなかった。三週間のストライキのち、一九七九年一月七日から八日にかけて妥協が成立した。休暇増加規則（Freischichten–Regelung）が合意された。[45]

(ハ)　ロックアウトせられた者三万人に対し、ストライカーは総計四万人乃至五万人で、その限り、目新しいものはない。しかし金属加工産業（die metallverarbeitende Industrie）の組合員が、労働時間中、計画的に関係した抗議デモ（die Protestdemonstrationen）が重要である。何故なら、金属産業労働組合（IG Metall）は、意図的に平和義務（Friedenspflicht）の束縛から逃げ出したからというわけである。[46]

これら三争議の概略的なスケッチから、いくつかの問題点が明らかとなる。その第一は、エレクトロニクスの導入が熟練労働力を解体せしめた結果、旧来の協約によっていた職務保証・所得保証協定が根本的な見直しを迫られるようになったことである。そして、第二に、エレクトロニス導入による合理化により、職場そのものを奪われるようになった被用者が輩出したり、あるいは、鉄鋼争議のように、生産割当が減少した結果、雇用保障を目的とする時短が要求として登場してきたということである。これは、八〇年代へ引き継がれて行く事柄である。第三に、組合側の戦術としての重点ストライキ、警告ストライキ、連帯スト、他方で使用者側の全面的ロックアウト、選択ロックアウトあるいはまた差別的ロックアウトが行使されたということである。そして、金属争議のところで、若干ふれたがストライキとロックアウトに伴ない、組合員の犠牲者救援資金が組合財政に大きくのしかかってきたという点である[47]。

これらの問題は、従来の労働協約自治論あるいは、労働争議論につき、組合側にとっては、決定的な疑問を生ぜしめるものとなった。

四　ロックアウトをめぐる労使の攻防

(1)　前述の三争議やその他一九七〇年後半の労働争議では、前節で紹介した事実経緯の他に、七一年連邦労働裁判所大法廷判決の中で論じられた、Verhältnismäßigkeit、争議対等、均衡（Gleichgewicht）、あるいは比例性（Proportionalität）等についての疑念を組合側にさらに抱かしめる経営側の行為とそれに反対する組合側の反撃が多様な形でなされた。

(2)　経営側の採用した対労働組合対抗戦略の第一のものは、ドイツ使用者団体（ＢＤＡ）の中央集権化傾向（Zentralisierung）があげられる。たとえば、一九七八年八月にノルトライン・ヴェストファーレンのビール醸造業（Brauindustrie）の使用者代表が署名した協約が、使用者自身、〝公正な妥協（fairen Kompromiß）〟と評価したにもかかわらず、ＢＤＡの前代未聞の圧力〝unerhört großen Drucks〟によってつぶされた事例がそうである。第二には、第一の事例の原因となった協約のタブーカタログ（Tabukatalog）の作成がある。七〇年代後半のものでは、七八年三月一六日に決められたもので、ＢＤＡの構成団体に協約で取り決めてはならないものが定められている。たとえば、(イ)週労働時間が四〇時間を下回ること、(ロ)有給休暇継続が六週間を上回ること、(ハ)機械に人員を配置するさいに、経営協議会（Betriebsrat）の共同決定を必要とすること、そして、(ニ)労働組合の職場委員（Vertrauensleute）の解雇保護（Kündigungsschutz）等が内容となっている[48]。しかも、ロックアウトにより、この協定の実行が謳われていたという。事実、七八年の争議ではロックアウトが果敢に行なわれた。これは、使用者のみが、〝合理化施策（Rationalisierungsmaßnahmen）〟の投入について決定しうるのである点を貫徹せんとしたものに他ならなかったといわれている。第三に、ロックアウト投入することなしにストライキを切り抜ける十分な手段を行使しえた〝積極的な経営上のストライキ防衛（aktive betriebliche Streikabwehr）〟である。[49] 具体的には、(イ)スキャップ（Aushilfen）の採用、(ロ)就労希望者（Arbeitswillig）への呼びかけ、(ハ)家族への手紙、(ニ)寄宿舎訪問、(ホ)経営協議会委員の委員との緊密な連絡（Einbindung）、(ヘ)年間賞与の危険による威迫、(ト)社宅の解約告知の威迫、(チ)労働争議手段に関する全員投票が作業場で禁止せられた、(リ)経営協議会委員は、就労者との会話が禁止せられた、(ヌ)使用者側のストライキの是非を問うアンケート作戦、(ル)金銭による使用者の支配介入（例えば、組合脱退手当）等の事例が報告されている。そして、これら施策の中でも、最大のメリットがあったのは、供給協定（Lieferhilfeabkommen）、顧客協定（Kundenabsprachen）、相互的な金融支援（gegenseitige finanzielle Unterstützungen）等による企業間のスト防衛協定であった。しかも、これは、ドイツ使用者団体（BDA）や大きな使用者団体の指導のもと、中央集権化の傾向にあるという。[50] 第四に、注目すべきストライキ対抗手段としては、新聞による反スト・キャンペーンであった。これは、とくに、鉄鋼、印刷の争議において、使われた。[51]

そして、第五に、経営側の対抗的運動の中では、もとより、ロックアウト実行を法的な論議においても文字通り正当化しようとする試みであった。その最大のエベントが、一九七八年一二月一〇日に、ドイツ使用者団体（BDA）がケルンで開催したコロキウムであった。テーマは、「ロックアウトの法律問題」であり、多くの法学者が参加した。[52] この会合で、使用者団体（BDA）の会長 Otto Esser は、(a)「(国家的強制なしに、)労使の間で労働・経済条件を確定しようとする協約自治（die Tarifautonomie）は、わが国の自由な基本秩序の基本的な構成要素である。」(b)「使用者は、ロックアウト及びストライキを基本法GG九条三項に保障せられた団結（体）の自由（Koalitionsfreiheit）及び団体（Koalition）に付与せられている協約自治の必要な機能として考える。」(c)協約自治と協約当事者（Tarifpartner）の国民経済的な責任という機能原理から「協約交渉の場合の機会の平等（Chancengleichheit)」を放棄しえない条件である。しかも、「平等な交渉の機会（gleiche Verhandlungschancen)」は、「平等な争議機会（gleiche Kampfchancen)」に裏づけられてのみ可能であると述べ、このコロキウムが、ロックアウト擁護の論陣を張る場になることを全面的に期待した。(53)

(3)　他方、労働組合の方では、ロックアウト禁止を求めて、いかなる運動を行なったであろうか。これは、法的イデオロギーをめぐる論陣をいかに張ったかという視点とこのための具体的な運動の仕方という両者からの分析が可能である。後者の方から検討してみる。

(イ)　まず第一に採用されたものは、大量訴訟行動（die Massenklageaktion）であった。①金属産業労働組合（IG Metall）領域内では、当初一〇万人、実質的には、約三万二〇〇〇人の訴訟行動がなされた。ロックアウトを違法であるとして、労賃の支払を求めたものである。被告は、もちろんストライキ対象企業となっていなかったにもかかわらず、ロックアウトを行なった事業場の経営者であった。他方、印刷・紙労働組合（IG Druck und Papier）でも、この大量訴訟行動がなされた。その数もやはり多く、約一万二〇〇〇人ほどに上ったといわれている。②この大量訴訟の目的は、(i)労働争議をアカデミッシュなものから、政治的論議の場に引き出し、ロックアウト禁止を法制度上明確にしようとすることにあった。(ii)若干の労働裁判所の判事がロックアウト反対の判決を下すに違いない点を予想に入れ、裁判官のチェック能力や解釈能力の現象化、つまり、労働争議の法現象化（Verrechtlichung）(54)に一矢を報わんとするものでもあった。(55)(56) (iii)ロックアウトの評判を日常的に裁判の場にのせ、この争議戦術の評判を悪くせんとしようとするものであった。(iv)ストライキと労働協約、とりわけ重点スト（Schwerpunktstreik）戦術の正当性をロックアウトと関連させて論議させようという側面もあった。(57)

第二に、とられた組合の戦術は、ロックアウトを裁判所の論議の中にとどめておかないで、具体的な連帯行動（Solidaritätsaktion）の重要性を強調した。つまり、この動きの背景には、ロックアウトは、すぐれて団結の問題であるという原則的な発想がある。Wahsnerが、〝団結（体）の自由（Koalitionsfreiheit）の法認化（Legalisierung）は、違法になされた団結（体）の自由をめぐる労働争議の結果である〟と述べながら、「基本法ＧＧ九条三項二段の禁止を軽悔し、見分けがつかないほどにストライキ権をゆがめている判決を考えると労働組合は、今日、ロックアウト禁止の実現を要求するかの権利の視点に立って経営者や裁判に対して、その実現のために闘いに入る以外のことを選べるであろうか。[58]」と述べていることに象徴的に表われている。

　ところで、連帯行動としてなされた組合の具体的な手段としては、①組織の枠を越えた連帯、これは単産の枠を越えたロックアウト禁止を求める運動を意味する。②七八年鉄鋼産業の争議の中でも紹介したように、連帯行動という示威運動である。③あるいはまた、協約上の紛議に関与していない労働組合側からの連帯スト（Solidaritätsstreik＝Sympathiekampfmaßnahmen）戦術がとられた。たとえば、七八年鉄鋼争議のさい、抗議行動を呼びかけてなされた金属産業労働組合（IG Metall）の同情デモなどがそれである。[59]④世論工作のための宣伝活動、[60]あるいは、印刷・紙労働組合（IG Druck und Paper）の七八年争議では、百万部にものぼる地域のスト新聞が発行された、⑤七八年の印刷争議の事実の概要の中ですでに紹介した事業所占拠、[61]⑥州規模でのドイツ労働総同盟ＤＧＢの行動、たとえば、金属産業労働組合（IG Metall）の七八年争議のさいに、州全体で三万五〇〇〇人がドルトムンドで波状デモを行なった、[62]そして⑦〝ロックアウトは人間の尊厳に反する（Aussperrung verstößt gegen Menschenwürde）〟というスローガンの下になされたＤＧＢ全体の行動であった。これの最大の山場は、一九八〇年一月二六日にハノーファーでなされた中央デモであった。これに対して、ドイツ使用者団体（ＢＤＡ）は、ＤＧＢのキャンペーンを〝プロパガンダ行動（Propaganda Aktion）〟と名づけ、協約政策上の独裁政治に手をかすものと厳しく叫弾した。[63]

　(ロ)　それでは、前者、つまり法的イデオロギーをめぐる論陣を組合側はどのように張ったであろうか。七一年ＢＡＧ大法廷決定以来、種々の法的論争とこの大法廷決定に対する批判がなされた。この批判の集大成をなすものとして、一九七九年のH. Wolter「ロックアウトと相当性（Aussperrung und Verhältnismäßigkeit）」という名の論文がある(64)。この論文によりながら、組合側の批判の概要を紹介しておく。

まず、(i)彼は、七一年ＢＡＧ大法廷決定を五五年のそれと比較して、次のような新しい質が加わったという。第一に、解約的ロックアウトの瑣細な制限とひきかえに争議行為の法現象化（Verrechtlichung）がさらに浸透したという。第二に相当性の考察については、Sozialadäquanz に Verhältnismäßigkeit を接木（aufgepfropft）しただけで、法治国家的な厳密さが前者の方があるという。この一般条項は、経営組織法（一九五二年）をめぐる労使の対決とは異なるあらたなる経済と政治の関係の表われであるという。(ii)権力行使の制限として〝相当性〟を考えるなら、権力の優位性は、経営や使用者団体にある。組合側ストライキに、そもそも、権利の濫用は存立しえないものである。

(iii)〔対等原理（Paritätsprinzip）について〕　生産手段に対する経営者と被用者の関係の違いは、規範上も被用者に平等とはいえない（Unterparitäten）影響を生ぜしめている。たとえば使用者は争議中に、ロックアウトに代替しうる手段をとりえるが、組合側には、唯一ストライキしか残されていない点をあげる。したがって、実質的な対等原理を基本法九条三項より導くとするならば、〝相当性の至上命題（das Gebot der Verhältnismäßigkeit）〟は、この原理と矛盾する。(iv)判旨の一部である「わが国の錯綜したそして相互に依存している社会においては、ストライキやロックアウトが労働争議に直接関係ある者にだけでなく、非ストライカーやその他の第三者（sonstige Dritte）、同じく一般公衆（die Allgemeinheit）にも多面的持続的に作用する」を引用しつつ、この考えを批判する。第一に、諸々のグループや一般公衆は、労働平和の間にも、経営者の一方的手段（durch einseitige Maßnahmen）により、労働争議よりもきわめて持続的に影響を受けているという。たとえば、職場の廃止、合理化投資、生産の延長による労働密度の高度化や生産性の高度化がそうである。あるいは、外国への資本逃避、独占による社会、生態学、住民による影響等、そして、これらの中でも合理化投資（Rationalisierungsinvestitionen）こそ典型的な〝労働者に対抗する資本の争議手段（Kampfmittel des Kapitals gegen die Arbeiter）〟であるとする。しかし、連邦労働裁判所ＢＡＧは、この争議手段を争議手段としてコントロールする気はないとする。第二に、経営側の平和的とされる争議手段が労働と関係がある点をあいまいにしているという（労働平和と労働争議との人為的分離〔die künstliche Trennung〕）。これには、解雇（Freisetzungen）、労働力の早期磨滅（Frühzeitiger Verschleiß）、経営側の価格決定によるインフレ等があげられている。これら平和的なるものは労働力に対して、非平和的であり、経営側の過剰な対等性（Überparitäten）を惹起するものでしかないという。しかも、これは、解雇制限法（Kündigungsschutzgesetz）や経営組織法（Betriebsverfassungsgesetz）があっても補正しきれないともいう。これらの視点は、法解釈の問題点を事実の問題点を提示して明らかにして行こうとするものである。そして、(v)最後に、比例性（Proportionalität）原理による目的・手段との関係を考察すれば、就労意思ある被用者（arbeitswilliger Arbeitnehmer）をロックアウトすることは、目的・手段との関係（Zweck–Mittel–Relation）を目的のための手段（Mittel zum Zweck）とするものでしかないという。何故なら、①組合資金攻撃のための被用者のロックアウト、②被用者の存在攻撃のためのロックアウトでしかないからであるという。これは、組合側の重点ストライキ（Schwerpunktstreik）戦略に対抗する経営側の全面ロックアウトを意識しての主張であるものといえよう。(65)(66)

(4)　このように、一九七〇年代後半において、ロックアウトの禁止をめぐり、労使ともにガップリと四つに組んだ組織的攻防戦を繰り広げたものといえよう。その意味で、これは高度経済成長を背景に、形成された総体的誘導論（die Globalsteuerung）に裏づけされた西ドイツ型「所得政策」が、一九七〇年代後半の不況とともに終りをつげたことを象徴するものでもあった。

五　熱いロックアウト heiße Aussperrung と冷たいロックアウト kalte Aussperrung

(1)　このように、労使の緊張関係が高まりを示す中、連邦労働裁判所ＢＡＧ第一小法廷1. Senat は、七八年争議に関係する事案につきロックアウトの論争に一つの区切りをつける判断を下した。その一つは、一九八〇年六月一〇日の三判決（Urteil）であり、もう一つは、同年一二月二二日に下された二決定（Beschluß）である。前者は、いわゆるロックアウトの相当性に関する論争に、一つの画定基準を示したものであり、後者は、重点ストライキ（Schwerpunktstreik）の波及効果（Fernwirkung）にともなう、経営危険理論（Betriebsrisikolehre）が主として問題とされたものであった。これらの判例の概要と問題点を紹介していきたい。(67)

(2)　前者の三判決（Urteil）は、金属一事案、印刷二事案である。三判決とも賃金請求の事案（経営の行なったロックアウトが違法であるとしてロックアウト中の賃金を請求したもの）で、原告は、印制の場合は、賃金請求権の譲渡を受けた印刷・紙労働組合（IG Druck und Papier）で、金属の場合は、金属産業労働組合（IG Metall）の組合員である。両者の事件とも、三の事実の概要の中で紹介したように、七八年争議に関係するもので、とりわけ、金属の被告（ライヒンゲン〔Laichingen〕作業場）は、組合側の重点ストライキの対象でなかったにもかかわらず、ロックアウトに参加した企業である。金属・印刷の原告は、①本件ロックアウトが攻撃的ロックアウト（aggressive Aussperrung）であって、Verhältnismäßigkeit に反する、②本件ストライキは、重点ストライキ（Schwerpunktstreik）（特定部内ストによる企業全体のマヒ）ではなく、一部ストライキ（Teilstreik）（一部組合員のみスト突入）であるゆえ、経営危険負担から経営側に賃金支払義務があるというのが、主張の主たる内容であった。もとより、前節の H. Wolter が、主張したような、〝使用者側の平和時の争議手段〟の主張なども、口頭弁論（die mündliche Verhandlung）で、原告側から展開された。

他方、被告である企業側は、もちろん〝ロックアウトは、放棄できえない争議手段（unverzichtbares Kampfmittel）〟であるとの論証を行ない、本件ロックアウトが重点ストライキ（Schwerpunktstreik）に対する防禦的ロックアウト（Abwehraussperrung）であり、しかも、対等原理（Paritätsprinzip）に反しないと反論した。(68)なお、印刷事案のうち、ヘッセン州の場合においては、ヘッセン州憲法二九条五項のロックアウト違法規定が、原告の主張の一つの拠り所とされた。

この判例において注目されていたのは、第一に、旧来の判例で俎上にのらなかった組合側の新労働争議戦術（重点スト戦術）に対し、裁判所がVerhältnismäßigkeitの原理との関係で、どのような判断を下すかということと、第二に、印刷の事案の問題であるが、組合員だけに限定されたロックアウトの正当性如何の判断についてであった。

判旨の特徴をあげれば以下の点にまとめうる。

(i)　〃使用者の（ロックアウトという）争議手段は、対等性（Parität）及び相当性（Verhältnismäßigkeit)」という枠内で、行使しなければならない。〃とロックアウトは法的に許容された争議手段であることをあらためて確認した。

(ii)　「ロックアウト権の法的基礎は、基本法ＧＧ九条三項により保証されている協約の核心的領域（Kernbereich）内の労働協約自治にある。」そして、「くわしくは、労働協約法（一九四九年四月九日）により定められてある。」くわえて、種々の論理から、〃労働争議は、協約上の利害紛争の調停のため、最後的手段（ultima ratio）として実行可能なものでなければならない〃とした。

(a)　ストライキについて　「ストライキ権なくして行なわれる労働協約交渉は、一般的に、もはや〃集団的物乞い〔kollektives Betteln（Blanpain)〕〃でしかない。」「ストライキという圧力手段がなければ、労働協約自治は、効果的なものたりえない。」したがって、ストライキは、法的にも認められる。

(b)　ロックアウトについて　「場所的（räumlich）あるいは時間的（zeitlich）に、戦術上たくみに限定せられた労働放棄（「重点スト」―筆者注）が、攻撃された使用者を完全に敗北させることもある。この結果、交渉対等性（Verhandlungsparität）のため、この事実が防禦的な争議手段（防禦的ロックアウト〔Abwehraussperrung〕）を必要とする。」と労使の交渉均衡（Parität）の確立のために、防禦的ロックアウトを許容。

(c) 組合側の主張する総体的対等性（Gesamtparität）[69]を法的に否定しつつ、労働争議権を考察する場合には、「ただ、協約関連的な対等性（eine tarifbezogene Parität）だけが問題なのである。」とした。

(d) ロックアウトと相当性——労働争議算術（Arbeitskampfarithmetik）——労働組合が戦術上部分ストライキ（Teilstreik）を採用し、その結果、組合の交渉優位という結果がもたらされた場合、均衡・対等（Parität）に反するゆえ、経営側は、防禦的ロックアウトが交渉均衡の再確立のために許されることになる。すると、ストライキと関係のない被用者をも、巻きぞえにする可能性がある。これが、七八年争議の重点ストライキ戦術と七一年BAG大法廷決定のVerhältnismäßigkeitの関連の問題である。

防禦的ロックアウトが許容される基準は、まず第一に、〝協約適用領域（Tarifgebiet）〟そして、第二に、ストライカーとロックアウトせられた者との数的な関係（Zahlenverhältnis）によって画定される。

① 協約適用領域について　「協約適用領域（Tarifgebiet）は通例（regelmäßig）、争議領域（Kampfgebiet）を適切に限界づけるものと見なされるにちがいない。」つまり、ロックアウトは、労使の間で紛議が生じている協約適用領域に限定せられるべし。争議領域を協約領域外に拡張することは、行き過ぎ禁止（Übermaßverbot）に反する。「（労使の間で）議論が対立している労働協約内での部分スト（Teilstreik）の場合に防禦的ロックアウトは、この協約適用Tarifgebiet領域内に限定されなければならない。」この原則は、七八年の金属争議の場合に守られた。したがって、ロックアウトは相当であり、金属労組（IG Metall）の組合員の主張は認められない。

他方、七八年の印刷の争議は、全国的に適用される労働協約が問題とされたのであって、このため、地域的な協約適用領域でもって争議手段システム（Kampfmittelsystem）を段階づけ、これでもって、相当性判断することとは用をなさない。

② 数的関係　「部分ストライキが社会的当事者（soziale Gegenspieler）の交渉上の地位に与える効果は、概

括すると、(i)景気の状態、(ii)協約領域の競争状況、(iii)部分ストの広がり、(iv)労働争議の存続期間により左右される。」「(i)(ii)は、つねに変化するおそれがあり、規範的（normativ）に特徴づけられない」そして、(iii)(iv)の要因をManfred Löwisch や Raiser の理論を検討しつつ、ＢＡＧ独自の基準を確定。

〈段階的対抗可能性（abgestufte Reaktionsmöglichkeit）〉

A 「協約適用領域（Tarifgebiet）の被用者の四分の一以下がストライキ決議により労務の放棄を行なうことが求められているとき、すでに述べたような使用者の連帯にとって不利となると思われるような（「部分スト」に見舞われている企業が企業別協約による「単独講和」を行なう余地あり―筆者注）、そして、これにより力の均衡が移動すると思われるような部分ストライキが問題である。この場合、使用者側は争議枠を拡大しうることができなければならない。このさい、当該被用者の二五％までの（ロックアウトによる争議枠の）拡大は不釣り合い（unproportional）とは思われない。しかし、さらなる対抗（Reaktion）は、通例は、釣り合うことにはならない。」

被用者の二五％までストライキに参加した場合、同一の協約適用領域の被用者の二五％までさらにロックアウトすることは適切である。

B 「協約適用領域（Tarifgebiet）の被用者の四分の一以上がストライキを呼びかけられた場合には、争議枠を拡大しようとする使用者の必要性は、これに相応して減少する。本法廷の見るところ、協約適用領域（Tarifgebiet）の約半分の被用者がストライキに入ることを呼びかけられたかロックアウト決議の対象とされた場合でも、争議の対等性（Kampfparität）の阻害の恐れがないということについて、全体的に支持せられると思う。」

ストライキが協約適用領域の被用者の二五％から五〇％のあいだを含む時は、争議範囲の拡張は減する。しかし、五〇％以下の範囲内では、やはり、均衡が破られる危険があるので、使用者のロックアウトという対抗の可能性はある。

なお、留意すべきは、「労働争議の時間的長さ」という要因については、判断を下していない。

〔結論〕　印刷争議の場合、使用者側は連邦全域の技術関係の被用者に無期限ロックアウトを行なったことは、部分ストの幅と比べて釣り合いがとれていない。他方、金属の争議の場合には、協約適用領域の二五％以下の九万人に組合がスト指令、ロックアウトを行なったのも、二五％以下の一二万人で、このような防禦的ロックアウトは、相当である。行き過ぎ禁止（Übermaßverbot）に違反していない。

(e)　印刷争議事案であるが、組合員のみを対象とする差別的ロックアウトは、〝積極的な団体（結）の自由（die positive Vereinigungsfreiheit）〟に対する攻撃であり、違法である。

(f)　なお、印刷事案のうち、ヘッセン州の憲法規定をより所にロックアウト違法論を主張する考えに対しては、〝連邦協約法が、労働争議法の本当の法的根拠である点を、この見解は無視している〟と結論づけた[70]。

このようにして、組合のストライキ対抗手段である熱いロックアウト（heiße Aussperrung）についての法的判断が下された。

(3)　それでは、労働組合がストライキを行なった結果、スト対象事業所以外の第三者に影響が及び、原材料の不足を理由に、事業所が経営協議会委員の同意を得ずして、一方的に操業短縮（Kurzarbeit）を行ない、賃金支払を拒否するという、いわゆる冷たいロックアウト（kalte Aussperrung）について連邦労働裁判所ＢＡＧは、どのような判断を下したであろうか。

①　ある事業所の経営障害（Betriebsstörung）のため、被用者が就労できない場合誰が就労危険負担（Beschäftigungsrisiko）、賃金危険負担（Lohnrisiko）を引き受けるかという問題が存するが、これについても、労働争議権一般と同様、「法律の欠缺（Gesetzeslücke）」が存する[71]。これについては、一九二三年のライヒ労働裁判所ＲＧ二月六日の判決以来試みられてきた、経営危険分配の原則により、原則的な解決がなされてきたことは、周知の通りである。したがって、一九五七年に連邦労働裁判所ＢＡＧ判決[72]は、事業所内に存する理由から労務を給付できない場合には、使用者は賃金を全額支払わねばならないことを原則として確認した。しかしこの使用者の危険

負担は、しばしば問題につきあたるため、雇用促進法（Arbeitsförderungsgesetz）（一九六九年六月）の一一六条による操短手当（Kurzarbeitergeld）支払いにより、協約適用領域内のストライキに参加しない被用者に部分的にせよ賃金保証をすることにした。しかし、組合側の重点ストライキ戦術に対抗する形で、ストライキに入っていない企業・経営で、ストライキの影響を理由に操短し、一方的に賃金支払拒否をしたのが、本件事案の問題である。この賃金支払拒否の理由は、組合側のストライキにより、争議に入っていない企業・事業所の被用者も利益を受けているからであるというわけである。

② 後者の二決定の事件の概要を簡単に紹介しておこう。第一の事件は、七八年金属争議と関係があるものである。BMW, Daimler-Benz 等にプラスチック製品を納入していた加工業者が、この争議により操業短縮を余儀なくされたとして、経営協議会に伝えたが、協議会はこれに同意せず、にもかかわらず、この企業は、賃金支払を拒否し連邦雇用庁から操短手当を支払った。もう一つの事件は、やはり、七八年鉄鋼争議と関係のある事案である。コンツェルンに属する冶金工場の製鉄所から原料の供給を受けている製鋼業の経営者が、やはり経営協議会の同意を経ずして操短を行ない、合わせて賃金の支払いを拒否。これらは、経営危険理論（Betriebsrisikolehre）の問題と経営組織法八七条一項二号の共同決定違反問題が主として争点となった。申立人は、どちらも該企業の経営協議会である。

判旨の特徴を概略的に紹介する。

(i)〔一般的な経営及び経済的危険負担〕「経済的困難や技術的な経営困難は、（使用者）に経営上の義務履行を免責しない。」(ii)〔特別な労働争議危険負担（besonderes Arbeitskampfrisiko）〕(i)の原則は、他のある事業所におけるストライキと関係があり、そして、事業の継続が全面的にせよ部分的にせよ不可能となったりあるいは、経済的に期待しえなくなるような経営障害の場合に無制限には妥当しない。「労働争議の波及的効果（Fernwirkung）の原因と結果が、争議戦術で決定されるかぎり、危険負担分配にもこれを考慮に入れなければならない。」(iii)〔交渉均衡の障害〕第三者である事業所における波及的効果（Fernwirkung）が、交渉均衡に影響を与える場合があるから、「このかぎりで、就労危険負担及び賃金危険負担を使用者に負わせられない場合もある。」(iv)〔同一の交渉機会と争議機会〕労働争議は「労働協約締結のため諸前提を作り出す目的」を持っているから、「法秩序は、（労使の）どちら側にも、社会的対抗者（sozialen Gegenspieler）に同一の価値の交渉機会（Verhandlungschance）を残さないほどに強力な争議手段の行使を認めていない。」(v)したがって「労働争議、がストライキやロックアウトと直接関係のない事業場における（経営）障害を、間接的に引きおこした場合には、賃金支払義務は、労働争議危険負担原則に従う。」(vi)〔結論〕中立人労働側敗訴。[73][74]

この決定は、従来の経営危険理論（Betriebsrisikolehre）によれば、使用者はストライキに起因する労働損失に対してのみ、賃金支払いを拒否しえたが、今やロックアウトが原因の操短についても、使用者は争議対等原則を保持する限り賃金支払義務を免れることになったことを意味する。[75][76]

(4)　このようにして、七八争議と関係したロックアウトをめぐる労使の攻防戦に一つの法的評価が下された。しかしながら、これら三判決二決定についても、種々様々な評価が各界から投げられたという。[77]これらの見解は、全て紹介し切れるものではないので、代表的な見解を若干紹介しておこう。

前者の三判決について、H. Wolterは、〝BAGは法事実的考察が不足している〟と批判する。なぜなら、たとえば、〝協約適用領域内で一三万人の従業員がおり、印刷労組が八万人組織化している。一万人がかりにストを行なえば三万人の組合員のためにストライキ及びロックアウトの犠牲者救援資金を支払わなければならなくなるからである〟というわけである。あるいは、また、M. H. Bobkeは、ロックアウト相当性の根拠づけとなった〝市場競争論（Konkurrenzsituation der Arbeitgeber）〟は、意味がないと主張する。何故なら第一に〝使用者側の連帯が被用者側のそれとアベコベになって解決せられている〟し、第二に、被用者の側にも、〝スト破り〟という競争状況があることをBAGは見落しているという。あるいは、Seiterも、〝このBAGによっても、ストライキをかけられていない企業の不正競争（Schmutzkonkurrenz）を防止することは不可能であろう〟と批判している。これらの批判者の中には、ロックアウトは法的に認められるべきであるとする論者も含まれているという。[78]

後者の二決定についてはどうであろうか。W. Ohm のように、〝冷たいロックアウト（kalte Aussperung）〟という文言自体、労働組合のだまし文句でしかないとして、原則的な支持を与えている者がある一方で、[79]〝領域理論（Sphärentheorie）に代わり、労働争議危険負担理論（Arbeitskampfrisikolehre）を採用したことは、組合側の部分スト戦術がかなりやりにくくなってしまう、[80]〟〝労働争議領域を協約適用領域に限定づける一方で、争議が原因の賃金支払拒否が、争議中の協約適用領域〈外〉でも許されることになる〟あるいは、また、〝独占化や企業集中で、第三者の争議の影響はすぐ受けやすくなり、使用者は防禦的ロックアウトや賃金支払拒否が可能となる一方で、使用者は、ストライキの危険共同体の形成が可能となる〟との峻烈な批判が、組合サイドから投げかけられている。

おわりに

このようにして、判例法理は、七八年の組合側の採用した重点ストライキを契機としたロックアウトの事案で、防禦的ロックアウト（Abwehraussperrung）の法認と労働危険負担理論（Arbeitskampfrisikolehre）を確立した。しかし、「序」でも紹介したように組合側のロックアウト禁止の要求はその後も続けられ、DGB八一年基本綱領の中で、ついに、ロックアウト禁止条項が盛り込まれた。しかし、この八一年基本綱領が、1・(5)でロックアウトを使用者の恣意的な手段として、禁止を求める一方、1・(6)で、労働組合と使用者による労働諸条件を自己の責任で形成するという労働協約自治論が謳っている点を、〝果して論理的に一致しうるのか〟[81]という批判が投げかけられている。労働協約自治、つまり、国家の干渉なしに、労使諸条件を決定していこうとすることについては、同じ考えを労使とも有しながら、その実態の認識について大きく分かれているのが現状である。七〇年代の技術革新・合理化の影響が、伝統的な集団的自治についての認識を大きく揺さぶり続けているといってよいであろう。一九八〇年の判決以後も、協約自治をめぐる争議は、あらたな問題を引き続き惹起させている。その第一は、一九八一年の協約改訂交渉において、組合側が採用した警告ストライキ（Warnstreik）の問題である(82)。そして、一九八四年の時短闘争をめぐる〝冷たいロックアウト（kalte Aussperrung）〟の大規模な行使であった(83)。労働市場の構造変化、労使関係の変動が続くかぎり、労働協約自治に関する〝法と現実のギャップ〟をめぐる労使の確執は今後も続くであろう。しかし、保守・中道のコール（Kohl）が再び政権を獲得した現在、組合側の主張するロックアウト禁止が実定法上制度化されることは、当分のあいだ、まず考えられないといえよう。

（1）　一九七四―七五年不況の分析については、大島隆雄「西ドイツにおける労働者階級の状態の悪化」愛知大学国際問題研究所紀要六四号。

（2）　この問題を分析したものとして吉田修『西ドイツ労働の人間化』（一九八五年）がある。

（3）　山田誠「西ドイツ経済と『経済安定・成長促進法』論争」大阪市立大学経済学雑誌七八巻一号。

（4）　ＤＧＢ八一年基本綱領を歴史的な経緯の中で、分析したものとして、布川日佐史「ＤＧＢ八一年基本綱領と西ドイツ労働組合運動（上）（下）」立命館経済学三四巻五号・六号がある。

（5）　緒方節郎『ロックアウトに関する法律上の諸問題』司法研究報告書五輯五号（一九五三年）七一頁以下。

（6）　楢崎二郎「ドイツにおけるロックアウト法理」労働争議調査会編・戦後労働争議実態調査Ⅳ『ロックアウトの研究』（一九五八年）。

（7）　連邦議会の改正委員会で、〝ストライキの文言だけを入れよ。〟の提案は、拒否されたという。W. Ohm, Die anerkannte Aussperrung, 1981, S. 46ff.

（8）　解雇制限法二五条は「（労働争議における解約告知）この法律の諸規定は、使用者と被用者との間の経済的争議におけるたんなる手段として行なわれる解約告知及び解雇には適用されない。」とある。一九五一年制定時には、旧規定二三条に該当する。

（9）W. Ohm, a.a.O., S. 64ff.
（10）W. Ohm, a.a.O., S. 51ff.
（11）楢崎・前掲論文、宮島尚史『ロックアウト論』（一九六〇年）一二三頁以下。
（12）W. Ohm, a.a.O., S. 76ff.
（13）M. H. Bobke, Gewerkschaften und Aussperrung, S. 17ff.
（14）W. Ohm, a.a.O., S. 82ff. また、この間の判例法理の分析を具体的に解説したものとして、菅野和夫「ロックアウトと解約告知」法協八九巻八号九五九頁以下。
（15）BAG, Großer Senat, Beschluß v. 21. 4. 1971–GS 1/68, 後藤清「西ドイツにおけるロックアウトの効力」ジュリ五一二号七六頁以下。
（16）W. Ohm, a.a.O., S. 90ff.
（17）DGB（ドイツ労働総同盟）は、この大法廷決定が、停止説を採用したことを歓迎する一方で、〝種々の方面から主張されたロックアウト承認に反対の考えを明確に無視した〟点を残念がったという。DGB–Nachrichten–Dienst 134/71 v. 21. 4. 1971, M. H. Bobke, a.a.O., S. 21.
（18）M. H. Bobke, a.a.O., S. 11ff.
（19）組合側で、ロックアウト問題が大きく議論され始めたのは、一九六三年のノルトバーデン・ノルトヴュルテンベルク地域での大規模な、企業の枠を越えたロックアウト（großflächige Verbandsaussperrung）以来であるという。組合側の批判の視点は、①形式的対等原理への批判、②ロックアウトが政治的争議手段となっているというものであった。また、Olaf Radke は、DGB機関紙〝Die Quelle 一九六三年〟の中で〝団結権（Koalitionsrecht）は、使用者の支配権（die Herrschaftsgewalt）と引きかえに認められたものなのだから、所有権（das Eigentumsrecht）と同様の実定法上の保護を受けなければならない。この法システムの中では、ロックアウトが認められる余地がない。〟と主張した。M. H. Bobke, a.a.O., S. 19.
（20）M. H. Bobke, a.a.O., S. 21.
（21）Kalbitz は、ロックアウトの機能には、次の四つがあるとする。第一に、合理化のため、第二に、組織的、政治的側面、第三に、賃金高を変更するため、そして第四に、労働組合を組織的に順応させることのためにあるという。そして、これらのことから、ロックアウトは、ストライキの裏返し（Umkehrung）としては見られないという。R. Kalbitz, Aussperrungen in der Bundesrepublik, S. 58ff.

(22) 論文の正式タイトルは、"Rechtsgrundlagen und Praxis der Aussperrung in der Bundesrepublik Deutschland und in vergleichbaren westeuropäischen Ländern" である。RdA 1980, Heft 1. S. 55ff.

(23) R. Kalbitz, a.a.O., S. 25ff.

(24) M. H. Bobke, a.a.O., S.10.

(25) 組合側が敗北した経緯を詳細に分析したものとして花見忠『労働組合の政治的役割』（一九六五年）三八七頁以下参照。

(26) M. H. Bobke, a.a.O., S. 27ff.

(27) この間の組合側の動きについては、M. H. Bobke, a.a.O., S. 23ff.

(28) R. Scholz: H. Konzen, Die Aussperrung im System von Arbeitsverfassung und kollektivem Arbeitsrecht, Duncker & Humblot, 1980, S. 14.

(29) 経営者自身のレポートによると、約一万人の職場が長期にわたり失なわれ、総体で五万人の印刷工、穿孔係（Perforatortasterinnen）、校正係、印刷事務職、ジャーナリスト達が職場、職業そして労働諸条件を心配せざるをえなくなったという。D. Hensche, Arbeitskämpfe in der Druckindustrie 1976 und 1978（"Streikfreiheit und Aussperrungsverbot", 1979）S. 44.

(30) この新しいテクノロジーは、(イ)時短、(ロ)労働が軽易になる、(ハ)労働が興味あるものになるという、いわゆる「労働の人間化」に十分役立ちうる点も、合わせて組合側は主張している。Streikfreiheit und Aussperrungsverbot, S. 48.

(31) D. Hensche, a.a.o., S. 46ff.

(32) Scholz und Konzen, a.a.O., S.14.

(33) W. Ohm, a.a.O., S. 104ff.

(34) Scholz und Konzen, a.a.O., S.15.

(35) 〝フランクフルト・ルンドシャウ〟の新聞社等で事業所占拠があったという。しかし、オッフォンバッハの警察は、州憲法のロックアウト禁止規定を理由に、この事業所占拠への介入を拒否したという。D. Hensche, a.a.O., S. 58.

(36) D. Hensche, a.a.O., S. 64.

(37) Scholz und Konzen, a.a.O., S.17.

(38) J. Moneta, » Wer aussperrt, sperrt auch ein! « Die vier Kraftproben mit der IG Metall: 1963, 971, 1978.,（"Streikfreiheit und Aussperrungsverbot" 1979）S. 67ff.

(39) スタンダード・エレクトリック・ローレンツ会社の交換システムの製造地区販売の担当者である、W. Peters は、〝エレクトロニクスへの切り換えにより、八二%の熟練労働力が三五%しか必要としなくる〃、と明言したという。J. Moneta, a.a.O., S. 105.

(40) W. Ohm, a.a.O., S. 165.

(41) J. Moneta, a.a.O., S. 106.

(42) Scholz und Konzen, a.a.O., S. 18.

(43) J. Moneta, a.a.O., S. 115.

(44) Scholz und Konzen, a.a.O., S. 18.

(45) M. H. Bobke, a.a.O., S. 79ff.

(46) Scholz und Konzen, a.a.O., S. 19.

(47) M. H. Bobke, a.a.O., S. 35ff. しかし、この組合側が財政上窮迫におち入ったという主張は根拠のないものであるという反論がある。W. Ohm., a.a.O., S. 173ff.

(48) これは、一九七九年一月、世に明るみに出されたという。正式名は〃一九六五年一〇月一二日の調整せらるべき賃金及び協約政策上の疑問に関するカタログ（Katalog der zukoordinierenden lohn-und tarifpolitischen Fragen vom 12. 10. 1965 in der Fassung vom 15. 12. 1968, vom 6. 5. 1975 und vom 16. 3. 1978.）で六八年一二月一五日、七五年五月六日、七八年三月一六日に使用者の署名がなされている。M. H. Bobke, a.a.O., S. 33. H. H. Wohlgemuth, Die juristischen und politischen Vorstellungen der Arbeitgeber und Gewerkschaften zu der Verfassungsmäßigkeit der Aussperrung und der Forderung nach einem Aussperrungsverbot,（"Streikfreiheit und Aussperrungsverbot,"1979）S. 204.

(49) この言葉は、金属工業経営者連盟（Gesamt Metall）や化学産業使用者団体の労働部（Arbeitsring）の労働争議指針（Arbeitskampfrichtlinie）の中にあるという。M. H. Bobke, S. 35.

(50) 一九七八年の鉄鋼争議においては、鉄鋼企業だけでなく、加工業者、納入業者、したがって協約の地域的適用領域外の、組合支部とは関係のない企業も反ストライキの予防措置を頼み、銀行もこれを助けたという。M. H. Bobke, S. 36.

(51) とくに、印刷産業の争議のさいには、新聞の発行人が、直接の当事者であったため、新聞の〃緊急号（Notzeitung）〃が、組合の要求に対する〃闘争ビラ（Kampfblätter）〃になっているように組合には思われたという。M. H. Bobke, S. 40.

(52) このコロキウムに関する報告は、ドイツ使用者団体 BDA より、"Rechtsfragen der Aussperrung" という形でまとめられているという。しかし、筆者はこれを未だ入手していない。

(53) W. Ohm, a.a.O., S. 14ff.
(54) 西谷敏「西ドイツ争議法論の展開——争議行為の「法現象化」(Verrechtlichung) を中心として——」労協二二九号一七頁以下参照。
(55) 事実、第一審のいくつかの労働裁判所が〝ロックアウトは許されない〟との判断を下したり〝ロックアウト禁止はヘッセン憲法で確認されている〟とのフランクフルト・アム・マインの州労働裁判所の判決があったりしたという。M. H. Bobke, a. a. O., S. 45.
(56) ERDによると、この法現象化傾向は、協調的な労働組合を結果的に生み出し、労働組合が結果的に特権化せられ、唯一つの代表独占 (Alleinvertretungsmonopol) となり、規範的な規律のコルセットの中に押し込められてしまったと批判する。Verrechtlichung, DuR 1979, S. 302.
(57) M. H. Bobke, a.a.O., S. 44ff. W. Ohm, a.a.O., S. 98ff.
(58) R. Wahsner, Vom Koalitionsverbot zum Aussperrungsverbot (“Streikfreiheit und Aussperrungsverbot” 1979) S. 177.
(59) デュッセルドルフの州労働裁判所は、〝同情争議手段は、原則的に許される。〟として、就業時間中の連帯ストを合法とした事例も報告されている。DB, 1979, S. 167. その理由は〝鉄鋼産業領域内での被用者のデモンストレーションの違法性は明白でないので、この争議行為に組する同情デモも、明白に違法ではない。〟という点にある。その他、商業銀行・保険労働組合や公務運輸交通労組ＯＴＶが“Stop Aussperrung”の標題のついたメダルを配ったり、横断幕を市電にかかげたりする連帯行動があったことも報告されている。M. H. Bobke, a.a.O., S. 57ff.
(60) たとえば、ブレーメンの“Weser–Kurier”の植字工は、組合に反対する鉄・鉄鋼経営者団体の広告を新聞に掲載することを阻止することに成功したり、“Süddeutsche Zeitung”では、組合員が新聞の広告欄に経営側の広告と並んで、〝ストライキとロックアウトは、同一対等の武器ではない〟と表題された組合サイドの経営協議会委員の出版広告を載せることに成功した等の事例も報告されている。M. H. Bobke, a.a.O., S. 62ff.
(61) ロックアウトに反対する組合側の行動として事業所占拠は、あまり類例がないという。にもかかわらず、ヘッセン州でのこの事例が多く報告されているのは、ヘッセン州憲法のロックアウト違法規定によることが多い。
(62) この州規模でのＤＧＢデモへの呼びかけビラをラインの亜炭工場事業場（“Rheinbrau”）の使用者が、貼付される度に、ガードマンを使ってはがさせたことに対し、鉱山・エネルギー労組 (IG Bergbau und Energie) が不作為の中立を行なったが、ケルンの労働裁判所は、〝使用者は、秩序金 (Ordnungsgeld) あるいは秩序拘禁 (Ordnungshaft) がある場合には、黒板にビラを貼付することは黙認しなければならない。はがしたり、はがさせることは、使用者は禁止せられている。〃との仮処分決定を行なったという。M. H. Bobke, a. a. O., S. 65.

(63)　この動きは、議会内多数派形成の動きも合わせて追求された。これは、基本法ＧＧ改正によるロックアウト禁止規定の実現を見越してのことである。しかし、ＳＰＤ党員である当時の連邦首相 Schmidt は、〃ロックアウトは道徳的基盤を有しない〃と述べたが、ＣＤＵ書記 Geissler からは、当然ながら反対された。M. H. Bobke, a. a. O., S. 67ff.

(64)　"Streikfreiheit und Aussperrungsverbot," S. 224ff.

(65)　また Bobke のロックアウト反対の法律的主張は、次のようなものである。(イ)均衡原理（Gegengewichtprinzip）は組合の中の議論では、拒否されている。なぜなら、労働協約法二条一項が、個々の使用者に労働協約を締結することを可能にしている一方で、被用者側では、団結することによって（durch den Zusammenschluß によって）、はじめて、相対的平等が樹立されると規定しているからである。これは、Däubler, Zachert も主張する。(ロ)争議対等（Kampfparität）、武器対等（Waffengleichheit）、相当性（Verhältnismäßigkeit）は順応力がありすぎ、可変的でありすぎる。また、重点ストにより〈のど輪〉された使用者が、争議を短縮するために、ロックアウトすることを正当化されるという主張は、他の代替方策があれば、逆にロックアウトを正当化しえなくなる結果にならないか。Wahsner 等の主張でもある。(ハ)基本法九条三項は、労使双方の団結権（Koalitionsrecht）を保護しているという考えに立って、〃均衡〃や〃争議対等〃を論じる考えはない。(ニ)一九四九年の社会的勢力関係、（das gesellschaftliche Kräfteverhältnis）を表現している規範を手引するだけではだめである。(ホ)労働組合は、その機能からして、市民法システムの中にだけ限定せられて存立することを意味しない等々。M. H. Bobke, a. a. O., S. 51ff.

(66)　ロックアウト禁止を求める理論は、浅井清信「BRD におけるロックアウト論争の一齣（一）（二）」龍谷法学一三巻四号、一四巻一号にくわしく紹介されている。

(67)　この三判決二決定の紹介については、宮島尚史「ドイツ連邦共和国（ＢＲＤ）の連邦労働裁判所（ＢＡＧ）の最近のロックアウトの三判決二決定について」労働五八号（一九八一年）、後藤清「西独連邦労働裁判所のロックアウト判決（上）（下）」ジュリ七八五号、七八六号参照。

(68)　M. H. Bobke, a. a. O., S. 75ff.

(69)　総体的対等性というのは、市場経済的・資本主義体制の下では、被用者は分配闘争を自己の側に有利に決定するチャンスはなく、また、企業は生産手段に対する処分権にもとづいて、投資、価格、合理化、生産の種別と場所の範囲を自由に決定しうるから、被用者側はつねに劣勢である。あるいはまた〃使用者団体の人的構成、商工会議所の役割、国家の経済政策に対する影響力や世論の支配力〟を考慮に入れると、使用者側は圧倒的に優勢であるゆえ、〝均衡（Parität）〟からみて〝使用者はロックアウトという争議手段は必要としない。〟という見解である。M. H. Bobke, a. a. O., S. 86ff・

(70) DB. Heft 26 vom 27. 6. 1980, S. 126ff.

(71) 周知のようにドイツでは、Ohne Arbeit, kein Lohn の原則に対する例外として、労働給付なくして賃金支払いがある重要なものとして、(イ)受領遅滞（BGB615）(ロ)使用者の責に帰すべき労働給付不能の場合（BGB324）、とならんで、(ハ)経営障害（Betriebsstörung）の考えがある。つまり、経営内に存する使用者被用者いずれの側にも責任を帰しえない事由による労働給付不能の危険（Risiko）を誰に負担させたらよいかという問題である。これについては、種々の試みがなされてきたが、一九二八年六月二〇日ＲＡＧ（ライヒ労働裁判所）の判決により、いわゆる Sphärentheorie の考えが下された。この判決の中では、第一に危険が自己の勢力範囲内に発生した時は、その危険の負担は、原則として企業である。したがって、原則として、このような場合には、被用者に賃金請求権があり、第二に、経営休止が労働側の支配圏内の事情にもとづいて発生した場合被用者に賃金請求権はないという。部分ストは、労働者側の態度による経営休止ゆえ、少数の被用者が、たとえこれに参加しなくても、その危険責任は被用者が負うことになる。この考えは、戦後も、原則的に受け継がれた。三枝信義『部分ストライキに関する法律上の諸問題』司法研究報告書一八輯四号（一九六四年）四五頁以下参照。

(72) 一九五七年二月八日判決。石川・花見『西ドイツの労働裁判』（一九六二年）一一〇頁以下参照。宮島尚史「他経営におけるストライキと賃金請求権」別冊ジュリ二三号『ドイツ判例百選』二〇四頁参照。

(73) RdA. 1981, 2, S. 124ff.

(74) W. Ohm は、大量訴訟行動の一環であるこの訴訟は、〝争議と直接関係のない事業所が、賃金の危険負担を引き受けざるをえなくなる〟ことに目的があり〝従来の経営危険負担理論をグラつかせようとする目的を持っていた。こんなことを認めれば、争議の均衡は、根本からダメになる〟と厳しく論難する。a. a. O., S. 134.

(75) M. H. Bobke, a. a. O., S. 130ff.

(76) なお、一九八〇年三判決二決定についての、Bobke の批判は、毛塚勝利訳「西ドイツ労働争議法の現状」労旬一〇八九号八頁以下に詳しく紹介されている。

(77) M. H. Bobke, a. a. O., S. 106ff.

(78) Seiter は、この判決の論理によると、市場参加が典型的に欠如している領域、たとえば連邦郵便（Bundespost）のような独占的企業や企業別協約（Firmentarifvertrag）の締結をめぐるストライキには、ロックアウトは許されなくなったと批判する。

RdA, 1981, S. 65, 80.

(79) W. Ohm, a.a.O., S. 151ff.

(80) M. H. Bobke, a.a.O., S. 130ff.

(81) W. Ohm, a.a.O., S. 13ff.

(82) 比較労働法研究会（新谷眞人執筆）「西ドイツにおける警告ストの法理」比較法雑誌一八巻三号四三頁以下、手塚和彰「西ドイツ労働事情・判例展望（七）（八）―警告ストライキの合法性」判時一一五八号一一六一頁参照。また、本書別稿新谷眞人「西ドイツにおける警告スト戦術と労働争議法理」参照。

(83) この協約闘争の分析については、島崎晴哉「西ドイツにおける八四年協約闘争と企業内労使関係」中央大学経済研究所年報一四号四九頁以下参照。また、これに関する法的問題状況を解明したものとして、マンフレッド・H・ボブケ（毛塚勝利訳）「ドイツ連邦共和国における労働争議および争議法の新展開」比較法学一九巻二号一四五頁以下参照。

〔昭和六三（一九八八）年〕

第三部　労働協約をめぐる理論の新動向

●解　説

(1)　収録をした第三部の論文は、ドイツにおける最近の協約の動向を論じたものである。第二次世界大戦後、ドイツ（ＢＲＤ）においては、労働組合が産業別団体原理（Industrieverbandsprinzip）により組織化されこのことと関連して「一事業場一労働組合〔ein Betrieb eine Gewerkschaft〕」という労使の有り様が追及されたため、産業別労働協約が支配的となった。ところが、技術的あるいは営業上の理由から、企業が事業場目的を変化させたり、あるいはその戦略から事業場の分割、統合再編がなされることが多くなったり、あるいは、旧ＤＤＲ（東ドイツ）を統合した結果、国の財政事情が悪化し、いっこうに改善しない失業状況などから、第一に、経営者がより進んで企業協約（Firmentarifvertrag）を結んで、硬直的な産業別協約の規制内容を逃れようとする現象が強く表れるようになり、第二に、従来の協約政策が、あまりにも大工業・大産業よりであるとの批判が、農業経営者や中小企業の経営者から出始め、これに対応するために、労働協約の締結主体である使用者団体自らが個別企業を団体のメンバーに留めおきながらも、産別協約の拘束力を個別の事業場において回避するという、いわゆる「使用者団体における協約に拘束されないメンバー」（＝OTM〔Mitgliedschaft ohne Tarifbindung〕）を、一九九〇年代初頭以来制度化し始めた。これらドイツの労使関係の変化は、その伝統的な労使関係の尺度基準が実態において必ずしも通用しないことを意味し、さらに法的には労働法、とりわけ労働協約法理をはじめとする集団法理に新たな問題を投げかけ始めているといえよう。

(2)　第三章及び第四章は、「企業別協約」をめぐる判例議論を中心に取り上げたもので、一体をなす。「企業別協約」をめぐる若干の判例を考察して見ると以下の法的論議が明らかとなった。第一に、使用者が使用者団体を逃亡した結果生じた労使紛議をめぐって労働組合が対抗的戦術（例：ボイコットの呼びかけ）を行使した際に生じた法的問題、第二に、使用者団体に加入しない使用者が、労働組合と指示あるいは承認付き協約（Verweisung-oder Anerkennungstarifvertrag）を結んで、他の労組が結んだ労働協約の成果にただ乗りするという現象、第三に、個別の使用者が、使用者団体を脱退して団体（産別）協約の拘束を回避し、自ら単独で労組と企業別協約を結び、これが労働者の労働条件の規制をめぐり協約の競合または複数協約状態を生ぜしめた場合（以上第一から第三まで、第三章関係）、そして第四に、産業別団体労組と使用者団体とが締結した産別協約の代わりに、使用者が他の労組と産業別協約の補充協約（ErgänzungsTV）と称する企業別協約を結びこの協約の効力が争われた場合（第四章論文）を収録した。

(3)　他方第五章及び第六章論文は、いわゆるＯＴＭをめぐる判例事案の特色を論じたものである。これらも、本来一体を成す論文であるが、発表誌等の字数制限などから別個の論文とした。論稿のモチーフは同じであるが、第五章論文は、ＯＴＭに関する全体的な傾向と日本法理の若干の比較を試み、第六章論文では、ドイツの判例の事実と判決内容の分析にウエイトおいた。ＯＴＭには、「機能分配モデルあるいは協約共同体モデル（＝Funktionsaufteilungs-oder Tarifgemeinschaftsmodell）と「段階的モデル（＝Stufenmodell）」の二類型が、本稿脱稿時にあることがわかったが、別な類型については今後の研究で明らかにする予定である。

(4)　なお、これら第三章乃至第六章論文は、当然ながら日本的な労使関係との対比と法理論の異同について、若干試みている。これらの論文で一部言及をしているが、ドイツにおいては、労働協約に拘束されない従業員が増大したり、企業協約により従業員の労働条件を決める企業が増えつつあるということが指摘できよう。伝統的な労使の産別団体による労働条件規制にほころびが目立ち始めている。このことは、(イ)事業場委員会と労働組合との間で、労働条件規制をめぐる権限の軋轢、(ロ)労働協約と事業場協定の内容規制の軋轢の問題、(ハ)事業場内での複数組合主義をめぐる問題や複数協約の問題、㈡そして労働争議等をめぐる法的問題が、今後論議の的とされることになろう。

第三章　ドイツにおける企業別協約の新動向

――判例に見る伝統的労使関係の軋みとその法的問題

「労働協約の法理はその行われる生ける社会の構造とそこに流れている規範意識との分析をさけて、市民法的な解釈態度と法理をもって捉えても形式的だといわなければならない。協約法規の概念分析からではなく、生ける協約とその行われている社会の構造や性格と規範意識とからこそ協約の生ける法理が生まれるのである。」（沼田稲次郎「企業別組合の実態に即した協約法の捉え方」（東洋経済新報社編「労働協約・就業規則をめぐる法律問題」（昭和三〇年刊・六〇頁、著作集第六巻〈労働旬報社刊一九七六年〉一五九頁）

一　はじめに

(1)　ドイツのワイマール時代においては、組合組織が職業団体（Berufsverbandsprinzip）によって支配されていたため、組合間の〈縄張り争い〉があり、協約をめぐる紛議が結構あった。一九二九年初頭でも、その適用労働者数は、わずか三・九％でしかなかったが、企業別協約数は協約総数中三六・六％にも上ったという[1]。ところが、第二次世界大戦後の一九四九年に労働協約法（ＴＶＧ）が制定された後、この協約をめぐる紛議は急速に減少した。その最大の理由は、連邦共和国（ＢＲＤ）の労働組合が産業別団体原理（Industrieverbansprinzip）により組織化され、このことと関連して「一事業場一労働組合（ein Betrieb eine Gewerkschaft）」という目的が追求されたためであった。にもかかわらず、近時、ドイツにおいては事業場内、そして個々の労使関係において協約をめぐる紛議が増大している。それは、第一に、技術的あるいは営業上の理由からの事業場目的の変化や戦略的に動機づけられた事業場の分割、統合再編成による原因の結果である場合、第二に、旧ＤＤＲ（東ドイツ）を統合した結果、国の財政事情が悪化し、一向に改善しない失業状況などにより経営者が、すすんで企業別協約を結んで横断的な労働協約の「硬直性」から逃れることが原因であるといわれている。これを評して、〈平面協約（Flächentarifvertrag）が危機的な中にある一方で、企業別協約（Firmentarifvertrag）が好景気を迎えている〉と言葉が語られている。旧ＤＤＲ内では、その比は一対一にまで近づいているといわれている。(2)

これら企業別協約を労使が積極的に締結する理由は、いうまでもなく企業が市場競争に勝ち抜かんとするためである。この伝統的な産業別横断的な労働協約の揺らぎを象徴する最近の事例に関する判決を読んだ結果、以下のような特色が明らかとなった。まず、第一に、使用者が使用者団体を逃亡した結果生じたこれに対して労働組合が対抗的争議戦術を行使した際に生じた法的問題点がある。そして、第二に、使用者団体に加入しない使用者が、労働組合と指示あるいは承認付き協約（Verweisung–oder Anerkennungstarifvertrag）を結んで、他の労組が結んだ労働協約の成果を只乗りするという現象である。第三に、個別の使用者が、使用者団体を脱退して団体（産別）協約の拘束を回避し、自ら単独で労組と企業別協約を結び、これが労働者の労働条件の規制をめぐり協約の競合または協約複数状態を生起せしめた結果をめぐる法的問題である。そして、第四に、産業別団体労組と使用者団体とが締結した産別協約の代わりに、使用者が他の労組と産業別協約の補充協約（EragäzungsTV）と称する企業別（家内）協約を結び、この協約の効力が争われるという事案である（この法的問題点については、別稿「別労組が個別使用者と結んだ産別団体協約の補充協約としての家内協約が、産別労組員の労働条件を規制することの是非が争われた例」労働法律旬報一六〇五号〈二〇〇五年八月上旬号〉五六頁以下参照）。これら四点の法的問題には、「使用者団体からの脱退」、「使用者団体に未加入」あるいは「使用者団体の現制回避」というキーワードを見出だすことができ、その意味ではいずれもドイツの伝統的な労働協約法理にある種の反省を迫るものであり、そして難しい労働法理上の問題を提起している。本稿は前述の四特色中の前三者の論点と合わせて日本の協約法理との関連をも部分的に考察するものである。

(2)　ところで、本稿であえてふれるまでもないことであるが、まず第一にドイツでは団交システム（Tarifvertrag-system）は、協約締結能力（Tariffähikeit）が前提とされる。何故なら、労働協約は協約締結能力のある契約当事者（tariffähige Vertragspartei）の間で締結される契約に他ならないからである。したがって、団体交渉と労働協約は不可分なものとしてある。このことは、団体交渉が相対的な独自領域を構成しないということを意味する。そして、第二に労使関係の交渉は、協約交渉のみではなく経営協議会（事業場委員会＝Betriebsrat）による交渉もある。これらを労使関係のデュアルシステムと称す。つまり、ドイツにおいては、個別契約（Einzelvertrag）による労使関係ではなく集団的に行われる限り、使用者団体と労働組合の間の労働協約または法律と協約の組合せによって行われる。この場合、法律とは労働協約法（ＴＶＧ）と事業場組織法（Betriebsverfassungsgesetz）をさす。第三に、一般的には、団体交渉は、労働組合と使用者及び使用者団体の間の交渉をさし（ＴＶＧ二条）、労働組合が産業別横断組織でもって形成されていることもあって、そのねらいは横断労働市場における最低労働条件の定立にあり、事業場委員会の交渉は、一経営内の経営規範の定立が目的であると解されている。ただ、この場合、留意すべきは、労働協約法第二条は、個別の使用者も協約当事者と定めている関係から、使用者団体に属する個別使用者が産業別団体協約で決められた労働条件を上回る内容を有する協約を労組と結ぶこともある（いわゆる「経営接合協約＝betriebsnahe Tarifvertrag」）。これは、いわゆる企業別協約（Firmentarifvertrag, Werktarifvertrag, Betriebstarifvertrag oder Haustarifvertrag）を意味する。第四に、団体交渉方式の特色を指摘できよう。

これには、通例三類型が挙げられている。つまり、横断的な産業別（もしくは職能別）労働組合と使用者及びその団体との交渉方式としては、統一交渉方式、対角線交渉方式及び共同交渉方式がある。⑴統一交渉方式は、一般的に協約交渉といわれるもので横断的な産業別（職能別）労働組合とこれに対応する使用者団体との間の交渉である。⑵対角線交渉には、二種類がある。産業別横断労働組合と個々の使用者との交渉と産業別横断労働組合と如何なる使用者団体にも属していない個別使用者との交渉の二種類である。前者は、いわゆる上積み交渉を意味する経営近接的な協定（企業別協約）を結果する場合が多い。後者は、未組織使用者が、当該産業・当該地位において重要な位置を占める場合に、労働市場における〈相場作り〉を意味する交渉方式である。⑶二またはそれ以上の横断的労働組合が横の関係で共同して交渉する場合である。(3) 以上、これらの基本的な認識を前提に筆者が、最近読んだ判例の中からドイツの労働法上の問題の概況スケッチを試みる。

二　使用者団体から脱退した使用者が結んだ団体協約に対抗的な企業別（家内）協約の効力をめぐる事件——Sächsisches LAG v. 13. 11. 2001, AuR 二〇〇二年八月号三一〇頁以下

⑴　事実の概要

⑴　原告Xは、IGMetall Zwickau 支部である。被告会社Yは、エンジン関係の有限会社であるが、雇用されている労働者約二九〇人中一九九人がその支部組合員である。事業場の三分の二以上の労働者が、IGMetall に所属している。二〇〇〇年四月七日まで、Yは、訴外ザクセン金属・エロトロニクス社団（使用者団体、以下Z）の構成員であった。なお、Y事業場内には、僅かであるがキリスト教系金属労組の組合員である労働者がいた。

⑵　XY間で、(イ)労働者（ArbN）に関し、一九九一年四月に賞与（13 Monatseinkommens）保障協定がが締結され。これは、一九九七年五月一日の職員（Angestellen）の一般協約（ＭＴＶ）にも取り入れられた。(ロ)一九九

八年一二月一日に、高齢者従業員（Arbeiter und Angestellen）パートに関する協約が締結された。(ハ)これらの協約は、期間を超えて解約告知されないまま妥当していた（ＴＶＧ三条三項）。

(3) 二〇〇〇年四月七日にＺを脱退したＹは、翌月末（五月三一日）に(2)と本質的に反する経営協定（ＢＶ）を労働者に提示した。

(4) さらに、二〇〇〇年一〇月二日に(3)と同じ内容の家内協約（ＨＴＶ）を八月一日に遡及するかたちで、IGMetallとは別労組であるキリスト教系金属労組と締結した。

(5) あわせて、以下のような労働条件を不利益に変更する雇用保障付き統一形式の変更契約（Änderungsvertrag）を「特定の労働者」（約八〇％の労働者）と締結した。その契約内容は、「(イ)労働時間を二〇〇〇年六月一日に遡及して週四〇時間とする。(ロ)追加的休暇手当とクリスマス賞与（特別手当）を成果主義払いとする。しかも、翌年払い（年平均的な月収額により、固定的倍率にならない）で、会社の営業成績がプラスになれば支払う。目的は、Ｙのコスト削減にある。(ハ)二〇〇三年三月三一日に、この契約内容は経営協定（ＢＶ）に引き継がれる〈経営協定への委任条項〉。(ニ)この契約内容と対立する経営協定（ＢＶ）は、適用されない。(ホ)これらの合意と引き換えに二〇〇三年五月三一日までに解雇しない〈職場保障条項〉。」から成立っていた。この「特定労働者」が約八〇％ということは、この中にIGMetall労組員も含まれていた。

(6) Ｘは、これらＹの対応が自らの団結権侵害に該当すると判断し、ＢＧＢ八二三条及び一〇〇四条にもとづき、Ｙを相手に団結権侵害を理由とする妨害予防請求の確認を求めた。

(2)　決定主文

「１　Ｙは、IGMetallの組合員である労働者の労働契約では、二〇〇〇年五月三一日の個別契約上合意された取り決めを以下の形式（in nachstehenden Form）で適用してはならない（この形式は、変更契約それ自体を基本的に意味するので略—筆者）。２　Ｙは、一号義務違反行為の場合には、労働者一人当り一〇〇〇マルクの強制金

(Zwangsgeld) を払わねばならない。」

(3)　理　由

(A)　「Yの見解に反し、訴えは認められる」、「第一小法廷が、その第三の判決要旨の中で (im dritten Leitsatz) 不作為請求権 (ein Unterlassungsanspruch) が、当然にある労働組合は、場合によっては (ggf.) 使用者が契約上の統一規定の実行を止めるべく請求できることを詳述している (BAG v. 20. 4. 1999-1AZR72/98-APNr. zu Art. 9GG)。労働組合に個々の契約上の規定に関するこの種の不作為請求権が認められるならば、Xは〈労組支部──筆者注〉、当該申立てを通して、その要求を有効にすることが可能とならねばならない。」「当該訴訟手続方式 (Verfahrensart) は、事業場経営組織法関係である。」

(B)　(I)　「Xは、訴訟適格もある。」「本件はGG九条三項により保護されている団結の自由の侵害に対し労働組合が反対する場合に妥当する (例：協約留保〈Tarifvorbehalt〉BAG v. 20. 4. 1. 1999, APNr. 89 zu Art. 9GG)。」「Xには、Yに対してGG九条三項に基づくBGB一〇〇四条、八二三条により生ずる妨害予防請求権が与えられる。」「団結適合的な──本件では労働組合的なそれ──活動に対する団結権もまたGG九条三項の意を受けたBGB八二三条の保護領域の一部を成(し)──第三者効 (Drittwirkung) を有する。」「(この第三者効は、法律行為上あるいは不法行為上の効力を有し、その保護範囲には〈筆者注〉)、団結存立の維持及び保護のための必要不可欠(な活動) のみならず、団結に特性的な行為の全て (alle spezifischen Verhaltensweisen) を含む」、「とりわけ、労働協約の締結が含まれる。」「GG九条三項により保護されている規制権限 (Regelungsbefugnis) は、協約自主権 (Tarifrecht) を作り出す際に団結が妨害される場合にはじめて侵害されるわけではなく──協約の成立あるいは法的な存立に関わるわけではないが、その協約上の効果を無に帰せしめるか空にさせることにも向けられている。──団結の自由の侵害は、特定の協定 (bestimmte Absprache) が、協約上の規制に代わって自ら宣言した適用領域に基づいて割り込んで来ることに事実上相応しいものであり得ることにもある。全ての協約違反の合意が、同時に団結の自由の制限や侵害を必ずしも意味しない。（経営協定・事業場への引受協定や契約上の統一規定が）、集団的秩序としての協約規範を侵害しそしてその中心的な機能を侵害する場合に、協約自治への侵害が語られ得る。」

(II)　(1)「Xが、その団結の自由の侵害と考える、二〇〇〇年五月三一日の合意の置き換えは、集団的な関連を有し、それに加えて事実上現行労働協約に対抗した。」(a) Yは、事業場委員会と事業場組織法七七条二項の意味（＝formlose Betriebsabsprache）での事業場協定を結んではいないし、同法七七条三項一段（＝協約違反の協定禁止）もない。しかし、約八〇％以上の労働者との間の変更契約（gleiche lautende Änderungsverträge）を締結したYは、Xに関して結ばれた協約の集団規定と関わった。(b) Xの組合員がこのような変更契約を結んだ限りで、それは協約法三条一項の意味（協約の拘束当事者）に反する。

(2)「変更契約の内容は、協約法四条三項（有利性原則）の意味で、どれも労働者に不利である。」つまり、労働時間が長くなり、成果主義のために追加的休暇手当とクリスマス賞与（特別手当）請求権が抜け落ち、しかも経営がマイナスにならない限り支払われることになった。Yは、有利性の評価は、変更契約の規定と協約のそれとの比較ではなく、全体で評価すべきと主張するが、本法廷はこの見解に与しない。(a) 本法廷は、労働条件の有利性比較は、学説上有力な見解である（Sachgruppenzusammen＝グループそれ自体の関連性）を採用する。つまり、テーマ上相通じ得ない労働条件規定の比較は方法的に不可能であるから（例：林檎と梨の比較）(b) 労働時間の延長及び特別手当の成果主義への変更と就労保障の両者をバーターする場合の「共通基準」はない。協約法四条三項によりなされる有利性比較は、協約規定の執行（Normalvollzug）なので、その基準は、労使の妥協の産物である協約の評価から導き出さざるを得ない。本件の場合、その協約の規範化された評価を克服せんとする試みであったが、職場の危険（Arbeitsplatzrisiken）は、種々の点で客観化されていない。(c) 協約法四条四項は、協約上の権利の放棄はそれを当事者が認めた場合にのみ許される。個別労働者の多くが同意したかは取るに足らないことである。(3) 略。

(4) 「協約の継続的効力は、Yが二〇〇一年一〇月二〇日にキリスト教系金属労組との間で、家内協約（Haustarifvertrag）を結んだからといって終了とはならない。」

(a) 協約法二条一項によれば、個々の使用者は、補充的かつ競合的な企業別協約（Firmentarifvertrag）を、団体に属していても締結することは妨害されない。(5) 略。

(6) 「相互に競合している多くの労組が、同一の規制対象（den gleichen Regelungsgegenstand）に関する協約を結んだ場合には、いわゆる複数協約（Tarifpluralität）が生じる。しかし、これは、余後効ある労働協約が、その使用者のみが拘束される協約（企業別協約を指す—筆者注）と重なっている場合には、適用はない。BAGは、本件のような場合、協約複数から出発をしている。」（傍線—筆者）(a) 略。(b)「協約競合や複数協約の場合には、まず第一にどの（welcher）協約が適用されることになるかを解釈を通して突き止めねばならない。これから何らの規定をも明らかにならなければ、協約当事者の意志とは無関係に抵触規定を規定する。」(c) 本件の場合、解釈という方法で優先適用されるべき協約を突き止められない。たしかに、当該家内協約九条では、自らの優先権を定めているが、二協約の当事者が自らの協約が競合する協約に優先することを決定することは許されない。このことは、協約管轄（Tarifzuständigkeit）は規制領域（Regelungsbereich）にのみあり、競合する組織の責任ついての規定を結ぶことはでき得ないことから結論づけられる。(d)「BAGは、協約競合及び複数協約の事案を統一協約（Tarifeinheit）の原則により解決している。この原則は、個々の労使関係にとり同じ協約当事者の協約の規定のみが常に適用することが許されることを意味する。つまり、事業場内では、労働協約の適用は統一的になされなければならないことを意味する〈BAG v. 14. 6. 1989, APNr. 16 zu §4 TVG Tarifkonkurrenz〉。」「BAGの見解によれば、企業別協約は、つねに、平面協約（Flächentarifvertrag）に優先する〈BAG v. 24. 1. 2001-4AZR

655/99 AuR2001, 282〉。このことは、いわゆる特殊性原則（Spezialitätsprinzip）でもって論拠づけられている〈BAG v. 14. 6. 198–9, APNr. 16 §1 TVG Tarifkonkurenz〉。この原則によれば、空間的に、事業場的に、専門的にそして人的に一番近い協約が適用される〈BAG APNr. 2, 4, 8, 11, 12 zu §4 TVG Tarifkokurrenz〉。したがって、空間的に限られた適用領域を有する労働協約は、より広いそれに優先する。通例、このことは家内協約にも妥当する。」

(7)「本法廷の見解では、統一協約の原則は、複数協約の場合には適用されない。統一協約は、たしかに事業場内の労働条件規制の実際的なきっかけとなりうるかもしれないが、そのための実定法上の論拠とは考えられない。」「(GG九条三項の団結自由の保障より、使用者はいつでも団体に参加し得るが)、他面、労働協約法三条一項より、使用者は自ら協約当事者でもある。それ故、ＢＡＧは、相応する団体協約が有効であり、そしてその使用者がその使用者団体の構成メンバーであるにもかかわらず、企業別協約（Firmentarifvertrag）を効果的に結び得ることを当然の帰結として認めている。」

(a)「使用者が、団体協約に関し協約当事者である労働組合との間で、企業別協約を結んでいる場合には、したがって事物近接（Sachnähe）から企業別協約の優先性から出発することには疑いはない。結局のところ、協約当事者自身は、事業場のための特別な規定（speziellere Regelung）を欲していることが想定される。」(b)「しかし、そのような仮定は本件のような異なった労働組合との間で競合する協約が結ばれているような場合には機能しない。――何故なら、出発点は――結局使用者は――企業別協約が無ければ――団体協約がない労働組合とまさに協約を結びたがっているということにある。このことは、使用者が団体協約から発生する義務に逆らおうとする場合に意味をなす。」「にもかかわらず、この場合にも協約法三条三項により団体協約の拘束力は、構成員が団体から脱退しても、その拘束力が終了するまで存続し続ける。立法者は（この協約法三条三項）でもって、団体協約法からの逃亡を阻止せんとした。協約法五条四項の場合（一般的拘束力）と異なり、当該協約が他の別な協定

(andere Abmachung) により取って代わられるまで、継続して効力が団体協約にある。このことは、団体から脱退した場合に常に企業別協約に優先的地位を認めたり、団体協約において実定法上企図された使用者への拘束力が終了したすることを正当化しない。なぜなら、結果的に労働組合の構成員である労働者及び団体協約を結んでいる組合は、万が一にもその協約の拘束力を失うことになるかもしれないからである。労組を替えたり、協約の保護なしに済ますことにならざるを得なくなるかもしれないからである。これは、結局、ＧＧ九条三項違反を意味する。」「それ故、本法廷の見解によれば協約競合について展開された統一協約の原則は、協約複数の場合には適用されない。」(c)「ところで、ＢＡＧは統一性の視点を首尾一貫して適用をしていない。余後効期間中に結ばれた家内協約は、協約法五条四項の意味での別な協定 (andere Abmachung) ではないとする (BAG v. 24. 1. 1997)。このことは、協約の統一性ではなく、協約法二条が同時に適用されるという結論になる。立法者が協約法三条三項による協約の拘束力が、同法四条五項の文言の余後効 (＝Nachwirkung) よりも明らかにより強力な効果を与えているならば、この場合にもなぜ適用されることにならないのか。協約競合と複数協約を統一の原理でなすＢＡＧの論理は首尾一貫していない。」

(8)「団体協約に対抗的な家内協約 (der Haustarifvertrag im Gegenzatz zum Verbandstarifvertrag) は、労働・賃金諸条件のわずかな部分だけを規制し、それ故特殊な・対象近接的な労働協約としてはみなされない。とりわけ家内協約が今や決定的な秩序機能を一般的に引き受けることになるということは、一般的に成り得ない〈LAG Sachsen-Anhalt (9 [5] Sa 723/00)〉」「しかも、キリスト教系金属労組が事業場内の全メンバーにより代表されていることは今まで一度も明らかにされていない。」

(Ⅲ)「Ｘは、二〇〇〇年五月三一日に結ばれた合意の実行を止めることを請求できる (差止請求権)」「Ｙは、変更契約に基づき合意され、ザクセン金属・エロクトロニクス産業の現行協約とは異なる規定を実行することにより、Ｘの団結の自由を侵害している。すでに、別な箇所で詳述したように、(本件変更契約は、) 労働協約の成立あるいは法的な存立にはたしかに関係しないが、協約の効果を乗りつぶしたり、あるいは空虚にさせることに向けられた合意あるいは手段にも団結の自由の制限あるいは妨害が見出だされる。これには、ある特定の申し合わせ（bestimmte Absprach）が、自ら宣言した適用請求（Geltungsanspruch）に基づいて、協約が規定している箇所に割り込んで来ることが当てはまるような場合に妥当する（BAG v. 16. 6. 1998-1ABR68/97-APNr. 7zu §87BetrVG 1972 Gesundheitsschutz）。GG九条三項二段は、申し合わせあるいは手段の目標方向のみならずその法的効果にも向けられている。」（傍線―筆者）妨害予防請求は、Ｘの組合員だけに受け入れられる。

三　新たな法的問題の諸相

（1）㈡で取り上げた判例は、ザクセン州の労働裁判所という一下級審の決定でしかない。にもかかわらず、「横断的労働協約の危機」(4)と評される現下のドイツの労使関係の実態が象徴的に現われているといえよう。ドイツにおいては、周知のように一九八〇年代からについて種々の規制緩和の流れが労働法的テーマにおいても論議されてきた。「雇用形態の多様化と労働市場の変容」(5)という日欧シンポジウムが一九九九年三月に日本でもなされ、そこでドイツの研究者や日本のドイツ法の専門家などが幾つかのテーマについて論じたが、その報告集からも問題の底の深さと多様性に気づかざるを得ない。この報告集の中では、雇用保険と雇用保護の問題、非典型雇用、解雇と有期雇用、労働時間の柔軟化、派遣労働、協約規制の柔軟化等多岐にわたる論点が議論されている。本件も経済不況・失業増大等に起因する協約紛議の典型的事案である。

（2）ところで、この判例取り上げられた法的論点を整理して見ると以下のように集約ができる。第一に、会社ＹがIGMetall労組員も含めた労働者の約八〇％の労働者と雇用保障付きながら労働条件の不利益変更を惹起する変更契約を締結したことが、協約法四条三項の「有利性原則（Günstigkeitsprinzip）」の関係でどのように解されるかが問題とされた。〝雇用は保障するが、労働条件は引き下げる〟という契約内容が「被用者に有利と zugunsten des Arbeitnehmers」と言い得るかどうかである。単純な労働条件引き上げを内容とする変更契約ではないという点が、まさに好景気時代の「有利性原則」論議と異なる。「有利性原則」の「有利」の評価基準をどう法的に確定するかが問題とされた。第二に、統一協約の原則（Grundsatz derTarifeinheit）ならびに協約競合（Trifkonkurrenz）及び複数協約（Tarifpuralität）との関係で、本件事案をどう法的に評すべきかが論点の肝要な部分を構成した。ドイツでは、BAG v. 29. 3. 1957-1AZR208/55が、ニッパーダイを明確に引用しながら「全ての事業場において、原則的に唯一の労働協約が適用されるべき。」と判示したこともあり、本件事案はより複雑な問題を提起した。なぜなら、協約法二条が「協約当事者とは、労働組合、個々の使用者ならびに使用者団体である。」と明示していることから、ドイツ経済が好景気時には、一(2)でも述べたように使用者団体に属する個別使用者が産業別団体協約で決められた労働条件を上回る内容を有する、企業別協約（いわゆる「経営接合協約＝betriebsnahe Tarifvertrag」）を締結することがままあったからである。[6] いわゆる、産業別横断労働組合と個々の使用者との対角線交渉〈一で論じた「対角線交渉二種類中の最初の例」〉の結果が、この経営接合的な企業別協約である。しかし、本件は、IGMetallとは異なる別労組であるキリスト教系の金属労組が、会社Yと企業別協約を結んだ事件である。その意味では、旧来の経営接合協約の場合とは似而非なる「企業別協約」であり、協約競合（同じ協約当事者により調整的に結ばれ同一の労働関係に適用される複数協約）の効力が争われたものではない。むしろ、元来二つの異なる労働組合が同一の使用者団体とそれぞれ労働協約を結んだ複数協約の純粋類型ととの類似性を有しながらも、使用者団体を脱退した個別の使用者が事業場内の別労組と企業別協約を結び結果的にIGMetallが結んだ団体協約の適用領域に「割り込む」企業別協約を結ぶというドイツの労使関係においては特異な事案が、協約の余後効論も含めながら争われたものである。そして、第三に、第一の問題点とも関係するがこの特殊な企業別協約及びその実施の実行形式である変更契約に対し、ＧＧ九条三項に基づく差止請求の申立ての是非の問題がある。ＧＧ九条三項の規制保護範囲につき「協約の成立あるいはその存立」にだけ限定されるわけではなく、「協約上の効果」を他の労組の協約による「割り込み」により「無に帰させしめる場合」も含まれるか否かの問題が争われた[7]。

(3)　労働協約の競合とは、ある労働者の労働条件が二つの労働協約で律せられる場合をさす。この生成理由から見ると、第一に協約自治による場合があり、第二に法規による場合とがあるが、これは一般的拘束力が問題とされる場合である。この協約の拡張適用を受ける労働者が、すでに労働組合を作っていて、別に労働協約を締結している場合にも、一般的拘束力が及ぶと解する立場を採る時には、協約競合の現象が生ずる[8]。ただこれは拡張適用条項（日本では、労組法第一七条あるいは第一八条）の解釈の問題であって、本来的な協約競合の問題ではないと一般的には解する者もいる[9]。

ところで、労働協約は労働条件その他労働者の待遇に関する基準を定める事項その他より成り、有機的に全体として統一性を有する者であるから、どちらかの（Welcher）協約を適用すべきことになり、双方の一部ずつの適用（＝摘み食い）を認めることにはならない。この場合、排他的な優先権が認められる協約に抵触する他の協約は、その限りでその効力は停止することになる[10]。

この協約競合の成立要件は以下のものである。(a)複数の協約の存在、(b)労働条件基準〈規範的部分〉の矛盾・抵触、そして(c)複数の協約が、同一の労働関係を規律するという適用対象の同一性（人的、場所的、業種分野的等）が必要とされる。まず、(a)についてはドイツでは通例、(イ)企業別協約と団体協約が競合する場合、(ロ)団体協約の競合と大きく二つに分けられる。後者の(ロ)については、例えば、使用者団体が、二労働組合と二つの労働協約を結び労働者が二重に加盟している場合等種々のバリエーションがある[11]。本件の場合は、前者(イ)の場合であると一応はいえる。

他方、複数協約も、協約競合の場合と同様にその生成理由から見ると、第一に協約自治による場合、第二に法規による場合とがある。この場合、協約競合と異なり適用上の効力範囲による（nach der Reichweite）による区別は原則関係がない。何故なら、複数ある協約の内、人的、場所的、分野的等適用範囲のいずれかが異なる場合には、協約競合とはならないからである。例えば、(イ)異なる二労働組合と同一の使用者団体との間で各々別個の労働協約が締結され、これら二つの協約に少なくとも事業場内の一人の労働者が拘束される場合、(ロ)使用者が異なる使用者団体に二重に加盟し、こら等の団体が異なる労働組合と協約上の合意に達し、しかも職場では二労組のメンバーが就労している場合、(ハ)使用者が団体変更をしたため、使用者は協約法（ＴＶＧ）三条三項により、今までの団体協約に拘束されながらも、同法三条一項により新規の団体協約に拘束される場合、そして、(ニ)事業場内に使用者団体と労働協約を結んだ労働組合の構成員が就労し、他方未組織労働者が拡張適用の結果、この協約の保護下にあるという場合等があるとされる。これは、たとえ、場所的適用範囲が同じであっても、人的適用範囲において異なっているからである。[12] 本件の場合、上記(イ)の事案（傍線部分）との類比性が一応語られる。

そこで、(1)(2)から本件事案を検討すると、まず第一に、一応Ｘの上部団体であるIGMetallとＹが、かつて加盟していた訴外Ｚとの間には、団体協約が存在し、有効期間が経過しても存続していた。第二にＹは、Ｚ脱退後キリスト教系金属労組と名目的には「企業別協約」を締結した。ただ、このキリスト教系金属労組がＺと団体協約を結んでいたかは事実上必ずしも明確ではない。たまたま、Ｙ事業場内でキリスト教系金属労組が僅かであるがメンバーを擁していたと解し得る。その意味では、「協約競合」の(イ)団体協約と企業別協約の協約規範の効力関係が問題とされた側面がないわけではない。しかも、協約競合の成立要件である、(a)複数協約の存在、(b)労働条件基準（IGMetall のＭＴＶとＹとキリスト教系金属労組の Haustarif との間の労働条件）は、明らかに矛盾・牴触がある。そして、(c)Ｙの労働者の労働関係を規律するという適用対象の同一性が概ねありながらＹがＺの構成員でないという決定的な違いがある。ために、判示は(B)(II)(6)でその協約管轄の側面から協約競合事案であることを否定し、さらには〈企業別協約は平面協約に優先するという。〉という特殊性原則が妥当する場合でないと結論づけたものといえる。つまり、経営近接的協約のケースでないとしたわけである。しかも、これは複数労組間の協約適用の問題である故に、協約法（ＴＶＧ）三条三項よりIGMetall の団体協約の効力が存続している点からも家内協約の効力を否定した。そして、Ｙが変更契約がＸの団体協約よりも有利であるという「有利性原則」の主張についても、判示は(B)(II)(2)で、当該変更契約がむしろＸの団体協約の労働条件よりも不利となったことをSachgruppenzusammen の学説を採用して、雇用保障を最優先させて労働条件の引下げを安易に認めるバーター論を否定した。

むしろ、第三に、判示はむしろ上記「複数協約」の類例(イ)のように異なる労組が異なる労働協約を締結しながらも変更契約を介して同一の対象を結果的に規制している点から複数協約の事案としながらも、Ｙが使用者団体から脱退した後のキリスト教系労組が団体協約なしに結んだ家内協約が余後効論（協約法四条五項）が機能する「新しい約定（andere Abmachung）」にはあたらず、結論的にはこのＹとキリスト教系労組との間の企業別協約である家内協約がＹ労働者の労働条件を規制する法的要件としての効力を否定することを結論づけた。さらに、本判決のもっとも留意すべき点であるが、判示(B)(II)(8)の中でＹとキリスト教系労組との間の企業別協約を、「団体協約に対抗的な家内協約（der Haustarifvertrag im Gegenzatz zum Verbandstarifvertrg）」と法的に評した。変更契約によってIGMetall 組合員へ家内協約の実効性を具体化することがＸＹ間の団体協約の効果を空虚にさせる（いわゆる割込み）効果をもたらし、結果としてＸの団結権侵害になることから組合員への変更契約の差止めを求めたＸ主張を是認した。これは、団体協約の場合、それ自体では個々の使用者に労働組合の協約の履行請求権がなく、また、個々の使用者に産別労組が結んだ協約の効果の履行を求め得るのは協約上の介入訴訟（Einwirkungsklage）という方法があるが、これは、協約に拘束されている圧倒的多数の労働者が自らの協約上の権利を労組に譲渡することがなければ不可能である。事実、IGMetall 労組員も含む約八〇％の労働者が変更契約を結んだためこれは不可能である。[13] そのため、団結権に基づく不作為請求により、労働条件を不利益変更する企業別協約を別労組が結んだ団体協約にとって代わることを否定することを求めたわけである。(14) 判示はこれを認めた。

四　社会的パートナーシップ論と産別団体協約——争議行為をめぐる事件

(二)では、産別団体協約の法的効力につき一下級審の判決を紹介した。この判決の結論は、使用者団体から脱退した使用者が別労組と結んだ企業別協約の効力の具体化を阻止せんとする産別労組支部の主張を認めた。その意味で、産別労働協約の法益に法的価値の優位性を認めたものといえる。この産別労組と産別使用者団体との間で形成されてきた労働条件をめぐる社会的秩序の優位性が争議行為の次元でも法的に積極的に認められた事案の論理を以下に検討して見る。

(A)　協約逃亡に反対するボイコット呼び掛けの事件——LG Düsseldorf v. 14. 6. 2000, AuR 二〇〇一年五月号一九四頁以下

(1)　事実の概要

申立人（X）は、アメリカンシティバンクの子会社である。被申立人（Y）は、「労働の世界」（KDA）の教会部門の幹部牧師である。Xは、経営不振のため事業場統合及び一部事業場の営業譲渡というリストラ対策を行った。新たに作られたコールセンターの従業員は、元からの従業員と新規採用者が各々約半分ずつより構成された。Xは、このコールセンター事業場について、HBV（商業・銀行・保険産業労働組合）との間で協約の締結を拒否している。このため、以前からXに雇用されていた従業員（Mitarbeiter）は、(イ)旧来より週労働時間が長くなり、休暇請求も制限されたので、金銭補償での解決（ein finanziellen Ausgleich）がなされた。しかし、(ロ)この補償が、一般協約（MTV）で予定されていた、より高い勤続年数へ昇進することによる賃金引き上げが中止

となり、結果的に立ち消えとなった（労働条件の引き下げと昇進による賃上げのバーターが不能）。そして、(ハ)一般的な加給（Zulage）に代わって、能率給及び個人的な給与査定がなされることになった。この場合、個々の従員は給与が悪くなる人もおれば良くなる人も出た。そして、新規採用組は、Xでの以前採用組と比べて労働条件が悪かった。これに対して、Yは、デュッセルドルフにあるXの中央管理棟の前で、抗議のビラと合わせて、〈シティバンクには、新口座を作らない。〉との抗議の郵便葉書を配布した。なお、〈Kirchlicher Dienst in der Arbeitswelt（KDA）Duisburg, für Citi-Critic〉の署名があった。これに対し、XがYに、(一)ビラ配布の禁止及び、(二)ボイコット禁止の申立てを求めた。論拠は、基本的にBGB一〇〇四条と同八二三条である。

(2)　決定理由

1　ビラ配布禁止請求却下（理由略）

2　ボイッコット禁止請求却下

(a)「ボイコットの呼びかけは、本質的に関係のある疑問を表明をする際の精神的な意見表明の手段として投入される場合には、原則GG五条〈表現の自由〉の保護領域内にある。」「ボイコットの呼びかけは、倫理的な理由から行われる場合に正当化される（Yは、私的な動機で呼びかけを行ったものではない）。」

(b)「Xは、新コールセンターについて、HTVとの協約締結を拒否している。労働協約という形態での労働条件の規制は、GG九条三項において、憲法起草者において明白に認められ、ドイツにおいて成長して来た社会的パートナーシップ（Sozialpartnerschaft）という文化に符号している。したがって、この見解によるとこのシステムを拒否する者は、社会的パートナーシップの原理を解約告知し、そしてそのバランスを一面的に使用者に有利に動かさんとしているということを主張できる。それ故、このような紛争において弱い部分は、いわばボイコット呼びかけという手段によって世論の助けを求めることは禁じられない。GG一四条により保護されているXの『組織され運営されている営業の権利』は、意見表明の自由に対するYの権利については、抑制されなけれ

ばならない。」（傍線—筆者）

(3) この決定理由の中で、協約逃亡（Tarifflucht）それ自体をネガチブに評価をし、産別労働協約による労働条件の決定を社会的パートナーシップ文化という視点で積極的に評価をしている点をまさに留意すべきである。

(B) アウトサイダー（使用者団体未加盟）に対する産別団体協約をめぐるストライキ――BAG v. 18. 2. 2003, 1 AZR 142/02, AuR 二〇〇四年四月号一五一頁以下

(1) 事実の概要

原告（X等）は、IGMedien（現在の ver. di = Vereinigte Dienstleistungsgewerkschaft）の組合員である。被告（Y）は、使用者団体（印刷業使用者団体）の構成員でない印刷会社である。Yは、IGDruck u. Papier（産業別労組）と企業別協約（Firmentarifvertrag）を結び、この企業別協約の中で、印刷業界に適用されている団体協約の内容を、企業別協約に自動的にスライドさせる指示条項（Verweis Klausel）を置いていた。これによって、Y労働者の賃金等を上記産別協約に定める労働者及び職員のものと同一内容とする効果がもたらされた。もとより、これには平和義務が当然付随した。Yは、自らの労働者の争議行為に遭遇することなく、使用者の立場で得ることができた。

ところが、X等一七名の同僚が属する産別労組（IGMedien）が団体協約の締結のためにIGDruck u. Papier とともにストライキを指令、X等参加。これに対し、YはX等が使用者団体に属しておらず、しかも自ら締結をした企業別協約の平和義務にX等の行為は反するとして、戒告（Abmahnung）処分を課した。X等は、この処分の人事記録から削除を求めた。しかし下級裁判所は、X等のスト参加を違法とし、訴えを棄却した。X等上告。

(2) 判旨――X等の請求認容

「X等は、労働契約上の義務に違反しているのではない。双方の労働契約上の義務は停止した。なぜなら、X

等は団体争議に正当に参加した。Yは、使用者団体の構成員ではないが、ストライキへのYの編入は（法的に）許容される。」

(a)「Yは、団体の紛争に関与していない第三者ではない。企業別協約に指示条項をおいているため、自ら雇用している労働組合構成員には、引き合いに出されている団体協約（in Bezug genommnen Vebandstarifvertrag）の労働条件が妥当する。この団体協約の法的拘束がYを団体争議への編入（Einbeziehung）を正当化する。」

「本件（X等が行った）ストライキは、いずれにせよ（jedenfalls）、基本的には、特定の労働条件に関してアウトサイダーであるYと締結した企業別協約が、独自の内容上の規制を含むのではなく、ただ単に協約領域内でそして支部内で有効とされ団体協約の規定をその都度ダイナミックに指示する場合のものである。」

「協約自治の実現に関係がある労働争議という補助的機能は、協約当事者及びその構成員との間で労働争議がなされるし、それが協約自治の利害において必要なものであるかぎりだけであるが、第三者の利益侵害も甘受される。それに、労組あるいは争議団のメンバーでない法人（又は自然人）が団体協約をめぐる労働争議に組み入れられることは排除されない。」

「団体争議の結果に関与（Partizipation）することは、使用者団体に属さない使用者を団体争議に編入することを正当化する。――この使用者は、たしかに形式的には（formal）にはアウトサイダーであるが、当該事案においては、まったく関係のない第三者ではない。その場合、その関与がどのような類で、かつその関与がどのように正確に予測可能であらねばならない（prognostizierbar）かの確定的な評価は求められない。多少なりとも高い（mehr oder weniger Wahrscheinlich）、事実上の関与ではなく、争議の対象となっている団体協約を継受することが法的にすでに確保されている場合はいずれも、団体争議へのアウトサイダーの編入は正当化される。とりわけ、このような場合、労働契約あるいは指示あるいは承認付き協約で（in einem Verweisung oder Anerkennungstarifvertrag）、その都度団体協約がダイナミックに指示されていることが前提である。このような引き合いを原因として（wird bewirkt）、第三者である使用者に雇用されている労働者の労働条件は、その都度関連した団体協約を目安とすることになる。ダナミックな指示をすれば、労働者は直ちに組織された労働者と使用者との間で獲得された協約領域に参加する。また使用者は、自ら雇用している労働者の労働関係を団体協約から避難させながら、団体の活動を利用し、そして団体協約をめぐる争議に関与した使用者団体の得意とするところから（Starke）から利益を得ることを行う。——第三者の事業場の労働条件をめぐる労働争議にもこの団体争議は関係がある。」

(b)「X等のストライキへの参加は、比例原則や最後的手段の原則に反しない。」「第三者（たる使用者）は、使用者団体の決定に対してメンバー権に基づく影響は有しない。しかし、（他の部門への同情ストが正当とされる場合のように）労働・経済生活の現実において、多数の・種々様々な影響・反応の余地がある。」「アウトサイダーたる使用者に対するストライキは労組にとっても、重要なコストをともないストを行う労働者にも犠牲が伴う。」

「IGMedien によって設定された要求は、Yだけでは充足はされない。労組は、Yに対し、企業レベルの特別な目標（eigenstandiger firmenbezogener Ziele）を実現するための特別のストライキを行ったわけではない。X等のストライキは、団体争議の一部であった。X等は、企業別協約ではなく、企業別協約において指示されて自らに有利になる団体協約のためにストライキを行った。争議の名宛人はYではなく、印刷業の使用者団体であった。」

(c)「労働争議へのYの編入はYの消極的団結の自由にも反しない。」

(d)「IGMedien は、Yを団体争議に編入することにともない、企業別協約から生ずる平和義務に反しない。平和義務は、有効期間が切れた団体協約の対象に関し、労働組合が被告会社（Y）に対して闘うことが許されるのは、団体領域において異義を申立てた要求に他ならないものに限定される。しかも、団体争議への参加は、禁じられていない。「企業別協約は、団体協約で主張されたそれ以上の要求を認めさせられることから使用者を保護することにある。また、この保護は、団体争議の成果を使用者に与えるのみならず使用者をこの争議に編入させることを正当化する関与の一部をなす。本紛争において、X等は他でもなく、もっぱら団体領域において主張さ

れる要求のためにストライキを行った。」（傍線―筆者）

(3)　本判決は、ドイツの争議権法理と協約法理等集団法理のきわめて本質的な議論が絡み、しかもＢＡＧの判決であることもあり本格的な論議や検討が必要な論点が含まれている。とくに大きな問題点は、第一に、Ｙと IGDruck u. Papier との間に企業別協約の平和義務があるわけで、これが本件争議の際に当然問題とされる可能性があった。第二に、Ｙは、産別団体協約の当事者でないにもかかわらず、Ｘ等の争議の相手方となったことが争議行為の正当性論との関係でどう法的に評価すべきかという問題があった。Ｙにしてみれば「側杖的な役割」を押しつけられたという側面がないわけではない。しかし、ＢＡＧは、企業別協約の中に、団体協約の内容をなす指示及び承認付き協約をおいていること、そして、この指示及び承認付き協約が、産別協約の成果を個別企業であるＹが只乗りをして産別協約の成果を自動的に享受するのみならず、逆に産別団体協約以上の要求が労働者からなされないことを保護する意味をも有するが故に、アウトサイダーである使用者の団体争議編入を正当化したわけである。本件Ｘ等のストライキが徹頭徹尾団体協約に関わる事項を目的としていることから、本判示は、企業別協約の平和義務の法的効果が生ずる余地を封じたものといえよう。関与原則が、本判示の(b)及び(c)の部分で論じられている争議行為の比例原則、最後的手段の原則あるいは消極的団結権等の法的に緻密な論議せねばならぬ部分が残されているものの、本ＢＡＧ判決は、西欧的なトレード・ニオニズムを基盤とする伝統的なドイツの争議権法理に原則依拠しながらの結論であったといえよう[15]。つまり、産別団体協約自治の保障の上での個別使用者の争議権法上の地位を明らかにしたものといえよう。細かな法的論点の、検討はさておき、これは、ドイツの労働法の特性を論ずる際に「協約中心主義」があげられ、団結権や争議権を協約に付随する法制度としてとらえることを意味するが、産別協約締結との関係でのみ争議行為が把握され、しかもこの傾向が一層強まっていると評すべき判示の結論ともいえる[16]。

五　提起された課題——産業別団体協約と企業別協約の相克

企業別組織を基本とするわが国労使関係に「一企業一組合」が、原則的なものと考えられてきた。総評と同盟という二大ナショナルセンターが存した時代には、その運動路線の違いもあって、「複数組合併存」ということが例外的な形態として存した。[17] この現象が現われた時代においては、組織拡大をめぐり同じ企業内の中で併存組合同士が、激しい組織拡大をめぐる〈縄張り争い〉を繰り返したことが多かった。二で最初に取り上げた判例は、ある面ではこの特徴と比肩できるケースともいえよう。組合併存と労働協約の効力が、ドイツ法の次元で争われたものである。この判例中で争われた法的問題点の特徴は、第一に、協約競合か複数協約かの問題である。ある労働者の労働条件が二つの労働協約で律せられる場合を、協約競合というが、労働協約は労働条件その他労働者の待遇に関する基準を定めるその他の事項より成り、有機的に全体としてその統一性を有するものであるから、いずれか一方の労働協約を適用すべきであって、双方の一部ずつの適用を認めることはできない。この原則論は、第一番目の判例の(II)(6)の「統一協約論」の部分で語られている。そして、その解決の解釈原則である「特別法は、一般法に優先する」、つまり、「空間的に、事業場的に、専門的にそして人的に一番近い協約が適用される〈＝特殊性原則（Spezialitätsprinzip）〉。」という基本的な考えは、日本の数少ない先例である理研工業小千谷工場事件・新潟地長岡支判（昭和二四・二・二、刑資二六号九二頁）と同じである。しかし、上記ドイツ・ザクセン州労働裁判所は「企業別協約は、つねに平面協約に優先する（ＢＡＧ）」という点においてその協約制度の違いが決定的に現われている。日本で語られるのは、人的適用範囲が狭いか広いか、前法か後法かが評価基準であって、企業別か団体かではない。第二に、有利性原則の考えについて言及している部分である。日本の労働協約の労働基準は、企業別組合が当事者である関係から、標準的・定型的労働条件基準であり、この協約規範に対しては上にも下にも違反する契約は否定される解されている。つまり、協約基準が両面性を有し、ドイツ労働協約法（ＴＶＧ）四条三項と異なる解釈がなされている。その、基本基盤として協約制度の基盤の違いが論じられている。事実、企業別組合が結んだ企業別協約は、産別横断的な団体協約と異なり、超企業の労働市場をコントロールする機能を原則有せず、むしろ従業員団体と使用者の経営協定的な取り決め的要素が強いと解されている。上記判示は、(II)(2)部分で、変更契約による「職場保障と労働条件の引き下げとのバーター論」から〈有利な契約変更〉という主張（会社側）を否定した。事業場ではきわめて僅かな組合員しか有しないキリスト教系金属労組が結んだ企業別協約である家内協約を、それと同一内容の統一規定による変更契約により、事業場内で三分の二以上を擁するIGMetallの組合員をも含めた事業場内約八〇％にも上る労働者への適用に当該使用者は成功したにもかかわらず、判示はその法効果を認めなかった。余後効論あるいは、協約法（ＴＶＧ）四条四項の協約上の権利放棄は、協約当事者の権限とする理論は、この家内協約及び統一的な変更契約の効力を否定する補強理論である。この「職場保障と労働条件の引き下げ」とのバーターを有利な変更契約と結論づけた場合には、IGMetall労組員へ変更契約を介してこの家内協約の内容が適用される結果になったと思われる。このバーターが不利益変更であり目的が結果的に企業別協約の内容が変更契約を介して、逆に、職場保障という餌でIGMetallの労組員を釣り上げ結果的に産業別な労使交渉・産業別団体協約による労働条件を決定するというドイツの社会的な公序に背離するると評したと思われる。この産別団体協約による労働条件決定システムを社会的パートナーシップ論という名で強調している。この考え方は、**四**で取り上げたボイコット事件の判例でも強調されている。そして上記ザクセン州労働裁判所は結果的にＸ（IGMetall支部）の協約当事者でない個別使用者への団結妨害の不作為を認めたものと思われる（判示(B)(II)(7)参照）。つまり、産業別団体協約と企業別協約の効力が争われたケースではなく、産業別団体協約の複数化であり、結果としての組織対抗的な企業別協約と認定したものと思われる。これは、日本の不当労働行為制度において、個別的労働関係の権利義務関係の侵害について使用者に実体法上の不作為請求が認められるか否かの論議に類比され得る内容をも有する。[18]そして第三に、この種の争いは、日本の協約制度では事業場内の複数併存組合が存立している場合に生じる。ただ、ドイツの場合と異なる点は、(イ)有利性原則の規定が労組法の協約規定にない点である。したがって、新協約とこれに関する変更契約が有利か否かというよりも、不利益変更協約が他の組合員を拘束するか否かで論議される。通例、不利益変更協約の「合理性」が認められれば、「特段に事情がないかぎり、組合員拘束する」（日本トラック事件・名古屋地判〈昭六〇・一一・一八労民集三六巻六号六九八頁、名古屋高判〈昭六〇・一一・二七、労民集三六巻六号六九一頁〉）。次に(ロ)この不利益変更協約に反対する他の少数組合の組合員を拘束するか否かの問題がある。人的適用の論理からこの別労組が反対する限りこの不利益変更の効力は、別労組の組合員を拘束しない。結局、別労組の協約失効手続と改正就業規則の問題にならざるを得ない。キリスト教系労組の家内協約が、変更契約を介して別労組の組合員を拘束するという点を日本法理に引き付けると、労組法一七条の一般的拘束力が他の労組員を拘束するか否かの論議に類比される。これについては、(イ)少数組合の組合員に及ぶとする説、(ロ)少数組合の組合員には及ばないとする説、(ハ)少数組合が協約を締結しているとき又は有利な協約のときには及ばないとする説等がある。二で取り上げた判例は、「拡張適用は、一つの工場事業場に二つの労働組合が存する場合に（多数派の組合の協約が有利な部分に限ってなされるべきである。さもないと、）少数派の労働組合が、団結、争議行為、団体交渉を通じて、有利な労働条件を獲得しても、（労組法一七条の規定によって、この有利な労働条件が引き下げられ）、少数派の労働組合固有の団結権、争議権、団体交渉権をほとんど意味のないものにすることになるからである」（黒川乳業事件・大阪地判（昭五七・一・二九）労働判例三八〇号二五頁、同控訴審・大阪高判（昭五九・五・三〇、労働判例三八〇号二五頁））と類比的な結論となる。ドイツ法の判例の場合は、産業別団体協約秩序をベースに企業別協約を消極的に評価しているがその結論において団結権に基づく不作請求権を認めている点において日本法理への接近が見られよう。[19]

さらに、第四に、日本の場合、労働組合は「企業別職工混合、全員組織」ということはすでに指摘した。組織の基盤は、企業内にあり、そこに活動の重点がある。企業内交渉が交渉方式の主たるあり方であった。にもかかわらず、この交渉方式の弱点とその成果である組合が結んだ協約の弱点補充の方策が試みられて来た。その一つは、企業内で職能別に労働組合を結成して自らの職種の利害を主張する協約を結ぶやり方である〈例：旧国鉄時代の機関士労組〈その後、動力車労組〉〉。もう一つ、実質企業別労組の連合体でしかない単産が、直接の当事者となり、産別の統一協約を締結する場合である〈例：私鉄総連が、春闘の際に大手私鉄の集団交渉により締結した賃金協定〉。これは、昭和二七〈一九五二〉年の対日講和条約発効前後から労組側からの努力が試みられた。単産のとしての統一意思を闘争に反映させ、単産下の各企業別交渉を統制するための方策が試みられた。統一交渉、対角線交渉、共同交渉〈または連名交渉〉、集団交渉等の試みがなされた。純粋の産別交渉というよりは、超企業別交渉と評した方が実態を反映している。つまり、単組単社交渉への前段交渉的な意味がある。その長期目標は、西欧型の産別労働組合への再組織理念があったといわれている。しかし、この賃金協定は、単産自体が企業別労組の連合体であるため、努力目標的な要素を必然的に負った。しかし、これらの産業交渉方式〈超企業別交渉〉は、まず労使交渉の窓口問題を引き起こした[20]。他方で、上部団体に加盟していない単組〈企業別労組〉が、単産が行った春闘の成果を自動的に個別企業の労使間にスライディングさせる個別の労使協定を結ぶ問題〈例：一九五三年に私鉄総連を脱退した西武鉄道労組は、会社側と私鉄大手の集団交渉の成果を、原則スライディングさせる協定を有していたともいわれる。このため西武鉄道の経営者は、鉄道ストの対抗手段を経ることなく私鉄大手労組の春闘成果をそのまま従業員の労働条件に具体化し得たともいわれる。この種の企業別労組と個別企業の態様は、他の産業でも一般的であろう。私鉄関係において、それなりに長期にわたってなされてきた中央統一交渉における私鉄総連と私鉄経協〈民鉄協〉中央労働協約の成果の只乗りであった）[21]も派生させた[22]。

本稿で取り上げた、三の「指示あるいは承認付き協約」は、まさにドイツ的な風土の中でのこの種の現象であるといえよう。使用者団体未加盟の個別使用者と企業別協約を結ぶこと自体、伝統的な産別団体労使の交渉の成果である団体協約により労働者の労働条件を決定するということの例外に他ならない。**四**(B)で取り上げた判例は、基本的に**四**(A)のボイコット事案と同様、産別団体協約秩序に法的価値を重く見、「関与」理論でもって未加盟使用者の労働者のストライキにつき企業別協約の平和義務違反に該当しないと結論づけた。この問題は、ドイツの労使関係の中での事実上の問題のみならず、争議行為正当性の論議、そして協約法の効力論等（例：統一協約の関係、団結権、協約権限の確定・移行の問題、解約告知等）の問題が生起しているといわれる。日本では、前述した交渉の窓口問題以外に、この種のスライディング条項の効力が争われた事案はない。単組単社交渉が基本であるからである。IGDruck u. Papier という産別労組がアウトサイダーである使用者と個別交渉〈**一**(2)で触れた対角線交渉の二番目の類型〉をし、企業別協約を結ぶことは通例予想されない。日本の場合、企業別労組であるゆえ、連帯する両労組が産別単産を同じくして、その産別単産が個別使用者と対角線交渉をして協定を結ぶ場合〈**一**(2)で触れた対角線交渉の一番目〉であろう。したがって、産別の基本協約が対角線交渉の結果である企業別協約と齟齬することはまず無く、あっても産別基本協約のためにだけに企業労組がストに入ることはまずありえない。他組合の支援ストであるが一般的にその正当性が否定されている。(23)

六　おわりに

わずか三件の判例を検討しただけであるが、伝統的なドイツの産業別団体の労使間における労働条件規制という法原理は、協約逃亡、アウトサイダー使用者がかかわる労働紛議においても、繰り返し強調されており、この種の法原理がいくら企業別協約が平面協約を揺るがす事態になっても直ちに変更されるわけではない。法規定の問題もあり、法原理自体が、企業別労使関係の論理を軸に律することにはならない。しかし、日本の労使関係が企業別組合を前提としたものに至るのは、一九五三（昭和二八）年の「日経連労働協約基準案」を先駆けとしながら、昭和三〇年前後であった。労組側は産業別統一協約闘争等をかかげ、労働法の研究者も職場滞留、マス・ピケ、在籍専従慣行、チェック・オフ慣行等で企業別組合という組織形態を前提とした法理を組み立てながら対応した。[24] しかし、結局判例等の基本的考えは、西欧的なトレードユニオニズムを基本原理とするものが支配的となった（例：エッソ石油事件・最一小判〔平五・三・二五、労判六五〇号〕、国鉄札幌運転区事件・最三小判〔昭五四・一〇・三〇、労判三二九号〕等）。つまり、労使関係は企業別労使関係、しかし判例法理は西欧的な法理といい得る。[25] このことは、デュアルシステム（協約制度と事業場組織法という二元的労使関係）であるといいながらも、ドイツにおける企業別労使関係の勢いが不況を背景に急速に進んでいる現在、その労働法理も大きく変化し得る余地もあることを逆に示唆しているともいえる。[26] 労働組合の組織率の低下と使用者団体から使用者が脱退することが今後も続くならば、自ずと産別団体協約による労使関係の規制という社会的基盤の脆弱化を招来するのは必至である。

かつて、わが国の労働組合運動の健全化を願い戦後的色彩を払拭し、トレードユニオニズムに徹すべしとの期待の下に出された政府の労働政策指針が、一本化された労働協約こそが産業平和に寄与することを「諸外国においては、労働協約は原則として一本化され、すべての（労使間の――筆者注）問題は、協約更新期に集中的に論じられている」（傍線筆者）との表現で称揚した。[27] ある面では、この政策の理想型ともいうべき労使秩序を代表していた協約一本によるともいえるドイツの産業別団体秩序が揺らいでいるともいえる。ドイツ企業の人事管理の「日本化」が論じられている昨今、[28] 産業別団体協約と企業別協約の法理の相克には、今後も留意すべきであろう。[29]

（1）　西谷敏『ドイツ労働法思想史論』（日本評論社、一九八七年）四九六頁の注（15）参照。名古道功「大量失業・グローバリゼーションとドイツ横断的労働協約の『危機』」（『金沢法学』第四三巻第二号〔平成一二年一二月〕）六一頁参照。

（2）　Maren Band, Tarifkonkurrenz, Tarifpluraliät und der Grundsatz derTarifeinheit, PETERLANG, 2003. S. 22.

（3）　横井芳弘「各国における団体交渉の形態　ドイツ」『新労働法講座七巻・団体交渉』（有斐閣、一九六七年）七六頁以下。

（4）名古・前掲論文五五頁以下。
（5）社会経済生産性本部生産性社会労働部編『日欧シンポジュウム　雇用形態の多様化と労働市場の変容』（社会経済生産性本部生産性労働情報センター、一九九九年）。
（6）喜多實「西ドイツにおける経営接合的協約政策と協約法理論」（横井芳弘編『現代労使関係と法の変容』勁草書房、一九八八年刊）一一頁以下。
（7）ドイツにおける団結権侵害とその救済法理の分析したものに今野順夫「西ドイツにおける団結権侵害と救済」外尾健一編『団結権侵害とその救済』（有斐閣、一九八五年）四二一頁以下。
（8）石井照久『新版　労働法』（弘文堂、一九七一年）四四三頁。
（9）石井照久・萩澤清彦『判例法学全集15　労働法』（青林書院、一九五八年）五四一頁以下。
（10）山下幸司「協約の競合」『現代労働法講座六巻・労働協約』（総合労働研究所、一九八一年）一九一頁以下。
（11）Maren Band, a.a.O., S. 44.
（12）Maren Band, a.a.O., S. 51.
（13）Matthias Jacobs、本判決の GemeinsameAnmerkung, „AuR. 8/2002, 312ff."
（14）今野・前掲書四六四頁以下参照。
（15）根本到「使用者団体構成員でない使用者と産業別組合のストライキ」労働法律旬報一五九一・九二合併号二五頁以下参照。なお、二〇〇四年一一月二〇日に法政大学で開かれた外国労働判例研究会での根本教授の本判例に関する報告から貴重な示唆をいただいた。なお、争議行為の比例原則や最後的手段論に関しては、筆者かつてロックアウトについて検討したことがある。拙稿「西ドイツにおけるロックアウト論争」横井芳弘編『現代労使関係と法の変容』（勁草書房、一九八八年）二一三頁以下。
（16）西谷・前掲書六八三頁以下参照。
（17）萩澤清彦「複数組合併存と労使関係」学会誌五四号五頁以下参照。
（18）山川隆一「団結権に基づく支配介入禁止・妨害排除の仮処分」労働判例百選〈第五版〉（一九八九年）一六頁。日本の判例法理は、住友重機械工業・富田機器製作所事件・津地裁四日市支判（昭和四八年一月二四日労経速八〇七号三頁）の判断に見られるように、団結権に妨害排除請求権を認めたり、労組法七条から実体法上の不作為義務を認めることには消極的である。
（19）今野・前掲書四三六頁以下は、集団的団結権侵害の中の「組合間の団結権侵害」という類型をあげる。本件事案は、IGM-tall労組員にも一般協約（MTV）と異なる別組合が結んだ企業別協約を変更契約を介して会社側が実行することを、組合間の競合を奇貨とするある面では、組合脱退的と同じ効果をもたらしたとも評し得る。

(20) 例えば、共同交渉問題の全鉱事件・中労委決（昭三一・三・二〇）。

(21) 日本私鉄労働組合総連合編『私鉄総連40年史』（一九八七年）の一九頁参照。西武鉄道自体、私鉄経営者協会に加盟したのは、平成一四（二〇〇二）年である。この間、経営者団体からは、一応アウトサイダーであった。

(22) 佐藤進「日本における団体交渉の形態―産業別団体交渉」『新労働法講座・第七巻』（有斐閣、一九六七年）一九八頁以下。

(23) 杵島炭砿事件・東京地判（昭五〇・一〇・二一、労民集二六巻五号八七〇頁）。

(24) 川崎忠文「〈労働法の解釈〉について」法学新報一〇一巻九・一〇号一頁以下。

(25) エッソ石油事件最高裁判決は、労働組合と使用者との間で締結されたチェック・オフ協定には、規範的効力を認めず、使用者のチェック・オフ権限を個々の組合員に求め、その中止を組合員が申し入れた場合には使用者はチェック・オフを中止しなければならないとした。産別協約システムを基盤とするドイツの産別労組も、基本的に組合費の徴収は、組合員の自己申告を前提とするという。後者の国鉄札幌駅事件最高裁判所は、組合活動の正当性評価を原則使用者の許諾の有無に求めた。この判決の背景には、企業別労組であっても、組合活動は、事業場外で行われる場合に法的に許容されるべしという考えがある。事業場内に支部組合を持たないことを組織方針とする産別労組において、この「組合活動は、事業場外」という原理は一応妥当しえよう。しかし、ドイツ産別労組は経営協議会に対する影響力を介しながら各種の企業内活動がなされているとされる。角田邦重「西ドイツにおける企業内組合活動」（季刊労働法一一七号三七頁以下）、毛塚勝利「西ドイツの労働事情」（日本労働協会編、平成元〔一九八九〕年）参照。

(26) ドイツの失業者の数は、二〇〇五年に入り戦後最悪の五〇〇万人を突破したという。この数は、ヒトラーが台頭した一九三〇年代の世界恐慌直後の水準に並んだとされる（朝日新聞、二〇〇五年四月六日第一三版）。

(27) 「団結権、団体行動権その他団体行動に関する労働教育の指針について」（昭和三二・一・一四労発第一号労働事務次官発各都道府県知事宛通牒〈労働法律旬報四九〇号・昭和三八年六月上旬号二頁以下〉参照。

(28) 稲上毅「ポスト工業化と企業社会」（ミネルヴァ書房、二〇〇五年刊）二五八頁以下。

(29) 日本では、労働組合の組織率は二割を下回った。その意味で、事業場内では無協約化が進行しているともいえるが、労働者の労働条件が個別企業の労使のやりとりで決定されること（含・従業員代表）には、原則変わりはない。かつて、「おそらく当分は協約は企業別協約の形態が（日本では―筆者注）主であるにちがいない。」「日本の企業協約はかなり特殊なかたちであり、現実に即して法理を構築しないわけにはゆかない。」（沼田・蓼沼・横井『労働協約読本』東洋経済新報社刊、一九七二年）の来ざるを得ないであろう。「はしがき」の言は、ドイツにおいても企業別協約が個別の労使間で増加していくこととなると、その協約法理にもはね返って

〔平成一七（二〇〇五）年〕

第四章　外国労働判例研究――ドイツ

「別労組が個別使用者と結んだ産別団体協約の補充協約としての家内協約が、産別労組員の労働条件を規制することの是非が争われた事例」――ニイダサクセン州労働裁判所一九九九年一一月一二日判決、„AuR. 9/2000, 357"

一　はじめに

ドイツにおいては事業場内、そして個々の労使関係において協約をめぐる紛議が増大している。この背景には以下の点があるとされている。第一に、技術的あるいは営業上の理由からの事業場目的の変化や戦略的に動機づけられた事業場の分割、統合再編成の際、市場競争に勝ち抜こうとして、個々の使用者が意図的に産別協約の締結を回避することが多いこと、第二に、旧ＤＤＲ（東ドイツ）を統合した結果、国の財政事情が悪化し、一向に改善しない失業状況等により経営者が、進んで企業別協約を結ぼうとすること等である。これらはともに、横断的な労働協約の「硬直性」から逃れようとすることにその目的がある。旧ＤＤＲ内では、産業別労働協約と企業別協約の比率は、一対一にまで近づいているとされる（Maren Band, Tarifkonkurrenz, Tarifpluralität und der Grundsatz der Tarifeinheit, PETERLANG, 2003. S. 22.）。使用者がこの産業別団体協約の規制から逃れるために、使用者団体からの逃亡（Tarifflucht）及びあえて使用者団体に加入しないという事実的な対応をなす場合が多いが、本稿で取り上げた事案は、それらの場合と異なった方策で、上記の規制を逃れんとした事例である。

二　事実の概要

(1)　原告Xは、被告Y（任意疾病保険金庫〈Krankenkasse, 以下Z〉が経営しているクアクリニック）の事務職専門家として一九九五年五月一日から一九九八年一二月八日まで雇用されていた女性労働者である。Xは、HBV（商業・銀行・保険産業労組）の組合員でもあった。Yは、任意疾病保険金庫（Ersatzkasse）の協約を結ぶための団体（Tarifgemeinschaft）のメンバーである。HBVは、Zと疾病金庫協約（EKT＝Ersatzkasse TV）を締結した。この協約は、賃金額を規制していた。
(2)　一九九七年の終り頃ないし一九九八年の初め頃に、Zは、HBVとの協約交渉において協約賃金（Tarifgehälter）の一五％引き下げを希望した。HBVは、この要求を拒否したが、Zがクアクリニックを営業譲渡せざるを得ない経済状況にあることまでを、その当時予測できなかった。このため、Zは一九九八年三月一七日に、一三労組（DAG、ドイツ商業・工業職員団体および女性職員団体〈Verbandder weiblichen Angestellten〉）との間で、一九九八年二月一日にまで遡及効を有するEKTの補充協約（Ergänzungs TV）四号bを結んだ。この協約では、今までの賃金がクアクリニックの領域で一五％カットすることが定められていると同時に、Yが今後一〇年間このクアクリニックを経営することが義務づけられた（賃金引き下げと職場保障のバーター取り引きの家内協約〈HausTV〉）。
(3)　Yは、一九九八年二月から七月までの間に協約上の規定に基づき総額一、三六一マルク八ペニッヒに上る報酬のカットをHBVのメンバーをも含めて行った。Xは、この差額の支払をもとめた。一九九八年一一月二六日のHameln の労働裁判所は、Yに利子付きでこの請求を認めた。Y控訴。

三　判決要旨

（1）「YがEKT（任意疾病保険金庫協約）に関する補充協約四bに基づいて主張されている額の給与引き下げ(Gehaltsreduzierungen)をしたことについて、当事者間で争いがある。」

（2）「しかし、協約法四条一項一段、三条一項による双方の契約当事者の協約の拘束力に基づいて――とりわけHBVと合意された――EKTが適用される。この協約は、例えば一九九八年三月一七日に〈三労組〉と合意された労働契約当事者につき有効な補充協約によっても無効とはされない。Xが就労しているYの事業場は、専門的・事業場的適用領域によりEKT及び一九九八年三月一七日の補充協約によっても把握される。補充協約に関わった労組に属してないXには、単にEKTが適用される。

BAGの判決によれば、このような場合には一事業場内の統一性の原則により（nach dem Prinzip der Tarifeinheit）一協約のみが適用される。そして、多くの協約の下では特殊性の原則（nach dem Grundsatz der Spezialität）により、より近接的な協約に優先権が与えられる（vgl. BAG v. 14.6. 1989–4AZR200/89; v. 5.9. 1990–4AZR59/90; v. 20.3. 1991）。これによると、本件の場合EKTはXの報酬（Vergütung）に関し適用されないことになる。」

（3）「BAGの判決は、学説においてはまったく否定されている。本法廷もBAGの判決には従わない。本法廷は、むしろNiedersachsen州労働裁判所第一四法廷の見解に従う。これによると複数協約の場合、雇用事業場内では多くの協約が適用可能である（LAG Niedersachsen v. 14.6. 1990–14Sa 1783/89–, LAGE Nr.1 zu §4TVG Tarifpluralität）。BAGにより確立された統一協約の必要性は、協約における内容規範の領域により十分な根拠が見出されない。法律は、むしろTVG三条一項、四条一項第一段において労働契約当事者の協約拘束性を目的としている。しかし、本件の場合双方の契約当事者にとり協約の拘束性はEKTだけである。Xは、Yと一九九八年三月一七日のＥＫＴに関する補充協約四ｂを結んだ団体（Vereinigungen）のメンバーではないので、この協約規範は、当事者の労使関係には適用されない。このため、協約競合（Tarifkonkurrenz）はまったく生じていない。」

(4)「またＴＶＧの補充的解釈は、必要とされる規定の欠缺がない限りで、考えられない。ＴＶＧ三条及び四条は、労働協約の適用性の問題を確定的に規定している。一事業場において、種々様々な多くの協約の適用を相互に一般的に排除するという立法者の場合によっては可能な意志は、確認されない。このことは、営業を引き受けた者（Betriebserwerber）の事業場内での複数協約（Tarifpluralität）を認めているＢＧＢ六一三条ａ一項二段から四段〈営業譲渡の場合、旧協約は新経営でもそのまま有効〉より明らかである。」

(5)「また、ＢＡＧはＴＶＧの統一原則は、ＴＶＧには決して表現されていなかったと正当に指摘している。しかし、この統一原則は、法的安定性及び法的明白性という上位原則から導き出されている（vgl. BAG v. 5. 9. 1990-4AZR 59/90）。同時に、憲法起草者が、自ら立脚して来た憲法適合的な全体像を刻印した一般原則及び指導理念（Grundsätzen und Leitideen）に属する法治国家原則（Rechtsstaatsprinzip）を結局のところ企図している成文憲法の個々の規定中で特定の分野に関し一般に定式化されたり明確に述べられていない。この原則は、詳細なかたちで、憲法枠内で明らかな特定の命令や禁止を含んでおらないで、むしろ即自的な与件（事情）ごとに具体化を必要とする憲法原則である。」「しかし、一事業場の種々様々な労働者にとり、同時に相互に適用される種々様々な協約の内容規範は、法的確実性の原則に反しない。」「適用されるべき協約規範を突き止める場合の境界確定の困難性（Abgrenzungsschwierigkeiten）は、(イ)統一的な協約適用の要請の下でも、(ロ)また多くの協約適用が同時的に相互的に併存する場合でも、起こり得る。」

(6)「その他、一事業場内での種々様々なＴＶの併存は、それが内容規範に関する限りで、必ずや事実上不利なものということにはならない。個々の労働者の種々様々な報酬の請求は、労働者の生活においてまったく異例なものとは言えないし、ＴＶＧ三条、四条の規定にも矛盾しない。むしろ、この規定からは協約上拘束されている労働者の協約賃金請求（Tariflohnanspruch）が構成されるが、しかし、原則的には労働組合に属していない労働者の協約賃金請求は、構成されない。」（傍線—筆者）。

四　法的問題点

(i)　冒頭でも、紹介したようにドイツでは産業別労働協約システムによる労使秩序が伝統的に形成されてきたにも関わらず、使用者が企業別協約（Firmens-, Haustarifvertrag）を積極的に結びこれが多くの法的問題を惹起している。筆者が最近調べた判例でも、1　個別使用者が、使用者団体を脱退して団体協約の拘束を回避し（Tarifluft）自ら単独で別労組と企業別協約を結んだ事案、2　協約逃亡（Tarifflucht）した使用者に対して労働組合がボイコットという対抗的争議戦術を行使した事案、3　使用者団体に加入しない使用者が、指示あるいは承認付き協約（Verweisung-oder Anerkennugstarifvertrag）を別労組と結んで産別協約の成果を只乗りしようとした事案等がある。本件も、これら一連の傾向をなす象徴的事案である。つまり、産業別団体労組と使用者団体が締結した産別協約にかわり、使用者が他の労組と産別協約の補充協約（Ergänzungs TV）と称する家内協約を結び、この家内協約の効力が争われたものである。この家内協約の目的は、やはり産別協約の適用を個別使用者が回避しようとしたものであることは、いうまでもない。

(ii)　本件事案の特色は、以下の点にある。第一に、産業別労組（ＨＢＶ）と使用者団体（協約団体）との間に産業別労働協約が結ばれている。第二に、被告Ｙが他三労組との間にこの産別協約を補充する家内協約、しかも労働条件を不利益に変更する協約（ただし、職場保障条項とのバーター）を結んだ。そして、第三に、この補充協約に基づいて、個別使用者であるＹが自らの従業員の報酬カットを行った。第四に、これに納得が行かないＨＢ

Ｖのメンバーである X がカットされた分の支払をＹに求めた。

かつてドイツ経済が好景気の時に論議された経営近接協定のように産業別横断労組と個々の使用者との間の企業別交渉（いわゆる日本の「対角線交渉」）でなされた上積み協定とは異なるもので、他の三労組と個別使用者が結んだ労働条件（賃金）を不利益に変更する家内協約の効力関係が争われたものである。

周知のように、ドイツでは、歴史的に「一事業場一労働組合」（Ein Betrieb eine Gewerkschaft）という労使関係秩序が形成され、さらにすべての事業場で一労働協約のみが妥当するとされてきた。これは、ＢＡＧでも、「全ての事業場において、原則的に唯一の労働協約が適用されるべきである」（BAG v. 29. 3. 1957-1AZR208/55, APNr. 4zu §4 TVGTarifkonkurrenz）との先例が確立されている（Tarifeinheit）。したがって、一見この事案は、同一の労働契約に同時に複数の労働協約が存するという、つまり、ある労働者の労働条件が同じ協約当事者の二つの労働協約で律せられるケース（Tarifkonkurrenz）と考え、その場合の法原則で問題の処理がなされるべきとの主張がなされる。したがって、Ｙが三労組のとの家内協約（ＨＴ）を「ＥＫＴの補充協約（ErgänzungsTV）」と称して、三労組にとっては別労組であるＨＢＶの労組員の労働契約内容を規律すると主張したのは、本件を協約競合（Tarifkonkurrenz）として処理すべしと主張したこと他ならない。なぜなら、協約基準が競合した場合、ＢＡＧの伝統的な法的処理は、上述した統一協約（Tarifeinheit）に則りながら、特殊性原則（Spezialitätsprinzip）でもってどの協約（Welcher）が適用されるかを結論づけて来たからである。したがって、企業別協約（ＨＴ）は、常に平面協約（FLächentarifvertrag）に優先し、空間的に、事業場的に、専門的にそして人的に一番近い協約が適用されることになる。それゆえ、Ｙは、補充協約が家内協約であり、ＨＢＶが締結した産別協約（ＥＫＴ）よりも事業場的に近いがため、ＨＢＶの組合員であるＸ等をも拘束すると主張したものと思われる。Ｙは、判旨(2)に明示しているＢＡＧの先例に依拠した主張をしたといえよう。

(iii)　しかし、本判示は、判旨(2)の前段で、Ｘが補充協約を締結した他の三労組いずれの組合員でないことを主たる理由に、家内協約である補充協約がXの労働条件を規制することを否定した。くわえて、判旨⑶で、ＴＶＧ三条一項、四条一項第一段を引用しながら協約の拘束力は、協約当事者の構成員のみに及ぶ点、さらに判旨⑷の冒頭でＥＫＴには補充解釈が必要な規定はないという点及び判旨⑸冒頭で、統一協約原則は、ＢＡＧ自身もＴＶＧには明定されていないことを認めている点から理由づけた。論拠全体は、オーソドックスな実定法たるＴＶＧの直接的解釈よっており、論理の構成もきわめてシンプルなものであるといえる。

(iv)　だが、本判示は、さらにＢＡＧが、複数協約（Tarifpluralität）の場合にも「統一協約」の原則を適用している点を支持できない点からも、Ｘへの家内協約の拘束力を否定している。判旨⑶⑷から見ると、判示は、一事業場内では複数の協約の存立を認めて然るべきであるという学説内の有力見解及び下級審のそれに立脚したと見てよい。とくに、判旨⑸で、ＢＡＧがＴＶＧを解釈する際の論拠である上位原則である「法的安定性・法的明白性」は、「一事業場内・多数協約」の場合も、「一事業場・一労働協約」の場合も「適用されるべき協約規範の境界確定の困難性〈Abgrenzungsschwierrigkeiten〉」は、同じであるので、上位原則たり得ないことを強調して本件結論をさらに補強した。判示は、ＢＡＧが先例としていた統一協約原則（Tarifeinheit）を、どちらかというと法条文を限定的に解釈して本件補充協約と称する家内協約のＸへの拘束力を否定したといえよう。

(v)　日本では、企業別協約の弱点補充の方策として単産が、使用者団体と統一協約を結ぶことが努力されてきた経緯がある。この統一協約基準は、あくまでも企業内の労使にとっては、努力目標的なものである。ドイツ的な産別協約的な効力を有するものではない。その意味で、企業体力により統一協約基準を超える場合も、下回る場合も当然のこととしてある。Ｙが主張した補充協約としての家内協約論は日本の協約政策の類似点が存する。しかし、判示は、主として協約当事者論を媒介に産別協約の法的優位性を肯認した。

〔その他の参考文献〕

（1）Prof. Dr. UlrikeWendeling–Schröder, Hannover, Ein oder mehrere Tarifverträge im Betrieb, AuR. 9/2000, S339

（2）沼田・蓼沼・横井『労働協約読本』（東洋経済新報社、昭和47年）

〔平成一七（二〇〇五）年〕

第五章　協約に拘束されない使用者団体メンバー（ＯＴＭ：ドイツ）[1]

一　はじめに

ドイツにおいては、東西統一後の経済不況の中、協約による労働および経済的諸条件が規制されるという旧来の労働関係システムに対する様々な批判が近時とみに論議されている。第一のそれは、今までのドイツの労働協約制度は、あまりにも硬直的であり、あまりにも労務コストが高すぎ、あまりにも一致した規制内容であるという点からのものであった。第二に、従来の協約政策は、あまりにも大工業・大産業よりであるとの批判が農業経営者や中企小業の経営者からも出たため、協約の複合性や多面性の問題[2]が生じている。さらには、結果的に、協約に拘束されない従業員の数が数値的に増え続け、また比例数値においても増え続けている。新連邦州となった旧東独（ＤＤＲ）地区[3]においてはこの傾向が著しい。もちろんこの傾向の背景には、企業組織再編成、とくにグーロバリゼーションと国際化の問題や新連邦州の経済立て直しのため過大な賦課、あるいは社会保障財源のために賃金の付随コスト等が大きく影響を与えているといわれている。

このため、経営側では、企業再編成、事業場の機能分離や組織的・法的分離、あるいは独立化等を企図した。分離は、「部分企業」を「親企業」から切り離して（例：分離された工場保安、他の企業の清掃労働者グループを投入する等)、結果として、経営側に有利なように「新部門」に「特有な協約」を締結して、そして部門独立をさせて自由競争での価格競争に耐えようとした[4]。

さらに問題なのは、もし分離企業が「特有な協約」をもし結ぶことができなくなった場合には、協約複合(Tarifkomplexität)という問題が生ずるが、都合が悪くなるとき、その統一化のために、協約の統一化・単純化の問題が生ずる。これは、「企業の合併と買収」(Mergers und Acquistions)の場合でも同じ協約の複雑化が生じており、これを「調和・統一化」することが必要とされてきている。くわえて、なお問題を複雑にしているのは、事業場の使用者団体所属が、例えば、金属協約に属した自動車の生産部門の一部が、テレコミュニケーションとして独立した場合、この協約が、伝統的な「現実の企業活動」と一致しない問題も生じている。このため、協約に拘束されない事業場が多く生じたために、多数の「事業場合意」が生成するという問題が生じている[5]。くわえて、基本協約の数自体が厖大に膨れあがっている現況がある。その都度の賃金協約、職業訓練を受ける協約、高齢者パートの協約、就業保障協約、年齢特別手当協約、ユーロ導入協約等種々様々な基本協約が成立し、ために企業の効率を非常に悪くしている傾向にあるとされる。いずれにせよ、旧来の種々様々な企業の所在地(standortunterschiedlicher)協約による労働条件規制の見直しが種々試みられている。

さらに、指摘しておかねばならない点は、上述した労働協約の規制下にある従業員が年々減少としているということ、裏を返せば、使用者団体の組織率も減少していることを意味する。例えばHessenの金属・電子産業団体の事務局長によると、全金属(Gesamtmetall)の領域内の企業の組織率は、一九八〇年の五八%から、現在四〇%にも落ち込んでおり、とくに旧ＤＤＲの新連邦州では、二〇%台にまで落ち込んでいるとされる[6]。

その意味で、旧来のように産別の労働組合と使用者団体が結んだ労働協約により労働市場をコントロールするという制度自体が大きく揺らぎ始めているといってよい。そこで本稿では、ドイツの協約制度の変化と連動した協約当事者の変化に焦点を合わせ、若干の使用者団体規約と判例を素材に、いわゆるＯＴＭが提起した法的問題点を検討し、あわせて日本法の比較考察を試みた。

二 ＯＴＭ形成の背景

（1） ＯＴＭは、九〇年代の初め頃から使用者団体においてその経営方策として採用され始めたといわれている。[7]本論に入る前に、ドイツにおいて何故この種の事案が生じるようになったかを、ドイツの労働協約制度の特色との関連で指摘しておく。

周知のように、ドイツと異なり日本の労使関係においては、労働組合が企業別に組織化されていることが支配的であることから、使用者団体による個別使用者の協約の縛りは、個々の使用者に対してそんなに強くはない。産別の使用者団体の拘束力は、事実的なものによるところが多い。たとえ、万が一使用者団体の協約の縛りが強くても、協約の拘束力を逃れるには、使用者団体の脱退ということがある面では容易に考えられる方策である。しかし、ドイツの法制度を見るならば、日本の労使関係の事実がそのままあてはまるわけではない。一使用者が、団体に対する解約告知によって、産別的な労働協約の拘束力を解約することは一見容易であるとも思える。「脱退宣言」で、「団体多数派の影響」から逃れることができると日本的な常識では導かれよう。しかし、ドイツの労働協約法（以下「ＴＶＧ」と略記）三条Ⅲ項は、「協約拘束性は、労働協約が終了するまで存続する。」と定めている。いわゆる、「継続適用（Fortgeltung）」条項である。つまり、協約の拘束力を、「脱退の時点」を超えて延長させる、いわゆるFort–oder Weitergeltungということになる。

元来、団体のメンバーが、メンバーであることを辞めるということは、①全ての強行的な協約上の、社会法上の、そしてその他の労働法上解決すべき事柄（Angelengenheiten）についての助言・代理をなすというメンバーの請求権が失効し、②旧メンバーの利害は、団体によってはもはや代表されない、③同時に会費を払う義務がなくなり、そして④メンバーが、協約の拘束力から自由になるという法的効果が生ずることになるはずである。しかし、団体を脱退したにもかかわらず、協約の期限終了まで協約の効力に拘束されるということは、脱退の「凍結化〈eingefroren〉」と同じことになる。

そして第二に、ＴＶＧ四条Ｖ項は、「労働協約の期間満了後は、その法規範は、それが新しい約定（eine andere Abmachung）に代替されるまで、引き続き適用される。」といういわゆる「余後効（Nachwirkung）」条項を定めている。この条項は、ある種の秩序および橋渡し機能（eine gewisse Ordnungs–und Überbrückungsfunktion）があるとされる。つまり、協約の終了後に労使関係の内容が空になってしまうのを阻止する役割を持つとされ、終了した協約上の規定は、その限りで他の集団法的あるいは個別法上の約定（eine andere kollektivrechtliche oder individualrechtliche Abrede）に代わるまで引き続き、強行的効力を除き直律的効力は存するとされる。くわえて、同じく、ＴＶＧ四条Ⅲ項の「有利原則」もこの余後効の局面ではもはや適用されないとされている。(8)

このことから、協約の拘束下にある使用者が使用者団体から脱退してもこの拘束力から脱することはかなり困難であるといえる。ましてや、様々な企業の所在地（standortunterschiedlicher）協約による労働諸条件を統一するための手段としても機能するには難しいこととなる。したがって、個別使用者が、団体脱退により協約の拘束力を廃除しようとする利点はあまりないことになる。

(2)　ところで、このＯＴＭの特色は、要するに協約政策上の作業を団体のその他のサービスから切り離して別個に引き受ける制度である。このことによって脱退するメンバーを少なくし、そして団体自体の魅力をつなぎ止めるという役割を持って登場してきたものである。したがって、団体メンバーでありながら、「協約に拘束されないメンバー（Mitgliedscaft ohne Tarifbindung＝OTM、以下ＯＴＭと略す）」である。このＯＴＭが作られた要因としては、さらに(1)とは別のドイツの固有の事情が指摘できる。

第一に、ＯＴＭは、制度化されはじめたのは旧ＤＤＲが連邦に加わった以後のことである。旧ＤＤＲの経営者あるいは労働者は、何故か組織加入が少なく、団体に関わりを持つことを嫌う傾向にあるとの報告がある。[9] これが大きく影響したとされる。

第二に、ＥＵＲＯ導入後、ドイツ経済は世界経済の波に呑みこまれ、ある面では「脱団体化現象」ともいえる事態が進行しているといえよう。ドイツの協約カルテルの批判者が、経営の行動の自由を要求し、そしてアングロアメリカ法のシステムを参照しながら、ドイツの労働条件規制制度を「欠陥のある構成物〈Fehlkonstruktion〉」とする動きがそれなりに成功を収めつつあるという指摘すらある。[10] グローバリーゼーションという国際化、あるいはテクノロジーの変化などによる伝統的な制度の揺さぶりは、使用者をして自らの生き残りのための方策の一つであるＯＴＭという新しき智恵を行使しせしめているといえよう。[11]

四　ＯＴＭの形態

一九九〇年代の初め頃から各使用者団体において制度化されはじめたＯＴＭについての規約の特色を検討して見ると以下のような特色が指摘できる。

この「協約に拘束されないメンバー〈ＯＴＭ〉」規約に関しては、二つの種類がある。

① 機能分配モデルあるいは協約共同体モデル（＝Funktionsaufteilungs-oder Tarifgemeinschaftsmodell）

② 段階的モデル（＝Stufenmodell）

前者は、別名平行団体的な解決（die Parallelverbandslösung）ともいわれ、当該使用者団体が二つの独自な二重メンバーを認める制度であり、まず、団体が規約変更で、協約を結ぶという協約当事者（ＴＶＧ二条一項）としてのその団体の機能を放棄し、自らのメンバーの「一般政策上の利害」を維持し、そして擁護するため及び外部への法的助言団体へ踏み出すという、いわゆる〈サービス及び利益主張機能〉を担うことに役割を限定づけるものである。そして、協約意思のある使用者は、新たに作られた平行団体（Parallelverband）である協約共同体（Tarifgemeinschaft）に統合されるかたちとなる制度である。この協約共同体は協約政策上の任務を定めてこれを行使することになる。いわゆる〈協約政策上の任務遂行機能〉である。したがって、協約を締結する意思のあるメンバーは、本来の使用者団体の他に、「協約共同体」にも加盟するかたちをとる。

筆者が調べたものでは、「ドイツ旅行団体規約」（Satzung des Deutschen ReiseVerbands：略称ＤＲＶ、二〇〇六年）が、この類型に該当する。[12] この規約の第二条では、団体の「目的と任務」（Zweck und Aufgaben）条項では、労働条件規制に関する項目はなく、唯一(h)で「人事管理手段を通しての、部門従業員の質の改善」条項があるのみである。同第四条では、メンバーとして、(a)正規メンバー（Ordentliche Mitglieder）(b)提携メンバー（assozierte Mitglieder）(c)奨励メンバー（förderenede Mitglieder）(d)名誉メンバー（Ehrenmitglieder）の四類型を定めるのみで、メンバー類型を労働協約で拘束されるかどうかで分類はしていない。ましてや、いわゆるＯＴＭについての言及はない。くわえて、しかも、同規約一〇条では、「メンバー集会（Migliederversammlung）」が定められいるが、労働協約に関する文言はない。まさに、使用者団体が、〈サービス及び利益主張機能〉を主たる内容とするものといえよう。だが、協約共同体（Tarifgemeinschaft）では、「使用者団体として社会的パートナーである ver. di に対してドイツの旅行案内者や旅行主催者部門の利益を代表する」と謳い、その目的条項では、協約の締結や基本協約の現代化等が定められている。まさに、この共同体が協約政策上の任務を遂行するわけである。くわえて、協約名も DRV–Tarifgemeinschaft–Tarifverträge、つまり「ＤＲＶ労働協約共同体労働協約」という表現が使われている。

後者は、別名団体内部的な解決（die verbandsinterne Lösung）ともいわれ、企業は、旧来と同様に、現存する統一的な団体のメンバーであり続け、そしてこの団体は、今後も自らのメンバーの労働諸条件の規制を任務とする。ただ、団体内部では、(イ)協約拘束をともなう正規メンバー（Vollmitglied）として属することを希望するか、

(ロ)協約に拘束されないメンバー（ＯＴＭ）として属することを希望するかによって区別される。一使用者団体の中に、段階づけられ、区別されたメンバーが存することになる。一般的に、ＯＴＭは自らの希望通りに団体の協約行動に参加できないし、協約法の問題についてのメンバー集会での投票権も有しない。また、このメンバー形式を選択することにより「団体」の名で団体協約を締結させることの権限はない。他面、ＯＴＭには、たとえば、企業協約（Firmentarifvertrag, Haustarifvertrag）の締結をする際に、これが労働組合により主張された場合に、団体がＯＴＭ相談をしたり、ＯＴＭの利害を主張し、かつその利益の見方をすべきという権利を有する。

筆者が調べたもので、この類型に該当する使用者団体規約として、「Rheinland-Pfalz の木材・プラスチック加工産業団体　一九九〇年」の規約が、この類型に入る。[13] この規約は、その第二条(g)で「労働協約の締結」を明確に謳い、同(h)「労働平和及びメンバーの連帯の保持、労働争議に見舞われたメンバーに関して〈特別指針（besondere Richtlinie）〉による財政上の支援を認める」とあり、団体自体決して労働協約政策上の任務を放棄はしていない。さらに、同四条一項では、「団体協約の拘束をともなうメンバー（ＴＭ）」、「団体協約の拘束をともなわないメンバー（ＯＴＭ）」、そして「客員／賛助メンバー（Gast-Fördermitgliedschaft）」と三類型のメンバーを定めている。一番最後の「客員／賛助メンバー」というのは、「使用者は労使関係の当事者」という観点から見ると奇異な感じもしないわけではないが、日本の使用者団体ではかねてから実際に存しているものである。また規約の第四条三項は、さらに、客員／賛助メンバーについて、以下のように定める。つまり「団体領域内外の事業主や企業（自然人や法人）でなり得る。これらの事業主や企業は、(イ)団体やそのサービスを知りたがっており、(ロ)そしてそれ故に、有期ないしは短期間で解約可能なメンバーを希望するか、あるいはその業務上あるいは経済的な地位に基づいてメンバーとの相互関係を保持するか、団体との共同作業に〈an einer Zusammenarbeit mit dem Verband〉に興味を有するもの」との定義はあるが、決して労働協約との関係は定義上は一切出てこない。

さらに、留意すべきは、同四条二項二段では、「各メンバーは、解約告知によって今のこのメンバーから他のメンバーへ転換する権利を有する」、同四条二項五段では「団体協約の拘束力をともなうメンバーについては、団体は団体協約を結ぶ権限が与えられる」とあり、同四条二項六段では「協約の拘束力のないメンバー〈ＯＴＭ〉は、団体協約を適用されない」とある。

しかも、同四条六項は、「メンバー形式〈Migliedschaftsform〉転換」に関する解約告知期間（die Kündigungsfrist）条項をも定めている。具体的には、以下の内容である。

「メンバー権は、業務年（Geschäftsjahr＝一月一日〜一二月三一日）の終期までの六ヵ月という期間をもって解約告知され得る。メンバー形式（二項）の転換ならびに客員メンバーへの転換を目的とする解約告知の場合には、期限までの二週間となる。解約告知は、団体の提案により短縮され得る。」

以上の諸条項からもわかるように、ＯＴＭが団体内メンバーの中で位置づけられ、いわゆるＴＭとの地位転換をも正面から規約内で認めており、こと協約の拘束力が団体内部での処理がなされうるという仕組みになっていることに最大の特徴がある。

いずれにせよ、使用者団体内において使用者が二元化されている。地域的に大企業であろうと中小企業であろうと強固な結束を誇りながら、団体により労使で労働条件を規制して行くという伝統的なドイツの労使関係の中で、とりわけ使用者サイド内での抜け穴を、使用者側でも認めるまでに至ったといえよう。その意味で、「重大な危機の中の平面協約」という事態が、ドイツの労使関係の中で次第々に広がり、協約の強い縛りが緩みつつある状況下にあるもといえよう。

四　判例に見る法的論点

(1)　ついで、筆者が調べた若干の判例の中で論議された法的問題を検討してみよう。このＯＴＭをめぐる法的論議は、ＯＴＭ自体これが使用者団体内で形成されて日が浅いためか、実際の労使関係の中で法的に紛議となった数はそう多くはない。しかし、ドイツの集団法理上留意すべき法的論議がなされていると思われる。

まず、第一に「機能分配モデルあるいは協約共同体モデル」の場合に、協約共同体（Tarifgemeinschaft）は、ＴＶＧ三条Ⅰ項の意味での「協約当事者」なのかどうか、換言すれば協約締結能力があるか否か。ぎゃくに、協約に関係しない使用者団体は、協約を結ぶ意思もなく、協約締結能力もないのか。結局、この問題は、労働裁判所法（ArbGG）一一条一項二段による、団体代理人（verbandsvertreter）による「訴訟代理人（Prozeßvertreter）」をなしうるかどうかという論点とも関係する。第二に、「段階モデル」の場合、まず、(イ)団体メンバーが協約政策上別々に扱われることは、「団体法上の平等原則」との関係をどう法的に評価するか、(ロ)ＴＶＧ三条Ⅰ項が「協約当事者のメンバーが拘束される」と定めているにもかかわらず、団体規約で線引きが可能か。別言すると協約の拘束力の法的根拠の問題である。そして、(ハ)労働裁判所法九七条Ⅴ項の「法的争いの決定（die Entscheidung eines Rechtsstreits）が協約締結能力と協約管轄権」に関わる場合、つまり、団体協約能力が与えられているかどうか、あるいは、団体に協約管轄権が与えられているかどうかに左右される場合には、同法二条ａⅠ項四号の「決定手続（das Beschlußverfahren）の事物管轄条項」の処理が終えるまで手続を中止せねばならない事案であるかどうかなどの問題がある。各判例では、紛議の当事者はそれぞれ各様の主張を行っているが、本稿では、第一の問題中の「協約当事者」の意義と第二の問題中の「協約の拘束力」に焦点を合わせ判例の論点を検討・紹介する。

前者に関しては、周知のように、ＴＶＧ二条〈協約当事者（Tarifvertragsparteien）〉Ⅰ項は、「協約当事者とは、労働組合、個々の使用者並びに使用者団体である。」旨定めている。そして、同条Ⅱ項では「労働組合の連合〈Zusammenschlüsse〉及び使用者の連合体（全国組織〈Spizenorganisation〉）」は、その旨の代理権（Vollmacht）がある時は、加盟団体の名前で、労働協約を締結することができる。」と定めている。したがって、「機能分配モデルあるいは協約共同体モデル」の場合に、はたして「協約共同体」がこの条項の意味での「協約当事者」に当たるかという疑念が当然生ずるからである。そして、後者の問題に関しては、ＴＶＧ三条〈協約の拘束力（Tarifgebundenheiten）〉Ｉ項が、「協約当事者の構成員及び自ら協約当事者である使用者が、協約に拘束される。」と定め、そして同Ⅱ項が「事業所及び事業組織法上の問題に関する労働協約の法規範は、使用者が協約に拘束される全事業所に適用される。」と定めていることから、協約の規範的効力は、(イ)協約当事者である労働組合の組合員である労働者と、(ロ)同じく協約当事者である協約締結使用者団体に加盟している使用者、あるいは、自ら協約当事者として協約を締結した個々の使用者（いわゆる企業内協約となる）との雇用関係に及ぶと一般に解されているが、「段階モデル」の場合に、使用者団体に属しておりながらも協約の拘束力の縛りを受けない「使用者」（ＯＴＭ）は、法論理として存立しうるか、これは結果として団体による協約管轄権の自己制限の法的是非の問題とも関係する。そこで、前者の問題が争われたLandesarbeitsgericht Hamm（Westfahlen）Beschluss v 13.1.2006 10TaBV 123/05、後者の問題に関しては、BAG ISenat Beschluss v18.7.2006 36/05 1AB 36/05の事実と判示の論点を紹介・検討する。

(1) Landesarbeitsgericht Hamm（Westfahlen）v 13.01.2006 10TaBV 123/05事件

(1) 事件の概要

(i) 申立人（Ｘ）は、労働組合、被申立人（Ｙ）は、「ノルドハインヴェストファーレンの卸・外商取引サービス使用者団体」であり、訴外（Ｚ）は、Ｙに属する「協約共同体」である。二〇〇三年五月二一日に、Ｙはメンバー集会で「協約共同体（Fachgruppe）」設立の規約を改正し約一ヵ月後に社団登録をし、Ｙ自体の規約も変更登録をし、Ｙ自体の規約も改正した。

(ii) なお、上記団体規約には、以下の条項があった。

第二条（任務と目的）第一項では、

「１　団体の任務は以下のとおりである。

(a)全体的経済的利害を考慮しながら、卸・外商・サービス業を維持することにあり、そして官庁、公法上の団体そしてその他の機関にこれを主張することにある。

(b)その「専門職グループ（Fachgruppen）を通して、協約に拘束されることを希望する個々のメンバーのために協約を結び、そして、賃金をめぐる争いや労働法・社会法上の紛議において自らを代表すること」

第四条（構成員の取得）

「３　専門職グループは、団体のメンバーによる団体への意思表明を通じて取得される。」

第一一条

「１　協約の拘束を希望するメンバーは、協約専門職グループにまとめられる。その他、メンバー集会の決議により専門職グループが形成される（団体による専門職形成の途が開かれている―訳者注）。」

(iii)　二〇〇三年七月一七日に結ばれたＸＺ間の賃金協定に新規の専門職のグループが参加したため、同年八月六日、Ｘは文書で、Ｙに対して、労働協約内に右グループ追加の意味について照会を求めた。Ｙは、労組Ｘと同じ個々の専門分野に協約管轄権を有する協約委員会を作ったと主張した。これに対し、Ｘは、第一にＹメンバー全員に協約管轄権が及ぶ、そして第二にＺ内のメンバー情報の開示を請求した。

(2)　**当事者の主張**

Ｘの主たる理由は以下の点に集約できる。第一に、Ｚは協約締結のための内部意思形成が無く、固有の定款の欠如から「Ｚは協約締結能力に必要不可欠な団体構造が欠如（非自立的な下部組織〈umselbständige Untergliederung〉）」がある。第二に、「協約の拘束力（Tarifbindung）は、ＴＶＧ三条一項において法律上定められている自らのメンバーに対する法的効果を団体規約（Satzung）により専門グループ所属次第ということにより無くすことはできない。……中略……ＴＶ

Ｇ二条Ⅰ項の協約締結能力（Tariffähigkeit）と一致する。」」。ＯＴＭをメンバーの希望次第とすることは、「協約管轄権の効果的な限界確定〈Abgrenzungsmerkmal der Tarifzuständigkeit〉の基準を充足せず。」であった。

　これに対し、Ｙは以下の理由からＸに確認の利益がないとの反論をした。第一に、「ＴＭとＯＴＭを有するのは、ＧＧ九条三項の〈消極的団結の自由〉により、Ｙの自由に委ねられる。規約により自由に団体が決定できる。」第二に、「Ｚは、Ｙの支部団体〈Zweigverein〉という形式で、主たる団体の法的に自立的な下部組織〈eine rechtlich verselbständigte Untergliederung des Hauptvereins〉を意味する。」

　ＸＹの主張は、協約の拘束力と協約管轄権および協約締結能力に関し、対照的な主張を展開した。原審労働裁判所では、Ｘ敗訴。Ｘ控訴。控訴理由は、「協約に拘束されないという協約当事者のメンバーは、協約管轄権の明白性と明確性を欠き、有効な協約画定のメルクマールを欠如」と原審批判。

(3)　理　由

(i)「Ｘの抗告は、理由がない。」

(ii)「本件の決定手続の出発は、ＹとＯＴＭに関して協約拘束力が問題とされるべきで、Ｚは、直接関係がない。」

(iii) ①「Ｚに結集していないＹのメンバーには、Ｙの規約改正により協約の管轄権を有しない。」「協約管轄権の中には、協約の締結能力のある団体の規約の中で定められている権限〈Befugnis〉、つまり特定の場所的、事業場的／専門的、そして人的適用領域にともなう労働協約を締結する権限が含まれている。」②「専門家グループに集まっていないＹのメンバーは、その声明されて意思に反してＹが結んだ協約には拘束されない。」③「ＴＶＧ三条一項は、協約の拘束力を定めているが、協約管轄権の確定の限界を含んではない。」④「Ｙの規約は、ＴＶＧ二条一項にも反しない。」、「協約締結能力を団体の下部組織に限定することは可能。」

　判示は、使用者団体の団体規約自治でもって、協約管轄権を限定づけることが法的に可能と判断し、さらに、団体が、協約締結能力を純粋に下部組織に限定することは法的に可能と結論づけたわけである。このことは、結果的に使用者団体に所属している個々の使用者が、自らの企業の財務状況を考察しつつ団体内において「二重加盟」か、単なる「団体所属」を自由に選択し得ることを意味する。伝統的な産別協約の「縛り」を使用者団体自ら緩めるという結果を法的に追認したことを意味した。留意すべきは、筆者が今まで調べたところＢＡＧの第四小法廷他の判決すべてが「協約管轄権とその効力」について、つまり団体規約による線引きを可とすることについて、このLandesarbeitsgericht Hamm（Westfahlen）の結論（ただし、労組側の情報開示の是非請求であって、協約の拘束力が直接争われたわけではない）を採用しているが、初期のＢＡＧ 4Senat Beschluss v. 23.10.1996 4 AZR 409/95（A），4AZR 409/95以来団体の規約自治に優位性を認めながらも積極的な論旨を展開していない。(14)

(2) BAG1 2Senat Beschluss v 18.07.2006 36/05事件

本事件は、ＯＴＭの別な形態である上記「段階モデル」で、ＯＴＭがこの協約により拘束されるどうかが争われたものであってＢＡＧ第一小法廷判決である。

(1) 事件の概要

(i) 利害関係人一・二労働者＝（X_1、X_2＝女性）、利害関係人三＝労働組合（以下Ａ）、利害関係人四＝バイエルン州小売団体（以下Ｂ）、利害関係人五＝使用者（Ｙ）。

(ii) Ｙに、X_1は、二〇〇〇年四月一日から、X_2は二〇〇〇年九月一六日から雇用されていた。ともに、労働組合Ａのメンバー。しかし、あまりはっきりとしたわけでない時にＹを退職した。Ｙは、総勢四五名の従業員でもって、三軒の小売商を営んでいる。

(iii) X_1とX_2は、協約上の有給休暇手当の確認とその支払いを請求した。なお、ＡＢ間では、有給休暇手当について一九九七年六月一六日に協約を結んだ。この協約は、その後、一般的効力宣言がなされた。一九九九年六月一〇日に、Ｂは一九九九年一二月三一日付でAにこの協約の解約告知をした。そして、二〇〇一年四月二三日に、二〇〇〇年一月一日までの遡及効（rückwirkend）をともなう新労働協約を結んだ。AB間では、一年四ヵ月ほど無協約状態であった。

(iv) 使用者（Y）は、二〇〇〇年二月二一日まで、団体（B）の正規メンバー（Vollmitglied）であった。したがって、X_1およびX_2が採用された時点では、Yは、「協約に拘束されないメンバー〈nicht tarifgebundenen Mitglieder〉」となっていた。なお、Bでは一九九七年六月八日に、規約変更・補充を行い、その四条a〈協約の拘束力（Tarifbindung）〉条項内に、「一般的拘束力がされていない協約の場合、メンバーは、協約の拘束力の排除声明をできる。」と当初は、声明形式でのOTM条項をおいたが、二年後の一九九九年六月八日の再度の規約改正で同じく四条aに正式に「協約に拘束されないメンバー〈nicht tarifgebundenen Miglieder〉」条項をおいた。したがって、Yは、一九九七年六月一六日協約が、その後一般的拘束力宣言されたので本来はOTMなり得ないので、この協約が一九九九年一二月三一日に団体（B）がAに対して解約告知をし、有効期限切れなった後の二〇〇〇年二月二一日にOTMの意思表明通知を行った。留意すべきは、第一にTVG三条Ⅲ項の「継続適用（Fortgeltung）」がされなくなった時点、あるいは、「一般的拘束力宣言は、当該労働協約の期間満了によっても〈Im Übrigen〉によっても消滅する。」（TVG五条Ⅴ項）を意識してYの通知がなされ、第二に、B規約にこの再改正条項が適用された後にX_1およびX_2の採用がなされたことが指摘できる。なお、団体Bは小企業のメンバーが圧倒的数を占め、しかもメンバーの約四〇％がOTMの宣言をしているという協約の拘束力の縛りがきわめて弱い団体であるとの事実認定がなされている。また、団体の会費は、TMもOTMも同額、OTMは協約委員会のメンバーにもなれない。労働裁判所法九七条五項の「団体の協約能力」に関する争いにおける「決定手続（Beschlußverfahren）」をめぐる是非論議中で、協約管轄権の両者の主張が展開されそしてこれが主たる争点となった。

(v) X_1・X_2と利害関係人Aは、概略以下の理由から「団体BがYに対して協約管轄権がある。」と主張した。

第一に、TVG三条一項は、強行的かつ制限の余地なく、協約当事者のメンバーに関する協約の拘束力を規律する。したがって、第二に、メンバーを協約の拘束力から自由にすることができるという規約の規定〈OTM規定〉は、許されない。第三に、「段階的メンバー」により、どのメンバーに協約の拘束力があるかについての不透明さが残り、このことは結果的に、協約の拘束力の問題と協約管轄権の団体自治的画定との関係がなくなってしまう。そして、第四に、OTMを許すことは、協約システムの不安定性につながる等であった。

　これに対し、利害関係人BとYは、以下の理由から訴えの棄却を求めた。第一に、本件は、協約管轄権の問題ではない。Bは、Yに対して協約管轄権はないし、OTMは、そもそも団体のメンバーでないという意思と同じように、認められるべきである。これは、GG九条三項で保障されている「消極的な団結の自由〈negative Koalitionsfreiheit〉」から導き出される。そして、第二に、使用者団体は、団体自治に基づいて、その人的協約管轄をそのメンバーの一部に限定できる。いかなるメンバーを用立てるかは、団体が自由にでき、その自由な組織権限の下にある。

(vi) 労働裁判所は、申立を棄却。X_1・X_2及びAが抗告を申し立てた。州労働裁判所は、原審・労働裁判所の決定を部分的に変更を加え、「B（団体）には、二〇〇〇年二月二一日まで、Yに協約管轄権があった。」との確認以外は、抗告を差し戻した。

　X_1およびX_2ならびに労組Aは、B（使用者団体）がYに協約管轄権があったことの確認を求めた。他方、BおよびYは、抗告の差戻しを申し立てた。判示は、労働裁判所上の手続論からAにのみ抗告を認めた。

(2) **理　由**

(i) 「協約管轄権は、使用者団体あるいは労働組合の法的な資格〈eine rechtliche Eigenschaft〉」である。協約管轄権は、それは団体自体に与えられて当然であるが、その個々のメンバーには与えられてはいない。これに反し、協約の拘束力は個々の使用者あるいは労働者が関係する。」

(ii) 「団体がその協約管轄権を画定するための権限は基本法上保障されている集団的な活動の自由である。これに反し、団体へ〈加入〉することによって協約の拘束力を論拠づける個々の使用者あるいは労働者の自由は、その個人の団結の自由による。」

(iii)「協約管轄権は、団体規約に従う。協約管轄権は、基本的には実定法により拡大もするしあるいは制限も受ける。これに反し、個々の使用者あるいは労働者の協約の拘束力は基本的には当該団体内のメンバーに関するその個々的な決定による。特定の場合には、この拘束力はその意思とは関係なく、ＴＶＧ三条Ⅲ項〈Fortgeltung—筆者注〉及びＴＶＧ五条Ⅳ項〈Allgemeinverbindlichkeit—筆者注〉により拡大される。」

(iv)「協約管轄権と協約の拘束力の訴訟法上の取扱いは異なって形成されている。」「協約管轄権は、労働裁判所の決定手続〈Beschlussverfahren〉の問題」で、しかも「対世的効力」がある。「これに反し、個々の使用者あるいは労働者の協約の拘束性は……中略……当該手続に関与する者に限定」される。

(v)「基本的に、使用者団体はその規約の中で、ＯＴＭの可能性をあらかじめ想定することに法的に根本的な疑念はない。この可能性を行使するメンバーは、その場合ＴＶＧ三条Ⅰ項の意味でのメンバーではない。」「ＯＴＭをあらかじめ想定する可能性は、〈団体自治＝Verbandsautonomie〉と〈Koalitionsfreiheit〉から基本的に導き出される。」「この自由権は、ＧＧ九条Ⅲ項からの団結の自己決定権保護（から導き出される）。」

(vi)「集団的自治としての協約自治は、決定的にはメンバーの権限付与〈Legitimation〉に基づく。」しかし、「協約の拘束性は、団体メンバーの明白な服従意思は必要ではなく、団体入会で十分である。」

(vii)〔結論〕Ｘ[1]およびＸ[2]は、中立権限なし。Ａは、中立権限あり。

これまで、この種の事案に対するＢＡＧ第四小法廷の支配的な判例法理は、第一に、協約管轄権の適用と協約の拘束力は一致するというものであった。そして、これは団体自治で協約の規範的効力の適用範囲を一部のメンバーに限定することも法的に妥当なものとした。それ故、ＯＴＭは法的にも問題がないという論理であった。しかし、本判決は、ＯＴＭという制度を団体内に設定することは、団体自治の問題であるが、個々のメンバーがＯＴＭを希望し協約の拘束力回避することは、あくまでも協約の拘束力の問題であって、協約管轄権の問題ではないとする。これは判例⑴も採用した。しかも、個人の団結の自由〈individuelle Kaolitionsfreiheit〉の問題であると結論づける。結果的に、ＢＡＧの第一小法廷と第四小法廷とでは、ＯＴＭに対する集団法理上や個別法理上の考えにかなりの違いあるということが現在の時点でいいうる。

そして、第二にいえることは、現在のところ筆者は多くの判例を調べたわけではないが、ＯＴＭの「段階的モデル」の紛議をめぐる判例は多いが、第一類型の「平行団体的モデル」のそれは、あまり多くはない。そして、「段階的モデル」の紛議では原則争点とはなっていない、「協約締結能力を団体の下部組織に限定することが可能か否か。」という法的是非の議論がある。この論点については、前述のHamm（Westfahlen）州労働裁判所は、「法的に問題ない。」との評価を下した。この点に関して、W. Däublerが、使用者側の協約管轄権を論じた項で、いみじくも「労働協約を結ぶことを希望するものと、他方、他のものが、労働経済的諸条件以外の問題に関して苦情を述べるという二つの団体が作られる場合には、異議は唱えられない。[15]」と述べていることに代表される見解に示されるように、団体の下部組織に結果として協約締結能力の肯定の結論を導くことに積極的な異論はないため、この類型の紛議に関する判例が、「段階的モデル」の場合よりも少ないという事実になって表れているものと思われる。

五　おわりに——提起された法的課題

⑴　以上、二つのモデルに関する判例を検討する中から、集団法理上いくつかの検討すべき課題が提起された。まず、第一に、労働協約の使用者側の当事者は、ＴＶＧ二条Ⅰ項を引用するまでもなく、「個々の使用者または使用者団体」である。個々の使用者は、単独で集団的労働関係の当事者となりうる地位にあるので、当然協約締結能力を認める必要性がある（「家内協約」）。問題は、使用者は、その「団体」について、団体説によりながら協

約締結能力を認めることが基本とされてきた。しかし、使用者団体が、いくら自らの規約によるにせよ、団体内にＯＴＭを認めることは、協約の法的構成論と密接不可分なこの団体説の法理自体に疑念を提起することになった。とくに、「段階的モデル」の場合のように、個々の使用者の意思で、協約の当事者であることを回避し協約の拘束力を免れることを認めることは、結果として、協約締結が、団体のメンバーである個々の使用者の委任に基づいて行われることになる。これは、独自の資格で労働協約の当事者となる団体（＝協約能力が認められる使用者団体）が、きわめて限定的である日本の現実から、使用者段団体を「結合説」で理解する見解と類比でき、まさに「脱団体化現象」といえよう[16]。第二に、判例(1)の「平行団体モデル」で訴訟当事者で論議の的となった、労働協約委員会という使用者団体の下部組織が「協約締結能力を持つ主体」として法的に評価できるかという点である。元来、ドイツの協約制度においては、この種の「団体の下部組織」にＴＭだけを集めて労働組合と協約交渉させるということは、一時的なものであるあるはずである。その意味で、下部組織は、「一時的団体」ともいうべき特徴を有している。したがって、本事案では、中立人労働組合が、規約および団体と委員会の役員重複などから統一意思が欠如していることを理由に社団としての実体が存しない旨を主張したが、判示は、「協約管轄権の団体規約による一部限定」の是非は、協約拘束力を定めているＴＶＧ三条一項の意味からは解釈できないことなどから、労働組合の情報開示の主張を認めなかった。ただ、日本で論議されている統一意思と統制力を有し、法律上の権利・義務の帰属主体たる実態を具備する場合には、協約締結能力ある主体と評価されるべきとする論議[17]には判示は与せず、「法律行為的法人格だけが協約締結能力が認められるということは、ＴＶＧ二条一項からは明らかにされていない。」との判断を下している。第三に、第二の裏返しであるが、協約に関係しない使用者団体は、集団的労働関係の直接の当事者であることを止めサービス的役割に自己限定をすることになり、「本来的な使用者団体」とは異質な団体となる。日本ではある面では当たり前であるとされる使用者団体の社会的意義に近い存在である[18]。そして、第四に、これは両類型に共通する問題であるが、ＯＴＭとＴＭとのメンバー移動が容易になされるとなると協約交渉の山場あるいは争議状況において、妥結間近な当該協約にＴＭがＯＴＭに移動して協約の拘束力を回避し、ほとぼりが冷めてから再びＴＭに復帰するというケースも報告されている。[19] その意味で、「協約に拘束されないメンバー（ＯＴＭ）」の問題は、ドイツの伝統的な集団法理に対する再検討を迫るものとさえなっているといえよう。

とくに、ＯＴＭに関する協約の拘束力を個人法の問題とした判例(2)の論理に関して、元 Bremen 大学の Dr. O. Deinert 教授（現 Göttingen 大学）が主張している提言の一つを紹介する。それは、「ＯＴＭは、団体と無関係ないし脱退したという状態ではない。」「むしろ、団体に加入し、そして依然として留まっている（Verbleiben）状態にある。」と法的に評価し、とくに「段階的モデル」のＯＴＭに団体が締結した協約の拘束力をＯＴＭにも認めようとする立論を展開している。協約締結能力の主体を伝統的な団体説に依拠しながらの解決法理の提言と思われる。[20]

(2)　かつて、日本では労働組合側は、「企業別組合」の限界を克服すべく、一方では職場における身近な要求を覚書形式（協定、覚書、了解事項）により協約適用の際の補足規定とする運動がなされ、他方では、一九五一（昭和二六）年頃からの全国単産（炭労、全銀連、合化労連、全繊同盟、私鉄総連、全自動車等）により「統一労働協約締結運動」がなされた。これらの運動は、「企業別協約の克服」のための運動であったともいいかえることができるし、この努力はかたちを変えながらも今もなお続けられているとみてよい。経営側も、各種産業の経営者が使用者団体を形成し、個別企業の枠を超えて労働問題の研究や調査あるいは協約のモデル等を作成して構成メンバーの啓発等に努めている。しかし、協約締結のための意思統一と統制をなしうる体制を整えた団体はきわめて少ない。[21] 団体メンバー企業体力を「お家の事情」として考慮しながら、賃金協定などの産別協定を締結してきたといえよう。その意味で、日本の労使関係の特質を語る際には、産別労働組合と事業場委員会という「労使関係の二元主義」と評されてきたドイツとは異なり、日本の企業別労組は、産業別の西欧労組と西欧型の従業員代表制度の混合形態であるとされてきたが、[22] 右に述べた日本の使用者団体における「二元主義」が、部分的にせよドイツの使用者団体の中でもＯＴＭという形式を取りながら制度化されつつあるのが現状といえよう。企業協約に代表される[23]ドイツの集団法理の動向とともにドイツの使用者団体の動向に今後も注目すべきである。

（本稿は、二〇〇八年度夏学期（四月から九月に筆者がブレーメン大学法学部で淑徳大学研究休暇を利用して行った在外研究の成果の一部である。）

（1）Mitgliedschaft ohne Tarifbindung）の略。団体によって Mitgliedschaft ohne Verbandstarfbindung と表記する場合もある。また、通称 Ohne Tarifunterworfenheit ともいわれる。緒方桂子「ドイツの事業場協定による労働条件の不利益変更についての一考察」日独労働法協会会報八号（二〇〇七年）、とくに、六頁以下。

（2）Maren Band, Tarifkonkurrenz, Tarifpluralität und der Grundsatz der Tarifeinheit, Peterlang 2003.

（3）WSI, Tarifhandbuch 2008 (Bundverlag). の九三頁の統計表では、協約に拘束されている従業員の数値は、年々減り続け、二〇〇六年にはほぼ六割、旧ＤＤＲ地区では約五割半ばまでに落ち込んでいる。二人に一人が協約に拘束されていないことになる。一九九八年には、従業員のほぼ七割が協約の拘束されていたことを見ると、この数値の意味はきわめて大であるといえよう。

（4）Frank Oskar Ischner, Vereinheitlichung standortunterschiedlicher Tarifvertraglicher Arbeitsbedingungen durch Haustarifvertrag, Peterlang 2002, S. 1ff.

（5）緒方・前掲注（1）論文参照。なお、「現実の企業活動」と一致しない場面は、産別協約と家内協約の同時締結という現象をも生んでいる。例えば、産業別団体労組と使用者団体が締結した産別協約の代わりに、使用者が他の労組とこの産別協約の補充協約として家内協約を結ぶことさえ生じている。拙稿「別労組が個別使用者と結んだ産別団体協約の補充協約としての家内協約が、産別労組員の労働条件を規制することの是非が争われた事例」（ニイダザクセン州労働裁判所一九九九・一一・一二判決——外国労働判例研究〈一三六〉）労働法律旬報一六〇五号（二〇〇五年八月上旬）参照。

（6）Sven Thomas, Alternativen zum Tarifvertragssystem, Peterlang 2001, S. 90ff.

（7）Olaf Deinert, Zur Zulässigkeit von OT-Mitgliedschaften in Arbeitsgeberverbänden, AuR, 2006, S. 217.

（8）団体脱退後も、協約の拘束力をフィクション的に組み合わせるＴＶＧ三条Ⅲ項やＴＶＧ四条Ⅴ項は、〈民主主義と法治国家原則 Demokratie-und Rechtsstaatsprinzip〉に反しているという点から見直しを求める見解がある。

（9）大重光太郎「ドイツにおける協約システムの分散化と企業別協約」大原社会問題研究所雑誌五四一号（二〇〇三年一二月）。

（10）Reuter Dieter, Möglichkeiten und Grenzen einer Auflockerung des Tarifkartells, ZfA 1995, S. 1ff.

（11）その他、伝統的な平面協約制度に使用者サイドから切り込まんとする方策は、判例等を検討しても、以下のものがある。①個別労働者との変更契約（Ändrungsvertrag）、②変更解約告知（Änderungskündigung）、③労働契約の引用条項（Bezugnahmeklausel）、④事業場協定（Beriebsvereinbarung）、⑤平面・団体協約（Flächen-oderVerbands-tarifvertrag）内での調和、⑥家内協約（Haustarifvertrag）等。これらの方策は、複数のそれらが同時になされる場合もある（例：家内協約と労働契約の変更契約の同時締結）。

（12）http:/www.drv.de./drv/der-/satzung.html.

（13）Frank Moll, Tarifausstieg der Arbeitgeberseite: Mitgliedscaft im Arbeitgeberverband; Ohne Tarifbindung. Duncker und Humblot 1998, 187ff. この「Rheinland-Pfalz の木材・加工プラスチック加工産業団体」の規約は、BAG 4Senat Beschluss v. 23. 10. 1996 4AZR 409/95（A）、4AZR409/95で、その法的是非が争われた。

（14）例えば、以下の判例がそうである。
BAG 4Senat Urteil v 24. 02. 1999 4AZR 62/98, BAG 4Senat Urteil v 23. 02. 2005 4AZR 186/05, BAG 4Senat Urteil v 04. 06. 2008 04. 06. 2008 4AZR 419等。これら第四小法廷判決の事実関係と法理については、拙稿「ドイツの最近の労働事情」日独労働法協会法一〇号（二〇〇九年）一頁以下。

（15）W. Däubler, Das Arbeitsrecht 1, Rowohlt Taschenbuch Verlag, 2006, S.180. なお、BvrfGl. Senat v. 19. 10. 1996 1 BvL 24/65参照。

（16）吾妻光俊「新訂労働法概論」（青林書院新社、一九五九年）二七七頁。

（17）諏訪康雄「当事者（労働協約）」日本労働法学会編『現代労働法講座第六巻　労働協約』（総合労働研究所、一九八一年）六九頁。ただし、協約能力には法人格の有無を問わないとする見解も有力である。横井芳弘「労働協約の成立」石井照久＝有泉亨編『労働法体系第二』（有斐閣、一九六三年）一〇九頁以下参照。

（18）日本では、産別労組と団交・協約締結を行う外航労務協会などの例外はあるが、使用者団体自体が、統一意思をもって協約を締結をし、かつそのメンバーを拘束するという使用者団体は、労働組合が企業別組織であることと相俟って、基本的には存しないとされる。諏訪・前掲注（17）論文六八頁参照。

(19) BAG v 04. 06. 2008 4AZR 419/07, いわゆる「出し抜け的地位転換（der kurzfristige Statuswechsel)」事件である。AuR, 2008, S. 263.

(20) この理論のベースには、「社会類型的行為理論（die Lehre von sozialitypischen Verhalten)」がある。Pr. Dr. Olaf Deinert, Zur Zulässigkeit von OT–Mitgliedschaften in Arbeitgeberverbänden. AuR 2006, S. 217ff. Schranken der Satzungsgestaltung beim Abstreifen der Verbandstarifbindung. RdA, 2007 Heft 2; S. 83.

(21) 吾妻・前掲注（16）書二七七頁、菅野和夫『労働法〔第八版〕』（弘文堂、二〇〇七年）三四九頁参照。

(22) 高橋洸『増補　日本的労資関係の研究』（未来社、一九七二年）二八七頁参照。

(23) 拙稿「ドイツにおける企業別協約の新動向」水野勝教授古稀記念論集『労働保護法の再生』（信山社、二〇〇五年）一四七頁以下参照。

〔平成二一（二〇〇九）年〕

第六章　ドイツの最近の労働事情――Mitgliedschaft ohne Tarifbindung〈ＯＴＭ＝使用者団体における協約に拘束されないメンバー〉をめぐる議論を素材として――

一　問題の所在

東西ドイツが統一された後の一九九〇年代の初頭以来、いわゆるＯＴＭの問題が議論されている。これは、使用者団体が団体におけるメンバーの利点を享受しながら、他方で労働協約法三条と関連がある協約の拘束力を排除できるメンバーを認めて来たためである。理念的に考察すれば、使用者団体が締結した労働協約が自らにとって不利益であり、これには従えないと判断した使用者が、この協約の労働条件内容を「凍結化＝Einfrieren」し、さらには当該協約の拘束力を排除するため、自ら団体を「脱退」するとの組織方針を選んだ方がより良いとの判断に至る場合が一応考えられる。たしかに、この「脱退」という方策は、この目的を達成するためそれなりに有用な役割を果たすといえよう。このためか、使用者側では、団体に所属しない個々の使用者が依然として増加傾向にある。とくに、新しい連邦州（旧ＤＤＲ）では、使用者団体にまったく参加をしない使用者の増加が著しい。(1)

しかし、この「脱退」という協約の拘束力を逃れるための使用者側の協約戦術は、解決されねばならない問題に直面した。第一の問題は、ドイツ固有の協約法制との関係で生じたものである。これは、まず、ＴＶＧ三条Ⅲ項が、「協約拘束性は、労働協約が終了するまで存続する。」といういわゆる「継続的効力（Fortwirkung）」条項と「脱退」との関係が問題とされる。この条項により、使用者が使用者団体を脱退したにもかかわらず、協約の拘束性が、協約の終了まで存続し続けることとなる。したがって、ある使用者が団体を「脱退」をしたとしても、即時に協約の拘束力から脱することが可能となるわけではない。さらに、ＴＶＧ四条Ｖ項の「労働協約終了後も、それに代わる他の取り決め（durch eine andere Abmachung）がなされるまで、労働協約の法規範が適用される。」という「余後効（Nachwirkung）」条項との関連である。この余後効は、強行的効力がないが、代替取り決めである新協約や個別の労働契約が結ばれないかぎり、旧協約に使用者は拘束されることとなる。第二の問題は、使用者が、単純な協約違反を行い、協約を逃れることに対して従来、労働組合が対抗手段を取り得なかったが、連邦労働裁判所（ＢＡＧ）は、その一九九九年四月二〇日の決定で、使用者の協約違反行動に対して基本法（ＧＧ）九条三項の意の授権あるＢＧＢ八二三条（損害賠償義務）及び一〇〇四条（物権妨害排除請求権）に基づき労働組合に介入請求権（der Einwirkungsanspruch）を認めたために、[2] 明白な使用者の協約違反行動、つまり「脱退」が法的に安易な手段とならなくなった。このために使用者が労働組合の対抗手段として、協約の拘束力を逃れる方策の一つとして考えられ実行に移されて来たのが本稿のテーマであるＯＴＭ（Mitgliedschaft ohne Tarifbindung）という手段である。なお、本稿のテーマに関する種々の法的論点を検討するにあたり以下の判例を検討考察した。

① BAG 4Senat Beschluss v. 23.10.1996 4AZR 409/95（A）, 4AZR 409/95（有給休暇買上事件）
② BAG 4Senat Urteil v 24.02.1999 4AZR 62/98（深夜手当請求事件）
③ BAG 4Senat Urteil v. 23.02.2005 4AZR 186/04（賃金請求事件・客員メンバー事件）
④ Landesarbeitsgericht Hamm（Westfahlen）v 13.01.2006 10TaBV 123/05（賃金請求事件）
⑤ BAG 1Senat Beschluss v 18.07.2006 36/05 1ABR 36/05（有給休暇・地位確認請求事件）
⑥ BAG 1Senat Urteil v 04.06.2008 4AZR 419/07（能率給請求事件）

二　ユニーク（sui generis）なメンバーとしてのＯＴＭの現象形態

⑴　一般的特徴

協約に拘束されない使用者団体のメンバーＯＴＭ（以下ＯＴＭ）には、二つの形態があることが判例等の検討から明らかとなった。その一つは、「機能分配モデルあるいは協約共同体モデル」（＝Funktionsaufteilung-oder Tarifgemeinschafr）と呼ばれるタイプである。これは、使用者団体が、規約変更により協約を結ぶという団体当事者としての機能を放棄し、自らのメンバーの「一般政策上の利害」を維持し、そして擁護するため及び外部への法的助言団体へ踏み出す〈いわゆるサービス及び利益主張機能（＝Dienstleistung-und Interessenvertretungs-fuktion）〉を持つことを意味する。他方で、協約意思あるメンバーは、新たに作られた平行団体（Pararellelver-band）である協約共同体（Tarifgemeinschaft）に統合される。新規約で協約政策上の任務を定めてこれを行使するかたちを取るタイプである。この協約共同体は、一般的に固有の権利能力を有せず、「権利能力なき社団」（＝Verein ohne Rechtsfähigkeit）として取り扱われる。いわば、二つの独自な団体で二重に在籍する二重メンバーが存することになる。上記判例④ Landesarbeitsgericht Hamm（Westfahlen）v13. 01. 2006がそうである。第二の類型は、段階的モデル（＝Stufenmodell）〈別名・団体内部的な解決＝die verbandsinterne Lösung〉と呼ばれるものである。これは、企業は、旧来同様現存する統一的な団体のメンバーであり続け、そしてこの団体は、今後も自らの構成員である個々の使用者の労働条件を規制することを任務とすることに変わりはない。ただ、団体内部では、(イ)協約拘束をともなう正規構成員（Vollmitglied）として属することを希望するか、(ロ)協約に拘束されない構成員（ＯＴＭ）として所属することを希望するかによって区別がなされる。一団体の中に、段階づけられ、区別されたメンバーの態様が存すわけである。ＯＴＭは、自らの希望通りに団体の協約行動に参加をできないし、メンバー集会で協約法の問題について「投票権」を有しない。また、このメンバー形式を選択することにより「団体」の名で団体協約を締結させることの権限はない。他面、ＯＴＭには、団体がＯＴＭと相談したり、その利害に与したりすること（例：企業協約の締結を労働組合に手を掛けさせる）の権利がある。後述する判例の中では、この類型に属するものが圧倒的に多い。(3)

(2)　団体規約の具体例

以上、ＯＴＭの二類型の特徴を概略紹介したが、さらにこれを筆者が調べた判例事案の中から、これら二類型の団体規約を紹介する。

(i)　「機能分配あるいは協約共同体モデル」の団体規約〈抄〉（上記判例④事件）

この事案の場合、ノルドハイン・ヴェストハーレン（NRW）卸・外商・サービス使用者団体が、二〇〇三年五月二一日のメンバー集会で新規約を議決（これは、その後同年六月二五日に社団登記簿に登録）したがその内容は以下のとおりである。なお、当該団体では、協約共同体を「専門職グループ（Fachgruppen）」という表記を使用している。

二条　任務と目的（Aufgaben und Zweck）

「1　団体の任務は以下のとおりである。

(a)　全体的経済的利益（gesamtwirtschaftliche Interessen）を考慮しながら、卸・外商・サービス業を維持することにあり、そして官庁、公法上の団体そしてその他の機関にこれを主張することにある。

(b)　その「専門職グループ（Fachgruppen）」を通して、協約に拘束されることを希望する個々のメンバーのために協約を結び、そして、賃金をめぐる争いや労働法・社会法上の紛議において自らのメンバー企業を代表すること、

(c)　メンバー内の経済的、職業的そして技術的な情報の交換をメンバー内で要求したり、権限内であらゆることにおいて、メンバーを助けること。」

四条　構成員の取得（Erwerb der Mitgliedschaft）

「1　メンバーの取得の申立は、団体の事務所へ文書で連絡をしなければならない。

2　メンバーは、受け入れ有効の当該要件を充たし、そして団体の承認があった時に取得したとみなされる。

3　専門職グループは、団体のメンバーによる団体への意思表明を通じて取得される。」

七条　構成員の喪失（Beendigung der Mitgliedschaft）

「1　メンバーの解約告知は、暦年の終わり頃に許される。解約告知は、文書形式を必要とする。解約告知期間は六ヵ月である。メンバーは、資産不足による廃業によっても終了する。」

「5　専門職グループのメンバーは、歴月の終わりまでの一ヵ月の期間を遵守した文書表明によって解約告知される。」

一一条　専門職グループ（Fachguppen）

「1　協約の拘束を希望するメンバーは、協約専門職グループにまとめられる。その他、メンバー集会の決議により専門職グループが形成され得る。

2　専門職グループの機関は、常設的には、専門職グループ集会と専門職グループの役員会である。専門職グループには、業務規定を定める、業務規定には、細則（die näheren Einzelheiten）による。以下略。」（傍線―筆者）

この規約で留意すべき特徴は、第一に、第二条の「任務と目的」1(b)の中で、協約は協約に拘束されることを希望するメンバーによって構成される労働協約共同体である「専門職グループ」によって締結されることを謳っており、使用者団体それ自体協約を結ぶ当事者としての団体本来の機能を放棄し、同(a)では、自らのメンバーの「一般政策上の利害」を維持・擁護する等のサービス及び利益主張機能に純化するかたちを取っている。そして、一一条で、協約意思あるメンバーは、新たに作られた平行団体である「専門職グループ」に統合されていることが明らかである。このことは、いわゆる労働協約共同体が、はたして労働協約法（TVG）三条の意味での協約当事者であるのかという問題を提起する。さらに、本規約七条5では、「専門職グループ」の構成員の解約告知期間がわずか一ヵ月しかない点も留意すべきであろう。(4)

さらに、(i)とは別な類型を同じく上述した判例事案の中から紹介する。

(ii)「段階的モデル」の団体規約〈抄〉（上記判例①事件）

この事案の場合、「木材・プラスチック加工産業団体」（Verband der holz–und kunststoffverarbeitenden Industrie Rheinland–Pfalz e. V）は、一九九〇年六月二九日の規約改正以来以下のような条項を定めていた。

二条　目的（Zwck）

「団体は、メンバーの共同の社会政策的なそして経済政策的な利益を主張することを目的とする。団体は、とりわけ以下のような任務を有する。

(a) メンバーの引き合わせ、経験や情報の交換の促進
(b) 世論、官庁や類似組織に対する主張
(c) メンバーの経営上の利益の促進
(d) 同業仲間（Berufsstand）に関する一般的に重要な法的問題におけるメンバーの相談
(e) 労働・社会裁判所での代理
(f) 教育及び職業教育の手段の実施

(g)　労働協約の締結

(h)　労働平和及びメンバーの連帯の保持、労働争議に見舞われたメンバーに関して「特別指針〈besondere Richtlinien〉」による財務上の支援を認める。中略。

四条　メンバー（Mitgliedschaft）

1　メンバーは、任意である。メンバーは、以下のような形式を獲得できる。

—団体協約の拘束をともなうメンバー（Mitgliedscaft mit Verbandstarifbindung＝TM）

—団体協約の拘束をともわないメンバー（OTM）

—客員・賛助メンバー（Gast-/Fördermitgliedschaft GFM）

2　TMないしOTMをあらゆる事業主や企業（自然人及び法人）が希望できる。そして、これらは、団体の領域内で工業上の営業を行いあるいは労働者を雇用しているものである。

各メンバーは解約告知（Kündigung）によって、今のメンバーから他のメンバーへ転換する権利を有する。中略。団体協約の拘束力をともなうメンバーについては、団体は団体協約を結ぶ権限が与えられている。協約の拘束力のないメンバーは、団体協約を適用されない。

3　客員／賛助メンバーは、団体領域内外の（innerhalb oder außerhalb des Verbandsgebietes）団体やそのサービスを知ることを欲し、そしてそれ故に有期ないし短期間で解約可能なメンバーを希望するか、あるいは業務上または経済的な地位に基づいてメンバーとの相互関係を保持するか団体との協働作業に興味を有する事業主や企業（自然人及び法人）が成りうる。

4　このメンバーには、団体協約の拘束力は生じない。

5　客員／賛助メンバーは、年会費を支払うがその最低額は、団体により一年間ずつ決定される。（中略）

6　メンバー権は、業務年（一月一日～一二月三一日）の終期までの六ヵ月間の期間をもって解約告知されうる。

メンバー形式の転換を目的とする解約告知の場合（二号）ならびに短縮された解約告知期間が合意されている客員メンバーの解約告知の場合には、期限までの二週間となる。解約告知は、団体により短縮される。（以下略）

五条　メンバーの権利および義務

1　ＴＭもＯＴＭもこの規約及び下された決議により、団体のあらゆる制度を利用しそしてその管轄権の枠内での団体の保護をも求める権限がある。

2　団体協約の拘束力をともなうメンバー（ＴＭ）は、仲間から社会政策委員を選ぶ。メンバー集会において協約問題や労働争議手段についての議決は、団体協約の拘束力をともなうメンバーだけを関係人として義務づける。

3　協約に拘束されないメンバー（ＯＴＭ）は、団体協約行事には参加をしない。彼らはこれに代わって、企業協約（家内協約）を結ぶさいに団体を通じての相談、協力、代理についての権利を有する。

4　客員／賛助メンバーは、協約の行事には参加をしない。そして、団体領域内でメンバーとなるかぎりで、彼らは、協約行事に関して直接あるいは間接的な関係ぬきに規約上定められた団体サービスが受けられる。規約上客員／賛助メンバーは、投票権を有しない。」（傍線―筆者）。

この規約の特色を若干指摘する。第一に、上記(i)モデルと異なり、第二条の「目的」の中に、(g)協約締結、(h)連帯条項が正面から定められていることである。これは、他ならぬ使用者団体自体が協約当事者としての機能を保持し続けることに変わりがないことを意味する。第二に、ＯＴＭもＧＦＭも、団体協約行事には参加をしないし、団体協約の拘束力もない。このことは、ＯＴＭに属する使用者の労働者は、団体協約に対する主張がかなり難しくなることを意味する。さらに、くわえて、使用者の一部（ＴＭ）は、平和義務により保護され、ＯＴＭはストライキを掛けられることも考えられる。ただ、ＯＴＭは企業（家内）協約を結ぶさいに、団体を通じて協力などを受けることが認められる（第五条3）。ただ、このことは、ＯＴＭが企業協約をめぐる争議の際に、場合によっては、「団体連帯」を受けることが認められるわけであるが、労働組合は、一個別企業（ＯＴＭ）との家内協約の紛議にさいして、通例の産別的使用者団体を相手方とせざるを得ないこととなる。ＧＦＭは、規約で定められた団体サービスの享受が認められている（第五条4）。第三に、団体は、構成員であるＴＭ及びＯＴＭも、団体のあらゆる制度を利用し、そしてその管轄権の枠内での団体の保護を求めうる（第五条1）。そして、第四に、団体協約や労働争議をともなう議決については、ＴＭのみが関係人である（第五条2）。第五に、具体的な条項は上記規約内で引用明示をしなかったが、団体メンバー全体は会費の支払義務があるもののＧＦＭは、メンバー集会に参加できるが投票権はない（第五条4）。最後に、団体に留まりながらのＴＭからＯＴＭへの転換条項がある（第四条2）ことなどが指摘できる。本規定は、転換の予告期間が六ヵ月であるが、企業協約を希望する使用者は、ＴＭで平和義務の保護を受けながら、協約の拘束力を回避だけを目的として、ＯＴＭへ転換することも論理的にできないわけではない。(5) たとえ、余後効効果から直ぐに協約の拘束力がなくなるわけではないという主張を考慮しても（ＴＶＧ四条五項）、この協約の効力には、強行的効力がないので、ＯＴＭは「代替取り決め（＝eine andere Abmachung）」で労働条件の引き下げが可能となる場合もある。結果的に労働組合に加入する意義に疑問が投げ掛けられることにもなる。その意味で、この類型に属する使用者団体はメンバーに対する団体の縛りをかなり緩やかにしている点の共通性はあるものの、協約事項を専門的に所轄とする団体を別途に作る(i)類型とは、明確に異なるものといえる。その他、協約政策上、一団体のメンバーが別々に扱われるということは、果たして「団体法上の平等取扱い原則」との整合性についての疑念などが出されている。本稿では、ＴＶＧ三条一項が「協約当事者のメンバーが拘束される。」と定めているにもかかわらず、使用者団体の規約で線引きが可能か、つまり協約管轄権と団体規約自治との関係、別言する協約の拘束力の法的根拠について主として検討し、(6)

その他の論点はこの問題と関連がある場合に部分的に言及する。

三　判例の事実と法理の特徴

ＯＴＭが法的に認められることは、「使用者団体」がその協約管轄権を人的にＴＭだけに限定することを認めることを意味する。これについては、ドイツの労働協約制度の論理や歴史から、反論が強くあり、Däubler が「ＯＴＭへの意思表示だけによるメンバー転換により、ＴＶＧ三条や四条の強行的な法律的効力を排除することは不可能」と反論しているのがその代表例である[7]。これら協約管轄権と団体構成員への拘束力をめぐる議論状況を検討する前に、判例の事実を紹介する。事実からは労使ともに高い組織率を有しながら、地域的な産業別協約により労働及び経済的諸条件を規制するというドイツの旧来の協約制度が大きく揺らぎ始めている状況の一部を見て取ることができる。

(1)　判例に見る事案の特徴

(1)　①事件の場合

この事件は、「木材・プラスチック労働組合」の組合員で単板接着工であった女性労働者Ｘが、ラインラント・ファルツの「プラスチック・加工産業団体」という使用者団体のメンバーでしかもＯＴＭである会社（Ｙ）に在職中の有給休暇手当の残額及び不消費休暇の買上げ（Urlaubsabgeltung）を、この使用者団体が締結した基本協約（Rahmentarifvertrag）の「臨時工（Hilfsarbeiten）」の賃金グループ段階三ａ号三に基づいて支払いを求めた事件である。なお、この使用者の団体規約は、「二」で紹介した。この事案の場合には、「家内協約（Haustarifvertrag）」などが絡んだものではない。その意味で、単純に団体規約による協約管轄権の制限と協約の拘束力が争われた。

(2)　②事件の場合

原告労働者（X）は、採用時（一九八六年六月一日）より「夜間受付（＝Nachtwachen Rezeption）」として約一〇年間民間の病院（Y）に雇用されていたと同時にÖTV（公務・運輸・交通労組）の組合員であった。XYの労働契約は、「口頭」であったが一九九〇年六月一日に「文書」で締結した。その第二条では、「XYの雇用関係は、民間病院の労働者に関する連邦基本協約（Bundesmanteltarifvertrag）で、その時に適用されている草稿（Fassung）による。」とあった。第四条では、Xの賃金額は「賃金表（: Ⅳ/5–6Bj）」により、「月二一〇一、一八Mと五〇Mの非課税夜間割増」とあった。しかし、Xが実際に受領したのは、「時間延長に関しては協約賃金表の引き上げで換える〈＝読み替え条項〉という、ヘッセン州民間病院労働者のその時の賃金協約による契約賃金グループ表Ⅸ（die VerGr. Ⅸ des jeweiligen Gehalts–und Lohntarifvertrag）」による賃金と割増手当であった。なお、Yは、ヘッセン州民間病院団体（Vdph）の特別メンバー（OTM）であった。

この使用者団体の規約には一九八一年一二月一一日の「連邦基本協約（BMTV）」八号の第一条には、「この協約は、あらゆる種類の民間病院、つまりBDPK〈連邦民間病院団体〉と契約をしている州団体のメンバーに適用される。」から、一九八九年一二月一一日〈なお、判示は、この規定は一九八六年五月一四日のBMTVにも同一の規定があったとの認定をしている〉のMTV一〇号には、「この協約は、BDKPと契約をしている州団体の正規メンバーであるあらゆる民間病院に適用される。」とあらためられた。

Xは、ヘッセン州の民間病院賃金協約よりも連邦基本協約一〇号によるべしと主張した、その理由は、〈Yは、特別メンバーとして連邦基本協約に拘束されている〉点と、その他、XY間の労働契約条項に「協約の引用条項〈一九九〇年〉」があることを理由とした。

労働契約の協約の引用条項（Bezugnahmeklausel）の解釈の是非が争われたものであるが、団体規約ではなく、協約当事者が協約適用領域をOTMに限定した点に特色がある。

(3)　③事件の場合

原告X（労働者）は、一九六九年以来パン屋であり、ドイツ大規模パン製造団体（e.V）（＝Z）のメンバーである会社（Y）に配送運転手として雇用されていた。あわせて、一九九四年以来NGG（Gewerkschaft Nahrung–Genuss–Gaststätten＝食品・嗜好品・飲食業労働組合）の組合員であった。Yは、二〇〇二年二月二八日までZのメンバーであり、Z文書（同年二月二五日付文書）よると同年三月一日より「Yは、無協約下にある」となった。これは、Yが、予想される二〇〇二年四月一日以後の新協約（LGTV）の賃金引き上げに会社の経営状況から参加を欲せず、このため、二〇〇一年協約の解約告知（二〇〇一年三月三一日）前にZを脱退したためである。これら一連行為が具体化する前の二〇〇二年二月二〇日に、Yは、X他の労働者と「変更合意（Änderungsvereinbarung）」、しかもその第二号に「労働契約当事者は、雇用関係においては〈auf das Arbeitsverhältnis〉、協約規定は適用されない。」という条項がある、それを結んだ。〈ただし、Xはこの合意に署名する前にこの条項を抹消〉。

しかし、Yはこの合意をそのまま実行せず、二〇〇二年三月より合意内容より約六〇ユーロ多く、二〇〇一年協約によりながらの賃金をXに支払った。同年四月から七月までもXが勝利した下級審の状況に合わせてこの協約上の額との差額を込みながらの賃金を支払った。

そして、さらにXは二〇〇二年八月～二〇〇三年二月まで、この「上乗せ額」を請求した。なお、二〇〇二年LGTVは、同年五月一七日にNGGとZとの間で、遡及期日を二〇〇二年四月1日とする合意がなされた（結局、五六日間「無協約状態」であった）。

本件は、使用者が個別労働者との変更契約（Änderungsvertrag）により、労働協約の効力を剥がそうとし、その効力が争われた事案であるが、同時に余後効と変更契約との関連についても争点となっている。

(4)　④の事件の場合

協約関与者である申立人（X）は、労働組合（ver. di）であり、同被申立人（Y）は、ノルドハイン・ヴェストハーレン（NRW）卸・外商・サービス使用者団体である。訴外「協約共同体」（Z）（＝本件事案では、Fachgruppen）は、Yに属する（この使用者団体（Y）の規約については、「機能分配あるいは協約共同体モデル」として二で既に紹介）。Xは、上記「協約専門家グループ」に結集していないメンバー（OTM）にもYの協約管轄権が及ぶとして、Z内のメンバーに関しての情報開示を求めた事件である。とくに、OTMを定めることを目的として変更されたYの団体規約は、協約管轄権の明白性を欠き、有効となるための協約画定のメルクマールを欠く（TVG三条一項の意義）、あるいは、団体メンバーをTMとOTMとに分けることは社団法上のメンバー平等取扱い原則に反する等の理由から「協約管轄権を使用者団体規約で制限することは、無効」との主張をした。その他、一方で協約の拘束力を逃れるOTMは、他方で、Yの団体業務に参加したり、会費をYに支払う等をしてYを潜在的強化し、さらにはOTMへYメンバーが転化することの選択権（オプション）が交渉中に持ち込まれることになるなどの理由から「協約交渉の対等性侵害」をも主張された。したがって、団体の規約自治と協約管轄権の限定、つまり団体活動の自己制限の是非が主として争われた。

(5)　⑤の事件の場合

この事案は、前述した「段階モデル」の典型事案である。OTMとなった使用者に対して、主として女性労働者（二名）が有給休暇手当支払を求めるために協約上の権利の地位確認の是非が争われたものである。利害関係人1・2（労働者〈女性〉X_1、X_2）、同利害関係人3（A・労働組合ver. di）、同利害関係人4・（B・バイエルン州小売商団体）、同利害関係人5（Y・使用者）である。X_1は、二〇〇〇年四月一日以来、X_2は、二〇〇〇年九月一六日以来Yに雇用されていたが、あまりはっきりしない時点で退職。Yは、総勢四五名の従業員を有し、バイエルンで三軒の小売店を経営していた。事実の概要は以下のとおりである。

①　AB間で、一九九七年六月一六日に本件事案に関する有給休暇手当に関する協約が締結。これはその後一

般的拘束力宣言された。Bは、一九九九年六月一〇日に、一九九九年一二月三一日付けで解約告知。二〇〇一年四月二三日に、ABは二〇〇〇年一月一日までに遡及効付の新協約を締結。

結局、AB間では、一年四ヵ月ほど無協約であった。X_1及びX_2がYに採用された時点では、AB間では協約が結ばれていなかったことになる。

② 一九九七年六月八日に、BはOTMや客員メンバーに関する規約条項を設定。その四条aで「一般的拘束力がされていない協約の場合に、[8]メンバーは協約の拘束力を排除する声明ができる（但し、文書通知を要件）」とされた。この条項は、その後、一九九九年六月八日の再度の規約改正で「協約に拘束されないメンバー〈＝nicht tarifgebundenen Mitglieder〉」の規定が導入された。その他、同規約中では、当初からTM、OTMを問わず同額会費などいわゆる「段階モデル」を典型とする条項が存した。

③ Aは、二〇〇〇年二月二一日に届いた同年二月二〇日付文書でもって、〈協約の拘束力の排除〉を行った。

④ 二〇〇三年五月三〇日に労働裁判所に出された準備書面（Schriftsatz）でもって、X_1、X_2及びA（ver. di）は、「B（団体）は、Yに関して協約管轄権あり。」との司法上の確認を求めた。その理由は「TVG三条一項は、強行的かつ制限の余地なしに、協約当事者のメンバーに関する協約拘束力を規律する。」「メンバーを協約の拘束力から自由にすることができるという規約の規定（OTM条項）は、許されない。」というのがその骨子である。[9]

⑤ 労働裁判所（München）は、申立棄却。X_1・X_2及びA（ver. di）が抗告申立。州労働裁判所（München）は、原審決定を部分的に変更し、(イ)B（団体）には、二〇〇〇年二月二一日まで、Yに協約管轄権があったとの確認をし、(ロ)その他の点は、抗告を差し戻した。

X_1・X_2及びA（ver. di）は、二〇〇一年一二月三一日まで、B（団体）は使用者Yに協約管轄権があったことの確認を求む。他方、BとYは、X_1・X_2及びA（ver. di）の抗告差し戻しを申し立てた。

本件事案は、事実の経緯がかなり錯綜しているが、協約の拘束力をめぐる法的争点に関してはシンプルとも評しうる。つまり、ＯＴＭ宣言をした使用者に使用者団体の協約管轄権は及び得ないかどうかである。その意味で、団体の規約自治による協約管轄権の制限の是非が争われたものである。

(6)　⑥の事件の場合

原告（Ｘ）は、バイエルンの印刷業者である被告（Ｙ）に雇用されていると同時に、訴外Ａ労働組合（ver. di）の労組員である。Ｙは、一九五九年以来使用者団体「Druck und Medien Bayern e. V.」（Ｂ）の協約の拘束力をともなうメンバーであった。この規約の中に「何時でも、文書申請に基づき団体〈Ｂ〉の決議を通してＯＴＭに転換できる。」との条項があった。

ＡＢ間で、二〇〇二年五月二九日〈事実上、協約当事者において承認されたのは二〇〇二年六月一九日〉に、四月一日までに遡及する賃金協定が締結・調印された。ところが、二〇〇二年六月一〇日に、Ｙは自らの重大な労悪化した経済事情を考慮してＯＴＭへの転換の文書申請。Ｂは、二〇〇二年六月一八日付けで、即時に承認。しかし、一年余後の二〇〇三年八月以来、ＹはＯＴＭに再び復帰した。Ｙは、ＯＴＭの間、二〇〇二年賃金協定による能率給の支払いをしなかったので、Ｘはこの支払いを求めた。München 州労働裁判所は、Ｘの訴えを棄却。Ｘが上告した。この事件は、団体の規約自治による協約管轄権の制限の是非というよりも、ＯＴＭへの出し抜け的地位転換（der kurzfristige Statuswechsel）の是非が争われたものである。

以上、六判例の事実の概要から下しうる結論は、第一に、ＯＴＭの問題は団体の規約変更により、協約の人的制限条項が設定されることにより生じた該団体の協約管轄権の自己制限の法的効力是非が直接争われたもの（判例①、④、⑤）、第二に、協約がＯＴＭにのみ適用されるとされた協約の規定の効力が、労働契約の引用条項（Bezugnahmeklausel）の解釈を絡めて争点とされたもの（判例②）、第三に、個別労働者と使用者との労働条件の変更契約（Änderungsvertrag）の効力が、使用者の使用者団体脱退と余後効との関係で法的に論議されたもの

（判例③）、そして、第四に、協約交渉の最中にＯＴＭへ逃避したことが、結果的に協約の拘束力の是非の論議と関連したもの（判例⑥）に分類できる。このことから、ＯＴＭという団体（平面）協約の拘束から個別の使用者が逃れる方策は、各種の方法が、そして場合によっては重層的に駆使されることが多いことが指摘できよう。[10]

(2)　判例にみる法理の特徴（なお、判示引用部分の傍線箇所は、筆者が付与した）

上記判例の法理を検討すると団体規約による協約管轄権の制限、つまり協約の拘束力の根拠について、理念型的には三種類がある。第一に、「協約管轄権には、協約締結能力の団体の規約内に、特定の場所的、事業場的・専門的、そして人的適用領域を有する協約を締結することと理解されている権限があると理解される。」とし、「ドグマ的には、使用者団体におけるＯＴＭの許容性は、団体が自らの人的協約管轄権を一部に限定することにより論拠づけられる。」（①事件）とするものである。このことは、使用者団体には、協約規制そのものを、メンバー全てを対象とするかそれとも一部にするかについての合意をなすことが認められるというものである。結果的には、メンバーのグループ間に違いが無ければ、協約の拘束力と協約管轄権との間に違いは無いことを意味する。[11]

第二の類型は、「社団メンバー、ここでは（協約期限終了前に団体を脱退した）客員メンバーが、ＴＶＧ三条一項の意味でのメンバーとしてみなされるどうかは、メンバーの社団法上の地位次第である。協約を結んでいる団体のメンバーの拘束力は、団体への自由な意思で加入することに基づいている。そして協約の締結もまたメンバー集会の決定によるかまたは規約のもしくは具体的なメンバーの決定により、この権限の与えられた団体機関の意思行動がなされることに基づく。労働協約の規範的効力は、協約の拘束力があるフルメンバー（Vollmitgliedschaft）が直接あるいは自ら選挙した協約締結の場合の団体の機関により代表される（repräsentiert）であろうということを必然的に前提とする。当該団体領域（Verbandsbereich）の組織構造に関する規約の具体的規制や

ＯＴＭの権利はともかく、とくに反対の意思表明をしても協約の拘束されている状態にあり続けるというさらなる効果をともなう協約の締結を考慮するならば、ＯＴＭを一般的に無効であると認める法的根拠はない。」③事件）とするものである。判示の特徴の第一は、メンバーの協約の拘束力の法的根拠を「団体への自由意思での加入」にあるとしている点である。そして、第二に、ＴＶＧ三条一項の意味での使用者団体での協約の規範的効力を理由づけるのは、結社法（Vereinsrecht）の意味での「完全メンバー（Vollmitgliedschaft）」の選挙による団体機関による「代表制」に論拠づけている。つまり、「自由意思での団体への参加」プラス「完全メンバーにより自由に選ばれた組織による協約締結の「代表制」を、協約の拘束力の前提とする。いわゆる「協約における公正代表義務」的論理を展開している点である。第三に、結論は、協約が団体内の少数反対派をも拘束するということから、ＯＴＭを一般的に無効とはいえないとした(12)。

第三番目の類型は、まず、私が検討した判決内では数少ない州労働裁判所の判決である④事件の法理である。中立人である労働組合（Ｘ）が、「一個別使用者の〈協約に拘束されないという希望〉は、協約当事者の協約の管轄権を境界づけたりないしは固定させたりするための許されるべき基準ではない。協約管轄権の画定は、抽象的・一般的なメルクマールと結びつかねばならない。その限りで協約管轄権の法的妥当性は、明白性と明確性を必要」と主張したのに対し、判示は「ＴＶＧ三条Ｉ項は、ただ協約の拘束力を定めてはいるが、協約管轄権を定めてはいない。」「使用者団体の規約による協約管轄権の画定に限界を含んではおらず、規約の中で、ＯＴＭに関する規定は妨げられない。」とした。ＴＭとＯＴＭを有するか否かは、基本法（ＧＧ）九条三項の団結の自由を判示の土台としたものといえる。この④事件が、いわゆる「機能分配モデルあるいは協約共同体モデル（＝Funktionsaufteilungs-oder Tarifgemeinschaft）規約を採用した事案であるのに対し、いわゆる「段階的モデル（＝Stufenmodell）」を採用し、しかも、連邦労働裁判所（ＢＡＧ）のＯＴＭ判決の中で数少ない第一小法廷のそれである⑤事件も本判示と同じような判断を下している。

判示は、訴訟法上の理由から、利害関係人（労働者X１・X２）の中立権限（Antragsbefugnis）を認めなかったものの、同労働組合（ver. di）のそれは認めた。そして、判示は、訴訟法上の要件（ArbGG二ａ条一項四号、同九七条）である「協約管轄権」と実体法上の要件（ＴＶＧ三条、同四条一項）である「協約の拘束力」とを区別しながら、１「協約管轄権は、使用者団体あるいは労働組合の法的な資格である。協約管轄権は、団体自体に与えられて当然であるがその個々のメンバーにはそうではない。これに反し、協約の拘束力は、個々の使用者あるいは労働者に関係する。」、２「団体がその協約管轄権を確定するための権限は、基本法上保障されている集団的な活動の自由の表現である。団体へ加入することにより、協約の拘束力を根拠づける個々の使用者あるいは労働者の自由は、これに反し個人的な団結の自由による。」、３「協約管轄権は、団体規約に従う。協約管轄権は、基本的には実定法により拡大もしあるいは制限も受ける。これに反し、個々の使用者あるいは労働者の協約の拘束力は、基本的には当該団体内のメンバーに関する個々人の判断による。にもかかわらず、特定の場合には、協約の拘束力は、メンバーの意思とは関係なくＴＶＧ三条三項及び同五条四項により拡大する。」、４「これら両労働協約当事者の管轄権は、有効な協約の締結及びその適用の不可欠な要件である。協約の適用領域は、協約当事者が交錯する協約管轄権よりは広くは及び得ない。ＴＶＧ五条による一般的拘束力によっても協約の適用領域は拡大され得ないが、協約に拘束される人的範囲だけは拡大される。これに反し、個々の使用者あるいは労働者の協約の拘束力は、協約の締結及びその適用領域にとっては重要ではない。」、５「組織領域の形態やそれと結びついている協約管轄権の画定は、原則的に団体の自由である。団体は、その組織領域を事業場関連的あるいは企業関連的あるいはその他の基準によって画定できる（中略）。とりわけ、場所的、事業場的、部門関連的あるいは人的な画定メルクマールは、基本的には許される。」、６「基本的には、使用者団体がその規約の中でＯＴＭの可能性をあらかじめ想定することに法的な疑念はない。この可能性を行使するメンバーは、この場合ＴＶＧ三条一項の意味のメンバーではない。」、「正規メンバーあるいは純粋な客員メンバーとならんで、段階モデルというやり方で、

ＯＴＭをあらかじめ想定する可能性は、〈団体自治（Verbandsautonomie）〉と〈団結自治（Koalitionsfreiheit）から基本的に導き出される（GG九条Ⅲ項により保障される自己決定権）。」、そして、７「労働協約を結ぶ団体のメンバーの協約の拘束性は、団体への自由意思での加入及び協約の締結は、メンバー集会の決定あるいはこれに権限が付与されている団体組織の具体的なメンバー決定によりもたらされるということに基づいている。」「集団自治としての協約自治は、決定的にはメンバーの権限付与（Legitimation）に基づく。」、８「協約の拘束力には、団体メンバーの明白な服従意思は必要（でない）。」

この判示の特色は、第一にＢＡＧの支配的見解は、協約管轄権と協約の拘束力と明確に一致して考察をせよと論じている点にあるのだが、本件は、これらを別々に考えよと論じた点である。これは、④事件と同じである。そして、第二に、団体のメンバーの拘束力を、「団体への自由な意思で加入したこと」と協約の拘束力を「団体」への加入の意思表示に求めた点である。いわゆる私的自治的な法律行為（das privatautonome Gescäft）が決定づけるとした点が指摘できる。いわば、個人法の問題として考察することを意味する。これは、③事件と同旨の見解である。そして、第三に、労働協約の規範的効力は、協約の拘束力が「完全メンバー（Vollmitgliedschaft）により選ばれた機関により締結された」という「代表制」に求めている点も③事件と同様である。

総じて、判例の論理を総括するならば、第一類型の「協約の拘束力＝協約管轄権」とみるもの（①事件）、第二類型は、協約の拘束力には、「自由意思での団体参加（Vereinsbeitritt）」と「正規メンバーによる自由に選ばれた機関による協約締結」という「代表制（＝Repräsentation）」が前提とされるとした③事件、そして第三類型として、協約管轄権と協約の拘束力をとことん分離して考察すべきとする④事件である。⑤事件は、③事件と④事件を詳細に組み合わせたともいうべきものである。この論理は、ＯＴＭを組合規約で定めて協約管轄権を線引きすることは法的に問題がないと同時に、協約の拘束力の問題とは別次元で考察することになる。もとより、この論旨には、基本法（GG）九条三項の「消極的団結権説」への一立場が基となっていることはいうまでもない。

四　提起された法的課題

(1)　以上の判決の論理の特色の考察の中でまずいえる点は、⑤事件でＢＡＧ第一部の論理、つまり、ＯＴＭ協約の拘束力を個人法に置いて考察する論点が詳細に展開された。しかし、留意すべきことは、⑤事件のベースとなったＢＡＧ第四部の所轄事案である③事件は、ＯＴＭに関するものではなく、あくまでも「客員メンバー」に関するものである。そして、④事件は、州労働裁判所の判断である。その意味で、ＯＴＭについて労働協約管轄権との関連で協約の拘束力を論じたＢＡＧ第四小法廷は、その②事件で、たんに正規メンバーの協約の拘束力の是非が争われたものであるし、①事件では、具体的な論旨を展開せずに終えたままであるといえる。したがって、ＯＴＭに関する協約管轄権と協約の拘束力の法理の最終的な解決は、ＢＡＧ第四小法廷にボールを投げ返されたともいえる。そして、第二に、本稿では、⑥事件については、その事案の概要は紹介をしたが、ＯＴＭと協約交渉の対等性から生ずる判旨とその問題点は、三において論じなかった。そこで、これら残された論点について、元ブレーメン（現ゲッチンゲン）大学の Pr. Dr. O. Deinert の論稿によりながら紹介する。(13)

(2)　③事件「客員メンバー」の判示は、協約の拘束力を「正規メンバー」が自由意思で団体に「加入」し、そして「公正に選ばれた代表制」を有する機関によって締結された協約には、たとえ「反対意思を表明したメンバー」でも拘束されるということから、ＯＴＭ一般を無効とはしなかった。しかし、これは、媒介論不足しており、とくに、ＯＴＭがＴＶＧ三条一項の意味でのメンバーであるかがまったくわからない。そこで、O. Deinert 教授は以下の論理で「社団法上のメンバー的要素がＯＴＭにある限り」ＯＴＭにも協約の拘束力が及ぶとする。その論理構成は、第一に、③事件や⑤事件が論拠とする「消極的団結の自由」には、「脱退権及び関係を持たない権利（Austritts-und Fernbleiberecht）」を含むが、「任意で選択された結果をともないながらの参加権や留まる権利（Eintritts–bzw. Verbleiberecht mit beliebig selbst gewählten Konsequenzen）」は含まれてない。第二に、③事件の論理で行くと、ＴＶＧ三条一項の意味でのメンバーの必要条件が、ＢＧＢ四〇条（法定社団条項の例外としての団体処理規定）からみても団体規約で設定可能である。第三に、ＯＴＭは、ＴＭより多くのメンバー上の権利・義務は有しないが、しかし非メンバーではない。ＯＴＭは、団体と「無関係」ないし「脱退」ではなく、「加入ないし留まっている（eingetreten bzw. verbleiben）」のであって、「第三者」ではなく「疑似第三者（Quasi–Außenseiter）」である。第四に、協約管轄権の人的制限論からＯＴＭへの協約の拘束力を否定する見解に対しては、(イ)そもそも、ＴＶＧ三条一項には、団体そして（加入しあるいは地位転換をするメンバー〈ＯＴＭを指す〉）には、少数者の法律行為的形成権（die abweichende rechtsgeschäftliche Gestaltungsmacht）を欠く強行法規を規範化しており、さらに、(ロ)ＯＴＭは、団体加入をしておりながら、メンバー関係を創設する意図はないという意思表明が同時になされていないのであるから、「社会類型的行為（sozialtypisches Verhalten）」論から説得性が無いと反論する。[14]

(3)　それでは、判示を紹介していない⑥事件について検討しよう。この事件は、ＯＴＭへの出し抜け的地位転換（der kurzfristige Statuswechsel）の是非が争われたものである。その意味で、注（5）で言及をした「隠れ頭巾（Tarnkappe）」あるいは「カメレオンのように転換をする協約の拘束力」（chamäleonhaft wechselnden Tarifbindung）」に該当する事案である。ＴＭとＯＴＭとの間の地位の転換の可能性を意図的に濫用し、「労働争議上のフェアネスという至上命題（Fairnessgebot）」が損なわれるおそれのあるケースである[15]とO. Deinert 教授は、考える。同教授は、この判例法理を権利濫用の具体化と考え、法的に許された手段により客観的な目的違反あるいは仮借のない手段行使の場合には何時でも認められるとする。つまり、労働争議の目的に対し、ＴＭとＯＴＭとの間で「出し抜け的に地位転換」行使がなされると、判例及び通説では認められているＯＴＭが、目的違反的なそして同時にアンフェア的な争議手段の投入とみるべきであるとする。具体的な事例として、(イ)一旦ＯＴＭ、

(ロ)期限なしのＯＴＭ、(ハ)脱退期間が六ヵ月継続であることが大部分なのに、一ヵ月という転変期間、(ニ)即時のＯＴＭ転換、(ホ)システム的な利用と大規模な行使などは権利濫用的な手段と評すべしする。さらに、協約交渉期間中には、一度なされた決定にはメンバーは拘束されＯＭからＯＴＭへの転換自体違法であり、しばらくはＯＴＭにはなれない「凍結期間の制度化（Installierung von Sperrfristen)」を可能とみる。その意味で、協約交渉中のＴＭからＯＴＭは、協約の拘束力の違法な「回避」と法的に評価すべきとするわけである。[16] このO. Deinert の第二論文は、⑥事件に関する労働組合（ver. di）サイドの「鑑定書」というべきものであるが、⑥判示は、ＯＴＭへの「出し抜け的地位転換（der kurzfristige Statuswechsel)」、つまり協約交渉の最終締結前に労組に連絡なしにＯＴＭへ移行することは、協約交渉の土台が破棄されるから、協約上無効とした（ただし、原告労働者が ver. di のメンバーかどうか不明なため、使用者がＯＴＭへ転換する契機となった新賃金協約に基づく請求権があるかどうか不明として、破棄差し戻し）。

このように、ＯＴＭをめぐる論議は、協約管轄権と協約の拘束力、協約管轄権の人的制限の法的問題から始まって、争議対等性、交渉対等性、団体規定の限界等ドイツの集団法理全体をめぐる論議に発展しつつある様相を示している。ＯＴＭが「ユニークな（sui generis）メンバー」ではなく、「普通のメンバー」となり得ることも予想される。それ故、平面協約（Flächentarifvertrag）による労働条件決定規制というドイツシステムへの批判が増す中の中心的な問題の一つとしＯＴＭの動向には今後も目を離せないものといえよう。

（本稿は、二〇〇八年夏学期〈四月から九月〉に、筆者がブレーメン大学法学部で行った在外研究の成果の一部である。研究の便宜を図って頂いたPr. Dr. Frau. U. Rust 及びPr. Dr. O. Deirnest（現 Göttingen 大学）をはじめとするブレーメン大学法学部関係者に記して感謝の意を申し上げる。）

（1）　事実、WSI の Tarifhandbuch（二〇〇八）によると、協約に拘束されている従業員の比例数は、東西ドイツ統合後の一九九八年には、旧西ドイツ地区では七六%、旧東ドイツ地区では六三%を記録していたが、この比は年々減り続け、二〇〇六年の統計では、前者地区では六五%、後者のそれは約半分の五四%までに落ち込んでいる（九四、九六頁）。このことは、使用者団体に属していない使用者が増加している事実を間接的に裏付けるものとなっている。

（2） BAG v. 20. 4. 1999, 1ABR 72/98 AuR 1999, 193, 355.

（3） Frank Oskar Ischner, Vereinheitlichung standortunterschiedlicher tarifvertraglicher Arbeitsbedingungen durch Haustarifvetrag, Peterlang (2002), Seite 85ff.

（4） なお、別途調べたドイツ旅行団体規約（Satzung des Deutschen Reise Verbands＝二〇〇六年一二月二五日の新規約）によると、同じ「平行団体的解決」の類型を採用しておりながら、該団体規約と労働協約共同体規約は別々に作られ、団体規約の中には協約に関する事項はなく、労働協約共同体規約の中で専一的に定められている。ＯＴＭに関する使用者団体の規約は、団体自治の範囲内で種々様々な形態を採用していることが伺われる（http://www.drv.de./drv./der/der-/satzung.html）。

（5） Pr. Dr. O. Deinert 教授は、その論考“Zur Zulässigkeit von OT-Mitgliedschaften in Arbeitgebesverbänden”の中でこのことを「隠れ頭巾（Tarnkappe）」効果といい、Blanke は、この現象を「カメレオンのように転換する協約の拘束力＝chamäleonhaft wechselnden Tarifbindung」と名付けていることを文中で指摘している。AuR, 7/2006, S. 218.

（6） なお、上記判例中では、労働裁判所法（ArbGG）九七条五項の「法的争いの決定（die Entscheidung eines Rechtsstreits）が、協約締結能力と協約管轄権」にかかわる場合の同法二条ａ一項四号の「決定手続（das Beschlußverfahren）」が争点となっている場合が多いが、本稿ではこの問題点の検討は、原則割愛した。

（7） W. Däubler, ZTR 1994, 448, 453.

（8） 一般的拘束宣言された協約の拘束力については、その法定効力との関係からＯＴＭ創設による協約の拘束力排除の対象外とする団体規約が一般的である。

（9） なお、本判示は、労働裁判所法（ArbGG）上の訴訟法上の理由から労働者X_1及びX_2の申立権限を認めなかった。しかし、労働組合（ver. di）のそれは認めた。

（10） その他、使用者側が実行し、判例や学説でも論議されている方策として変更解約告知、（Änderungskundigung）、事業場協定（Betriebsvereinbarung）、平面・団体協約内での調和（Harmonisierung mit dem Tarifvertrag）、企業関連的団体協約（Unternehmensbezogene Verbandstarif）、家内協約（Haustarifvertrag）等がある。

（11） ただし、判示は労働裁判所法（ArbGG）九七条五項による停止手続により、協約の拘束力の問題には結論を下していない。

(12)　その他、第四に、ＴＶＧ四条五項による余後効は、団体脱退の場合もＴＶＧ三条三項の「継続的効力」終了後に引き続き効力が生ずるとし、さらに第五に、ＴＶＧ五条五項の「別な合意（eine andere Abmachung）」による余後効の「剥がし期間（Ablösungszeizram）」の判断も留意すべき内容である。

(13)　参考論文はすでに注（５）で紹介した、"Zur Zulässigkeit von OT–Mitgliedschaften in Arbeitsgeberverbänden, AuR 7/2006 S. 217ff," 及び "Schranken der Satzungsgestaltung beim Abstreifen der Verbandstarif Bindung durch OT–Mitgliedschaften, RdA 2007 Heft2, S. 83ff."

(14)　これは、ある意思表示（Willenserklärung）をせんとしたかのように行動する者は、これによりその人による対立する意思の明白な表明による意思表示の効果の開始を妨げ得る可能性が同時に発生するという理論である。O. Deinert 教授は、具体例として、「明らかに料金支払い義務のある駐車場を利用する者は、たとえ、同時に契約上の関係に入りたくない意思を表明した場合でも、料金支払い義務がある。」とする。とくに、"Zur Zulässigkeit von OT–Mitgliedschaften in Arbeitgeberverbänden, AuR 7/2006, 22ff" 参照。

(15)　BAG v. 21. 4. 1971–GS 1/68, AP Nr. 43 zu Art. 9GG. なお、この判例については、筆者（辻村）は、かつてドイツにおけるロックアウト論争を素材に紹介・検討した。拙稿「西ドイツにおけるロックアウト論争—七〇年代技術革新・合理化と労働組合—」横井芳弘編『現代労使関係と法の変容』（勁草書房、一九八八年）。

(16)　とくに、"Schranken der Satzungsgestaltung beim Abstreifen der Verbandstarifbindung durch OT–Mitgliedschaften" RdA 2007 Heft2, S. 87ff. を参照。

〔平成二一（二〇〇九）年〕

あとがき

(1)　本書を刊行にするにあたり、大学院生時代に教えを頂いた先生方に感謝の言葉を申し上げたい。まず、中央大学大学院修士課程時代の恩師である故横井芳弘先生に感謝の意を申し上げたい。私の旧い文献コピーファイルの中に、沼田先生が書かれたと思われる「横井學兄」と記載された青焼きコピー（複写技術が今日ほど発達していない時代のもの）論文がある。この抜刷り論文のタイトルは、「法解釈の真理性――解釈法学序説――」である。ただし、著者名は、田井俊一である。少しでも沼田法学に関心のある者からは、幻の論文と評されていたものである。[1] しかし、この抜刷り論文を横井先生から直接お借りした記憶はない。不鮮明な箇所をボールペンでなぞった跡があるので、おそらく誰かが一度コピーしたものを借りて、さらに夜間ガードマンのアルバイトをしていた上野の建設会社の複写機を使用してコピーしたものと考えられる。この論文について若干先生に質問をした記憶があるが、先生のお話を聞いても当時皆目理解ができなかった。それ以来、中央大学労働判例研究会（昭和四九〔一九七四〕年～）及び理論法学研究会（平成四〔一九九二〕年～）という場、ならびに私からの電話による個人的な質問という形式で数多くの助言を頂いた。先生のご指導なくして、本書収録の論文の多くは、あり得なかった。先生の還暦、古稀（退職）、そして傘寿と三度にわたり拙論を差し上げることができたものの、私の研究書を差し上げる願いは叶わなかった。いま私の怠慢を深く反省をしているところである。

ついで、明治大学博士課程では、松岡三郎先生より労働法の手ほどきを受けた。博士課程に入学（昭和四九〔一九七九〕四月）後、法解釈になじまない私を気長にご指導頂いた。労働法に関するヒントにより、法律の面白さを自然と教わったと同時にこのヒントは現在も論文等の立論モチーフにもなっている。

さらに、「私の人生を決めた一言」を頂いたという意味で元都立大学総長の故沼田稲次郎先生に感謝の念を申し上げたい。修士課程時代に、中央大学の博士課程に都立大学から出講されていた先生の講義を隅っこで拝聴した。これを機縁に都立大学博士課程を受験をしたが語学が点にならず不合格。その際、拙い私の修士論文を読まれた先生が、受験後の昭和四八（一九七三）年春の学会（於・明大）での懇親会の際、つかつかと寄って来られて、「修士論文の問題意識を大事にして行け。俺も戦争から復員した後の三〇歳から勉強を始めた。今からでも遅くはない。頑張れ。」と私の背中を押された。突然父を失って一年ばかりで人生の将来設計に迷っていた私は、この一言が無ければ、当時の時代背景も加わって、おそらく博士課程への進学をあきらめたであろう。正確な理解がされることなしにある面では時代の流れとともに捨てられたと評してもよいきらいがないでもない沼田先生の理論に今なおこだわることの理由は、このような個人的事情によるところも多い。

そして、最後に、元一橋大学学長の蓼沼謙一先生にも、感謝の念を申し上げたい。国内研究休暇（昭和四九〔一九七四〕年〜昭和五〇〔一九七五〕年）中の横井先生に代わり、中央大学の修士課程の講義に蓼沼先生が出講されていたので、これに出席することをお願いして許されて以来、その後の「一橋大学比較労働法研究会」（昭和五六〔一九八一〕年〜平成一五〔二〇〇三〕年頃）を含め永きにわたりご指導頂いた。講義や研究会ばかりでなく先生との酒席でお聞きした法解釈学論議、経営学、労使関係論あるいはアメリカをはじめとする比較法に関するお話など私の拙論の土台を形成したともいえる研究助言は、数えればきりがない。とくに、「法而前なる権利概念は認め得ない。」という考えと比較法研究の必要性を教えられたのは、蓼沼先生の教えに負うこと大である。

(2) 法律については、「晩学の徒」でありかつ教職としては法学部に在籍して来なかった研究環境のハンディを補うべく、私は各種インターゼミの研究会に出席し所属の枠を超えた諸先生から多くのものを教わってきた。まず、中央大学労働判例研究会には、明治大学博士課程に入学した昭和四九（一九七四）年以来、角田邦重教授をはじめとする諸先輩や後輩の先生方に、かれこれ約三十余年にわたり判例を読むことの面白さを教えて頂いた。

また、北海学園北見大学（承継法人・札幌市の北海商科大学）に赴任（昭和五二〔一九八二〕年）以来、メンバーとさせて頂いている北大労働判例研究会に感謝を申し上げる。故保原喜志夫先生や道幸哲也教授等をはじめとする研究会員より、法解釈の有意義さを徹底的に教わった。(2) そして「企業内労使慣行研究会」（昭和五六〔一九八二〕年～昭和六二〔一九八七〕年）では、労使関係の実態調査及び戦後の変動期の労働法制に関する貴重なご教示を得た。労働法の研究が単に条文解釈だけに終わってはならないことを元都立大学教授籾井常喜先生をはじめとする諸先生から教わった。(3) さらには、横井先生や篠原敏雄先生（国士舘大学）などがはじめられた理論法学研究会（平成四〔一九九二〕年～）の諸先生方には、日頃の各自の問題関心を自由闊達に論じる研究の面白さを教えて頂いた。(4)

最後に、行政の相談マニュアル作成を社会保険労務士の先生方等とお手伝いをしたことを介して実務労働法の勉強をさせて頂いた弁護士の安西愈先生（元中央大学法科大学院客員教授）に感謝の念を申し上げる。労働法、とくに労働基準法の有権解釈のみならず種々の解釈論そして実務理論を教わった。先生のご指導がなければ、おそらく私は頭デッカチの研究者になっていたであろう。

その他、個々にお名前を記さなかったが、右に記した研究会およびその他の研究会の諸先生や研究会のメンバーにも感謝を申し述べて「あとがき」の結びとしたい。

平成二二（二〇一〇）年二月二〇日

辻村　昌昭

(1)　この幻の沼田論文が、長谷川正安・藤田勇編『文献研究　マルクス主義法学（戦前）』で日本評論社から刊行されたのが一九七二年であるので、私がこれをコピーしたのは、これ以前の修士課程在籍の前半期（一九六八年～一九七〇年）であると思われる。

（2）　昭和六一（一九八六）年一〇月、日本労働法学会第七二回大会（於・東北大学）での北海道の大学の労働法専攻者地域代表報告（道幸〔北大〕、小宮〔北海学園大〕、島田〔小樽商大、現早大〕の各先生と私が報告者）は、「公正代表義務（The Duty of Fairrepresentaion）」法論の学会デビューであった。紙数の都合で本書には収録をしなかった拙稿「労働協約による労働条件の不利益変更と公正代表義務」（学会誌六九号）は、この「地域研究会」の論議による成果である。

（3）　本書に収録をしなかった「企業内組合活動慣行の歴史的分析（昭和二七年—昭和三五年）」（前期「講和後の協約改訂運動と組合活動慣行の動態」労働法律旬報一〇四〇号、後期「技術革新『合理化』と職場闘争の展開」労働法律旬報一〇四六号）は、この研究会時の研究成果である。

（4）　横井他編『市民社会の変容と労働法』（信山社、二〇〇五年）は、この研究会の成果を収めている。

（追記）　本書原稿再校正のさ中、松岡三郎先生が平成二二（二〇一〇）年六月五日に逝去されたとの報に接した（享年九四歳）。謹んでご冥福をお祈り申し上げげます。

【著者紹介】

辻 村 昌 昭（つじむら・まさあき）

1944年　北海道雨竜郡秩父別（ちっぷべつ）町に生まれる

1968年　中央大学法学部卒　法学修士（中央大学　1972年）

1981年　明治大学大学院法学研究科博士課程公法学専攻単位取得退学

現　在　淑徳大学総合福祉学部教授（2010〈平成22〉年4月より
　　　　コミュニティ政策学部教授），東洋大学大学院法学研究科非常勤講師

〔主要著作〕

横井芳弘・篠原敏雄・辻村昌昭編著『市民社会の変容と労働法』（信山社　2005年）
など。

現代労働法学の方法　〈淑徳大学総合福祉学部研究叢書第30号〉

2010年（平成22年）6月20日　第1版第1刷発行

著　者　辻 村 昌 昭

発行者　今 井　貴
　　　　渡 辺 左 近

発行所　信山社出版株式会社

〒113-0033　東京都文京区本郷 6-2-9-102
電　話　03（3818）1019
F A X　03（3818）0344

printed in Japan

印刷・製本／亜細亜印刷・大三製本

ISBN978-4-7972-2541-9　C3332

労働関係法の国際的潮流

山口浩一郎・渡辺章・菅野和夫・中嶋士元也 編
山川隆一・香川孝三・小畑史子・荒木尚志・ブランパン，
ワイス，トレウ，ビジア，ファールベック，ソン，ロジョ，ヘプル

労働時間の法理と実務

渡辺章・山川隆一 編・筑波大学労働判例研究会 著

労働関係法の現代的展開

土田道夫・荒木尚志・小畑史子 編集代表　和田肇・
大内伸哉・渡辺章・野田進・森戸英幸・中嶋士元也・
岩出誠・奥山明良・野川忍・山川隆一・中窪裕也・岩村正彦

現代企業法学の研究

井原宏・庄司良男・渡辺章 編集代表　斉藤博・奈良次郎・平出慶道・三井哲夫・
吉牟田勲・井上由里子・大野正道・春日偉知郎・古積健三郎・佐藤一雄・品川
芳宣・田島裕・平井宜雄・平嶋竜太・前田重行・元永和彦・弥永真生・山川隆一

友愛と法

菅野和夫・中嶋士元也・渡辺章 編集代表　荒木尚志・岩村正彦・
大内伸哉・大橋將・小畑史子・香川孝三・小島晴洋・小西國友・
小西康之・中益陽子・野田進・濱田冨士郎・堀勝洋

信山社